세
이
빙

타
임

세이빙 타임

SAVING
TIME

제니 오델 지음
장혜인 옮김

상상스퀘어

일러두기

. 인명, 지명 등의 외래어 표기는 기본적으로 국립국어원의 외래어표기법을 따랐으나, 일부 관례로 굳
  어진 표기는 예외로 두었다.
. 단행본은 ◇, 잡지나 신문, 영화는 ◇로 표기했다.
. 본문에 언급한 외국 단행본 중 국내 출간된 도서일 경우 한국어 제목만 표기, 국내에 출간되지 않은
  도서의 경우 원문에 가깝게 번역하고, 원제는 처음에만 병기했다.

☼

넓은 의미에서,
내 모든 가족에게

☾

시간이라는 개념이 내 세포에서 모두 빠져나가
이 해변 위에서도 고요할 수 있기를.
_아그네스 마틴(Agnes Martin), 《글쓰기(Writings)》

차
례

☼

☽

☀

☽

들어가며
사이의 시간에 전하는 말

☲

2019년 봄 어느 날 우리 집에 예상치 못한 손님이 찾아왔다. 대문이 아니라 창문으로 들어온 듯한 이 손님들은 그곳에 눌러앉은 지 꽤 돼 보였다. 하지만 나는 이들이 거기 있다는 사실조차 눈치채지 못했다. 창가에 둔 돼지 모양 도자기 화분에 이끼가 수북이 낀 것을 우연히 발견하고서야 손님이 방문했다는 사실을 깨달았다.

이끼 포자는 몇 해 전 친구가 생일 선물로 준 작은 토끼 귀 모양 선인장 주변에 자리 잡았다. 나는 항상 서늘하고 습한 부엌 창가를 질색했다. 아마 선인장도 그랬을 것이다. 하지만 이끼는 그곳을 반겼다. 이끼는 분열하고 분화하며 머리카락 같은 뿌리줄기로 화분

속 흙을 근근이 붙들고 조그마한 초록 순을 틔우기 시작했다. 그다음 길고 가느다란 홀씨주머니를 뻗어 집 바깥의 부모 이끼와 비슷한 길을 밟아나갈 준비를 했다. 돼지 화분 흙 위에는 그야말로 작은 숲이 펼쳐졌다.

이끼는 관다발 식물에 비해 수분이나 공기의 영향을 비교적 덜 받는다. 로빈 월 키머러Robin Wall Kimmerer는《이끼와 함께》에서 세포 하나 두께에 불과한 이끼의 '이파리'는 수분이 필요하고 공기와 직접 만난다는 점에서 사람의 폐 세포와 비슷하다고 썼다. 나무 한 그루 자라지 않는 남극의 과학자들은 이끼를 나무 나이테처럼 이용한다. 이끼는 주변에서 화학물질을 흡수하며 잎끝에서부터 자라 여름마다 '성장 기록을 남기기' 때문이다. 내가 우리 집 부엌에 앉아서 이곳에 불시착한 이끼가 남긴 기록을 읽기는 어렵겠지만, 적어도 이끼는 내가 살아 있다는 사실을 알려줬다. 다음 날에도 나는 여전히 살아 있었다.

코로나-19 팬데믹 초기 봉쇄 기간에 나는《이끼와 함께》를 다시 읽었다. 시간이 얼어붙은 듯 멈춰 있었지만 이끼는 집 안팎에서 계속 자랐다. 팬데믹 때문에 내 관심 영역은 쪼그라들었다. 나는 음모론자처럼 오클랜드 이곳저곳을 돌아다니며 낯선 각도에서 사물을 들여다봤다. 이끼는 틈새를 좋아해서 생각지도 못한 곳에서 발견되는 때가 많았다. 집 바깥 보도블록 틈새, 아스팔트와 맨홀 뚜껑 사이 틈, 가게 벽과 인도가 만나는 경계, 벽돌 사이에서도 이끼가 자랐다. 이끼는 물이 고인 곳이라면 어디에서든 자랐고, 잠깐 쏟아진 소나기에도 금세 퍼져나가며 더욱 푸르러졌다. 이끼가 어디서 어떻게 자라는지 살피는 동안 나는 이끼의 존재가 물이 있다는 신호라는 사실을 알게 됐다.

나는 이끼를 보며 두 가지 시간대를 떠올렸다. 이끼가 물을 만나 시시각각 모습을 바꾸고 우리 집 화분에서 포자를 틔우는 순간을 보며 아주 짧은 시간대를 생각했고, 이끼가 육지에 살던 최초의 식물 가운데 하나라는 사실을 떠올리며 아주 긴 진화의 시간대를 생각했다. 하지만 시간 스펙트럼의 양극단 사이에서 한순간을 정확히 짚어내는 것이 얼마나 불가능한지를 생각하게 됐다.(순간을 정확히 알고 싶어 하는 것은 매우 인간적인 욕구다.) 가령 아주 짧은 시간대를 생각해 보자. 이끼 포자가 발아하는 시점을 공식적으로 언제로 볼 것인지도 의견이 분분하다. 물속에서 포자가 어느 정도 부풀어 오른 시점일까? 발아관이 생기고 세포벽이 파열되는 순간일까? 반대로 아주 긴 시간대를 생각해 보자. 최초의 이끼는 수억 년 전 어느 시점에 수생 조류에서 진화했다. 하지만 이런 혁신이 일어난 정확한 '순간', 심지어 우리 집에 찾아온 이끼 손님이 분화하는 정확한 순간을 밝히려는 일 역시 터무니없는 노력일 것이다.

이런 어려움은 다른 질문에도 이어진다. 이끼와 주변 환경을 명확히 구별할 수 있을까? 이끼 포자는 살아 있다고 볼 수 있을까? 남극에 꽁꽁 얼어 있다가 1500년 만에 다시 살아난 이끼는 어떨까?

이런 극한 조건이 아니더라도 어떤 이끼는 물 없이 10년 넘게 잠들어 있다가 적당한 환경이 조성되면 되살아나기도 하면서 균일한 시간이라는 감각을 복잡하게 만든다. 2020년 키머러는 〈빌리버The Believer〉 지와 인터뷰하며 코로나-19 팬데믹을 겪는 우리가 이끼에 주목해야 하는 것은 바로 이런 이유 때문이라고 말했다. 키머러는 자신이 가르치는 학생들이 이끼의 고착과 휴면에서 깨달음을 얻었다며, 이끼가 인간에게 이 역사적인 순간을 살아갈 방법을 가르쳐 준다고 주장했다.

이끼는 내가 이 책을 구상하기 시작할 무렵 우리 집에 왔다. 책의 집필이 끝났을 무렵에도 이끼는 여전히 자랐다. 하지만 화분 속 우리 집 이끼는 남극 코끼리 섬 이끼 들판에 퍼진 것처럼 5000년까지 살지는 못할 것이다. 하지만 이끼는 3년 동안 햇빛을 받고 3년 동안 공기를 마시고 3년 동안 식탁 옆에 앉은 내 모습을 지켜보며 그 오랜 시간을 거쳐왔다. 이끼는 마치 시계가 규정한 시간 바깥에서 툭 튀어나온 파견단처럼 찾아와 내 마음을 흡수와 대응, 내면과 외면, 잠재성과 위급성에 대한 질문들로 가득 채웠다. 무엇보다 이끼는 시간을 다시 생각하게 했다. 우리를 휩쓸고 지나가는 획일적이고 공허한 물질이 아닌, 시작하고 멈추고 부글거리고 틈에 쌓이고 산맥처럼 겹치는 시간을 떠올리게 했다. 항상 새로운 일을 시작할 능력을 품고 적당한 때를 기다리는 시간을 말이다.

서점에 갔다고 생각해 보자. 어떤 구역에는 시간이 부족하고 세상은 점점 빨리 돌아간다는 흔한 생각을 주입하는 시간 관리 책이 진열돼 있다. 이런 책들은 1분 1초를 따지고 더 효율적으로 측정하라고 촉구하거나 다른 사람의 시간을 사라고 조언한다. 다른 구역에는 우리가 어떻게 지금처럼 시간을 바라보게 됐는지 문화사적으로 질문하거나, 시간이란 대체 무엇인지 철학적으로 고심하는 책이 있다. 시간에 쫓기면서 일하다가 결국 번아웃이 됐다고 느끼는 사람은 어느 구역을 둘러볼까? 일상과 현실에 더 가까운 첫 번째 구역을 살펴보는 게 합리적일 것이다. 아이러니하게도 우리에게 시간의 본질을 따져보는 신선놀음에 허비할 시간은 없어 보인다. 하지만 나는 우리가 첫 번째 구역에서 찾으려는 답의 일부가 두 번째 구역에 있다고 말하고 싶다. '시간이 돈이다.'라는 생각의 사회적·물질적 뿌리를 탐구하지 않으면 시간을 다루는 낡은 언어에 매몰될 위험이 있다. 이런 언어는 그 자체가 문제의 일부이기 때문이다.

독일 가톨릭 철학자 요셉 피퍼Josef Pieper는 1948년《여가와 경신》에서 '일과 삶의 균형'과 '여가'의 차이를 설명했다. 피퍼는 일하는 시간이란 그저 일을 더 많이 하기 위해 띄엄띄엄 쉬며 재충전하고 앞으로 밀고 나가는 수평적인 것이라고 주장했다. 그는 이런 작은 휴식 시간을 여가라고 하지 않았다. 진정한 여가는 '일과 직각으로 교차하며' 일하는 시간이라는 차원 전체를 뚝 잘라내는 '수직적' 시간 축에 있다. 이것은 일상의 시간을 초월하거나 부정하는 것이다. 즉 쉬면서 재충전하여 계속 일할 힘을 얻는다 해도 그것은 여가의 부차적인 효과일 뿐이다. 피퍼는 여가에 대해 이렇게 썼다. "여가는 일을 위해 존재하지 않는다. 여가의 목적은 정신적이든 육체적이든 회복을 위한 것이 아니다. 비록 그것이 새로운 힘을 주더라도, 그것이 목적은 아니다." 아마도 생산성이 시간의 의미나 가치를 측정하는 유일한 기준이 아니라고 생각하는 많은 사람이 피퍼의 이러한 구분에 공감할 것이다. 다른 '목적'을 상상하는 것은 일과 이익의 세계 밖에서도 삶과 정체성의 의미를 찾는 것을 의미한다.

　많은 사람이 시간을 돈이라고 여기는 이유는 그러고 싶어서가 아니라 그래야 하기 때문이다. '시간이 돈이다.'라고 보는 근대적인 관점은 내 시간을 팔아야 하는 임금노동 관계에서 벗어날 수 없다. 지금이야 이런 관계가 일상적이고 당연해 보이겠지만, 사실 이런 생각은 일과 존재의 가치를 평가하는 다른 여러 방법과 마찬가지로 역사적으로 독특한 것이다. 한편 임금노동 관계는 삶의 모든 부분에 권한을 부여하거나 박탈하는 패턴을 보인다. 누가 누구의 시간을 사는가? 이 사람의 시간은 얼마나 가치 있는가? 누가 누구의 일정에 따라야 하는가? 누구의 시간은 한 번 쓰고 버려지는가? 이런 질문은 개인적 질문이 아니라 문화적·역사적 질문이다. 이런 질문을 따져보지 않고는 내 시간이든 타인의 시간이든 자유롭게 만들 수 없다.

　2004년에 출간된 칼 오너리Carl Honor의 인기 도서 《느린 삶에 대한 예찬》에서 제시한 교훈 중 하나는 직장과 개인 생활의 균형을 맞추면 고용주와 직원 모두에게 이익이 될 수 있다는 점이다. 책에 따르면 "시간을 스스로 통제한다고 느끼는 사람들은 더 편안하고 창의적이며 생산적이다."라는 연구 결과가 이를 뒷받침한다. 물론 누구나 하루에 몇 시간을 더 얻고 싶겠지만, 여기서 중요한 건 그러한 균형의 이유다. 만약 느림이라는 개념이 단순히 자본주의라는 기계의 효율을 더 높이기 위한 수단으로 사용된다면, 이는 그저 화장에 불과할 수 있다. 일하는 시간의 수평선에 또 다른 작은 틈새를 만드는 정도로 끝날 위험이 있는 것이다. 미국 애니메이션 시리즈 〈심슨 가족The Simpsons〉에서 원자력발전소에 취직한 마지가 직원들의 사기가 낮다는 사실을 발견하는 에피소드가 떠오른다. 어떤 직원은 흐느끼고, 어떤 직원은 흐리멍덩한 눈으로 음료수를 따르고, 다른 직원은 "나는 죽음의 사도다. 정화의 시간이 다가온다."라고 말하며 총을 손질한다는 사실을 눈치챈 마지는 이 사실을 번즈 사장에게 전한다. 마지는 그들에게 도움을 주기 위해 '재미있는 모자의 날'을 정하고 톰 존스Tom Jones의 음악을 틀자고 제안한다. 다음 장면에서 〈안녕 푸시캣?What's New Pussycat?〉 이라는 곡이 흐르는 동안 앞서 등장했던 직원 세 명이 전과 똑같이 (멕시코풍 모자를 쓰고) 흐느끼고, (사슴뿔 모양의 모자를 쓰고) 음료수를 따르고, (프로펠러가 달린 모자를 쓰고) 총을 장전하며 CCTV 화면 밖으로 걸어 나간다. (뿔 달린 바이킹 모자를 쓴) 번즈 사장이 "효과 좋네요!"라고 말한다.

누구나 재미있는 모자 이상의 것을 원하는 것처럼, 번아웃은 그저 일상에서 시간이 부족해서 생기는 것이 아니다. 처음에는 그저 좀 더 많은 시간을 원한다고 느낄 수 있지만 이는 자율성, 의미, 목적을 갈망하는 단순하면서도 거대한 욕망의 한 부분일 수 있다. 외부 환경이나 내적 강박 때문에 피퍼가 말한 수평축(일과 일을 위한 휴식)에서만 살게 강요받을 때도, 여전히 나는 내 자신과 내 삶이 있는 공간을 갈망할 수 있다. 그 수직적 영역은 우리의 자아와 삶에서 거래될 수 없는 대상들이 있는 곳이다.

시계가 우리의 하루와 일생을 지배한다지만 우리 정신을 완전히 정복한 적은 없다. 체계적인 시간표 아래에서도 우리는 여러 가지 다른 시간의 형태를 안다. 기다림과 욕망의 늘어지는 특성, 현재가 갑자기 어린 시절의 기억으로 채색되는 방식, 임신의 느리지만 확실한 진행, 신체적 또는 정신적 부상에서 회복하는 시간 등이다. 지구에 발 딛고 사는 동물인 우리는 길어졌다 짧아지는 낮을 경험하고, 적어도 아직은 꽃과 향기가 되돌아오는 계절을 거쳐 한 살 더 먹은 자신을 만나기도 한다. 때로 시간은 돈이 아니라 이러한 것들로 채워진다.

실제로 이 겹쳐진 시간에 대한 인식은 우리가 잘못된 시계에 따라 살고 있다는 깊은 의심을 불러일으킨다. 시간의 압박과 날씨의 변화를 동시에 인식하는 데서 생겨나는 더 영적인 형태의 소진에 수평적인 영역은 아무런 형태의 답도 제시하지 못한다. 기후의 변화에 영향을 거의 받지 않는 특권층이라 해도, 슬랙Slack(클라우드 기반 비즈니스 협업 메신저 도구-옮긴이)창과 '곧 사람이 살 수 없는 지구'에 관한 뉴스 헤드라인 사이를 오가다 보면, 적어도 불편함을 느끼거나 심할 경우 영적인 공허함과 허무함에 빠질 수 있다. 시간의 끝에 도달해 시계를 상대로 경주한다는 개념 자체가 고독하고 부조리하게 느껴질 수도 있다. 이를 잘 보여주는 예가 패러디 사이트인 리덕트리스Reductress의 헤드라인이다. "2050년에 세상이 여전히 존재할 거라는 증거를 기다리며 목표 세우기를 미루는 여성."

　이런 부조리는 서로 다른 두 가지 시간대가 절망적일 정도로 무관해 보인다는 사실에서 오기도 한다. 우리가 서 있는 곳에서 보면, 지구는 인간의 사회적·문화적·경제적 시간을 벗어나 시계와 달력 바깥 어딘가로 나아가는 듯하다. 미셸 바스티안Michelle Bastian 박사는 이렇게 말한다. "시계는 내가 직장에 지각했는지는 알려줄 수 있지만, 폭주하는 기후변화를 늦추기에 너무 늦었는지는 알려주지 못한다." 하지만 개인이 느끼는 시간 압박과 기후변화에 대한 두려움이라는 서로 동떨어져 보이는 두 경험은 사실 같은 근원에서 오며, 단순한 두려움을 넘어선 공통점을 지닌다. 유럽의 상업 활동과 식민주의는 오늘날의 시간 측정과 기록 체계를 만들었고, 우리는 이에 따라 시간을 쌓아두고 거래하고 옮길 수 있는 교환 가능한 '물건'으로 가치를 매긴다. 1장에서 이런 생각을 더 살펴보겠지만 시계, 달력, 스프레드시트의 기원은 지구에서 자원을 채취하거나 사람에게서 노동 시간을 짜내는 추출의 역사와 뗄 수 없다.

다시 말하면, 오늘날 시간 압박과 기후 위기에 대한 공포 사이에서 갈등하는 사람들은 하나의 뚜렷한 세계관이 만들어낸 두 가지 결과를 모두 마주한 셈이다. 그 세계관은 노동 시간을 측정하고 이윤을 위해 생태계를 파괴하는 것을 당연시한다. 만성통증이 부위가 아닌 잘못된 자세, 습관, 또는 다른 부위의 불균형 등에서 기인할 수 있는 것에 비유할 수 있다. 통증이 있는 부위를 마사지하면 일시적으로 완화되는 것처럼 느껴지겠지만 만약 반복적인 스트레스가 원인이라면 진짜 문제를 해결하기 위해서는 평소 하던 일을 바꿔야 한다. 비슷한 방식으로 뚜렷한 형태의 고통으로 경험되는 시간 압박과 기후 공포는 더 규모가 큰 '몸'에 비유할 수 있으며, 수 세기 동안 이어진 추출적 사고방식으로 인해 지속 가능성을 잃고 불안정한 상태로 왜곡된 것이다. 이러한 이유로 자신의 개인적인 시간 경험을 기후 시계가 무너지는 경험과 연결하는 것은 단순한 정신 운동이 아니다. 관련된 모든 사람에게 시급한 문제다. 이 고통을 해결할 유일한 방법은 우리 행동을 근본적으로 바꾸는 것뿐이다. 지구에도 재미있는 모자를 넘어서는 다른 방법이 필요하다.

이런 근본적인 변화의 일부는 우리가 시간에 대해 말하고 생각하는 방식의 변화와 관련이 있다. 시계가 우리의 심리적 경험 전부를 결정하지는 않지만, 산업주의 및 식민주의와 함께 등장한 시간의 양적 관념은 여전히 전 세계 대부분에서 시간에 대한 보편적 언어로 사용되고 있다. 이런 관점은 시간을 다른 언어로 말하려는 시도를 어렵게 만들기도 하지만, 동시에 그런 노력이 얼마나 의미 있는지를 보여주기도 한다. 혼란과 부끄러움을 암시하는 "기후 위기 시대에 자기 관리할 시간은 있는가?"라는 제목으로 진행된 온라인 이벤트에서 이러한 도전의 사례를 목격했다. 《감각적 지식Sensuous Knowledge: A Black Feminist Approach for Everyone》의 저자인 민나 살라미Minna Salami는 이런 허울 좋은 질문에 답하기 위해 결국 그 전제를 거부해야 한다고 봤다. 자기 관리가 필수적이라는 점은 명백하지만 질문 자체가 일상적인 문화적 시간과 생태적 시간이 별개라는 잘못된 전제를 강화하기 때문이다. 만약 자기 관리를 그저 '자기를 우선시할 시간을 조금 훔쳐내는 일'로 보고, 자기 관리와 기후 정의가 제로섬 게임처럼 우리에게 주어진 시간을 두고 경쟁한다고 상상한다면 우리는 시간에 대한 낡은 사고방식을 답습하며 문제를 악화시킬 뿐이다. 살라미는 자기 관리와 기후 정의 중 하나를 선택하라는 양자택일의 틀 자체가 잘못됐다고 주장한다. 그리고 시간을 바라보는 관점을 바꾸면 기후 정의와 자기 관리를 하나의 노력으로 통합할 수 있다. 다시 말해, 기후 문제 해결을 위한 우리의 행동은 자신을 관리하는 일이기도 하며, 자기 관리는 결국 지구를 돌보는 행위로 이어질 수 있다고 말한다.

고대 그리스어에는 시간을 뜻하는 크로노스chronos와 카이로스kairos라는 두 가지 단어가 있다. 크로노스는 연대기chronology 같은 단어에서도 나타나듯 꾸준히 미래로 나아가는 사건들의 선형적 시간 영역을 의미한다. 반면 카이로스는 의미상 '위기crisis'에 더 가까운 의미를 지니며, 동시에 적절한 시기 또는 "지금 이 순간을 잡아라." 같은 의미로 이해할 수 있다. 살라미는 기후 문제와 관련해 카이로스를 모든 순간이 서로 다르고 "적절한 시점에 적절한 일이 일어난다."는 점에서 양이 아닌 질적인 시간으로 설명했다. 행동과 가능성에 대해 시사하는 바가 크다는 점에서, 나 역시 미래를 고민할 때 크로노스와 카이로스를 구분하는 것이 중요하다고 생각한다.

겉보기에는 안정된 크로노스가 편안함의 영역이고, 불안정한 카이로스는 불안의 영역으로 보인다. 하지만 1990년대 반노동 잡지 〈가공된 세계Processed World〉의 표현을 빌리자면 "심연을 향해 일사불란하게 행진하는" 우리에게 크로노스는 어떤 위안을 줄 수 있을까?* 내가 크로노스에서 발견한 것은 위로가 아니라 공포와 허무주의, 나와 타인을 끊임없이 짓누르는 시간의 한 형태다. 여기에서 내 행동은 중요하지 않다. 세상은 내 머리카락이 하얗게 세는 것처럼 착실히 나빠지고 미래는 극복해야 할 일이 돼버렸다. 반면 나는 카이로스에서는 생명줄, 다른 것을 상상할 수 있는 대담함을 발견했다. 결국 희망과 욕망은 오늘과 불확실한 내일의 차이에서만 존재할 수 있다. 한나 아렌트Hannah Arendt가 설명한 것처럼 행동의 예측 불가능성을 인정하는 것은 크로노스보다 카이로스다. "가

---

* 6장에서 〈가공된 세계〉에 대해 다시 살펴보겠다.

장 제한된 상황에서의 가장 작은 행동 하나, 때로는 말 한마디로 모든 상황을 바꾸기에 충분하기 때문에 동일한 무한성의 씨앗을 품었다." 이런 의미에서 시간이라는 문제는 자유 의지와 떼려야 뗄 수 없는 관계다.

이 책은 기후 허무주의나 다른 고통스러운 경험의 상당 부분이 인간이라는 행위자가 살아가는 매 순간의 중심에 존재하는 근본적인 불확실성을 인식하지 못하거나 접근하지 못하는 데서 비롯된다는 생각에서 출발했다. 우리가 이미 기후에 분명히 저지른 피해를 되돌릴 수 있다는 말은 아니다. 하지만 지금까지 우리가 내린 결론은 너무 자족적이다. 어떤 상황에서든 싸움이 끝났다고 믿으면 그것으로 끝이다. 크로노스와 카이로스의 차이를 인식하는 일은 개념적인 영역에서 시작할 수도 있지만 그게 다는 아니다. 이런 인식은 삶의 매 순간 가능성을 판단하는 것에 직접적인 영향을 미친다.

이 개념은 우리가 세상과 그 안의 존재들을 살아 있는 존재로 볼지, 아니면 죽은 듯 살아 있는 존재로 볼지에까지 영향을 미친다. 이는 자연 세계가 예측 가능한 기계적 법칙에 따라 작동하며, (유럽) 인간만이 그 안에서 유일한 주체라는 생각이 초래한 가장 깊은 영향을 보여준다. 이 생각이 등장했을 때, 식민지화된 사람들은 그들의 땅과 그 안의 모든 생명체와 함께 크로노스(시간) 안에서 영구적인 정체 상태에 갇힌, 주체성을 잃은 범주로 격하되었다. 이 개념은 단지 식민지 지배자들이 이러한 '자원'을 착취하는 것을 정당화했을 뿐 아니라 오늘날의 기후 위기와 인종적 불평등을 만들어내는 기반이 되었다. 이러한 좁은 관념을 벗어나 행동과 결정을 새롭게 (또는 다시) 바라보는 법을 배우는 것, 그리고 그동안 배제되었던 모든 존재가 동등하게 실재하며 카이로스(의미 있는 시간) 속에서 함께 존재한다는 사실을 인정하는 것은, 시간을 단순히 세상 속 사물들에게 일어나는 사건으로 보는 것이 아니다. 세계 속 행위자들과 함께 공동으로 만들어지는 것으로 보는 시각을 뜻한다. 내게 이것은 단순히 정의의 문제일 뿐 아니라 실질적인 문제이기도 하다. 나는 기후 위기를 인간과 비인간 존재들이 그저 '구원'되어야 하는 대상이 아니라, 그들의 목소리를 들어야 한다는 필요성을 표현하는 것으로 이해하기 때문이다.

애초에 나는 시간이 곧 돈이라는 주장이나 기후 위기 공포, 죽음에 대한 공포 같은 것보다 덜 괴로운 시간 개념을 찾으려 했다. 학문적인 질문이라기보다는 개인적인 질문이었기 때문이다. 그러다 예상치 못한 사실을 발견했다. 어떤 시간 감각은 내 시간이 다하기도 전에 죽었다고 느끼게 할 수 있지만, 다른 시간 감각은 살아 있다고 느끼게 할 수도 있다는 사실이었다. 코로나-19 팬데믹 동안 나는 여러 탈피 과정을 목격했다. 지역 웹캠에 찍힌 아직 회색 털이 부숭부숭한 새끼 매의 날개 끝에서 깃털이 손가락처럼 하나씩 자라나는 모습을 볼 수 있었고, 오클랜드 언덕에서는 주인이 벗어두고 덤불 속으로 사라진 뱀 허물을 발견하기도 했다. 우리 집 책상에 놓인 식물의 줄기 끝이 저절로 벗겨지고 창문 쪽으로 새로 뻗어나가는 모습도 봤다. 이런 어려운 탈피 과정에는 자신을 부정하는 무언가가 있었다. 내게도 이런 특성이 있다. 나 역시 무언가를 따르고 싶은 욕망과 표현하고자 하는 의지, 낡은 것을 대체할 그릇을 가졌다. 내일은 오늘의 껍질을 벗고 날것으로 성장하여 그 안에서 나는 달라질 것이다. 우리 모두 그렇게 될 것이다.

2021년 바르셀로나에 본사를 둔 신발 회사 트로픽필Tropicfeel은 영국의 여행 인플루언서 잭 모리스Jack Morris에게 한 가지 제안을 했다. "할게요!"라고 말하고 갑작스럽게 인도네시아 어딘가로 여행을 떠나달라는 요청이었다. 그 결과 〈화산 등반, 할게요!Say Yes to Climbing an Active Volcano!〉라는 8분짜리 영상이 탄생했다. 모리스는 자바 동부의 이젠Ijen이라는 화산에서 해돋이를 감상하기로 했고, 그의 모험을 기록한 영상은 제품 홍보에 사용돼 2018년 미국 소셜 펀딩 사이트 킥스타터Kickstarter에서 '역대 최다 펀딩을 받은 신발'이 탄생했다.

향수를 자극하는 색감과 슈퍼 8밀리미터(1965년에 코닥에서 출시한 8밀리미터 필름 포맷으로 주로 홈 무비 제작에 사용됨.-옮긴이) 필름 영화처럼 노란빛이 깜빡이는 이 영상에는 모리스가 발리를 떠나 보트와 자동차를 갈아타고 자바 동부에 있는 리조트로 향하는 모습이 나온다. 석양을 배경으로 그가 계단식 논을 성큼성큼 걸어가는 모습이 슬로우모션으로 등장한다. 다음 날 모리스는 이젠 화산에서 떠오르는 태양을 보기 위해 일찍 일어나 베이스캠프에 있는 카페에 간다. 카페는 금방이라도 쓰러질 듯 낡았지만 사람들로 북적인다. 새벽 두 시다. 머리에 스카프를 두른 여성이 어눌한 영어로 말하며 빵 튀김기를 보여준다. 카메라는 천을 덧댄 의자에 스카프를 두르고 후드티를 입은 채 눈을 감고 누운 남자 쪽으로 이동한다.

"저 친구는 뭐 하는 거죠? 자는 건가요?" 모리스가 묻는다.

"네, 자요." 여자가 대답한다.

모리스는 어둠을 헤치고 한 시간 반쯤 등반해 화산 정상에서 해돋이를 기다리며 주변을 슬로우모션으로 촬영한다. 드론에 장착된 카메라는 모리스의 조수나 관광객 무리를 최대한 감추면서 광활한 바위산의 풍경을 담는다. 고대 암석층을 배경으로 모리스와 산맥, 새하얀 운동화 밑창(상품명 몬순, 산뜻한 검은색, 121달러)만 등장한다. 일출을 극적으로 연출하기 위해, 이 부분의 영상에는 웅장하면서도 서양적이지 않은 어딘가 이국적인 분위기의 배경음악이 깔려 있다.

해가 완전히 떠오르자 모리스는 산에서 내려가다 유황 광산에서 자바인 광부들과 마주친다. 그들은 화산 틈새에 설치된 파이프에서 노란 황을 채취하고, 망치로 바위를 깨뜨려 나무 지게에 매달린 바구니에 거대한 무게의 황을 담아 나른다. 모리스는 채굴자들과 이야기를 나누며, 그들이 매일 분화구에서 수백 파운드의 황을 운반한다는 사실을 알게 된다. 그들은 무게에 따라 돈을 받기 때문에 가능한 많이 운반하려 애쓴다. 한 남성이 바구니를 어깨에 메고

가는 장면에 '슈퍼 8Super 8밀리미터 필름 필터'가 적용되면서, 모리스는 이렇게 말한다. "정말 대단하네요. 이 사람들 엄청 강인해요."

모리스가 본 광산은 황을 일일이 손으로 채굴하는 마지막 남은 유황 광산 가운데 하나였다. 배출되는 유황 가스가 너무 독해 광부들의 치아를 녹일 정도라서 이런 광산은 이제 거의 남지 않았다. 광부들은 어깨 부상과 호흡기 질환에 시달리면서도 보호 장비를 거의 또는 전혀 착용하지 않은 채 가혹한 일을 해낸다. 현실적으로 병원이 너무 먼 탓에 광부들은 부상을 치료하는 대신 더는 일하지 못하게 될 때까지 참고 일하는 편을 택한다. 한 광부는 BBC와의 인터뷰에서 "이곳에서 일하면 수명이 줄어들 수 있다고 하더군요."라고 말했다. 그의 말이 옳았다. 한 기자의 설명에 따르면, 유황 광산 광부들의 기대수명은 50년 정도에 불과하다. 많은 사람이 비교적 높은 임금을 받아 자녀를 학교에 보내고 빈곤의 악순환이 끊어지기를 바라며 그곳에서 일한다. 하지만 기대수명이 짧아진다는 것은 그 아들이 대를 이어 같은 일을 해야 한다는 의미이기도 하다. 그러는 동안 노동은 광부들의 얼굴을 '젊으면서도 동시에 늙어버려 나이를 전혀 가늠할 수 없을 만큼 지친' 모습으로 변화시킨다.

여행 인플루언서, 카페, 산, 광부, 태양의 기묘한 만남에는 시간을 보는 다양한 렌즈가 촘촘하게 교차된다. 이젠 화산에서는 팔릴 만한 자연 사진, 여가 경험, 유황 암석 등 여러 가지가 채취된다. 그중 하나는 노동 시간이다. 캐낸 암석 단위로 임금을 받든 시간 단위로 받든, 광부들에게 시간은 임금이자 생존 수단이며 팔아야 할 가장 가치 있는 것이다. 카페에서 잠을 청하려 애쓰던 남자도 광부일지 모른다. 성수기 주말마다 화산을 오르는 수백 명의 관광객처럼, 광부들도 새벽부터 기지를 떠나 산을 올라야 한다. 이들은 더위와 자기 쪽으로 날아오는 유독성 가스를 피하려고 어쩔 수 없이 새벽에 산을 오른다. 언제든 시간을 더 살 수 있는 구매자 관점에서 보면 노동 시간은 탈체화되고 획일적이지만, 생명과 몸이 하나뿐인 노동자에게는 그렇지 않다.

경제사학자 케이틀린 로즌솔Caitlin Rosenthal에 따르면 오늘날 우리가 스프레드시트라고 부르는 도구는 미국과 서인도제도 식민지의 대규모 플랜테이션에서 생산성을 측정하고 최적화할 목적으로 사용됐다. 그곳에서 이 도구들은 유황 암석 채굴처럼 단조롭고, 고되고, 반복적인 노동을 관리하는 데 활용되었다. 이 장부에 기록된 노동 시간은 선적되는 담배나 사탕수수의 무게 만큼이나 교환 가능한 것으로 여겨졌다. 흥미롭게도 황과 설탕은 이젠 화산과 연결되어 있다. 그곳에서 채굴자들이 운반해 온 대부분의 황은 가공되어 지역 공장으로 직송된다. 이 공장에서 황은 사탕수수 즙을 표백하고, 정제해 하얀 설탕 알갱이로 만드는 데 사용된다. 설탕은 식민주의와 유럽이 부를 쌓은 역사와 깊이 연관되어 있는 대표적인 상품이다. 결국 '상품으로서의 암석', '상품으로서의 설탕'을 설명하는 방식은 '상품으로서의 노동 시간'을 설명하는 방식과 같다. 한편으로는 이들 모두가 표준화되고, 자유롭게 유통되며, 무한히 분할 가능한 특성을 지닌다. 또 다른 의미에서 이들은 인간 생태계의 고갈과 깊이 얽혀 있다.

한편 한밤중에 일어나 관광객을 겨냥한 카페를 운영하는 사람은 해돋이 이미지를 소비하기 위해 찾아오는 사람들의 시간적 요구에 맞춰 자신의 시간 감각을 조정한다. 자신의 시간 리듬을 타인이나 다른 사물의 리듬에 맞추는 이런 현상을 동기화entrainment라고 하며, 이는 종종 젠더, 인종, 계급, 능력에 따른 위계 구조를 반영하는 불균등한 관계 속에서 흔히 발생한다. 누군가의 시간이 지닌 가치는 단순히 임금으로 측정되지 않는다. 그것은 누가 어떤 종류의 일을 하는지, 그리고 누구의 시간성이 누구의 시간성에 맞춰져야 하는지에 따라 달라진다. 이는 서두르거나 기다리거나, 혹은 둘 다를 포함할 수 있다. 특히 한 사람의 '속도를 늦춰라.'라는 말이 한 사람이 느긋해지기 위해 다른 누군가가 더 서둘러야 하는 상황을 만든다면, 이런 관계를 이해하고 인식하는 것이 더욱 중요하다.

'느림'이라는 이상은 종종 여가와 연결되지만, 모리스는 영상에서 여가를 즐기는 모습을 연출하며 사실상 일을 하고 있다. 여가와 소비주의를 정교하게 잇는 여행 인플루언서는 경험경제experience economy의 핵심 종Keystone species(군집의 구성과 유지에 가장 주도적인 영향력을 발휘하는 생물종. 생태학자 로버트 페인Robert Paine이 고안한 개념-옮긴이)이다. 1990년대 조지프 파인 2세Joseph Pine II와 제임스 길모어James Gilmore는 경험경제라는 용어를 고안하며 레인포레스트카페Rainforest Cafe(움직이는 악어 모형과 안개를 쏘는 기계가 있고 가짜 천둥소리가 나는 정글 테마의 레스토랑 체인점) 같은 지극히 평범한 사례를 떠올렸다. 그 이후 인스타그램은 전 세계 구석구석을 배경과 경험이 쫙 깔린 메뉴판으로 바꿔놓았다. 이제 우리는 자기 관리와 휴식에 관한 게시물이 쉼을 권유하는 광고처럼 보이는 가상 쇼핑몰에서 삶 자체를 쇼핑한다. "이걸 당신의 삶에 추가하려면 클릭하세요." 트로픽필 웹사이트에는 모리스가 영상에서 착용한 것과 같은 운동화, 백팩, 운동복과 비슷한 제품을 구매할 수 있다. 이때 '스타일을 구매하세요Shop the look.'와 '경험을 구매하세요Shop the experience.'는 거의 같은 의미로 연결되어 있다.

경험경제에서 자연과 그 밖의 모든 것은 주체성을 박탈당한 채 그저 소비를 위한 배경이 된다. 하지만 이젠 화산은 이런 틀에 불안정하게 얹혀 있다. 이젠 화산은 살아 있다. 이젠 화산의 역사는 모리스가 방문하기 5000만 년 전, 인도-호주 해양판이 아프리카 남부와 남극대륙 부근에서 떨어져 나와 북상하면서 유라시아판과 충돌해 그 아래로 밀려 들어가면서 시작됐다. 해양판이 녹으면서 유라시아판 표면으로 치솟은 용암이 여러 화산을 형성했고, 자바가 속한 순다아크Sunda Arc 제도의 섬들을 이루었다. 오늘날 올드 이젠Old Ijen으로 알려진 거대한 성층화산이 형성되고 분화하고 붕괴하면서 거대한 칼데라(화산 폭발 후 수축으로 생겨난 함몰 지형)가 형성됐다. 구글어스Google Earth에서도 이 윤곽을 볼 수 있다. 고대 칼데라 안에는 오늘날의 이젠을 포함한 작은 성층화산들이 형성됐다. 이 화산도 분화하고 붕괴하면서 분화구가 형성되고 빗물이나 눈으로 채워졌다. 1817년 이젠 화산이 분화하며 칼데라의 깊이가 두 배로 깊어져 곧 인스타그램에 올릴 정도로 큰 호수가 됐고, 숲은 죽어 6미터 깊이의 화산재에 파묻혔다. 한편 함몰 해저에 포함됐던 유황이 드러나면서 분화구와 광부들이 설치한 파이프로 빠져나갔고 지금도 빠져나간다. 밤이 되면 유출된 유황 가스가 공기와 반응해 연소하며 푸른 빛을 낸다.

1989년 빌 맥키번Bill McKibben은 〈뉴요커The New Yorker〉 지에 기고한 글에서 "우리는 자연의 종말에 와 있다."라고 말하며 이렇게 덧붙였다. "하지만 세상의 종말이 온다는 말은 아니다. 비는 계속 내릴 것이고 태양은 계속 빛날 것이다. 내가 '자연'이라고 할 때, 이 자연은 세상과 그 안에 속한 우리를 바라보는 인간적인 특정한 관점을 염두에 둔 것이다." 활화산은 '자연'을 객체가 아닌 주체로, 즉 시간 속에서 움직이는 무언가 또는 누군가로 본다는 것이 무슨 의미인지와 '인간의 위치'에 대해 생각해 볼 좋은 기회를 준다. 용암은 움직인다. 그것은 우리 때문이 아니다.

코로나-19 팬데믹 때문에 내 삶이 일정하게 유지되기 시작했을 때, 나는 내 눈을 피해가던 변화를 알아차렸다. 서서히 노랗게 물들어가는 언덕, 샘물이 흐르며 바위를 언덕 아래로 밀어내고, 칠엽수

가지는 싹을 틔우고 꽃을 피우다 죽었다. 붉은가슴딱따구리가 매일 시간을 기록하듯 같은 나무에 구멍을 빽빽하게 뚫어놓은 탓에 나무 둥치는 마치 달력 같아졌다. 모하비족Mojave 미국 시인 내털리 디아즈Natalie Diaz는 이렇게 묻는다. "강은 당신이나 나처럼 살아 있는 몸이며 강 없이는 삶이 있을 수 없다는 것을 어떻게 말이 아니라 믿음으로 번역할 수 있을까?" 이런 행위가 그저 째깍째깍 돌아가는 시계추 같은 우주의 움직임이 아니라 주체성 있는 누군가의 행동이라면 어떨까? 그렇게 생각하자, 나는 우리가 세상을 무기력하다고 보는지 또는 주체적이라고 보는지가 시간을 점유한 사람 또는 사물과 그렇지 못한 것을 가르는 낡은 구분의 산물이라는 사실을 깨달았다. 이젠 화산 같은 존재를 그저 사물이라고 보는지, 주목할 만한 주체라고 보는지도 마찬가지다.

트로픽필의 영상을 다시 보면서 나는 음악 검색 애플리케이션(이하 앱) 샤잠Shazam을 이용해 해돋이 장면에 등장한, 서양풍이 아닌 그 음악을 찾아봤다. 다니엘 도이슐레Daniel Deuschle의 〈통과의례Rite of Passage〉라는 곡이었다. 정식 라이선스 음악 웹사이트인 뮤직베드Musicbed의 여행 부문에서 다섯 번째로 추천된 곡이기도 했다. 도이슐레의 이력에는 이렇게 적혀 있다. "짐바브웨에서 자란 다니엘 도이슐레는 가수이자 작곡가, 프로듀서다. …… 그는 아프리카의 사운드를 웅장한 멜로디와 감동적인 진행에 녹여내 서로 다른 세계를 연결한다." 모리스(또는 영상 편집자)가 의도적으로 '아프리카 사운드'

를 위해 이 음악을 고심해서 선택했다거나 주의 깊게 들었다고 주장하는 것은 아니다. 그들은 그저 트로픽필을 위해 주류 언어로 말하고, 사람들이 받아들일 만한 상투적인 표현을 사용해 자기 소임을 다했을 뿐이다. 그런데도 〈통과의례〉는 현실과 긴장 관계인 어떤 장소에 대한 이국적인 태도를 암시한다. 영상에는 모리스가 광부들을 칭찬한 다음 난처한 상황에서 어떻게 벗어나야 할지 모르겠다는 듯 카메라가 광부들을 피해 슬쩍 언덕 쪽으로 천천히 옮겨가는 불편한 순간이 있다. 광부들은 마치 유황처럼 시간을 초월하고 설명할 수 없는 풍경 속에 녹아든다.

하지만 모리스 역시 시장성이 있어야 했다. 인스타그램 초창기에 그는 맨체스터에서 최저임금을 받으며 카펫 청소를 하고 틈새시장을 공략하는 브랜드의 콘텐츠를 여러 계정에 올리며 배낭여행을 떠날 돈을 모았다. 여행 사진을 올리는 개인 계정은 '그저 재미를 위한 부업'이었다. 2019년 그의 인스타그램 계정이 270만 명의 팔로워를 보유하게 되자, 이 계정을 운영하는 것은 그의 직업이 됐다. 당시 그는 다른 여행 인플루언서와 교제 중이었는데, 두 사람은 주로 태평하게 이곳저곳 여행 다니는 커플이라는 이미지로 인기를 끌었다. 하지만 그들은 발리에 두 사람만을 위한 주택을 지은 지 1년 만인 2021년 헤어졌다. 이 사실을 알고 나서 화산을 찾아간 모리스를 보면 슬프고 의기소침해 보인다. 그는 홀로 이집트 여행을 떠나며 인스타그램에 이렇게 썼다. "1년 넘도록 창의력이 꽉 막혀 카메라를 들 생각조차 들지 않았어요. 창작은 전처럼 만족스럽지 못했습니다. …… 눈앞의 아름다움을 제대로 맛보지도 못한 채 완벽한 한 컷을 얻기 위해 스트레스를 받으며 이리저리 뛰어다녔기 때문이었던 것 같네요." 브랜드 이미지는 그 자체로 일종의 대상이 된다. 그는 이집트에서 상황이 달라지기를 바랐다. "저는 속도를 늦춰 제가 보고 행동하는 모든 것을 받아들이고 싶습니다. 새로운 것을 경험하고 배우고 감상하고, 그다음에 사진을 찍고 싶어요." 모리스는 소설가이자 예술평론가인 수전 손택Susan Sontag이 관광객들이 사진을 찍을 때 보인다고 했던 '무언가를 소유하려는 태도'를 어느 정도 버린 것처럼 보였다. 대신 그는 단순히 기록이 아니라, 진짜 사람이나 장소와의 만남을 더 중요하게 생각하게 되었다.

　　의무에 충실한 모리스의 영상을 보자, 해돋이를 보러 화산에 올라갔을 때가 떠올랐다. 그리고 내가 그때 왜 그다지 내키지 않았는지 생각했다. 화산섬인 필리핀이 고향인 우리 가족은 2014년 결혼식에 참석하기 위해 하와이에 갔다. 그때 관광을 하기 위해 마우이섬에도 방문했다. 마우이에서 가장 인기 있는 관광 중 하나는 일찍 일어나 섬의 화산 꼭대기에서 해돋이를 보는 것이다. 분명 아름답겠지만 관광 엽서 같은 사진 한 장 더하는 것 이상의 의미는 없어 보였다. "꼭 가야 해?" 나는 한밤중에 떠날 채비를 하면서 엄마에게 투덜거렸다. 차창 밖은 칠흑같이 어두워서 어디가 어딘지 전혀 감도 오지 않았다. '태양의 집'이라는 의미의 할레아칼라Haleakal 꼭대기 주차장에 도착하자 이미 관광객 무리가 차갑고 매서운 바람을 막기에는 역부족인 수건과 담요로 온몸을 감싼 채 동동거리며 모여 있었다.

새벽 6시 무렵이 되자, 화산을 둘러싼 고른 구름층 위로 태양이 떠오르기 시작했다. 그 일출의 희미한 메아리가 내 눈앞에서 일어났고, 주황색 직사각형의 빛나는 카메라 화면이 올라가고 셀카봉으로 사진을 찍기 위한 자리다툼 때문에 사람들이 뒤엉켰다. 나는 엄마와 함께 담요 한 장을 꼭 쥐고 바람을 막으려고 애썼다. 엄마가 다소 어색하게 팔을 들어 사진을 찍으려는 순간 얼음장처럼 세찬 바람이 파고들었다.

미래는 언제나 지평선 너머에 있고, 살아간다는 것은 끊임없이 이동하는 것과 같다. 하지만 몇 분 동안, 일출은 말로 다 할 수 없는 쓸쓸하면서도 달콤한 감정을 한 점으로 응축해서 보여준다. 사람들이(엄마를 포함해) 그것을 사진으로 남기고 싶어 하는 것도 이해할 만하다. 그러나 카메라 밖에서 일출은 금세 사라지고 만다. 일출은 시간이 흐르고 지구가 돌고 있다는 사실을 눈으로 확인할 수 있는 자연현상이다. 대부분 위도에서 하루 두 번, 빛이 빠르게 변해 우리가 그 변화를 직접 느낄 수 있는 순간이기도 하다. 일출을 바라보는 것은 매일 해가 떠오르지만 동일한 일출은 다시 볼 수 없다는 것을 이해하는 것이다. 해가 떠오를 때마다 재생, 귀환, 창조, 그리고 "새로운 날"의 이미지를 전달하며, 서구에서 시간과 공간 사이에 존재한다고 여겨지는 균열을 잠시나마 치유해 준다. 특히 일부 사람들

엄마가 찍은 사진

은 지구의 곡선을 볼 수 있다고 주장하는 할레아칼라에서는 더욱 그렇다.

　하지만 해돋이를 사진으로 담으려 했다면 그날의 기억에서 가장 두드러지는 장면을 포착하지는 못했을 것이다. 눈부신 태양이 떠오르는 모습보다 더 기억에 남은 일은 담요 안에서 느낀 엄마의 몸이 얼마나 작고 따뜻했는지, 우리가 얼마나 믿기 힘든 존재인지, 훅 불면 금세 날아갈 것 같은 우리 몸이 얼마나 연약한지에 대한 감각이다. 할레아칼라는 마우이섬 전체를 만든 두 개의 화산 중 하나다. 수천 년 전에 일어난 일련의 중요한 사건들이 지금 우리에게 광활한 바다 한가운데 설 수 있는 시간을 줬다. 그곳에서 남서쪽으로 220킬로미터 떨어진 장소에서는 태평양판이 지나는 곳 위에 형성된 화산 기둥이자 하와이 열점이 가장 최근에 만든 카마에후아카날로아Kamaʻehuakanaloa 해산(대양의 밑바닥에 원뿔 모양으로 우뚝 솟은 봉우리-옮긴이)이 여전히 형성된다.* 나는 하와이 사람이 아니고 그곳에 대해 어떤 권리도 주장할 수 없다. 사실 다른 어떤 곳에 대해서도 마찬가지다. 하지만 엄마의 몸과 그보다 훨씬 더 거대한 몸에서 나는 이중적 친밀함을 느꼈다. 나에게 무언가를 떠올리게 하는 거대한 몸. 그것은 내가 이 세상에 태어나기로 결정한 것이 아니며, 내 생이 끝날 때도 스스로 선택하거나 받아들이는 것이 아니라는 사실을 일깨워 줬다. 해돋이가 '끝나고' 모두가 산에서 내려온 뒤에도, 지구는 계속 움직이고 할레아칼라는 침식되고 카마에후아카날로아는 솟아오를 것이다. 이 책에서 설명할 시간 감각 가운데 내가 가장 '보존하고 싶은' 것은, 세상의 모든 것을 끊임없이 변화시키고 새롭게 만드는 불안정함과 변화다. 이는 마치 뜨거운 용암이 흐르면서 지표면을 갈라놓고, 새로운 모습을 만들어내는 것과 같다. 이러한 변화의 힘은 우리가 익숙하게 여기는 현재의 모습을 계속 바꾼다.

이 책은 당면한 문제를 두고 더 많은 시간을 만들기 위한 실용적인 방법을 다루지 않는다. 그것이 가치 있는 주제가 아니라고 생각해서가 아니라 내가 예술, 언어, 세상을 바라보는 방식에 더 가깝

---

* 과거 카마에후아카날로아는 로히(Lōʻih)해산으로 알려졌다. 로히라는 이름은 1950년대에 이 산의 모양을 따서 붙인 이름으로, 로히는 하와이어로 '길다'라는 뜻이다. 이후 문화계 종사자들과 학자들은 해저 화산을 가리킨다고 여겨지는 바다의 신 카날로아(Kanaloa)가 낳은 붉은 자식 카마에후(Kamaʻehu)에 대한 하와이 전통 설화를 복원했다. 이 중 한 구절을 번역하면 이렇다. "화산의 광포하고 매캐한 냄새/카날로아의 자손 에후(ehu)를 예언하네/이 새로운 섬을 맞이하는 기다림은 길다네." 2021년 하와이지명위원회(Hawaii Board on Geographic Names)는 공식적으로 이 산의 이름을 카마에후아카날로아로 개정했다.

기 때문이다. 이 책에서는 '당신의 시간'과 당신이 살아가는 시간이 어떤 관련이 있는지 따져볼 개념 도구를 찾게 될 것이다. 나는 시계들 사이, 개인적인 것과 추상적인 것 사이, 일상적인 것과 종말론적인 것 사이의 괴리감에 절망하기보다 잠시 그 속에 머물러보고 싶었다. 이 책에 대한 생각은 팬데믹 이전에 시작했다. 하지만 그 몇 년 동안 팬데믹은 사회적, 경제적 틀을 뒤흔들며 많은 사람들에게 시간을 낯설게 만들었다. 그 경험에서 긍정적으로 얻은 교훈이 있다면 의심이 커졌다는 점이 아닐까 싶다. 의심은 단순히 우리가 알던 것 사이에 드러난 틈새일지 모르지만 우리를 다른 곳으로 이끄는 비상구가 될 수도 있다.

이 책에서 제시하는 시간을 바라보는 다양한 관점들은 각각 독립적으로는 효과적이지 않다. 우리는 실제적 현실 속에 살고 있으며, 시간을 돈이 아닌 다른 무언가로 가치 평가할 때 겪는 난관 중 하나는 이러한 사고가 현재의 세상, 즉 있는 그대로의 세상에서 이뤄져야 한다는 점이다. 주로 크로노스 속에서 살면서 카이로스를 찾으려는 것은 개인의 행위성과 구조적 한계 사이의 복잡한 회색지대에 놓이게 한다. 이는 사회이론가들이 오랫동안 탐구해 온 영역이기도 하지만, 사회적 세계에서 삶을 살아가는 모든 이들이 본능적으로 경험하는 것이기도 하다. 이 관계에 대한 가장 유용한 설명 중 하나는 제시카 노델Jessica Nordell의 《편향의 종말》에서 찾을 수 있다. 노델은 개인의 편견과 제도적 편견을 분리할 수 없다고 말한다. 왜냐하면 우리의 결정이 작동하는 '절차, 구조, 조직 문화'를 만드는 것은 결국 사람이며, 동시에 우리는 각자 살아가는 지역 문화의 영향을 받기 때문이다. 그래서 노델은 정책, 법, 알고리즘 같은 구조를 개혁하지 않은 채 편견을 해결하려는 노력을 '내려가는 에스컬레이터를 거슬러 올라가는 것'에 비유한다. 인종이나 젠더 편향 같은 문제에서 정의를 실현할 잠재력과 책임은 개인의 내면과 외부 모두에 존재한다.

이와 마찬가지로 시간을 다르게 생각하려는 개인적이고 집단적인 프로젝트는 현재 균열만 있는 곳에 공간과 시간을 열 수 있는 구조적 변화와 함께 이뤄져야 한다. 그래서 나는 이 책이 이런 변화를 향한 대화의 한 부분이라고 여긴다. 내가 가장 깊이 바라는 것은 이 책이 활동가들의 작업과 정책에 대해 명시적으로 글을 쓰는 이들의 작업과 연결되는 것이다. 예를 들어 보편적 기본소득이나 빈곤층에 부과되는 '시간세time tax' 같은 주제를 다룬 애니 로리Annie Lowrey, 또는 《재량 시간Discretionary Time: A New Measure of Freedom》* 에서 여러 국가의 정책에 대한 상세한 분석으로 결론적 권고를 제시한 로버트 구딘Robert Goodin, 리나 에릭손Lina Eriksson, 제임스 라이스James Rice, 안띠 파르포Antti Parpo 같은 이들 말이다. 5장에서 기후 허무주의를 다룰 때 분명히 드러나겠지만, 나는 기후 시계를 악화

---

* 이 책의 마지막 장에서 구딘 등은 노동 시간의 유연성, 공정한 이혼법, 평등 문화, 공적 이전과 보조금의 중요성을 강조했다. 재량 시간이라는 개념은 2장에서 다시 살펴볼 것이다.

하는 화석연료 산업의 책임을 정확히 지적하고자 한다. 지역 생태계에서 개화 시기를 살피는 내 개인적인 관심이 엑손모빌ExxonMobil 같은 기업의 존속 욕구에 어떤 식으로든 영향을 미칠 수 있다고 생각하기는 어렵다. 그래서 나는 이 책이 나오미 클라인Naomi Klein이나 케이트 애러노프Kate Aronoff 같은 기후 운동가 및 기후 정책을 다루는 저술가들과 나누는 대화의 일환이라고 생각한다.

그 이상으로, 이 책은 나만이 아니라 다른 누군가의 존재가 더 필요하다는 근본적인 의미를 담고 있다. 시간을 다른 언어로 말하고, 지배적인 것과 다른 공간을 만들어내기 위해서는 최소한 한 사람 이상의 동반자가 필요하다. 이런 대화는 하나의 세계를 불러일으킬 수 있으며, 아마도 그 세계는 잔인한 제로섬 게임으로 정의되는 세상보다 더 나은 방식으로 작동될 것이다. 미아 버드송Mia Birdsong 같은 작가들은 나에게 이런 변화를 만들어내는 문화적 전환의 중요성을 가르쳐줬다. 그것은 일상적인 개인 간 상호작용과 소문자 p로 표현되는, 거대 담론이 아닌 일상적 수준의 정치politics에서 일어나는 변화다. 버드송은 《우리는 어떻게 드러나는가How We Show Up》에서 아메리칸드림이 우리의 두려움을 악용해 현실을 구축하고 상상의 결핍을 초래한다고 말한다. 그는 또한 우리가 일반적으로 배우는 것과 다른, 누구나 접근할 수 있고, 축하할 수 있는 '행복, 목적, 연결, 사랑'의 새로운 모델을 제시해야 한다고 주장한다.

독자들은 이런 작업을 해방적이고 유토피아적인 것으로 볼 수도 있고, 단지 신자유주의하에서 공공서비스가 붕괴하면서 생긴 공백을 메우는 것에 불과하다고 여길 수도 있다. 사실 둘 다 사실일 수 있다. 2020년 코로나-19 팬데믹이 시작되면서 상호부조가 떠오른 일은 이런 과정을 설명하는 한 가지 사례다. 구글 문서와 스프레드시트는 한편으로 사회 안전망의 심각한 공백에 맞서기 위한 노력인 동시에 가치, 책임, 친족 관계, 누릴 자격에 대한 비주류적 사고를 실험하는 구체적이고 살아 있는 사례였다. 물론 상호부조 같은 것이 이런 방식으로 필요하지 않았다면 더 좋았을 것이다. 그러나 그런 필요가 현실이 되었고, 상호부조는 사람들에게 실질적인 도움을 제공한 뿐만 아니라 더 넓은 문화 속에서 이런 개념들이 살아남고 발전하도록 기여했다. 이 책이 기여하기를 바라는 것도 바로 그런 종류의 가능성에 대한 인식의 전환이다. 나는 이 이미지와 개념, 장소들을 시간에 대한 오래된 언어를 낯설게 하는 동시에 새로운 방향을 가리키는 도발로 제시하려고 한다. 그런 이유로 이 책을 여러분과의 대화뿐 아니라 다른 사람들과 대화할 때 활용하기를 바란다.

때로 너무 두려워서 입에 담기도 어려운 것이 가장 좋은 영감을 주기도 한다. 내게는 허무주의가 그랬다. 나는 《아무것도 하지 않는 법》에서 데이비드 호크니David Hockney가 비정통적이고, 입체파에서 영감을 받은 콜라주 중 하나에서 이루고자 했던 것을 인용했다. 그는 그것을 "르네상스 단일 소실점 원근법에 대한 파노라마식 공격"이라고 불렀다. 그 표현을 빌리면 이 책은 허무주의에 대한 나의 파노라마식 공격이라고 할 수 있다. 처음에는 무언가에 도움이 되고자 글을 썼지만 결국 내 삶을 구원하기 위해 쓴다는 생각이 들었다. 내가 취할 수 있는 가장 큰 희망의 제스처인 이 책이 나처럼 비통함을 느끼는 모든 독자에게 미래의 피난처가 되기를 바란다.

　　나오미 클라인은 《이것이 모든 것을 바꾼다》에서 미래에 대한 자신의 두려움을 솔직히 고백하며, 행동과 관련된 카이로스라는 개념을 언급한다. 그는 "변화를 요구하는 열망으로 사회 전체가 휩싸이는 순간들"을 "분출"과 "봉기의 순간"으로 묘사한다. 이런 순간은 오랫동안 활동한 운동가들에게조차 놀라움으로 다가왔다. 클라인은 "우리는 우리가 들어온 것보다 훨씬 더 많은 존재라는 것, 우리가 더 많은 것을 갈망하며 그 갈망 속에서 상상했던 것보다 훨씬 더 많은 동료가 있다는 사실에 놀란다."라고 말한다. 그리고 "분출하는 봉기의 순간이 언제 다시 올지는 아무도 모른다."라고 덧붙인다.

　　나는 조지 플로이드George Floyd(2020년 5월 25일 미국 미네소타주 미니애폴리스에서 경찰이 체포 과정에서 죽인 아프리카계 미국인-옮긴이)가 살해된 뒤 몇 주가 지난 2020년 이 글을 다시 읽었다. 끓어오르는 에너지로 가득 찬 잊을 수 없는 시기였다. 이 시기를 통해 나는 카이로스와 행동, 놀라움 사이의 관계를 강렬히 느꼈다. 시간은 새로운 지형을 만들어냈다. 작가 허먼 그레이Herman Gray는 이를 '코로나-19 팬데믹이라는 느린 시간과 거리의 뜨거운 시간'으로 대조했다. 버드송은 2021년 7월 팟캐스트에서 팬데믹이 단순히 사람들이 농장 노동자나 간호사처럼 전에는 생각해 보지 않았던 사람들과 얼마나 밀접하게 연결돼 있는지를 드러내며 어느 정도의 문화적 변화를 이뤄냈다고 주장했다. 팬데믹은 세상과 그 속에 사는 사람들의 모습을 바꿔놓았고, 플로이드의 죽음과 그 뒤 일어난 시위는 그 변화 속에서 일어났다. 버드송은 이 특별한 순간에 대해 "이전에는 흑인이 살해되는 상황에 아무런 연대감을 느끼지 못했던 사람들조차 …… 더 큰 연대 의식을 느꼈다."라고 말했다. 이는 리베카 솔닛Rebecca Solnit이 《이 폐허를 응시하라》에서 여러 번 반복한 "믿음이 중요하다."라는 말을 떠올리게 한다.

'일상으로 돌아가자.'라는 요구가 빗발치는 가운데, 이 책은 카이로스를 위한 카이로스 안에서 쓰였다. 시기가 무르익은, 그러나 사라져가는 기회의 창을 위해. 우리는 시간이 필연성과 무력함보다 예측 불가능성과 잠재력이 펼쳐지는 장이라고 믿을 수 있듯, 우리는 언제든 시간 안에서 무엇을, 누구를 인식할지 선택할 수 있다. 그런 의미에서 시간에 대한 우리의 생각을 바꾸는 것은 재앙적인 과도기에서 개인적인 절망에 맞서는 수단에 그치지 않는다. 이는 세상이 지금의 상태를 더 이상 당연하게 받아들일 수 없으며, 그 안의 행위자들이 이름 없이 착취당하거나 버려질 수 없음을 일깨우는 행동의 촉구이기도 하다. 나는 일상적인 자본주의적 구현에서 벗어나 시간의 본질에 대해 진지하게 성찰하는 일이 우리의 삶이나 지구의 생명이 당연한 것이 아님을 보여준다고 믿는다. 그런 의미에서 시간의 근본적으로 환원 불가능하고 창조적인 본성을 회복하는 것은 '우리가 시간을 구할 수 있다.'는 생각으로 이어질 수 있으며, 이는 곧 시간이 '우리를 구할 수 있다.'는 뜻이 되기도 한다.

Chapter I

누구의 시간이고

누구의 자본인가

Whose Time, Whose Money?

오클랜드 항구

시간이란 제게 있어, 우리 세계와 우주의 역사,
그리고 영원이라는 거대한 흐름 속에서 개인의 수명과
나이 듦에 대한 것이라고 생각해요.
_바바라 아담(Barbara Adam), 도미니크의 한 학교 교사의 《타임워치》 인터뷰 내용 중

순간은 이윤의 요소다.
_19세기 영국 공장 관리자, 카를 마르크스(Karl Marx)의 《자본론》에서 인용

내가 고등학생 때부터 타던 빛바랜 세단을 타고 7번가 터널을 지나 서쪽을 향하다 오클랜드 항구에 도착한다. 이 차의 시계는 언제인지 모를 정도로 오래전에 꺼졌지만, 내 휴대전화는 지금이 일출 8분 후인 오전 7시라고 알려준다.

앞에는 야자수와 여러 물건들이 점점이 박힌 넓은 콘크리트 공간이 펼쳐진다. 컨테이너 없는 트럭, 트럭 없는 컨테이너, 차대, 타이어, 상자, 팔레트 들. 이 모든 것들이 한데 뭉쳐 있고, 때로는 쌓여 있으며, 우리가 바로 이해하기 힘든 방식으로 구획돼 있다. 노동의 풍경이다. BART 열차 선로

와 그 주위에 둘러쳐진 철사 울타리가 지하로 사라지며 곧바로 샌프란시스코만 아래를 지나갈 것이다. 다른 종류의 기차가 모습을 드러낸다. 우연히 만들어진 색 조합의 컨테이너들이 이중으로 쌓여 있다. 흰색과 회색, 핫핑크와 네이비 블루, 밝은 빨강과 어둡고 먼지 낀 빨강. 인간의 존재와 필요성을 나타내는 몇 가지 표시가 있다. 빨갛게 칠한 피크닉 테이블, 이동식 화장실, 빈 음식 가판대, 척추 교정 서비스를 광고하는 현수막 같은 것들이다.

우리는 SSA 해양 터미널과 투명한 울타리로 구분된 미들 하버 해안 공원에 들어선다. 울타리 너머에는 컨테이너가 6단 높이로 쌓여 있어, 골판 금속으로 만들어진 끝없는 도시 같은 인상을 준다. 더 앞쪽에는 공룡 같은 거대한 장비들이 있다. 청록색 스트래들 캐리어Straddle Carrier(항구나 대형 물류센터에서 사용하는 대형 장비-옮긴이)와 흰색 선적 크레인들, 그중 일부는 16층 높이에 달한다. 그 아래에서는 중국 선전에서 온 거대한 선박이 정박해 있다. 하지만 지금 장비들은 휴면 상태고, 노동자들은 이제 막 출근한다.

1998년 7월, 이탈리아 국립핵물리학연구소National Institute for Nuclear Physics(이하 INFN)는 연구자들의 실험실 출퇴근 시간을 기록하기로 결정했다. 하지만 그들은 이런 결정이 연구소뿐만 아니

라 전 세계적으로 반발을 일으킬 것이라는 사실을 예상하지 못했다. 수백 명의 과학자들이 INFN 물리학자들의 항의에 지지하는 글을 썼고, 이 조치가 불필요하게 관료적이며, 모욕적이고, 연구원들의 실제 업무 방식과 맞지 않다고 말했다. 전(前) 미국물리학회 회장은 "훌륭한 과학은 시계로 측정할 수 없다."라고 썼다. 로체스터대학교의 한 물리학 교수는 "추측건대 미국 의류 산업계가 INFN에 생산성 향상 방법을 두고 훈수를 둔 것이 틀림없다."라고 말하기도 했다. 로렌스 버클리Lawrence Berkeley 국립연구소 부국장은 "나중에는 연구자들을 책상이나 실험대에 묶어두고 출근하면 한 발짝도 나갈 수 없게 하거나 뇌에 모니터를 심어 책상에서 물리학 말고 딴생각은 못 하도록 감시할지도 모른다."라고 신랄하게 비꼬았다.

새로운 정책에 대항하는 수많은 서한 가운데 과학자들의 항의에 불만을 표한 이들은 얼마 되지 않았다. 가장 직설적으로 반론을 표한 토미 안데르베르크Tommy Anderberg는 전문가 집단 소속이 아니면서 편지를 보낸 드문 사람 중 한 명이었다. 자신을 납세자라고 밝힌 그는 공무원들의 이런 불평에 분노했다고 말했다.

당신의 고용주, 즉 이탈리아에서 세금을 내는 사람들(세금은 민간 부문에서 벌어들인 소득에서 나온 실제 돈을 의미한다. 이는 세금으로 충당된 당신의 월급처럼 독립적인 경제 활동에서 나온 것이 아니라는 점에 차이가 있다.)은 당신에게 근무 계약서에 명시된 시간에 지정된 근무지에 있어야 한다고 요구할 권리가 있습니다.

만약 근로 조건이 마음에 들지 않는다면, 그만두세요. 사실 진정한 자유를 원한다면 제안 하나 드리죠. 제가 했던 것처럼 자신의 사업을 시작해 보세요. 그러면 언제, 어디서, 무엇을 하든 스스로 결정하며 일할 수 있을 겁니다.

본질적으로 INFN 및 토미 안데르베르크 같은 사람들과 과학자들 사이의 이견은 그저 일이 무엇이고 일을 어떻게 측정해야 하는지와 관련된 문제만은 아니다. 이 논쟁은 고용주가 당신에게 임금을 주고 구매하는 것이 무엇인지와도 관련된다. 안데르베르크는 고용주가 노동력뿐만 아니라 1분 1초, 신체적 구속, 굴욕을 한데 묶어 구매한다고 봤다.

여러 편지에서 등장하는 '책상에 묶다.'라는 표현이나 공장에 비유하는 과학자들의 쓸쓸한 농담에서 드러나듯, 출퇴근부를 찍는다는 개념은 근대적 노동 모델에서 왔다. 이런 모델에 대한 가장 정확한 묘사는 찰리 채플린Charlie Chaplin의 1936년 영화 〈모던 타임즈Modern Times〉의 첫 부분일 것이다. 영화에서 가장 먼저 등장하는 이미지는 시계다. 정사각형 시계가 엄격하게 돌아가며 영화 제목 뒤로 화면을 가득 채운다. 그다음 양 떼 몰이 모습이 등장하고 이어 지하철에서 나와 '일렉트로스틸사'로 일하러 가는 노동자들의 모습으로 천천히 전환된다. 이곳에서는 완전히 다른 두 가지 버전의 시간이 공존한다.

첫 번째는 여유로운 시간이다. 회사 사장은 조용한 사무실에 혼자 앉아 건성으로 퍼즐을 맞추고, 느긋하게 신문을 읽는다. 비서가 가져다준 물과 영양제를 받아 든 사장은 공장 구석구석을 CCTV 카메라로 돌려본다. 공장의 작업 속도를 관리하는 직원의 얼굴 앞 모니터에 사장이 나타난다. 사장이 "5구역!" 하고 날카롭게 외친다. "속도 올려, 4-1!"

채플린이 연기한 캐릭터인 떠돌이는 두 번째 시간성에 직면한다. 처벌적이고 끊임없이 강화되는 시간의 개념이다. 그는 조립 라인에서 기계 부품에 너트를 필사적으로 조이며 일하지만 가려운 곳을 긁거나 얼굴 주변을 맴도는 벌에 주의가 산만해지면서 뒤처진다. 감독이 잠깐 쉬라고 말해도 그는 작업하던 동작을 멈추지 못하고 볼트 끼우는 동작을 계속하면서 화면 바깥으로 나간다. 화장실에서 요란했던 배경음악이 잠시 느긋하게 바뀐다. 떠돌이는 조금 마음을 가라앉히고 담배 한 대를 입에 문다. 하지만 금세 사장 얼굴이 화장실 벽에 나타나 이렇게 소리친다. "이봐! 노닥거리지 말고 빨리 일하러 돌아가!"

한편 회사는 어떤 발명가가 고안한 시간 절약 장치를 시험한다. 이 장치에서는 녹음된 광고가 나온다. "빌로우스 급식기는 직원들이 일하는 동안 음식을 먹여주는 실용적인 장치입니다. 이제 점심 먹느라 일을 멈추지 마세요! 경쟁자보다 앞서 가세요. 빌로우스 급식기가 점심시간을 없앨 것입니다." 휴식 시간에 떠돌이는 경영진의 실험 대상으로 선택돼 일종의 고정 장치에 전신이 묶이고, 회전하는 음식 쟁반 뒤에 서게 된다. 그때 갑자기 기계가 오작동해 너무 빨리 돌기 시작하면서 엉망이 된다. 옥수수 죽이 회전하는 기계에서 튀어나와 떠돌이의 얼굴에 치덕치덕 달라붙는다.

나는 이제껏 본 영화 중에서 고장 난 옥수수 죽 기계 장면이 가장 재미있다. 한편으로 이 장면은 자본가가 자신이 지불한 노동 시간 동안 최대한 노동력을 착취하려는 욕망을 풍자하는 것이기도 하다. (사람들이 옥수수 죽을 더 빨리 먹을 수 있다면, 미친 듯이 돌아가는 급식기는 전혀 필요 없었을 것이다.) 다른 한편으로 이 장면은 인간이 규율에 맞춰 동화되는 과정을 풍자한다. 조립 라인에 맞춰 일하고, 화장실에 가는 시간조차 최소화해야 하는 것처럼, 그는 급식 기계의 급식 속도에 맞춰야 한다. 그는 결국 '먹는 기계'가 돼야만 한다.

이 세계에서 시간은 물, 전기, 옥수수 죽처럼 하나의 투입 요소에 불과하다. 1916년 〈팩토리 매거진Factory Magazine〉에 실린 뉴욕국제시간기록회사International Time Recording Company 광고는 공장장을 대상으로 이러한 점을 명확히 지적했다. "시간은 돈이 든다. 원자재를 구매하듯 시간을 사야 하죠." 고용주는 이 시간이라는 자원을 최대한 활용하기 위해 감시와 통제를 활용한다. 1927년 〈인더스트리얼 매니지먼트Industrial Management〉에 실린 또 다른 시간 기록 회사인 칼큘래그래프Calculagraph는 이를 다음과 같이 표현했다. "당신은 그들에게 현금을 지급합니다. 그렇다면 그들이 당신에게 얼마만큼의 시간을 제공하고 있습니까?"

이 마지막 질문은 공장주의 관점에서만 의미가 있다. 그는 단순히 경과된 시간이 아니라 자신에게 가치를 생산하는 데 쓰인 시간을 계산하기 때문이다. 〈모던 타임즈〉의 떠돌이는 이를 잘 보여준다. 그는 화장실에 갈 때도 성실하게 출입카드를 찍고, 상사가 휴식을 끝내자 다시 출입카드를 찍는다. 이는 결코 과장된 이야기가 아니다. 노동의 역사에서 시간 측정은 매우 세세하게 규정된다. 18세기 크롤리 제철소의 규정집에는 약 10만 단어에 걸쳐 급여에서 공제되는 사항이 상세히 나와 있었다. 여기에는 '선술집이나 술집, 커피하우스에 있는 것, 아침 식사, 점심, 놀이, 수면, 흡연, 노래 부르기, 뉴스나 역사 읽기, 다툼, 논쟁, 또는 업무와 관련 없는 모든 행동, 그 어떤 종류의 '태만'이 포함됐다. 다시 말해 칼큘래그래프 광고의 더 정확한 문구는 "그들이 당신에게 '얼마만큼의 노

당신은 그들에게
현금을 지급합니다!
그들은 당신에게 얼마만큼의
시간을 제공하고 있습니까?

THE CALCULAGRAPH COMPANY
50 Church Street　　Dept. 17　　New York City
CALCULAGRAPH
The Elapsed Time Recorder

동 시간'을 제공하고 있습니까?"였을 것이다.

시간을 이렇게 경험하는 방식은 다소 고리타분하게 들릴 수 있고, 산업화 시대의 특정 직업에 국한된 것처럼 보일지도 모른다. 하지만 저임금노동 현장에서는 여전히 강도와 통제의 차원에서 작동하고 있으며, 이제는 알고리즘 기반의 분류와 더 빠른 처리 속도가 이를 강화하고 있다. 에밀리 겐델스버거Emily Guendelsberger는 2019년 출간한 책 《시계》에서 이런 현실을 생생하게 묘사한다.

> 켄터키주 루이빌 외곽에 있는 아마존 창고에서 일하면서 나는 주문을 처리해야 하는 속도에 맞추려고 하루에 25킬로미터나 걸어야 했다. GPS 기능이 내장된 스캐너가 내 움직임을 추적하며 작업을 완료하는 데 남은 시간을 초 단위로 계속 알려줬다. 노스캐롤라이나주 서부의 한 콜센터에서 일할 때는 화장실을 너무 자주 사용하는 것이 회사 물건을 훔치는 것과 같다는 꾸지람을 들었고, 화장실에 있었던 시간은 매일 보고서에 기록되어 상사에게 전달됐다.
>
> 샌프란시스코 시내에 있는 맥도날드에서는 인력이 턱없이 부족해 고객 대기줄이 끝없이 이어졌다. 모든 직원이 젊은 시절에 봤던 바쁜 웨이트리스처럼 전전긍긍하며 일해야 했고, 그런 정신없는 상태는 거의 매번 교대 시간 내내 지속되었다.

☼ ————————————————————————— ☾

칼큘래그래프가 공장주들에게 "모든 작업에서 모든 직원의 시간을 마지막 1분까지 정확히 알아야 한다."고 촉구한 지 한 세기가 지난 지금, 아마존의 스캐너는 이 역할을 1초 단위까지 철저히 수행하고 있다. 아마존 작업장의 치밀하게 억압적인 구조를 묘사하며, 기자 겐델스버거는 20세기 초 산업 과제를 세분화해 초단위로 시간을 쪼개는 광풍을 불러일으킨 기계공학자 프레더릭 테일러 Frederick Taylor를 언급한다. "내 스캐너는 (테일러의) 비전이 구현된 형태입니다. 내 개인용 스톱워치이자, 무자비한 로봇 관리자 역할을 동시에 수행하죠. …… 테일러는 자기 아이디어가 남용될지도 모른다는 우려가 현실이 된 것을 보고 경악할까요? 아니면 너무 기뻐서 황홀경에 빠질까요?"

그러는 동안 일종의 '로봇 관리자'가 직장을 넘어 확산되고 있다. 직원 추적 시스템인 타임닥터Time Doctor, 테라마인드Teramind, 허브스태프Hubstaff와 같은 소프트웨어 회사는 재택근무가 증가한 코로나-19 팬데믹 기간 동안 폭발적인 성장을 기록했다. 일부 시스템은 자가 보고 방식을 사용하지만 다른 시스템은 키보드 입력 기록, 스크린숏, 연속 비디오 녹화, 고용주가 직원의 채팅이나 이메일에서 특정 단어를 검색할 수 있는 OCRoptical character recognition(광학 문자 인식) 기술을 활용해 직원을 감시한다. 직원 감시체계를 제공하는 인사이트풀Insightful(구 워크플러스Workpuls)의 웹사이트에는 "직원의 시간을 최대한 활용하세요. 시간은 곧 돈입니다. 직원들이 하루 중 매 순간 무엇을 하고 있는지, 모든 행동 분석과 함께 확인하세요." 재택근무에 대한 〈복스Vox〉지의 한 기사에서 호주의 한 번역 에이전시 계약직 직원은 이렇게 불평했다. "매니저가 제가 하는 모든 일을 다 알고 있어요. 사무실에서 일할 때와 달리 일어서서 기지개를 켤 시간조차 없습니다." 관리를 바라보는 이런 불편한 인식은 직장 감시가 동기 부여 수단이자 동시에 규율 메커니즘으로 작동하는 이중적인 기능을 잘 보여준다.

2020년 〈PC맥PCMag〉지의 직원 추적 시스템 리뷰는 이러한 시스템의 기능이 감시보다는 오히려 생산성을 촉진한다고 주장했다. 하지만 같은 리뷰에서 이런 시스템들이 자동 알림을 설정하고, "직원의 위반 사항을 모아 보고서로 작성해 이후 징계 사례를 만드는 데 활용할 수 있다."고 언급했다. 어쩌면 이 혼란은 생산성과 감시가 동전의 양면 같기 때문에 발생하는 것일지도 모른다. 인사이트풀은 "직원들이 컴퓨터 감시 소프트웨어가 있다는 사실을 아는 것만으로도 집중할 수 있고, 고용주는 직원들의 집중력이 필요한 곳에 제대로 쓰인다는 사실을 확실히 알 수 있다."라고 말한다. 적절히 이름 붙여진 스태프캅StaffCop 소프트웨어는 근무 시간을 스프레드시트 형식으로 나타내며, 그 시간을 프리미엄Premium, 생산적Productive, 중간Neutral, 비생산적Unproductive, 위험Incident의 다섯 가지 카테고리로 분류한다. 일부 감시체계는 데이터 유출을 방지하기 위한 목적도 있지만, 전체 구조는 고용주가 지불한 시간을 프리미엄으로 더 많이 전환하기 위해 설계된 듯 보인다. 예를 들어 스태프 캅의 웹사이트는 '생산성 최적화'와 '내부 위협 감지' 같은 태그라인을 포함하고 있다.

2020년 마이크로소프트Microsoft가 오피스365Office365 개인별 생산성 데이터를 도입했을 때*, 비평가이자 소설가인 코리 닥터로우Cory Doctorow는 이를 '저열한 기술 수용 곡선The Tech Adoption Curve'의 사례로 지적했다. 그는 억압적인 기술이 어떻게 '특권의 경사Privilege Gradient'를 따라 확산되는지 설명했다. "망명 신청자, 수감자, 그리고 해외의 열악한 노동 환경에 처한 노동자들이 가장 초기 버전을 경험한다. 이 기술의 가장 거친 면이 그들의 가장 약한 부분에 닿아 다듬어진 뒤, 어느 정도 정상화되면 이를 학생들, 정신질환자들, 그리고 블루칼라 노동자들에게 적용한다." 닥터로우는 재택 콜센터 직원들에게 원격 감시 기술이 이미 사용되고 있었으며, 이들은 대개 가난한 흑인 여성들이라고 지적했다. 팬데믹 기간 동안 이러한 감시 기술은 원격 학습에 참여하는 대학생들에게 확산되었고, 마침내 재택업무를 하는 화이트칼라 직원들에게까지 도달했다.

당신이 일하는 곳은 어쩌면 내가 묘사한 것보다 더 많은 신뢰와 시간적 여유를 허용하고 있을지도 모른다. 설령 그렇다 하더라

---

* 2020년 가을 생산성 점수(Productivity Score)팩을 출시한 마이크로소프트는 사용자 개인정보가 담길지 모른다고 걱정하는 비판자들의 반발을 샀다. 나중에 출시된 버전에서는 더 이상 말단 사용자의 이름과 데이터를 연결할 수 없게 됐다.

도 이처럼 표준화되고 징벌적인 시간 관리 방식은 여러 이유로 당신과 무관하지 않다. 첫째, 이는 현재 많은 노동자들이 다양한 업무 부문에서 경험하는 '업무 시간'을 특정 짓기 때문이다. 여기에는 다른 사람들의 일상생활을 뒷받침하는 업무들도 포함된다. 둘째, 더 일반적으로 보면 이러한 시간 계산법은 표준화, 강도 강화, 규율이라는 측면들을 구현한다. 이는 우리가 생산성뿐 아니라 시간이라는 '물질' 자체를 이해하는 방식에도 영향을 미친다.

검은쇠찌르레기 한 마리가 철조망 울타리에 내려앉아 꼬리를 흔들며 우리를 돌아본다. 그 뒤에 있는 컨테이너에는 다양한 글씨체로 회사 이름이 박혀 있다. 매트슨Matson, APC,

머스크Maersk, CCA, CGM, 함부르크수드Hamburg Süd, 완하이Wan Hai, 코스코Cosco, 시코Seaco, 크로노스 등이다. 딱 절반 크기로 정확히 나뉜 몇몇을 제외하면, 컨테이너는 모두 동일한 크기와 모양을 갖추고 있다. 1970년대에 육상과 해상 운송을 더 쉽고 빠르게 할 목적으로 표준화한 형태다. 이러한 동일성과 불투명성은 얼핏 혼란스러울 것 같은 물건들, 냉동 치킨텐더, 왁스, 복숭아, 실, 극세사 수건, 레깅스, 호박씨, 플라스틱 포크 등을 균일하고 체계적으로 바꾸어 놓는다. 오늘날까지 컨테이너는 국제표준화기구International Organization for Standardization에서 정한 규격에 맞춰 제작된다.

시간을 돈으로 본다는 개념(가장 문자 그대로의 의미에서)은 앨런 블루도른Allen Bluedorn이 말한 '교환 가능한 시간fungible time'이다. 이는 화폐처럼 일정하며 끝없이 나눌 수 있는 성질을 가진 시간이다. 교환 가능한 시간을 측정한다는 것은 잠재적으로 노동으로 채워지는 표준화된 컨테이너를 상상하는 것과 비슷하다. 이 컨테이너는 일종의 작업 공간으로 간주되며, 이 시간 단위를 가능한 많은 일로 채우려는 강한 동기가 존재한다. 이는 삶의 흐름이나 인간의 생리적 과정과는 달리, 한 시간과 다른 한 시간이 서로 구별되지 않도록 만들어졌다. 이러한 시간은 맥락도, 인간적인 요소도 배제되며 무한히 분할 가능하다는 특징이 있다. 가장 비인간적인 형태로 볼 때, 이 관점은 개인을 단순히 사용할 수 있는 시간의 저장소로, 서로 교환 가능한 존재로 여긴다. 마르크스의 표현을 빌리자면, 이는 "노동 시간을 의인화한 것에 불과하다."는 시각이다.

시간을 돈으로 보는 개념은 너무 익숙해져서 당연하게 받아들이기 쉽다. 하지만 이런 개념은 본래 자연스러운 것이 아닌 두 가지를 결합한 것이다. 첫째는 시간이나 분처럼 추상적이고 균등한 단위를 측정하는 것, 둘째는 노동을 균등한 간격으로 나누는 생산성이라는 개념이다. 어떤 시간 계산 시스템이든, 어떤 가치 측정법이든 그 사회의 요구를 반영한다. 예를 들어 표준시간 단위, 격자, 시간대 시스템에는 그것이 형성된 기독교적, 자본주의적, 제국주의적 기반의 흔적이 여전히 남아 있다. 역사학자 데이비드 랜디스David Landes는 현대 기계식 시계가 어떻게 발명됐는지 이해하려면 먼저 누구한테 시계가 필요했는지 알아야 한다고 말한다.

고대 세계에는 태양의 움직임을 이용한 해시계, 물의 흐름을 이용한 물시계, 향을 태워 그 연기를 이용한 불시계 등 하루의 시간을 감지하기 위해 고안한 장치들이 가득했다. 하지만 인류 역사 대부분 동안은 하루를 균등한 숫자 단위로 나눌 필요가 없었고, 하물며 특정 순간이 몇 시인지 알 필요는 더욱 적었다. 예를 들어 16세기 이탈리아 예수회 수사가 중국에 기계식 시계를 들여왔을 때도 중국은 이 시계를 받아들이지 않았다. 중국은 오래전부터 물로 작동하는 천문시계를 사용해 왔고, 달력의 날짜보다 수치상으로 훨씬 구체적인 시간을 중심으로 삶과 일을 조직하지 않았기 때문이다. 심지어 18세기에도 중국의 한 교과서는 서양식 시계를 '단순히 복잡하면서도 기묘한 물건으로 감각적인 즐거움을 위한 것'이라고 묘사하며, '기본적인 필요를 충족하지 못하는 물건'으로 간주했다.

측정 가능하고 균등하게 나눌 수 있는 시간의 개념이 어떻게 생겨났는지는 단순하지 않은 이야기다. 역사가 랜디스는 기독교의 정해진 기도 시간Canonical Hours이 중요한 전환점이었다고 지적한다. 특히 6세기 《성 베네딕트 규율Rule of Saint Benedict》에서 이 개념이 두드러졌다. 이 규칙은 이후 다른 수도회로 퍼져 나갔으며, 베네딕트 수도사들이 하루 일곱 번, 그리고 한밤중에 한 번 더 기도해야 하는 시간을 명시했다. 또한 '게으름은 영혼의 적이다.'라고 선언하며, 노동이나 기도를 하라는 신호가 울릴 때 충분히 신속히 움직이지 않는 수도사들에 대한 처벌 규정을 포함했다.* 그로부터 5세기가 지나 영적 활동을 경제적 활동으로 연결 지은 시토회Cistercian 수도사들은 이런 시간 규율을 더욱 강화했다. 그들은 수도원 곳곳에 종탑과 작은 종을 설치해 '시간 감각'의 정확성, 효율성, 그리고 '시간이라는 귀중한 선물을 질서 있게 활용하고 이를 통해 이익을 얻는 능력'을 강조했다. 당시 수도사들은 정기적으로 노동자를 고용해 유럽에서 가장 효율적인 농장, 광산, 공장과 운영체제를 관리했다.

---

* '하느님의 일터나 제단에 늦는 이들'이라는 단락에는 이런 자들이 '그런 부주의한 자들을 위해 수도원장이 따로 마련한 장소에 주님은 물론 누구나 볼 수 있도록' 따로 서서 식사하거나 제 몫의 와인을 마시지 못하는 처벌을 받게 된다고 서술돼 있다.

수도원의 종소리는 시간의 경과를 알리는 도구였다. 하지만 그것이 의미하는 '시간'은 현대적인 의미에서의 시간과는 달랐다. 수도사들의 종은 알람 시스템에 가까웠으며, 정확한 시간을 알려주는 시계 역할을 한 것은 아니었다. 하지만 일부 수도원에서는 물의 흐름 대신 진자 장치 같은 탈진기escapement(진자 등을 이용해 속도를 조절하고 톱니바퀴를 회전시켜 시간 간격을 일정하게 하는 장치-옮긴이) 같은 기계적인 설계를 사용하기도 했다. 랜디스는 이러한 기술이 수도원에서 발전했지만 의도하지 않게 새로운 맥락으로 확산되었다고 말한다. 그것은 바로 유럽의 도시들이 권력과 상업을 중앙집중화하면서 공공 및 개인용으로 시계를 사용하기 시작했기 때문이었다. 이제 종은 노동자들이 아닌 부르주아 계층을 위해 울리기 시작한 것이다. 시계는 이들에게 무역을 원활히 진행하는 데 도움을 줄 뿐만 아니라, 하루 동안 구매한 노동량의 경계를 명확히 표시하는 도구가 되었다. 가톨릭교회의 전통적인 시간 체계(정규 시간)는 균등하지 않았지만 새로운 기계식 탑 시계가 표시하는 시간은 균등하고, 셀 수 있으며, 계산하기 쉬웠다. 비록 자본주의가 표준시간 단위를 창조한 것은 아니지만 이러한 시간 단위는 노동자, 계절 활동, 그리고 지리적 환경에 일관성을 부여하는 데 유용한 도구가 되었다.

물리적 맥락에서 시간을 분리하는 개념은 일상 언어에도 여전히 남아 있다. 존 더럼 피터스John Durham Peters는《자연과 미디어》에서 '시o'clock'가 '시계가 가리키는 시간of the clock'을 뜻한다고 지적하며, 이는 특정 장소의 빛 같은 덜 인위적인 기준과는 대조적이라고 설명한다. 시계 시간을 따르는 것은 자연 세계를 지배하려는 의도를 나타내며, 이는 추상적인 격자를 다양한 지형에 강제로 적용하려는 합리주의적 이상과 유사했다. 시계로 측정된 1시간은 계절이나 장소에 상관없이 항상 같은 1시간으로 여겨졌고, "노동 시간man-hour도 누구의 시간이든 똑같이 계산되었다. 이러한 시간 개념은 노동을 관리하는 데 유용했을 뿐 아니라 땅을 정복하는 데에도 유리했다. 물시계는 얼어붙을 위험이 있고, 해시계는 흐린 날에는 사용할 수 없지만 탈진기를 사용하는 시계는 일정한 간격을 꾸준히 표시할 수 있었으며, 소형화도 가능했다. 해상에서 정확한 시간을 측정할 수 있는 해양 크로노미터가 당시 국제적 지배력을 키우던 식민 강국이었던 영국에서 등장한 것은 결코 우연이 아니다. 이 기술은 항해를 가능하게 했을 뿐만 아니라 시계와 시계 시간을 해외로 수출하는 데도 기여했다.

이런 시간관념이 영국 같은 나라들을 통해 널리 퍼졌기 때문에 이런 나라들이 '더 정확한', '진짜' 시간관념을 가장 먼저 깨우쳤다고 생각하기 쉽다. 하지만 여기서 나는 이런 기술 발전이 모두 문화마다 고유한 '기본적 수요'에 대응한 것이라는 점을 다시 한번 강조하고 싶다. 과거에는 하루 중 시간을 알아야 할 필요가 없었던 것처럼 영국의 우편마차 서비스와 이후 철도의 등장 이전까지는 먼 지역 사이의 시간을 조정할 필요도 없었다. 1850년대부터 영국 그리

니치의 '주시계master clocks'는 전기신호를 통해 전국 '종 시계slave
clocks'에 그리니치 표준시Greenwich Mean Time, GMT를 전송하며 모든
열차가 동일한 일정에 따라 운행되도록 했다. 반면 미국과 캐나다
에는 1883년까지 시간대를 도입하지 않아 철도 시스템이 엉망이었
다. 1868년 한 철도 가이드북에는 이런 상황에 분개하며 90개 도시
의 정오를 국가 권력의 중심인 워싱턴 D.C.의 정오와 비교한 '비교
시간표'를 제시하기도 했다.

> 미국이나 캐나다에는 '표준 철도 시간'이 없다. 그래서 철도회
> 사마다 자체적으로 특정 지역 또는 본사가 있는 곳의 시간을
> 채택한다. 이런 것도 시스템이라 부를 수 있을지 모르겠지만,
> 이런 시스템의 불편함은 분명 모두에게 영향을 미친다. ……
> 이로 인해 많은 계산 착오와 연결 실패가 발생했으며, 이는 종
> 종 개인에게 심각한 결과를 초래했다. 당연히 현지 시간을 제
> 공할 수밖에 없는 모든 철도 가이드는 평판을 잃게 되었다.

1879년에 국제 표준시간대를 제안한 사람은 캐나다 철도망 설
계에 참여하면서 표준시간 개념에 열광하게 된 한 엔지니어였다.
샌포드 플레밍Sandford Fleming은 1886년에 발표한 논문 〈20세기를
위한 시간 계산Time-Reckoning for the Twentieth Century〉에서 현지 시각
과는 정반대의 개념을 상상했다. 즉, 지구상의 모든 사람이 영국 그

리니치에서 시작되는 24개 시간대 중 하나에 속한 '우주의 날Cosmic Day'을 준시하도록 하는 개념이었다. 플레밍은 '우주의 날은 비지역 적인 새로운 시간 단위'라고 설명했다. 그에게 '시간의 숫자와 각 지역 하늘에서 태양의 위치 간의 필연적 연결'은 불편하고 시대에 뒤떨어진 것에 불과했다.

플레밍은 우리가 흔히 '군대 시간military time'이라고 부르는 24시간제 시계를 옹호하기도 했다. 그는 이 표준화된 시간 계산 방식에 매우 열정적이어서 모든 사람들이 시계에 13시부터 24시까지 표시된 '보조 문자판'을 종이로 만들어 붙이기를 권장하기까지 했다. 그는 "위원회는 이것이 사소한 문제로 보일 수 있다는 것을 압니다. …… 하지만 중대한 문제들이 종종 세부 사항에 따라 달라집니다."라고 썼다. 1884년 국제자오선회의International Meridian Conference 는 24시간제와 플레밍이 제안한 구체적인 시간대를 채택하지는 않았다. 하지만 결국 영국 그리니치를 중심으로 한 24개의 국제 표준 시간대가 확립됐다. 그리고 현재의 협정 세계시Coordinated Universal Time, UTC는 여전히 영국 그리니치가 중심UTC+0이다.

이 모든 요소들이 19세기 식민지에서 하나로 합쳐졌다. 여기서 시간과 노동에 대한 표준화된 접근 방식은 식민주의자들이 가는 곳마다 함께했다. 역사학자 조르다노 난니Giordano Nanni는 "지구를 시간의 매트릭스 '시, 분, 초'로 통합하려는 프로젝트는 유럽의 보편화 의지를 가장 상징적으로 드러낸 사례 중 하나로 인정받아야 한다."

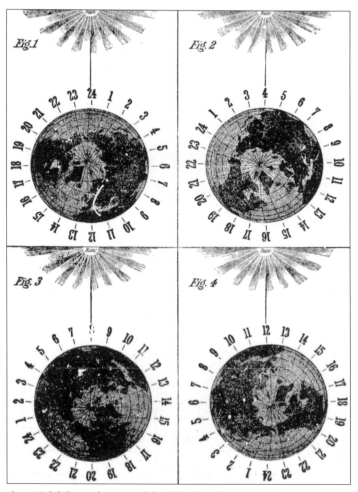

샌포드 플레밍의 1886년 논문 〈20세기를 위한 시간 계산〉에 실린 그림

그림 2(Fig 2)는 지구가 6분의 1 자전해 네 시간이 지난 후를 나타낸다. 이 단계에
서 태양은 자오선 4시를 지난다.

그림 3(Fig 3)은 지구가 3분의 1 자전해 여덟 시간이 지난 후를 나타낸다. 이 단계
에서 태양은 자오선 8시를 지난다.

라고 썼다. 시계는 지배의 도구로 도착했다. 난니는 오늘날의 남아프리카공화국에 파견된 영국 선교사 로버트 모팻Robert Moffat의 며느리인 에밀리 모팻Emily Moffat이 1861년에 쓴 편지를 인용한다. "오늘에서야 짐 속에서 시계를 꺼냈다는 사실을 알아주셨으면 해요. 이제 조금 더 문명화된 것 같네요. 몇 달 동안 시계 없이 살았어요. 존의 시간 측정기도, 제 시계도 고장 나버려서 우리는 시간을 벗어나 영면에 든 것 같았죠. 이제라도 '똑딱똑딱' 소리를 들으니 매우 즐겁네요."

'영면에 들다.'라는 표현은 많은 식민주의자가 원주민 사이에서 발견한 시간 계산법에 대한 관점을 나타낸다. 간단히 말해, 식민주의자들은 이를 전혀 이해하지 못했다. 원주민들의 시간과 공간에 대한 감각이 식민주의자들의 것처럼 자연에서 추상적이고, 독립적인 형태를 보이지 않았기 때문이다. 더 큰 맥락에서 식민주의자들은 원주민의 시간 체계가 자연에서 얼마나 멀리 떨어져 있는지를 기준으로, 그들이 현대성을 얼마나 '발전시켰는지' 평가했다. 이 주제는 다음 장에서 다시 살펴보겠다.

하지만 모팻의 편지는 전혀 다른 환경에서 서구식 시계 시간이 얼마나 섬처럼 동떨어지고 취약해 보이는지도 암시한다. 예를 들어 남아프리카의 일부 마을에서는 안식일을 포함한 주 7일 체계가 선교소 종탑의 종소리가 들리는 범위까지만 영향을 미쳤다. 남아프리카공화국의 한 선교 목사는 '선교소 종소리가 들리는 범위 내에 거주하는' 주민 수를 세심하게 기록했으며, 다른 목사는 선교소의 영향 밖에 있는 사람들이 일부러 안식일을 무시하는 것을 발견하고 실망했다. 비슷한 예로, 필리핀과 멕시코에서는 스페인 식민지 개척자들이 원주민들을 스페인 국민으로 동화시키기 위해 그들을 '바호 라스 깜빠나스bajo las campanas(종소리 아래)'에 두었다.

이 들을 수 있는 범위의 경계는 단순히 시간과 시간 없음의 경계가 아니었다. 그것은 완전히 형성된 두 가지 시간 개념, 의식적 관습, 그리고 나이에 대한 이해 사이의 경계였다. 난니는 호주 코란데르크에서 나이를 숫자로 세는 데 익숙하지 않은 원주민 남성과 선교사가 나눈 삐걱대는 대화를 인용했다. 결국 두 사람은 생물학적 시간이라는 '공통 언어'로 합의해야 했다.

"코란데르크에 왔을 때 몇 살이었나요?"

"모르겠습니다."

"지금 몇 살인지 아나요?"

"스물두 살쯤인 것 같아요."

"그럼 당신이 이곳에 왔을 때 열 살쯤이었겠군요?"

"그때 저는 어렸는데 몇 살이었는지는 전혀 모르겠어요."

"그때는 수염이 없었겠죠?"

"네, 없었습니다."

이러한 오해 속에는 단순히 시간을 측정하는 체계 이상의 것이 담겨 있었다. 그것은 시간이라는 개념 자체에 대한 전체적인 사고방식의 차이였다. 난니는 식민지 선교가 사람들을 "단순히 일을 하게 하려는 것이 아니라, 하루 중 특정 기간 동안 규칙적이고 균일한 방식으로 일하도록 유도하려 했다."고 지적한다. 이러한 추상적 노동 시간 개념은 활동을 특정 식물의 개화나 열매 맺기 같은 여러 생태적·문화적 신호에 따라 조직하고, 각 일이 필요한 만큼의 시간이 걸리는 것으로 여긴 작업 중심tast-oriented 공동체와는 극도로 이질적인 것이었다. 이들 공동체는 노동이 이윤이 아니라 사회적 경제의 일부였으며, '노동 시간'과 '노동하지 않는 시간'으로 구분하는 개념도 동일하게 적용되지 않았다.

식민주의자들이 자신들의 추상적인 시간 계산 방식을 피지배자들의 것보다 더 발전된 것으로 여긴 것처럼, 그들의 '문명화' 시도는 피지배자들에게 시간을 돈으로 인식하도록 주입하려는 것이었다. 에드워드 톰슨Edward Thompson은 청교도주의가 18세기에서 19세기에 걸쳐 자본주의와 '편의에 의한 결혼'을 했으며, "사람들에게 시간에 대한 새로운 가치를 주입하고, 어린아이들에게도 시간들을 효율적으로 사용하도록 가르치며, 사람들의 마음에 '시간은 돈이다.'라는 등식이 스며들게 만든 주체"였다고 설명했다. 난니는 1876년 남아프리카공화국의 한 선교 단체가 발간한 〈러브데일 뉴스Lovedale News〉에서 '분명 세심함이 부족한' 다음과 같은 구절을 인

71   용한다.

당신은 은행에 얼마를 가지고 있나요? 여기서 말하는 은행은 저축은행이 아니에요. 물론 거기에 약간의 돈을 넣어두는 것도 좋겠죠. 하지만 이 은행은 더 나은 은행입니다. 아마도 당신은 저축은행에 넣을 돈이 없고, 이 은행에 넣을 것도 없다고 생각할 수 있습니다. 하지만 그건 잘못된 생각입니다. 당신은 매일 조금씩 이 은행에 돈을 넣고 있을지도 모릅니다. 당신은 그동안 얼마나 많이, 혹은 적게 이 은행에 저축했는지 세어본 적 있나요? 이 은행은 하나님이 관리하고, 매일 잘 사용된 순간들과 우리가 생각하거나 말하거나 행동한 모든 선한 것들이 창구를 통해 전달되는 은행입니다. 우리는 시간을 '소비한다.'라고 말합니다. 하지만 소비된 시간은 저축되지 않습니다. 돈을 쓴 것처럼 말이죠. 그러나 매 순간을 하나님을 위해 잘 사용한다면, 그 순간은 이 은행에 저축되는 것입니다. …… 저는 여러분 모두에게 이 은행에 무언가를 저축하라고, 그리고 가능한 많이 저축하라고 권합니다. 왜냐하면 이 은행은 좋은 이자를 주기 때문입니다.

컨테이너로 둘러싸인 울타리를 지나 우리는 단단하고 모래가 깔린 길을 따라 샌프란시스코만 쪽으로 향한다. 땅속 깊이 박힌 오래된 철도 레일은 세월에 닳아 거의 사라질 듯한 상태이며, 근처의 캐나다기러기들은 그보다 공원 잔디에 더 관심 있어 보인다. 표지판은 이곳이 한때 대륙 횡단 철도의 서부 종착역이었다고 알려준다. 컨테이너 터미널이 세워지기 훨씬 전부터 이곳은 이미 공간과 시간에 맞선 전투의 중심지였다. 뉴욕에서 샌프란시스코까지의 여행 시간을 몇 달에서 약 일주일로 단축한 철로의 끝이었다.

우리 뒤쪽으로 쌓인 컨테이너 너머로 이스트만 언덕이 보인다. 아침 안개 속에서 뚝 잘라낸 듯한 실루엣을 이루며, 유칼립투스 나무 사이로 집들이 드문드문 박혀 있다. 하지만 크레인의 높이까지 올라갈 수 있다면 그 언덕들이 얼마나 멀리 이어지는지 볼 수 있을 것이다. 더 높은 곳으로 올라간다면 중앙 계곡Central Valley과 시에라 네바다의 웅장한 봉우리들까지 보일 것이다. 1860년대, 중국인 철도 노동자들은 이곳과 네브래스카주 오마하를 연결하기 위해 일했다. 그들은 터널을 폭파하고, 숲을 뚫으며, 벽과 교각을 세우고 선로를 깔았다. 당시에는 제대로 된 기계 도구조차 없었다. 이들은 1866년에서 1867년으로 이어지는 혹독한 겨울 동안에도 작업을 계속했다. 그 겨울에는 무려 44번의 폭풍이 몰아쳤다.

내가 8년 동안 일했던 직장의 창립자인 철도 재벌 르

랜드 스탠퍼드Leland Stanford는 처음에는 아시아인을 캘리포니아에서 배제시키고 싶어 했다. 하지만 노동력이 부족해지자 태도를 바꿨다. 그는 중국인들이 '조용하고, 온순하며, 인내심이 강하고, 부지런하며, 경제적'이라는 점에 만족했다. 특히 경제적이었던 점은, 그들에게 백인 노동자에 비해 30~50퍼센트 적은 임금을 지급하면서 숙식비까지 부담시킨 것이었다. 1867년 6월, 중국인 노동자들은 당시 미국 역사상 최대 규모의 노동자 파업을 일으켰다. 그들은 근무 시간 단축, 작업 조건 개선, 그리고 임금 평등을 요구했다. 철도회사는 이에 대응해 노동자들의 식량 공급을 차단했지만 이후 일부 노동자들의 임금을 조용히 인상했다. 하지만 산비탈에서의 노동 시간과 작업 조건은 그대로 유지되었다.

생산성이 어떻게 측정되어 왔는지의 역사를 살펴볼 때, 가장 흥미로운 질문 중 하나는 '누가 누구의 시간을 측정하고 있는가?'라는 것이다. 이 질문에 대한 대답은 종종 다른 사람의 시간을 구매했거나 아예 소유한 사람을 지목한다. 이들은 어느 경우든 그 시간을 최대한 활용하려 한다. 노예를 소유하거나 하인을 부리던 사람들이, 고용주가 직원의 노동 시간을 구매하기 훨씬 이전부터 사람들을 '인격화된 노동 시간'으로 여겼을 것이라는 점은 어렵지 않게 추측할 수 있다. 이러한 자본주의적 관행은 고대 군대 조직에서 그

뿌리를 찾을 수 있다. 루이스 멈퍼드Lewis Mumford는 《기술과 문명 Technics and Civilization》에서 이렇게 설명한다.

> 발명가들이 인간을 대신할 엔진을 만들기 전에, 인간의 지도자들은 이미 수많은 사람들을 훈련시키고 조직화했다. 그들은 인간을 기계로 환원시키는 방법을 발견한 것이다. 피라미드를 쌓기 위해 돌을 나르던 노예와 농노들은 채찍질에 맞춰 리듬감 있게 힘을 모았고, 로마의 노 젓는 배에서 노예들은 각자 자리에서 쇠사슬에 묶여 제한된 기계적 동작만을 반복했다. 마케도니아 팔랑크스의 질서, 행군, 공격 체계 등 이 모든 것은 기계 현상의 일환이었다.

사람들을 노동의 화신으로 보는 관점에서, 그들이 일하는 시간 단위를 돈으로 환산하는 것은 최근 이루어진 일이었다. 타인의 시간을 체계적으로 관리하는 방식은 종종 테일러리즘과 연관되지만, 현대적 관리 기법의 뿌리는 18세기에서 19세기 서인도제도와 미국 남부의 거대 플랜테이션에서 쉽게 찾을 수 있다. 케이틀린 로즌솔은 《노예제도를 생각하다Accounting for Slavery: Masters and Management》에서 이런 플랜테이션들의 회계 관행을 조사하고, 현대의 비즈니스 전략과의 불편한 유사성을 발견한다. "현대의 관행들이 노예 소유주들의 계산 방식과 비교되는 일은 드물지만, 미국 남부와 서인도제도의 많은 농장주들은 오늘날 우리가 흔히 하는 데이터 집착을 공유하고 있었다. 그들은 노예들이 주어진 시간 동안 얼마나 많은 노동을 할 수 있는지 알아내려고 했고, 그 최대치를 달성하도록 강요했다." 농장 주인들은 오늘날 우리가 스프레드시트라고 부르는 것을 가장 먼저 사용한 사람들 중 하나로, 사전에 인쇄된 작업 기록부를 만들고, 몇 십 년 후 유명해질 테일러의 것과 유사한 노동 시간 측정 실험을 수행했다.

작업 일지에서 노예들은 이름과 노동량으로만 표시됐다. 저스틴 로버츠Justin Roberts는 《1750~1807년 영국 대서양의 노예제도와 계몽주의Slavery and the Enlightenment in the British Atlantic, 1750–1807》에서 바베이도스농장주협회가 '농장이 사용할 수 있는 총 노동일labour days의 총량을 개념화한 방식'을 설명한다. 비록 날씨 같은 자연적 요인에 훨씬 더 영향을 받았지만, 농장의 노동일은 산업 현장에서의 노동 시간만큼이나 교환 가능한 것으로 여겨졌다. 그리고 노동 시간과 마찬가지로, 이러한 표준화는 그 아래에 숨겨진 잔혹한 현실을 가렸다.

조지 워싱턴George Washington은 1789년 감독관 중 한 명에게 보낸 편지에서 노예들이 "건강이나 체력이 나빠지지 않는 한도 내에서 24시간 동안 최대한 일해야 한다."라고 강조했다. 이보다 적은 노동은 '노동을 낭비하는 것'에 해당하며, 이는 비즈니스적 관점에서 나쁜 선택이라고 덧붙였다. 토머스 제퍼슨Thomas Jefferson은 한 보고서에서 자신의 실험을 기록하기도 했다. "일을 잘 하는 인부 4명이 …… 지하실에서 8시간 반 만에 깊이 약 0.9미터, 너비 약 2.4미터, 길이 약 5미터의 진흙 더미를 파냈다. …… 나는 보통 수준의 인부가 같은 땅에서 아침 식사 시간을 포함해 12시간이면 4제곱미터에 이르는 흙을 파내고, 운반할 수 있을 거라고 생각한다."

앞으로 다양한 맥락에서 반복되겠지만, 노동일을 기록하는 과학은 노동 강도를 높이려는 시도와 불가분의 관계였다. 플랜테이션 회계 시스템은 하루 동안 최대한 많은 노동을 수행하게 하면서, 최대 노동일의 수를 증가시키는 데 초점을 맞추고 있었다. 실제로 18세기 후반에 이르러 일부 서인도 사탕수수 플랜테이션 농장주들은 노예들에게 유일한 휴일인 일요일에도 일하도록 압박하기 시작했다. 플랜테이션에 도입한 시계는 단순히 이러한 과정을 더 원활히 하는 도구에 불과했다.

이런 계산이 가능했던 이유는 플랜테이션 노동의 많은 부분이 교환 가능한 것으로 간주되었기 때문이다. 시간 단위로 측정되는 킬로그램, 리터, 미터 등의 형태로 작업량이 계산되었다. 노예들은 밭에서든 농장 내에서든 동일한 동작을 반복해야 했으며, 항상 더 빠르게 수행하도록 강요받았다. 플랜테이션 농장주들은 노예들을 사람으로 보지 않았고, 단지 일할 수 있는 존재로 여겼으며, 그 노동은 최적화될 수 있는 것으로 간주했다. 로즌솔은 임금노동자와 달리 "노예들은 일을 그만둘 수 없었고, 농장주들은 정보 시스템을 폭력과 판매 위협과 결합해 노동 과정을 세밀하게 조정하고, 남녀 노소로 이루어진 인간 기계들을 만들어냈다."라고 지적했다. 플랜 테이션 관리를 위해 작성했던 장부의 항목들 사이에서 읽어낼 수 있는 것은 이 시스템의 '표준' 이면에 깔려 있는 폭력이다.

시간을 돈으로 보는 더 익숙한 형태는 바로 임금이다. 하지만 영원의 한가운데에서 들리는 시계의 '똑딱똑딱' 소리처럼, 자신의 시간을 파는 것이 보편화된 현상은 역사적으로 특정 시기에 한정된 것이며, 놀랍게도 비교적 최근에 등장한 개념이다. 19세기 초, 여전 히 농촌이 대부분이던 미국에는 자영업자가 임금노동자보다 많았 다. 남북전쟁 이후 임금노동이 급격히 증가했지만, 이는 때때로 매 춘이나 노예제와 비교되었다. 이런 비교는 주로 성 노동자나 노예 제와 거리를 두려는 백인 노동자들에 의해 이루어졌다. 하지만 흑 인 해방민들도 고용 노동자와 노예의 유사성을 지적했다. 흑인 광 부였던 리처드 데이비스Richard Davis는 이렇게 주장했다. "우리 중 누구도, 매일 빵을 위해 일하는 자는 자유롭지 않다. 한때 우리는 재 산으로 여겨졌던 노예였지만, 오늘날 우리는 백인이든 흑인이든 모 두 임금 노예다." 1830년 〈메커닉스 자유 신문Mechanic's Free Press〉은 "노예 상태는 무엇인가?"라고 질문하며, 이렇게 결론 내렸다. "다른 사람을 위해 일해야만 하고, 그들이 이익을 챙기는 상태에 놓여 있 는 것". 임금노동, 즉 '자유롭게 자신을 판매할 수 있는 능력'은 개인이 자신의 노동과 자신을 완전히 소유하는 것이 자유로 정의되던 시점에서는 비민주적으로 보였다.

노동을 시간과 분으로 따지는 임금노동 세계에는 지켜야 할 규율이 필요했다. 스태프캅의 경고와 알림을 예견하듯, 임금노동 현장에는 규칙과 처벌로 이뤄진 준법적 구조가 자리 잡았다. 이를 위반하면 임금을 받지 못하거나 해고당할 수 있었다. 처벌은 흔히 시간을 근거로 적용됐다. 너무 일찍 혹은 너무 늦게 출근하거나, 일이 너무 느리거나, 고용주를 위한 가치 창출과 관련 없는 일(앞서 설명한 '시간 도둑질')을 한 경우가 이에 해당했다. 이런 조건이 고용의 기준이었고, 노동자들이 조직을 구성하기 전까지 이를 협상할 여지가 거의 없었다. 노동자들이 드디어 노동조합을 조직화하기 시작했을 때, 그들 중 다수는 이민자였다. 이에 따라 보스턴이나 뉴욕 같은 도시들은 런던을 본보기로 공식적인 경찰 조직을 만들어 노동자들의 소요를 억누르기 시작했다. 상공계 지도자들은 북부 도시들에 파업이 임박한 도시의 산업단지에 무기고를 건설해야 한다고 촉구했다. 노동 역사학자 필립 드레이Philip Dray는 《노조에는 힘이 있다There Is Power in a Union: The Epic Story of Labor in America》에서 이렇게 썼다. "미국인들은 이러한 엄숙하고 견고한 건물들을 외부 위협에 대응하기 위해 병력이 집결하는 역사적 장소로 생각하게 됐지만, 그들의 원래 목적은 노동자들을 통제하기 위해 신속하게 민병대를 배치하기 위한 것이었다."

이론적으로는 시간 관련이든 아니든 고용주의 정책이 마음에 들지 않으면 다른 직업을 찾을 수 있어야 한다. ("고용 조건이 마음에 들지 않으면 그만두면 된다."라고 말하는 토미 안데르베르크의 목소리가 들리는 듯하다.) 하지만 미국에서 노조가 결성되기 전부터 북부의 산업가들은 이미 집단적으로 행동하기 시작했고, 특정 정책을 도입하거나 전반적으로 노동자들을 블랙리스트에 올리기로 합의했다. 이러한 형태는 미국에서 기록된 첫 번째 공장 파업 중 하나를 촉발했다. 1824년 로드아일랜드주 포터킷의 한 방직공장에서 일이 벌어졌다. 공장주들이 하루 노동 시간을 한 시간 늘리고, 이를 무급으로 처리하며, 노동자들의 식사 시간을 줄이겠다고 발표했다. 여러 공장주들이 공모했기 때문에 이 정책은 도시의 모든 공장에 영향을 미쳤다. 이에 102명의 젊은 여성 노동자들이 작업을 중단하고 파업에 들어갔다. 일주일 간의 파업 끝에 공장 중 한 곳이 불에 타면서, 공장주들은 야간 경비를 세우게 됐다. 신문 보도에 따르면, 공장들은 공장주와 노동자들이 '타협'에 도달하면서 다시 가동되기 시작했다.

당시의 산업 노동 현장은 경찰의 감시를 받는 경계 안에서, 시간을 '하나님의 은행'에 투자한다는 철학을 지지하는 다른 여러 기관들과 비슷한 모습을 보였다. 공장, 학교, 감옥, 고아원 등에서 중요한 것은 단순히 생산성이 아니라 훈련이었다. 즉 이런 기관은 회전하는 옥수수 대에서 옥수수를 먹는 법을 배우는 것과 같았다. 이 맥락에서 시계는 무자비한 작업 감독관이었다. 1840년대 로웰 방직공장 여성 노동자들이 펴낸 《로웰 헌정문The Lowell Offering》에는 이렇게 적혀 있다. "새벽 종소리에 일어나고, 종소리에 맞춰 공장에 나가며, 종소리에 따라 공장에 들어가 일을 시작한다. 마치 우리가 살아 있는 기계인 것처럼 그 종소리에 순응하며 일한다." 매사추세츠주의 한 노동자는 이렇게 썼다. "나는 모든 것을 끊임없이 서둘러야 하는 이 상황이 정말 싫다."

영국 기자 존 브라운John Brown은 1832년에 한 전직 아동 노동자의 이야기를 기록하며, 맨체스터의 한 면 방직공장에서 정해진 시간에 맞춰 움직이는 노동자들을 묘사했다. "시계가 울린 지 2분이나 3분만 지나도 문이 잠겨 노동자들이 들어가지 못했다. 공장 안에 들어간 사람들은 점심 시간까지 모두 갇혀 있어야 했다. 외부의 출입문뿐만 아니라 위층의 모든 방도 잠겨 있었고, 출입문 관리인이 배치되어 있었다. 그의 임무는 퇴근 시간이 되기 전 몇 분 전에 문을 열었다가 노동자들이 모두 자리에 도착하면 다시 잠그는 것이었다.

시간 규율은 더욱 세부적으로 나뉘어져 있었다. 에드워드 톰슨은 1819년 요크의 감리교 주일학교 규칙서에서 인용한 내용을 소개했다. 수업을 시작하는 단순한 행동조차 군사주의를 반영하고, 공장에서의 테일러리즘을 예고하는 방식으로 세분화됐다고 설명했다. "교사가 다시 종을 울린다. 그의 손짓에 맞추어 학생 전체가 동시에 자리에서 일어난다. 두 번째 손짓에 맞춰 학생들은 몸을 돌린다. 세 번째 손짓에 따라 천천히 그리고 조용히 정해진 자리로 이동해 수업 내용을 반복한다. 그 후 교사는 '시작'이라고 말한다."

이것은 단순히 세부 사항을 위한 부차적인 정보를 제공하기 위함이 아니다. 시간 규율은 과거에도, 지금도 공장 안팎에서 더 순응적이고 생산적인 노동력을 만들기 위한 도구로 사용되었다. 이는 작업을 지시하고 강도를 높이는 방식이든, 잠재적인 노동자들에게 신앙심 어린 '근면 습관'을 심어주는 방식이든 마찬가지였다. (물론 이것이 완전히 내면화됐는지는 6장에서 다시 다룰 것이다.) 예를 들어 매사추세츠주 로웰의 공장주들이 노동 시간 연장이 여성들에게 이롭다고 주장한 것은 주목할 만하다. 그들은 '건전한 공장 생활의 규율'이 없으면 여성들은 자신의 위험한 충동에 휩쓸릴 것이며, '그 시간을 잘 활용할 보장이 없다.'는 논리였다. 영국 식민주의자들이 원주민들을 '구원'하려 했던 것처럼, 공장주들은 아이들에게 끊임없는 노력과 근면의 미덕을 가르치기 위해 주일학교를 세웠다. 1840년대 필라델피아 동부 주립교도소에 적용됐던 규칙 중 하나는 학교, 빈민가, 정신병원에도 그대로 적용될 수 있는 내용이었다. "5. 당신에게 할당된 일에 성실히 임해야 하며, 작업을 마친 후에는 독서를 통해 정신을 적절히 계발하는 데 시간을 사용하길 권장한다. 만약 글을 읽을 수 없다면 그 시간을 배움에 사용하라."

'잘 활용된' 시간으로 균등하게 채워진 삶이라는 개념은 제러미 벤담Jeremy Bentham이 설계한 판옵티콘panopticon에서 비극적이면서도 희극적인 극단으로 치닫는다. 18세기 영국의 철학자이자 사회개혁가인 벤담은 새로운 규율 건축물을 구상했다. 이 건물은 중앙에 있는 하나의 탑을 중심으로 감방들이 원형으로 배치된 형태로, 수감자들이 항상 누군가에게 감시받고 있다고 느끼게 만드는 디자인이었다. 이곳에서는 모든 순간이 철저히 계산되고 작업에 사용되었다. 단순한 처벌이 아니라 교정시설이라는 이름이 뜻하듯 '참회'를 통해 수감자들을 교화하려는 목적이었다. 벤담은 수감자들이 하루 14시간씩 일할 것을 기대했다. 그러나 그것이 전부는 아니었다. 그는 수감자들의 건강을 위해 운동이 필요하다는 것을 고려해, 여가 시간을 건물 꼭대기로 물을 운반하는 거대한 회전 바퀴를 돌리며 보낼 수 있다고 상상했다. 이렇게 하면 단 한 순간도, 단 한 방울의 시간도 낭비되지 않을 것이라 여겼다.

나는 잠시나마 임금이라는 개념을 낯설어 보이게 하려고 시간을 사고파는 노동의 역사를 꺼냈다. 시간이 곧 돈이라는 개념이 자연스러운 사실처럼 표현되면, 시간 판매자와 구매자 사이의 정치적 관계는 가려진다. 당연해 보일 수도 있지만 시간이 돈이라는 사실은 고용주와 노동자에게 다르게 작용한다. 노동자에게 시간은 일정한 금액, 즉 임금이다. 하지만 시간의 구매자인 고용주에게, 노동자를 고용하는 것은 잉여 가치를 창출하기 위한 것이다. 이 잉여 가치가 바로 자본주의에서 생산성을 정의한다. 고용주의 관점에서 시간을 구매하면 항상 돈을 더 많이 벌 수 있다. 마르크스는 《자본론》 1권에서 상품으로써의 노동 시간이 산업 환경에서 갖는 독특한 성질을 설명한다. 그는 2부를 노동자와 고용주 간의 시간과 돈의 교환(양측이 동등한 입장에서 이루어진다고 여겨지는 교환)을 묘사하며 마무리한다. 하지만 이 과정은 섬뜩한 반전을 예고하며 끝난다.

> 우리가 단순 유통이나 상품 교환의 영역을 떠나는 순간 ……
> 여기 등장한 인물들의 얼굴 표정이 변하는 것처럼 보인다. 이
> 전에 돈을 소유했던 사람은 이제 자본가로서 당당히 나서고,
> 노동력을 소유한 사람은 그의 노동자로 뒤따른다. 전자는 스스
> 로를 중요한 사람이라 여기며 사업에 열중하고, 후자는 소심하
> 고 머뭇거리며 마치 자신을 시장에 내놓은 뒤 가죽이 벗겨지기
> 만을 기다리는 사람처럼 보인다.

3부는 공장 내부에서 시작된다. 여기서 시간의 구매자와 판매자는 결코 평등하지 않다. 고용주는 노동자에게서 더 많은 노동력을 쥐어짜기 위해 애쓰는 한편, 노동자는 과로로 죽지 않기 위해 스스로를 지키려 한다. 시간을 더 많은 돈으로 환산하려는 과정에서 고용주는 두 가지 전략을 추구한다. 하나는 시간 연장(돈으로 사는 시간의 양을 늘리는 것)이고 다른 하나는 강도 증가(같은 시간 동안 더 많은 일

을 요구하는 것)다.

노동일이라는 장에서 마르크스는 19세기 영국 공장주들과 노동자들 사이에서 노동 시간의 길이를 두고 벌인 치열한 전투를 예로 들며 연장 접근법extension approach을 설명한다. 노동자들과 영국 입법자들의 끈질긴 노력 덕분에 노동 시간이 제한됐다. 그럼에도 당시 경영진은 휴식 시간을 침해하는 방식 등 그 제한을 우회할 방법을 신속하게 찾아냈다. 이를 공장 감독관들은 '몇 분씩 몰래 훔치기', '몇 분을 슬쩍 빼앗기', 또는 노동자들이 말하던 '식사 시간 갉아먹기'라고 불렀다. 때로는 노골적인 속임수를 쓰는 경우도 있었다. 예를 들어 아예 시계를 조작해 아침에는 시계를 앞당기고, 저녁에는 시계를 늦추는 등의 방식이었다.

산업가들이 노동 시간의 자연적 또는 규제적 한계에 부딪히자, 그들은 이익을 늘리는 또 다른 방식을 선택했다. 바로 이미 확보한 시간을 더욱 밀도 있게 만드는 것이었다. 노동 시간을 가치로 더 빽빽하게 채우는 방법은 마르크스의 표현을 빌리자면, '노동 시간의 빈 구멍을 좀 더 촘촘히 채우는' 것이었다. 19세기 미국 방직공장에서는 이를 위해 여러 혁신이 도입되었다. 예를 들어 '스트레치 아웃stretch-out(작업자 한 명이 더 많은 기계를 담당하는 것)', '스피드업speedup(감독관이 공정 속도를 올려 〈모던 타임즈〉의 떠돌이처럼 결국 비참해지는 상황)', '프리미엄 시스템premium system(노동자들의 생산성을 최고로 관리하는 관리자에게 현금 보상을 지급하는 것)' 등의 혁신을 시행했다.

　　언뜻 보면 여기에는 모순이 있는 것처럼 보인다. 산업 자본주의는 시간과 노동을 절약하는 기계를 수없이 만들어냈지만, 그 결과 오히려 노동자들의 시간을 점점 더 많이 차지하게 됐다. 하지만 고대 그리스인들이 언젠가 기계가 노예 노동을 대체해 모두가 여유로운 시간을 누릴 수 있을 것이라 상상했던 것과는 달리, 자본은 시간을 '자유를 자기 것으로 가로채기 위해 해방시킨다.' 즉 자본주의의 목표는 여유 시간이 아니라 경제 성장이다. 그렇게 해방된 시간은 고스란히 이윤을 늘리기 위해 다시 기계에 투입된다. 그래서 모순이 발생한다. 공장은 효율적이지만 동시에 '사람의 시간을 가능한 한 끝까지, 육체적 한계에 이를 때까지 소비하게 만드는 동력'을 만들어낸다. 이를 직장에서 흔히 하는 말로 표현하면, '빨리 일해봤자 돌아오는 건 더 많은 일일 뿐'이라는 말과 같다.

SSA 마린SSA Marine의 웹사이트에는 '비즈니스 속도 가속화'라고 적혀 있다. 현재 그들의 터미널에서는 귀청이 터질 듯한 소음이 울려 퍼지고 있다. 엔진 소리, 경적, 경고음, 작업자들의 고함 소리가 메아리친다. 거대한 크레인들은 컨테이너를 배에서 들어 올려 내보내며, 공중에서 약간 흔들릴 정도로 빠르게 작업을 진행한다. 지금 샌프란시스코만에는 공급망 문제로 최근 뉴스 헤드라인에 자주 등장하는 그 거대한 네트워크의 일원인 컨테이너선들의 희미한 실루엣으로 가득하다.

복원된 공원의 습지에서는 도요새 무리가 나름의 계획에 따라 이동한다. 지금은 만조에서 약 세 시간이 지난 시점으로, 줄어드는 섬들 위에 작은 도요새들이 빽빽하게 모여 앉아 있어 마치 모자이크 무늬처럼 보인다. 그들 주변을 맴도는 다양한 새들 중에는 다리가 긴 새들과 함께 긴부리도요새도 있다. 이 새들은 몸길이의 절반 이상을 차지하는 초현실적으로 구부러진 부리를 지니고 있다. 번식을 위해 북동쪽, 어쩌면 멀리 아이다호까지 이동했다가 잠시 이곳으로 돌아온 것이다. 그동안 그들은 조수의 변화에 맞춰 자신의 활동을 조정하고 있다.

한편 이곳에서는 여러 형태의 시간이 동시에 존재한다는 것을 볼 수 있다. 컨테이너는 쌓이고, 물새들은 진흙을 쪼아대며, 딱새는 파리를 쫓고, 작은 갈색 버섯이 풀밭에서 고개를 내민다. 조수는 계속해서 밀려오고, 당신의 배도 꼬르륵 소리를 낸다. 하지만 이 중 하나의 시계는 다른 것들과 다르다. 그것이 균형을 유지하기 위해서는 점점 더 빠르게 앞으로 나아가야만 한다.

여기에서 주목할 점은 시간을 치밀하게 계산하는 것이 자본주의에만 국한된 것이 아니라는 것이다. 앞서 언급했듯 산업화 이전 또는 식민지화 이전 사회들은 본질적으로 여유롭고 심지어 '시간을 따지지 않는' 사회라고 여겨지곤 한다. 이는 부분적으로 이들 사회가 추상적이고 엄격한 일정이 아닌 각 작업의 흐름을 따르는 작업 중심 방식으로 일했기 때문이다. 하지만 사회학자 마이클 오말리 Michael O'Malley가 지적했듯 이런 사회들 역시 나름대로 '시간을 절약하는 데 대한 강한 집착'을 보였다. 농업 활동에서 요구되는 정밀한 타이밍뿐만 아니라, 모든 사회는 시간을 어디에 얼마나 쓸 가치가 있는지에 대해 사회적 결정을 내린다.

자본주의적 시간성이 시계와 밀접하게 연관되어 있다고 보는 것도 겉으로는 타당해 보일 수 있다. 물론 시계가 시간 규율에서 중요한 역할을 한 것은 분명하다. 하지만 시간 계산을 위한 도구 가운데 하나에 불과하며, 전체적인 의미는 특정한 목표나 세계관과 결합될 때에만 드러난다. 오말리는 19세기 미국에서 시계가 갖는 '모호한 위치'를 지적한다. "시계는 산업과 비즈니스, 기계의 완전성을, 선형적 시간과 미래를 향한 진보를 상징할 수도 있었다. 하지만 동시에 정체를, 계절의 순환을 상징할 수도 있었다. 결국 시곗바늘은 미래로 나아가는 대신 시계판을 끝없이 순환하며 돌기 때문이다."

기계적 효율성은 산업 자본가만의 전유물만은 아니었다. 무엇보다도 '기계적'이라는 개념을 어떻게 정의하는지에 따라 달라진다. 인류는 수천 년 동안 환경을 연구하고 노동을 절약하기 위한 시스템을 설계했으며, 이를 여러 세대에 걸쳐 체계화해 왔다. 그리고 전통적인 의미의 기계적 시스템을 찾는다 해도, 그러한 시간 절약 시스템은 프레더릭 테일러의 《과학적 관리법》보다 훨씬 앞선 1841년 캐서린 비처Catharine Beecher가 쓴 가사 관리서 《가정 경제 기술A treatise on Domestic Economy》에서 찾아볼 수 있다. 비처의 책은 맞춤형 주방의 확산에 크게 기여했으며, 여성들이 가사 노동에 들이는 시간과 노력을 줄일 수 있도록 설계된 생활 공간과 작업 방식을 구상했다. 하지만 이런 효율성의 목표는 분명했다. 비처는 이윤을 추구한 것이 아니라 '노동의 경제성, 비용의 경제성, 건강의

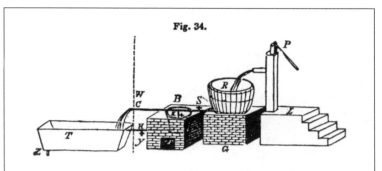

Fig. 34.

P는 펌프, L은 펌프질할 때 사용하는 계단, R은 수조, G는 수조를 올려두는 벽돌 단, B는 큰 솥, F는 솥 아래의 화로, C는 찬물이 나오는 관, H는 뜨거운 물이 나오는 관, K는 찬물을 솥에 넣는 꼭지, S는 주방 싱크대에 찬물을 넣는 파이프, T는 C관에서 나오는 찬물과 H에서 나오는 뜨거운 물을 담아두는 욕조, W는 욕실과 세탁실을 나누는 가림판, Y는 뜨거운 물을 흘려보내는 꼭지, Z는 욕조에서 하수구로 물을 흘려보낼 때 여는 마개다.

캐서린 비처의《가정 경제 기술》에 언급된 세탁 체계

경제성, 편안함의 경제성, 그리고 세련미'를 목표로 삼았다.

자본주의적 시간 개념은 그 강도와 표준화가 궁극적으로 지향하는 목적, 즉 회사의 더 많은 자본 축적에 의해 정의된다. 결국 영화 〈모던 타임즈〉에서 찰리 채플린이 연기한 떠돌이를 직접적으로 괴롭히는 것은 조립 라인이나 급식기가 아니다. 조립 라인을 가속화하는 공장 사장과 떠돌이를 기계에 묶어두는 관리자다. 오늘날 사람들이 콜센터나 배달 앱의 인터페이스를 설계하듯 이러한 결정도 인간이 내리는 것이다. 이는 마르크스의 관점에서 보면 단지 자본의 명령에 따르는 것일 뿐이다. 해리 브레이버먼Harry Braverman은《노동과 독점자본》에서 이런 차이를 예로 든다. 그는

프랭크 길브레스Frank Gilbreth의 스톱워치와 움직임 연구. 프랭크 길브레스와 그의 아내 릴리언 길브레스Lillian Gilbreth는 1910년대 산업 관리자들을 위해 노동자의 움직임을 연구했다.

1960년대 한 보험회사의 부사장이 키펀치keypunch(펀치카드에 데이터를 입력하는 기계를 사용해 구멍을 뚫고, 이것으로 데이터를 카드에 기록하는 일-옮긴이) 작업자들의 급박한 작업 속도에 대해 무심한 태도를 보였던 것에 대해 발언한 내용을 인용한다. 이 부사장은 이렇게 말했다. "그들에게 부족한 것은 쇠사슬뿐이다." 이어 그는 자신을 변호하듯 덧붙였다. "기계들이 여자들을 책상에 붙들어놓고, 끝없이 단조롭게 작업하게 만든다." 브레이버먼은 주석에서 이 발언을 비판하며 이렇게 지적한다. "이 부사장은 기계가 아니라 그러한 기계를 사용하는 사회적 관계가 문제라는 사실을 명확히 보여준다. 그는 자신의 발언 당시에도 이 상황의 책임이 '기계'가 아니라 자신에게 있다는 것을 알고 있었다. 왜냐하면 바로 다음 말에서 그는 기계실의 노동자들에게 작업량이 지속적으로 측정되고 있다는 점을 언급했기 때문이다."

　이는 테일러주의를 가장 잘 이해할 수 있는 관점이다. 테일러주의는 산업 작업 과정을 단순화하고, 최적화하려는 테일러의 접근법에서 비롯된 일련의 관행을 말한다. 테일러는 1911년 출간한 《과학적 관리법》에서 행동을 측정 가능한 요소로 분해하고, 기계적으로 가장 효율적인 방식으로 이 요소들을 재구성하는 방법을 제시했다. 과학적 관리의 지지자들은 매우 상세한 시간표와 '동작 연구'를 만들어냈는데, 이는 노동자의 손에 조명을 부착해 장시간 노출 촬영한 사진으로, 동작을 분해하고 더 잘 이해하려는 목적이었다. 이러한 방법 중 일부를 설명한 〈팩토리 매거진〉의 한 기사에서는 이를 명확하게 정리했다. "비용 절감을 실현하는 방법은 시간을 줄이는 것이다. 시간당 산출량을 증가시키는 것이 그의 일이라면, 그는 곧 시간 연구자다."

　시간 연구의 대표주자로서, 테일러는 다소 광적으로 효율성을 추구한 것으로 유명했다. 브레이버먼은 테일러가 젊은 시절 스스로를 테일러화 대상으로 삼았다고 언급한다. 테일러는 자신의 걸음 수를 세고 활동 시간을 측정하고 동작을 분석했다. 1870년대 기술적으로 진보한 제철소 소장이 된 테일러는 자기가 감독하는 기계공들의 효율성을 추구했다. 테일러는 작업자들 사이에 '조직적인 태업'이 만연함을 발견했다. 이는 노동자들이 서로 합의해 작업 속도와 생산량을 정했는데, 테일러가 보기에 그들의 능력보다 훨씬 낮은 수준이었다.

테일러는 미국 하원 특별위원회에서 증언하며 자신이 노동자들의 연대를 깨고 자기가 고안한 강도 높은 방식을 노동자들이 받아들이게 하려고 오랫동안 애썼다고 설명했다. 그는 노동자들에게 새로운 방법을 반복적으로 보여주었지만, 그들은 여전히 예전 방식을 고수했다. 그는 새로운 방법을 가르치기 위해 비숙련 노동자를 고용했으나 그들마저 기존 노동자들에 동조하며 더 빨리 작업하기를 거부했다는 것이다. 언젠가 테일러는 노동자들에게 이렇게 말했다. "내일부터 임금을 반으로 깎을 테니, 이제 반값만 받고 일하시오. 하지만 모두가 온종일 성실하게 일하면 지금까지보다 더 많은 임금을 받을 수 있을 겁니다." 조지 워싱턴의 '24시간 개념'을 떠올리게 하는 테일러식 '하루 적정 작업량' 정의는 노동력을 극한까지 끌어올리는 것이었다. 바로 브레이버먼의 표현을 빌리자면, 이는 '노동자가 건강을 해치지 않는 한도 내에서 할 수 있는 모든 작업'이라는 원시적, 생리학적 해석이었다.

다시 한번 이렇게 질문해 보자. 누가 누구의 시간을 재는가? 과학적 관리는 그저 노동을 측정하고 생산성을 높이는 문제만이 아니라, 규율과 통제의 문제이기도 했다. 테일러가 벌인 수년간의 투쟁이 보여주듯이, 노동자들이 작업 과정에 대한 지식을 가지면 작업 속도에 대한 어느 정도의 통제권을 가질 수 있었다. 테일러주의가 추구한 것은 작업의 강도 증가만큼이나, 이 과정의 지식을 노동자들보다는 고용주의 손에 집중시키는 방식으로 분해하고 체계화하는 것이었다. 테일러는 이렇게 썼다. "이 체계에서 노동자는 무엇을 어떻게 해야 하는지 하나하나 지시받는다. 그 과정에 노동자가 개선을 더하는 것은 성공에 치명적이다." 이와 같은 방식으로 테일러주의는 노동을 더 추상적이고 교환 가능한 것으로 만들었으며, 흔히 '탈숙련화'라고 불리는 과정을 가속화했다. 이 과정은 특히 시간의 가치에 대한 인식을 더욱 극명하게 분리시켰다. 브레이버먼은 이를 다음과 같이 설명한다. "노동 과정의 모든 단계는 가능한 한 특별한 지식이나 훈련으로부터 분리되고 단순 노동으로 축소된다. 한편, 특별한 지식을 가진 상대적으로 소수의 사람들은 가능한 한 단순 노동의 의무에서 벗어난다. 이렇게 해서 모든 노동 과정은 극단적으로 시간을 무한히 가치 있는 것으로 여기는 사람들과 거의 가치 없는 것으로 여기는 사람들로 양극화된다."

'시간 연구자'는 '고급 사상가', 컨설턴트, 아이디어를 파는 사람들의 전신이었으며, 이들 중 다수는 자신의 작업이 설명하기 어려운 특성을 지녔다고 여기며, 아직 작업이 자신들의 인격으로부터 완전히 분리되지 않았다고 생각한다. 그래서 이들은 자신의 시간당 가격을 직접 정할 수 있다. 싱이Shingy로 잘 알려진 비즈니스 구루 데이비드 싱David Shing은 아이디어라는 '생산 수단'을 소유한 사람의 극단적인 예라 할 수 있다. 자기들은 자기 일에서 소외된 적이 결코 없다며 제조업을 경멸한 INFN 물리학자들은 그 중

간쯤에 해당한다. 이와 대조적으로 시간 연구자들의 시간에 맞춰야 하는 사람들의 노동은 〈모던 타임즈〉의 조립 라인에서 일하는 떠돌이의 작업과 비슷하게 변해간다. 일관되고 측정 가능한 일로, 노동자의 재량권은 점점 줄어들고, 이에 따라 노동자는 그만큼 더 쉽게 대체 가능한 존재가 된다. 댄 응우옌Dan Nguyen은 한 논문에서 이러한 발전이 표준시간과 통제 사이의 오래된 관계를 단지 확장했을 뿐임을 지적했다. "미터법 시간은 처음에는 바다와 대양을 지배하는 법을 알려줬고, 그다음에는 육지의 식민지화를 가능하

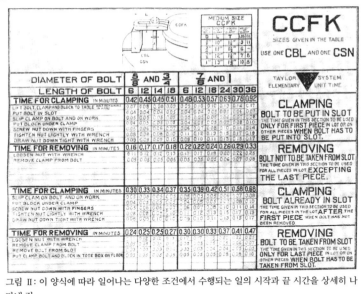

그림 II: 이 양식에 따라 일어나는 다양한 조건에서 수행되는 일의 시작과 끝 시간을 상세히 나타낸 것.

1916년 〈팩토리 매거진〉 2월호에 실린 '발명가로서의 스톱워치'를 테일러식 도표로 나타낸 이미지

게 했다. 그것은 우리가 일할 때 몸과 움직임을 구조화하는 방법과 일이 끝나면 어떻게 쉬어야 하는지를 가르쳐줬다."

테일러리즘의 특징인 시간을 측정당하는 사람과 시간을 측정하는 사람 간의 분리는 오래전부터 성별과 인종에 따라 나뉘어온 노동 분업의 한 단계에 불과하다. 우선 임금이 지급되는 노동과 그렇지 않은 노동의 구분이 있다. 이는 어떤 사람의 시간과 노동이 돈으로 환산될 가치가 있는지에 관한 문제다. (이 문제는 6장에서 다룰 페미니스트 사상가들의 논의에서 자세히 다룰 예정이다.) 미국에서 가사노동이 임금노동으로 인정되었을 때조차 이는 주로 흑인 여성들이 담당했다. 그러나 이러한 노동은 직접적으로 이윤을 창출하는 노동에 비해 과소평가되었으며, 이는 과거뿐 아니라 지금까지 이어지고 있다.*

테일러주의와 연관된 탈숙련화는 '생산적인' 임금노동의 분열을 의미했다. 미국 공장에서 일하던 흑인 노동자들은 20세기까지 줄곧 기계 작업을 하지 못하도록 배제되었으며, 허드렛일을 포함한 단순노동에 머물러야 했다. 제2차 세계대전 동안, 군사정보부서에 고용된 여성들은 단조롭고 반복적인 계산 작업을 수행했

---

* 앤젤라 데이비스(Angela Davis)는 《여성, 인종, 계급》에서 이렇게 썼다. "가사노동은 이윤을 창출하지 않기 때문에 자본주의 임금노동에 비해 자연스럽게 열등한 형태의 노동으로 정의됐다." 사회학자 바바라 아담도 《타임워치》에서 비슷한 지적을 했다. "여성의 돌봄과 감정 노동에 관한 연구는 화폐로 환산할 수 없는 시간이 특권층 바깥에 머물러야 한다는 생각을 보여준다. …… 즉 시간을 만들고 시간을 주는 활동은 수량과 측정 및 날짜와 마감이라는 의미 클러스터, 계산 가능성과 추상적인 교환 가치, 효율성 또는 이익이라는 의미 클러스터에는 속할 자리가 없다."

으며, 이로 인해 '킬로걸kilogirl'이라는 용어가 생겼다. (킬로걸은 '약 1000시간의 계산 노동에 해당하는' 단위였다.) 이처럼 시간에 대한 감시가 많은 직업일수록 백인이나 남성이 그 일을 할 가능성은 낮아 보인다. 2014년 아마존이 자사 노동력이 놀랄 만큼 다양성을 갖췄다는 데이터를 공개했을 때, 추가로 밝혀진 사실은 이 '다양성'이 물류 센터에서 일하는 흑인과 라틴계 노동자들에게서 비롯된 것이라는 점이었다. 2021년에도 이러한 상황은 여전히 이상적이라고 보기 어렵다.

　작업이 더 세분화되고 세밀하게 시간 측정이 가능해질수록, 노동은 점점 더 무의미해진다. 마르크스가 "노동자들 스스로가 단지 그것의 의식적인 연결고리 역할을 한다."고 묘사한 '자동 장치automaton'를 연상시키듯, 2020년에 의류 제조업체의 한 전직 노동자는 "모든 움직임이 통제된다. 정말 모든 게 통제되는 기분이다."라고 불평했다. 제시카 브루더Jessica Bruder는 UPS 배송기사로 일한 경험을 다룬 글에서, 거의 운전자를 대신해 움직이는 센서가 장착된 트럭을 묘사한다. "(센서들은) 배송기사가 짐칸 문을 열 때, 후진했을 때, 브레이크를 밟을 때, 공회전할 때, 안전벨트를 맬 때를 모두 기록했다." 이런 데이터는 UPS로 전송되었고, 이 시스템의 이름은 군사 용어에서 유래한 '텔레매틱스telematics(컴퓨터 통신)'였다. UPS는 테일러주의와 유사한 효율성을 추구하는 시간 및 동작 연구도 실시했고, UPS 운전기사에게 "점화키를 어떻게 다룰지, 펜을 어느 셔츠 주머니에 넣을지 (오른손잡이는 왼쪽 주머니, 왼손잡이는 오른쪽 주머니를 추천), 트럭에서 어떤 '이동 경로'를 선택할지, 엘리베이터를 타는 시간을 어떻게 보낼지"까지 세세하게 지시했다.

여기서 이런 효율성을 추구하는 직접적인 이유는 비교적 단순하다. 제시카 브루더는 '시간은 돈이고 경영자는 그 금액이 정확히 얼마인지 알고 있다.'고 적으며, 회사의 프로세스 관리 담당 이사의 말을 인용한다. "배송기사 한 명이 이동 경로에서 1분씩만 절약해도 1년이면 1450만 달러(한화로 약 202억 9850만 원)다." 하지만 이런 시간은 다른 방식으로 돈이 된다. UPS에서 이용하는 텔레매틱스 시스템에서 수집된 데이터는 무인 자동차를 위한 기반을 마련하는 데에도 활용된다.

2019년 영국 공영방송 채널 4에서 방영된 〈슈퍼 팩토리의 비밀Secrets of the Superfactories〉의 한 에피소드에서는 아마존 물류창고를 다뤘다. 이곳에서는 제품 분류 작업의 많은 부분이 스스로 움직이는 선반들로 대체되었는데, 그 움직임은 룸바Roomba 로봇청소기를 연상시킬 만큼 매끄러웠다. 물류창고에 사람이 몇 명 있기는 하지만 예전보다는 훨씬 줄어들었다. '무인 공장lights-out manufacturing(불 꺼진 공장 또는 완전 자동 공장이라고도 한다.-옮긴이)'에서는 인간의 개입이 거의 없다. 일본의 제조업체 화낙Fuji Automation Numerical Control, FANUC의 22개 공장 단지에서는 로봇들이 365일 24시간 스스로 복제하며 작업한다. 이 로봇들은 난방이나 에어컨이 없어도 일하는 훌륭한 일꾼이다. 소프트웨어 설계 회사인 오토데스크Autodesk에서 낸 한 기사에서는 테슬라나 애플 같은 고객사를 언급하며, "화낙이 만든 자기 복제 로봇의 고용 안정성은 사상 최고 수준에 도달했다."라고 보도했다.

그러나 헤드라인을 장식하지 못하는 현실은, 일부 인간이 로봇으로 대체되는 것이 아니라 오히려 로봇처럼 행동해야 한다는 사실이다. 겐델스버거는 《시계》에서 이런 현실을 체감하며 인간은 "피곤해하거나 아프거나 우울해지거나 휴식할 필요도 없는 컴퓨터, 알고리즘, 로봇과 더 경쟁해야 한다."고 한탄한다. 아마존에서 일하다가 결국 통증과 피로로 쓰러졌을 때, 한 선임 직원이 그녀에게 창고 내 약품 자판기에서 진통제를 사는 방법을 알려주며 조언한다. "너무 많이 먹지 마세요. …… 전 이제 두 알 효과를 보려면 네 알을 먹어야 하거든요." 겐델스버거는 자기 경험에 비추어, 생산성 증가로 노동자와 공유할 가치를 창출하려 했던 테일러에 대해 놀랍도록 이해심을 보인다. 하지만 그는 미국의 성장률 대 임금 그래프를 지적한다. 1970년대 이후 생산성은 급격히 상승하는 반면 임금은 가파르게 하락하는 추세를 보인다. 이제는 생산성이 증가해도 여유 시간이 생기지 않을 뿐만 아니라, 미국 노동자들에게 더 많은 돈으로 이어지지도 않는다. 노동자들의 시간은 더 많은 돈을 의미하지만, 그 돈은 다른 누군가의 것이다.

이 모든 상황을 보면, 노동 분업의 상위층에 머무르려는 동기가

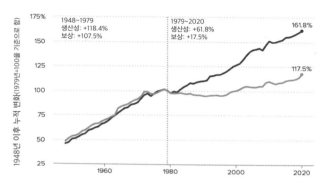

1979년 이래 생산성과 일반 노동자의 봉급 간 격차가 부쩍 커졌다.
1948~2020년 생산 성장 및 시간당 보상 성장

주: 데이터는 사기업에서 일하는 생산/비관리직 노동자의 생산 보상(임금과 이윤)과 전체 경제의 순생산성에서 왔다. '순생산성'은 상품 및 서비스의 생산량 증가에서 노동시간당 감가상각을 뺀 것이다.
출처: 노동통계국(BLS)의 노동 생산성 및 비용 프로그램에서 산출한 미공개 총 경제 생산성 데이터, 고용 통계 현황의 임금 데이터, 고용 비용 동향, 소비자 물가지수를 바탕으로 한 경제정책연구소(EPI)의 분석 및 경제분석국의 국민소득지표.

충분히 이해된다. 일부는 이를 'API 위에 있다.'*고 표현하기도 한다. 이는 테일러주의적으로 설계된 인터페이스를 만들기도 하고, 정작 그 안에서 일할 필요는 없는 위치를 말한다. 2019년 콜센터 업무 자동화에 관한 영상에서 노동 전문 기자 이토 아키Aki Ito는 도미니카

* 탄소 포집 회사의 CEO인 피터 라인하르트(Peter Reinhardt)는 2015년 "중간 관리자를 API로 대체하기"라는 블로그 게시물에서 'API 위의 일자리'라는 표현을 만들었다(API는 Application Programming Interface의 약자로 사용자와 소프트웨어의 의사소통이 아닌 소프트웨어와 소프트웨어 사이의 의사소통을 위해 고안된 인터페이스다. 여기서 'API 위의 일자리'란 API의 업무를 지시하는 일자리이고, 'API 아래의 일자리'는 API로 전달받은 업무를 수행하는 일자리를 말한다.- 옮긴이). 그는 프리랜서 운전기사로 이뤄진 우버(Uber)와 프리랜서 디자이너로 이뤄진 99디자인스(99designs)의 자동화 과정을 설명하며 사람이 코드 한 줄만 실행하면 되는 사례를 언급했다.

공화국 산토도밍고에 있는 콜센터 아웃플렉스OutPLEX의 직원 로라 모랄레스Laura Morales를 인터뷰했다. 콜센터 상담원으로 일했던 모랄레스는 노력 끝에 승진해 회사의 자동화 프로젝트에 참여하게 됐다. 그의 새 직함은 챗봇 디자이너다. 이토는 모랄레스와 함께 콜센터를 둘러보고 그의 집을 방문해 술잔을 기울이며 어색한 대화를 나눈다.

> 이토: 지금 당신이 하고 있는 자동화 작업이, 당신이 경력을 시작할 때 가졌던 직업이고 지금도 많은 동료들이 하고 있는 일인데, 그 일을 없애고 있다는 데에 대해 조금이라도 죄책감을 느끼지 않나요?
>
> 모랄레스: 죄책감 같은 건 없어요.
>
> 이토: 망설임도 없나요?
>
> 모랄레스: (술 한 잔을 홀짝이며) 이미 벌어지고 있는 일이잖아요.
>
> 이토: (체념한 듯) 차라리 그 흐름에 참여하는 게 낫겠죠.
>
> 모랄레스: 정말 다행히도, 저는 그 흐름의 일부예요.

브레이버먼의 《노동과 독점자본》에서 가장 비현실적으로 느껴지는 부분 중 하나는 1960년대 사무실에서 일어나는 테일러리즘을 적용하려는 열정을 묘사하는 대목이다. 금속 가공업과 출판업계에서 일해 본 경험이 있는 브레이버먼은 이 전환을 깊이 탐구할 수 있는 위치에 있었다. 그는 《과학적 사무실 관리Scientific Office

출입카드 찍기

카드 확인	.0156
선반에서 카드 꺼내기	.0246
카드 삽입	.0222
카드 뽑기	.0138
카드 자리 확인	.0126
카드 제자리에 넣기	.0270
합계	**.1158**

Management》 같은 책을 읽으며 시간 연구자들이 서류를 깔끔하게 정리하고 식수대까지 걸어가고 회전의자를 돌리는 데 걸리는 시간을 1000분의 1초 단위로 세밀하게 측정하는 시간 연구자를 발견한다. 하지만 가장 압권인 순간은 그들이 출입카드에 도장을 찍는 데 걸리는 시간을 측정하는 장면이었다.

여기에서는 심지어 작업의 정신적 과정, 예컨대 '출입카드 확인'과 '카드 자리 확인' 같은 단계조차 측정되었으며, 각각 0.0156초와 0.0126초가 소요되었다. 이는 마찬가지로 분업을 적용한 지식노동의 탈숙련화를 암시한다. 브레이버먼은 1970년대에 쓴 글에서 오늘날 콘텐츠 검열이나 기타 반복적인 인지 작업과 비슷해 보이는 일을 이렇게 설명한다. "이런 일은 여전히 뇌 속에서 수행되지만 뇌는 생산 과정의 세부 작업자처럼 사용된다. 단 하나의 '데이터'를 반복적으로 붙잡았다가 놓는 손과 같은 역할을 하는 것이다."

이 책을 쓰기 위해 조사하는 동안 나는 소셜 미디어 사용자의 시간이 어떻게 플랫폼과 광고주에게 돈이 되는지 생각해 봤다.* 그래서 구글에 "인스타그램은 사용자가 게시물을 보는 시간을 초 단위로 어떻게 측정할까?"라고 검색했다. 검색 결과 상위 항목 중 하나는 원더Wonder라는 사이트의 "사람들이 인스타그램 게시물을 얼마나 오랫동안 보는가"라는 제목의 글이었다. 이 글은 유료 고객의 질문에 답하기 위해 작성된 것으로 보이며, 작성자는 '애슐리 N.Ashley N.과 캐리 S.Carrie S.'라는 프리랜서 연구원들이었다. 이 서비스는 마치 쿼라Quora(사용자들이 질문을 올리고 답변을 공유할 수 있는 질문과 답변 기반의 소셜 플랫폼)의 질문 답변과 파이버Fiverr의 소규모 작업을 혼합한 형태로, 프리랜서들이 각 5달러(한화로 약 6900원)부터 시작하는 소규모 작업을 수행하는 구조였다. 메인 페이지에는 "저는 원더를 사랑합니다. 잠도 안 자고 불평도 안 하는 아이비리그 대학원 수준의 개인 연구 조교가 항상 곁에 있는 것 같아요."라는 추천글이 있었다. 연구 중이던 나 자신을 돌아보며, 이 서비스가 내 작업의 소규모 업무 버전을 보는 것 같은 기분이 들었다.

직장 리뷰 사이트인 글래스도어Glassdoor에 2018년 원더 리서치Wonder Reseach 직원은 자신의 업무와 관련된 표준적인 4시간 타이머

---

* 이 주제에 대해 사회학자 리처드 시모어(Richard Seymour)는 소셜 미디어를 시간을 잡아먹는 시간 포식자인 '크로노파지(chronophage)'라 부른 바 있다.

에 대해 설명했다. 타이머에는 필요할 때 30분을 연장할 수 있는 옵션이 있다고 알려져 있었지만, 원더 리서치도 다른 플랫폼도 마찬가지로 투명성 부족 문제를 겪고 있었다. "최근 시스템을 개편한 것 같은데, 그런 연장 옵션은 존재하지 않습니다." 4시간이 끝나면 연구원이 완료한 작업은 자동으로 검토를 위해 제출되었다. (다른 직원이 다음 해에 남긴 리뷰에 따르면, 각 작업의 급여는 16~32달러, 한화로 약 2만 2200원~4만 4500원 사이였다고 한다.) 작업이 특정 등급을 받지 못하면 직원에게 수정 요청이 다시 돌아갔고, 만약 직원이 깨어 있거나 온라인 상태가 아니어서 수정하지 못하면 작업은 폐기되었고, 보수도 지급되지 않았다. 리뷰 작성자는 "정말로 귀중한 시간을 낭비하는 일"이라고 표현했다.

익명적이고 알고리즘 기반이며 이해하기 어려운 인터페이스를 통해 일하는 사람들의 실제 경험은 자동화가 일을 대체하기보다는 그 내용을 재구성하고 조건과 지리적 분포를 변화시키는 방식을 보여주는 사례다. 개빈 뮐러Gavin Mueller는 러다이트 운동의 역사에서 이러한 재구성을 유용하게 개괄하며, 여기에는 자단 새도우스키Jathan Sadowski가 '포템킨 AIPotemkin AI(포템킨은 자신이 지배하던 크림반도 지역을 풍요롭게 위장하려던 러시아 포템킨 총독에서 유래한 말로, 겉은 번지르르하지만 속은 텅 빈 상태를 의미한다. - 옮긴이)'라고 부르는 개념을 소개한다. 이는 '복잡한 소프트웨어로 구동되는 것처럼 보이지만 실제로는 어딘가에 있는 사람들이 로봇처럼 작업을 수행하는 서비스'

를 의미한다. 이러한 방식으로 구성된 '휴먼 클라우드human cloud'
는 세계 어디에서나 사람들을 모집해, 낮은 임금을 지급하며, 그들
의 시간을 활용한다. 뮐러는 그 사례로 사마Sama (이전 명칭은 사마소스
Samasource)를 언급한다. 이 회사는 케냐의 키베라Kibera(아프리카 최대
의 비공식 정착지)에서 저임금 노동자를 모집해 머신러닝 시스템에 데
이터를 입력하는 단조롭고 끝없는 작업을 맡긴다. 테일러리즘의 유
산이 점점 더 교활해진 반면, 노동은 점점 더 단조롭고, 저렴하며,
빠르고, 전 세계적으로 분산되고 있다.

　　테일러식 정신 노동의 한 형태로, 콘텐츠 검열 같은 일은 무의
미함을 넘어서는 추가적인 위험 요소를 동반한다. 케이시 뉴턴Casey
Newton은 페이스북(현 메타)가 이용하는 콘텐츠 검열 회사인 코그
니전트Cognizant를 다룬 2019년 〈버지Verge〉의 기사에서 이 작업의
매우 구체적인 일정에 대해 상세하게 설명했다. 검열자는 각 영상
당 최소 15초에서 30초를 시청해야 했는데, 그 안에는 상상조차 하
기 힘든 끔찍한 내용이 포함될 가능성이 있었다. 이러한 트라우마
를 다룰 수 있도록 직원들에게는 하루에 9분의 '웰빙' 시간이 주어
졌다. 이 노동 현장에는 현대판 '쥐어짜기nibbling and cribbling' 관행
도 있었다. 직원들은 화장실에 갈 때마다 브라우저 확장 프로그램
을 사용하도록 요구받았으며, 코그니전트는 플로리다에 본사를 둔
회사이기 때문에 법적으로 병가를 제공할 의무도 없었다. 빌로우스
급식기가 떠오르는 사례로, 한 여성 직원은 케이시 뉴턴에게 직장

에서 아플 때 화장실 휴식 시간을 모두 사용해 버리자 매니저가 구토용 쓰레기통을 가져다줬다고 말했다.

콘텐츠 검열 업무는 인간과 기계의 경계 사이에서 불편하게 자리 잡고 있다. 한편으로는 인간으로서의 특성인 신체적 욕구와 감정적 한계가 업무에 방해물로 여겨진다. 노동 시간을 판매한다는 것이 작업자가 생물학적 시간이나 사회적 시간을 배제한 채 오로지 노동으로만 채워야 한다는 암묵적인 전제를 담고 있기 때문이다. 하지만 콘텐츠 검열은 공감이나 도덕성, 문화적으로 맥락화된 판단과 같은 인간적인 특성을 요구한다. 예를 들면 사이코패스가 끔찍한 콘텐츠 검열자가 될 경우 끔찍한 일이 벌어질 것이다. 마크 저커버그Mark Zuckerberg를 비롯한 일부 사람들은 언젠가 AI가 콘텐츠를 대신 검열할 날이 올 것이라고 예측했다. 하지만 법학 교수 제임스 그리멜만James Grimmelmann은 "하물며 인간조차 혐오 발언과 혐오 발언 패러디를 구분하지 못하는데, AI는 인간 능력의 발치에도 미치지 못한다."라고 지적했다. 이렇듯 콘텐츠 검열은 인간성과 기계적 효율성 사이에서 어딘가 모순적으로 존재한다.

콘텐츠 검열을 다소 '사이보그적인 업무'로 여길 수도 있다. 그러나 이 일이 노동자들에게 로봇 같으면서도 동시에 인간적인 특성을 유지할 것을 요구한다는 사실은, 테일러리즘을 적용하지 못할 것처럼 보이는 다른 많은 형태의 노동에 대해서도 의문을 제기하게 한다. 필요하다면 (많은 사람들이 필요성을 느끼듯이) 특정 수치적 결과를 극대화하려는 방식으로 무엇이든 측정할 수 있다. 예를 들어 하루에 처리한 콘텐츠의 수, 학기별 시험 점수 향상이나 학습 결과, 시간당 상담이나 고객 또는 환자 수 등을 말이다. 고도의 맥락, 미묘함, 그리고 개성을 요구하는 사회복지 업무조차도 다른 서비스와 마찬가지로 관료주의에 의해 파편화된다. 뮐러는 한 사회복지사의 말을 인용한다. "공장에서 일하고 싶었다면, 공장에서 일했겠죠." 이러한 인간 중심의 작업에서도 업무를 체계화하고 강화하려는 시도는 초기 테일러식 업무에 배정된 사람들을 좌절시켰던 것처럼 지금도 사람들을 낙담하게 만든다. 코그니전트에서는 열악한 환경에도 불구하고 사람들이 계속 일을 하기 위해 출근한다. 한 직원은 케이시 뉴턴에게 자신들을 단순히 의자에 "앉아 있는 몸뚱이들"에 불과하다고 말했다.

　이러한 '몸뚱이'들에 대해, 여전히 시간을 더 많은 돈으로 전환하려는 유인은 강력하며, 이는 노동 시간의 빈틈을 최대한 채우려는 시도로 이어진다. 많은 회사가 이를 위해 게이미피케이션 시스템과 리더보드(스태프캅이나 테라마인드에서 제작한 것과 같은)를 콜센터에 도입하며, 이러한 시스템은 TV 화면과 모바일 기기에 표시된다. 2021년 이런 회사 중 하나인 스피니파이Spinify의 웹사이트에 방문했을 때, 팝업 창이 뜨며 다음과 같은 메시지가 나타났다. "스피니파이에 오신 것을 환영합니다! 직원들의 업무 성과를 더 잘 보이게 하는 가시성과 이를 통해 직원의 노력을 인정받을 수 있도록 하는 경쟁 시스템에 참여해 보세요."라는 문구와 함께 몇 개의 원 안에 무작위로 들어간 사람들 이미지 세 개가 나타났는데, 마치 인간이 개입했음을 보여주려는 것처럼 보였다. 창을 닫을 수 있는 X 버튼은 없었고, '채팅하기', '데모 요청', '그냥 둘러보기'라는 세 가지 선택지만 있었다. 팝업 창을 없애기 위해 '그냥 둘러보기'를 클릭했지만 이로 인해 챗봇 대화 상자가 열렸다. 챗봇은 "즐겁게 둘러보세요. 도움이 필요할 때 클릭해주세요. 저는 여기 있습니다."라고 답했다. 곧바로 '궁극의 세일즈 활성화 전략 플레이북'이라는 자료를 제공하겠다는 제안이 이어졌고, 텍스트 입력란은 내 이메일 주소만 입력할 수 있도록 바뀌었다.

스피니파이의 웹사이트에서 이메일을 입력하라는 요청을 정중히 거절하고, 스크롤을 내려 다양한 서비스를 살펴보던 중 '팀을 게임화하세요.'라는 세션에 도달했다. 여기에서는 직원들의 흥미를 유도하기 위한 방법으로 콘테스트와 카운트다운 타이머 같은 요소들을 제시하고 있었다. 그중 한 콘테스트 사례는 '엘리미네이션Elimination'이라는 이름으로, '하위 등급에 초점을 맞춰 최하위에 있는 사람을 무작위로 제거'하는 방식이라고 설명되어 있었다. 하지만 특정 회사에서 이 '제거'가 실제로 무엇을 의미하는지는 명확하지 않았다. 해당 콘테스트를 설명하는 일러스트에는 세 개의 귀여운 캐릭터와 함께 진행 막대progress bar가 표시되어 있었고, 이 중 두 개는 초록색으로 각각 55점과 63점이라는 점수가 표시되어 있었다.

그러나 세 번째는 빨간색으로 표시되었고, 점수 대신 쓰레기통 아이콘만 보였다. 페이지 하단에는 이름이 언급되지 않은 회사의 공동 창립자이자 디렉터인 그레이엄 존스턴Graeme Johnston의 약간 섬뜩한 느낌이 드는 추천사가 실려 있었다. "스피니파이는 팀 내 경쟁을 강화하고, 사람들을 더 책임감 있게 만들었습니다. 이제 숨을 곳은 없습니다." 이런 문구는 직원 동기 부여를 강조하는 동시에, 강압적인 경쟁 구조를 암시해 묘한 긴장감을 준다.

경쾌한 문구, 친근한 만화 캐릭터, 팝업 창 뒤에는 전혀 다른 암시가 숨어 있다. 점점 더 빨라지는 작업 속도, 비우호적인 경쟁, 자동화된 페널티 등이 그것이다. 나는 이것을 보고 마츠다 케이이치 Keiichi Matsuda의 단편 공상과학 영화 〈머저Merger(합병자)〉에 나오는

〈머저〉(2019), 마츠다 케이이치

노동 환경의 특징을 떠올리게 했다. 이 영화에서는 이름 없는 한 여성이 회전의자에 앉아 주위를 둘러싼 형태의 책상에서 일한다. 그는 수많은 홀로그램 화면에 둘러싸여 있으며, 고객 서비스와 비슷하지만 훨씬 과도한 작업을 수행하고 있다. 책상 위에는 마치 마이크로소프트 워드Microsoft Word의 클립 모양 사용자 인터페이스 클리피Clippy 같은 것이 그를 주시하고 있다. 그는 점점 더 많이 나타나는 화면, 메시지, 알림과 씨름하며 초조하게 타이핑하고 화면을 스와이프한다. 이 모든 것은 '딩'과 '봉' 같은 소리로 가득 차 있다. 이 잔혹하고 모든 것을 감시하는 개인 맞춤형 조립 라인 안에서, 그는 침착함을 유지하며 작업 속도를 맞추기 위해 고군분투하는 모습이 역력하다. 영화가 묘사하는 이 모습은 오늘날의 작업 환경이 기술적 감시와 자동화된 효율성 추구로 어떻게 인간성을 희생시키고 있는지를 상기시킨다.

영화 초반 화면 밖 어딘가에 있는 치료사처럼 들리는 대상에게 말하는 직원 본인의 목소리를 듣게 된다. 그는 마치 앵무새처럼 일련의 조언을 반복한다. "운동으로 하루를 시작하세요. 운동은 집중력을 높이고, 건강 전반에 도움이 됩니다. 효율성을 극대화하도록 업무 환경을 설정하세요. 아침에 무엇을 맞닥뜨리든 긍정적인 마음가짐을 유지하려고 노력하세요." 벤담이나 테일러가 들었다면 아마 기쁘게 고개를 끄덕였을 것이다. 이 직원은 더 이상 빌로우스 급식기 같은 도구도 필요하지 않다. 대신 이 직원은 소일런트Soylent(식사

대용 음료-옮긴이) 같은 음료와 알약을 삼키며 이렇게 덧붙인다. "목표
는 초집중 상태를 달성하고 인간의 신체적 한계를 극복할 방법을 찾
는 것입니다. 항상 식사할 시간이 있는 것은 아니지만, 몸과 마음에
에너지를 공급하는 혁신적인 방법이 정말 많아요." 아이러니하게도
그는 시간에 너무 효율적으로 몰입했기 때문에, 지금 이 어려운 시
대에 생산성을 높이는 방법을 다룬 또 다른 리스트 기사를 읽을 틈
조차 상상하기 어렵다. 이 장면은 효율성 극대화라는 목표가 인간의
삶을 얼마나 기계적으로 전환시키는지를 풍자적으로 드러내며, 인
간성을 지속적으로 소모시키는 현대의 노동 환경을 비판한다.

〈머저〉는 360도 영화로 제작되었지만, 관객은 자유롭다고 느
끼기보다 화면 속 공간에서 폐소공포를 느낀다. 그 안에는 사회적
시간이나 생물학적 시간도, 물리적 환경도, 개인의 정체성도 없고
유머나 동료, 인간 상사도 없다. 오직 알고리즘에 따라 지시되는 우
주의 날Cosmic Day이 있을 뿐이며, 24시간 동안 임의로 변하는 배경
과 구분되지 않는 노동 시간만이 존재한다. 영화가 끝날 때쯤, 우리
는 직원의 대화 상대가 그를 '다른 세계'로 보내려는 누군가(혹은 무
언가)임을 깨닫는다. 카운트다운은 10에서 시작되며, 그는 안도하는
표정으로 눈을 감는다. 그리고 몸 없는 알고리즘이 되어간다. 그는
데이터의 영역으로 도망친 것이다. 그곳에서는 시간이 마침내 통제
될 수 있다. 그는 노동 그 자체가 되어버렸다. 이 결말은 기술과 알
고리즘의 지배 아래 인간의 정체성과 삶의 의미가 어떻게 소멸될

수 있는지를 단적으로 보여준다. 이는 현대 노동 환경과 기술의 통합이 인간을 단순한 기계의 일부로 전락시킬 위험을 상징적으로 드러낸다.

가변적 노동 시간의 비극은 우선 그것이 역사적으로 강제, 착취, 그리고 사람을 기계로 상정하는 사고와 깊이 연관되어 있다는 점에서 시작된다. 시간은 임금노동자가 평가받고 쥐어짜지는 처벌의 차원이다. 그러나 그 이상으로, 가변적 시간에 대한 과도한 강조는 시간과 노동이 본질적으로 무엇인지에 대한 빈약한 관점을 고착화시킨다. 산업적 관점에서 시간은 곧 돈이며, 이는 시간을 단순히 일로만 인식하게 만든다. 그리고 그 일은 기계의 온·오프 버튼처럼 작동하는 남성화된 노동을 의미한다. 테일러주의적 작업장에서 창고의 바닥에서든, 혹은 긱 플랫폼의 모바일 인터페이스에서든, 이러한 시간 개념은 격자처럼 확장되며, 개인을 시간이라는 사적 재산을 소유한 존재로 보는 관점을 강화한다. "나는 나의 시간을 가지고 있고, 당신은 당신의 시간을 가지고 있으며, 우리는 그것을 시장에서 판매한다." 이런 사고방식은 이제 고용주뿐 아니라 개인에게도 동일하게 영향을 미친다. 고용주는 당신을 24시간 인격화된 노동 시간으로 바라볼 뿐만 아니라 이제 당신 자신도 거울 속에서 자신을 그렇게 보게 된다. 이러한 체계는 시간과 노동을 시장에서 교환 가능한 상품으로 환원시키며, 인간의 삶과 시간을 소외시키는 근본적인 문제를 드러낸다.

Chapter 2

자기 시간

조절자

Self Timer

880번 주간고속도로와 84번 국도

새해 결심보다 더 중요한 것은 자신에게 보내는 연례 보고서다.
당신의 '회계 연도'는 어떤 날이라도 괜찮다.
세상 속 당신 존재의 상태를 균형 있게 평가하는 자기 회계 습관을
비로소 시작하기로 마음먹은 그날이 바로 적기다.
_P. K. 토마잔(P. K. Thomajan), '자기 자신에게 보내는 연례 보고서',
《굿 비즈니스(Good Business)》(1966)

당신이 앞으로 나아간다고 해서 내가 뒤로 물러서는 건 아니다.
_빌리 브래그(Billy Bragg),
〈가질 수 있고 가질 수 없는(To have and to have not)〉 가사 중에서

우리는 항구를 빠져나와 880번 주간고속도로를 따라 남쪽
으로 접어든다. 베이 지역에서도 풍광이 그다지 아름답지
않은 도로 중 하나이자 모두가 싫어하는 고속도로다. 우리
차 옆으로 이중 적재 화물 열차가 나란히 달리고, 가득 실
린 컨테이너 사이 틈으로 검은 원통형 유조차가 보인다. 한
동안 컨테이너를 실은 트럭들 사이에 갇혀 있자, 우리 차가
마치 외로운 딱정벌레처럼 느껴졌다. 하지만 오클랜드 다
운타운을 넘어가면서, 출퇴근 차량과 페덱스, 월마트, 아마
존 배송트럭, 그리고 가끔 보이는 출퇴근 버스들이 합류한

다. 팬데믹 전에는 차량이 이보다 훨씬 많았으리라. 평평한 산업 건물과 6층짜리 카운티 감옥 사이로, 느슨하게 연결된 익명의 아침 교통 행렬을 형성한다. 반대 방향에서는 흰 트럭 한 대가 지나가고, 옆면에 '데이라이트 트랜스포트 Daylight Transport 1977'이라는 문구가 적혀 있다.

"이번 주 목요일도 힘차게 버려 봅시다." 흘러간 노래를 틀어주는 베이 지역 라디오 채널 Q102 디제이가 광고로 넘어가기 전에 외친다. 업스타트닷컴Upstart.com은 우리 부채를 통합할 대출을 제공하겠다고 제안하고, 사카라 라이프 Sakara Life는 유기농 밀키트 배송 서비스로 활력을 채우라고 권하며, 쇼피파이는 모든 엄마들에게 자신의 플랫폼을 이용해 '첫 판매에서 성공적인 대규모 사업 형태까지' 나아갈 수 있다고 권한다. 한 팟캐스트는 밈 주식, 암호화폐, AI에 대해 우리의 시야를 넓혀주겠다고 한다. '저처럼 숙련된 투자자든 초보자든' 누구나 손댈 수 있다는 유행 주식이나 암호화폐, 인공지능에 대해 알려준다. 줌Zoom은 대기업, 중소기업, 개인용 '통합 서비스'라는 것을 던져준다. 우리 차 앞에는 기술 기업이 '자율 주행 인력'을 모집한다는 광고판이 보인다.

올리버 버크먼Oliver Burkeman은 '시간 관리가 우리 삶을 망치는 이유'라는 글에서 고용이 불안정하면 "우리는 끊임없이 과잉 행동으로 우리의 유용성을 입증해야 한다."라고 지적한다. 하지만 '시간이 곧 돈'이라는 인식이 반드시 필요하지 않은 상황에서도 이러한 강박은 여전히 남아 있으며, 종종 도덕적 뉘앙스를 띤다. 예를 들어 '끊임없는 과잉 행동'의 극단적인 반대를 상상하면, 내가 좋아하는 애니메이션 〈퓨처라마Futurama〉의 캐릭터 중 하나인 헤도니즘봇Hedonismbot이 떠오른다. 긴 소파에 늘어진 투실투실한 로마 원로원처럼 생긴 캐릭터다. 시리즈에 가끔 등장하는 헤도니즘봇은 자기 몸에 초콜릿을 덕지덕지 발라달라고 하거나 난잡하게 놀 준비가 됐냐고 묻고, 포도송이를 입에 넣으며 "나 사과할 거 없는데!"라고 외친다. '소중한 매 순간을 활용'하거나 신중하게 내일을 바라보는 모습과는 한참 거리가 먼 이 캐릭터는 그저 그 자리에서 시간 또는 다른 많은 것을 허비하는 죄 많은 낭비의 화신처럼 보인다.

특히 미국에서는 단순히 바쁜 것이 좋다고 여겨지는 것만이 아니라 도덕성, 자기계발, 자본주의적 사업 원칙이 오랫동안 뒤섞이며 만들어낸 특정한 근면의 이미지가 이상적인 것으로 간주된다. 이는 엄격하고 개인적인 형태의 기독교인 개신교에 크게 기인한다. 개신교 신앙은 근면한 노동을 신성화했으며, 유럽의 부르주아 계급이 그들의 사회적 지배력을 개인의 근면과 상업적 활동 덕분으로 여겼던 시기와 함께 등장했다. 이러한 수사는 앞 장에서 설명한 대로 식민지로도 수출되었다. 개신교 노동 윤리에 따르면 부자가 되려는 것은 돈을 쓰기 위해서가 아니다. 노동과 부의 축적은 본질적으로 선한 것이자 신을 섬기는 방법이었기 때문이다. 그리고 만약 부자가 되었다면, 그 부는 마음껏 소비할 당신의 것이 아니었다. 그것은 신의 것이었으며, 당신의 영원한 구원을 나타내는 상징이었다. 따라서 부유하면서도 금욕적인 삶이 이상적이었으며, '인생 사업'은 곧 도덕적 문제로 여겨졌다.

개신교의 한 종파인 17세기 청교도주의는 높은 도덕적 기준에 비추어 자신을 끊임없이 반성하고 평가하는 성찰의 삶을 강조했다. 이러한 실천은 일기와 같은 일상 기록을 통해 자기 관찰과 측정을 수행하는 습관을 포함했다. 예를 들어 마고 토드Margo Todd는 청교도 목사 새뮤얼 워드Samuel Ward가 1592년부터 1601년까지 기록한 일기를 면밀히 분석한 후 '자신을 목사이자 감시자, 설교자이자 참회자로 꾸민다.'는 사실을 발견했다. 토드는 이러한 긴장이 워드가 한 문장 안에서도 대명사를 불일치하게 사용하는 이유라고 봤다. 예컨대, 워드는 "네가 저녁 식사 때 과식해 네 몸을 해쳤다. 또한 내가 기도할 생각을 거의 하지 않았다."처럼 기록한다. 이러한 글 속에서 워드는 신의 권고를 대변하는 동시에 죄인으로서 자신의 입장에서 이야기하며, 고백과 책망이라는 두 영역을 오가는 모습을 보인다. (아마도 워드가 헤도니즘봇을 보았다면 극도로 혐오했을 것이다.)

산업화가 진행되던 미국에서는, 조립 라인 작업이 발전 가능성이 거의 없고 의미를 찾기 어려웠던 탓에 개신교의 노동 윤리를 위협했다. 하지만 검소함과 효율성이 본질적으로 선하다는 생각은 여전히 살아남았고, 자기 관리의 감각도 유지되었다. 이런 환경은 '자기계발'이라는 수사가 미국 문화 전반으로 퍼져 나가던 테일러즘의 비옥한 토양이 됐다. 결국 새로운 시간의 질서를 세우고 이익을 증대시키기 위한 시스템으로서 테일러주의는 결코 작업장에만 국한되지 않았다. 테일러가 《과학적 관리법》에서 언급했듯 "국가 전체가 더 큰 번영을 누릴 수 있었던 것은 각 개인의 더 높은 생산성 덕분이다." 이는 미국 진보 시대 문화 전반에 스며든 합리화, 효율성, 측정에 대한 집착의 한 부분일 뿐이었다.

테일러즘을 자기 자신에게 적용하면 어떻게 될까? 하나의 가능한 대답은 도널드 레어드Donald Laird의 1925년 책《개인 효율성 향상Increasing Personal Efficiency》에서 찾을 수 있다. 이 책은 '자기 통제를 개선하기 위한 단계별 절차를 제공하는 실용적이고 상세한 매뉴얼'로 소개된다. 현대 인체공학, 성격 검사, 자기 감시를 예견한 심리학자인 레어드는 테일러에게 찬사를 아끼지 않으며 우리 삶의 여러 부분이 제대로 테일러화되지 않았다고 한탄한다. "지난 세기 공학자들이 이 세상을 놀랍게 발전시켰다. 그러나 나는 인간 자체가 지난 2400년 동안 발전했다는 권위 있는 증거를 찾을 수 없다. 만약 우리가 우생학자들의 주장을 믿는다면, 인류는 오히려 퇴보했다고 추론해야 할지도 모른다." 레어드가 언급한 '우생학자들'이라는 말은 그가 책 서두에서 제기한 문제와 맥을 같이한다. 그는 당시 정신질환으로 시설에 수용된 사람들의 수에 대해 우려를 표하며, 이를 시스템적 관점에서 바라본다. 레어드는 심리적으로 무너진 사람들을 생산성의 비참한 징후로 해석하며, 이를 더 나은 작업 관행을 통해 해결해야 할 문제로 간주한다. 이러한 관점은 개인의 정신 건강 문제를 생산성과 효율성의 프레임 안에서 다루며, 테일러주의적 사고를 인간의 내면과 삶의 질까지 연결해 확장하려는 시도로 보인다.

《개인 효율성 향상》은 테일러주의 원칙을 공장에서 인간의 정신으로 옮기려는 시도로, 자신만의 '시간 연구자'가 되면 생산성을 크게 향상시킬 수 있다고 약속한다. 레어드는 사무실, 가정, 자동차

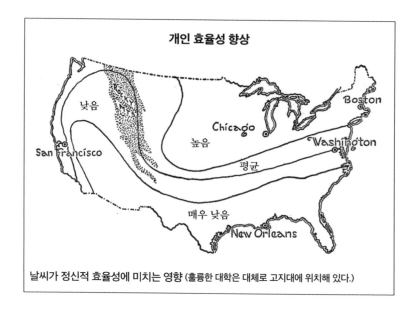

개인 효율성 향상

낮음

San Francisco

높음

Chicago

Boston

Washington

평균

매우 낮음

New Orleans

날씨가 정신적 효율성에 미치는 영향 (훌륭한 대학은 대체로 고지대에 위치해 있다.)

에서도 효율성을 향상하라고 손짓하며 다음과 같은 '개인적인 질문'을 던진다. "당신은 개인의 정신적 효율성에 얼마나 신경을 쓰나요? 당신은 정신적 벽돌을 열여덟 번의 움직임으로 쌓나요, 아니면 다섯 번만에 쌓나요?" 이 책은 당대 문화가 속도, 자기 통제, 그리고 불필요한 것을 제거하려는 단일한 사명에 집착했던 모습을 고스란히 담고 있다. 예를 들어 속독 테스트가 포함된 섹션 이후 레어드는 독자에게 "과도하게 눈을 움직이지 마시오."라고 권고하며 다소 당황스러운 조언을 제공한다. "기차, 자동차, 버스 안에서는 책을 읽지 마십시오. 창밖을 내다봐도 안 됩니다. 대신 다른 승객을 관찰하며 긴장을 푸세요. 승차 중 완전한 휴식을 취하는 매 순간은 수면 시간에서 차감될 수 있습니다.”

《개인 효율성 향상》에서 가장 섬뜩하면서 흥미로운 측면 중 하나는 사고 자체에 분업의 개념을 도입하는 방식이다. 레어드는 “효율적 사고”라는 제목의 장을 시작하면서 두 가지 사례를 비교한다. “먼저 한 ‘사업가’가 혼자 가만히 앉아 타이핑된 서류와 작은 지도를 한참 들여다보다 속기사에게 전화를 거는 모습을 떠올려보자. 이 모든 과정에서 그는 ‘조각상처럼 꼼짝하지 않았다. 하지만 그는 정말 아무것도 하지 않았던 걸까?’ 아마도 그는 그 주에 가장 어려운 일을 해냈는지도 모른다. 우리가 방금 목격한 사업가는 능동적인 사고에 몰두했다. 다음으로는 바람에 커튼이 살랑이는 방에서 안락의자에 앉아 독서에 몰두하고 있는 한 ‘소녀’를 상상해 보자. 커튼이 산들바람에 날리는 동안에도 움직이지 않는다. 그러다 그 소녀는 상념에 젖어 고개를 들며 책 속의 기사와 귀부인을 상상한다.”

레어드는 소녀가 사업가처럼 ‘아무것도 하지 않았다.’고 단정짓지 않는다. 그는 이렇게 쓴다. “소녀 역시 생각에 몰두하고 있었지만 앞서 봤듯 능동적이고 건설적인 사고는 아니었다.” 여기서 두 사람의 차이는 주로 비즈니스적인 관점에서 사고로 무엇을 성취했는지와 관련이 있다. 그는 덧붙인다. “소녀는 로맨스를 바라는 자신의 욕망을 충족하는 것 이상을 얻지 못했다. 반면 사업가는 1시간 동안 능동적으로 사고한 끝에 자기 산업 분야에서 혁신을 일으켰을지도 모른다.” 레어드가 언급한 능동적 사고는 의도성을 강조하기 때문에 오늘날 우리가 마음챙김이라고 부르는 것과 혼동할 수도 있다. 하지만 인간을 '짐승과 구별하는' 능동적 사고는 더 공격적인 뉘앙스를 풍긴다. 이는 새뮤얼 하버Samuel Haber가 "감정에서 멀어지고, 단단한 노동으로 향하며, 훈련으로 나아가고, 공감에서 멀어지며, 남성성으로 기울어지고 여성성에서 벗어나려는 움직임"으로 설명한 요소를 반영한다.

효율적인 사고에 관한 장의 마지막 부분은 "나는 수동적인 사고보다 능동적인 사고에 더 많은 시간을 쓰고 있는가? 즉, 스스로의 정신을 주도하고 있는가?"라고 질문하도록 독려한다. 흥미로운 사실은 레어드는 독자를 시간 측정자이자 측정 대상이고, 사업가이자 공상에 잠긴 소녀로 묘사한다는 점이다. "그들은 당신에게 얼마나 많은 시간을 지불하는가?"라는 질문 대신 이제는 "나는 나 자신에게 얼마나 많은 시간을 할애하고 있는가?"라는 질문을 던지게 된다. 레어드는 당신이 업무 중에 나태해지는 것을 잡아내고 싶어 하는 것이 아니다. 창밖을 보지 마라! 그는 오히려 당신이 경쟁에서 패배해 사라지기 전에 스스로를 채찍질하며 단련할 수 있도록 도와주고자 한다. 마치 〈팩토리 매거진〉을 읽지 않은 공장 관리자가 그러하듯 말이다.

20세기를 거치며 자기계발의 형태와 스타일은 달라졌지만 여러 시간 관리 서적에 남은 개인적 테일러즘의 유산은 명확하다. 보통 이런 책들이 주는 조언은 다음과 같다.

1. 당신이 시간을 어떻게 보내는지 하나하나 기록해 부족한 점을 파악하고 생산성이 얼마나 향상됐는지 측정하라. (이 부분에서는 보통 짧게는 15분 단위로 시간표를 작성하라고 한다.)
2. 하루 중 가장 생산성 높은 시간을 파악하고 그에 따라 업무를 배치하라.
3. 업무와 관련 없는 방해 요소는 과감하게 제거하라. (과거에는 상사가 시간을 빼앗았다면, 지금은 자기 자신이 시간을 훔친다.)

이는 특정한 유형의 업무일 경우 나쁘지 않은 조언이다. 하지만 역사적 맥락에서 살폈을 때, 흥미로운 점은 우리가 기록해야 할 시간의 유형이며, 1장에서 살펴본 '가변적 시간'이라는 점이다. 그리고 각 개인이 이러한 가변적 시간을 똑같이 '공급'받아 활용할 수 있다는 개념은 여전히 주류 시간 관리의 근간을 이룬다. 이러한 개념은 우리가 실제로 시간을 경험하는 방식과는 다르지만 많은 사람들은 여전히 '모든 사람에게 하루는 같은 시간이다.'라는 격언을 믿는다. 본질적으로 모두가 신의 은행에서 동일한 시간을 부여받았다는 가정을 반영한다. 이와 관련해 로이 알렉산더Roy Alexander와 마이클 돕슨Michael Dobson은 2008년《현실 시간 관리Real-World Time Management》에 이렇게 썼다.

흔히 시간이 부족하다고 한탄하지만 사실은 그렇지 않다. 1년

52주에서 휴가 2주와 공휴일 6일을 제하고, 대략 49주 동안 주당 40시간씩 일한다고 가정해 보자. 1년 간 노동 시간은 1952시간이다. 연간 총 시간인 8760(365일×24시간)시간에서 이 시간을 빼보자. 여기에 출퇴근 488시간, 식사 1095시간(매일 3시간), 옷 갈아입기 365시간(매일 1시간), 수면 2920시간(매일 8시간)을 추가로 빼준다. 그러면 총 공제 시간은 6820시간이다. 8760시간에서 6820시간을 빼면 1940시간이 남는다. 이는 자신이 원하는 대로 사용할 수 있는 시간이다. 1940시간은 연간 24시간을 기준으로 81일에 해당하며, 이는 전체 연도의 약 22퍼센트에 해당한다.

이 책은 돌봄이나 집안일을 전담하는 사람을 대상으로 쓰인 것이 아님을 분명히 한다. 이에 대해서는 곧 다루겠지만, 지금 당신에게 정말로 1940시간이 있다고 가정해 보자. 과학적 관리법에서처럼 마찬가지로, 당신은 노동 시간을 분 단위로 세분화할 수 있다. 케빈 크루즈Kevin Kruse는 《계속하게 만드는 하루 관리 습관》에서 자기 사무실에 '1440'이라고 쓴 커다란 포스터를 붙여두었다고 설명한다. "저도 여러분이 직접 해보길 권합니다. 종이에 '1440'을 크게 적어 문이나 TV 아래, 컴퓨터 모니터 옆 등 제한적이고, 소중한 시간이 있음을 상기시킬 수 있는 곳에 붙여보세요." 그는 모든 사람이 똑같은 1440분을 갖는다는 점을 강조한다. 이 시간을 더 효율적으로 공장에서 연료처럼 사용해 최대한 활용하자는 것이다. 크루즈는 "시간은 더 만들 수 없지만 생산성을 높일 수는 있습니다. 에너지와 집중력을 향상시키는 것이 같은 시간 안에 10배의 생산성을 올릴 수 있는 가장 중요한 비결입니다."라고 말한다. 결국 당신에게 주어진 모든 순간들이 이익의 요소인 것이다.

교통 정체는 보통 타인에 대한 애정을 불러일으키지는 않는다. 우리는 고속도로의 바랜 붉은 소음 차단벽 사이를 천천히 기어가면서, 다른 운전자가 하는 모든 움직임을 미리 예측하거나 마지못해 수용해야 한다. 차 안에서는 사람들이 남들에게 들리지 않는 무언가를 듣거나, 음식을 먹거나

화장을 고치고, 계기판 옆에 놓아둔 휴대전화로 영상을 보면서 시간을 보낸다. 교통 체증에 체념한 사람도 있지만 작은 틈이라도 보이면 잽싸게 끼어드는 사람도 있다. 헤이워드 교외에 이르면 우리는 무표정한 시선으로 내려다보는 880 미니언880 Minion의 곁을 느릿느릿 지나간다. '880 미니언'은 누군가 자신의 지붕 위에 설치한 금속으로 만든 세균 모양의 조각상으로 영화 〈슈퍼배드Despicable Me〉에 나오는 멜빵바지를 입은 미니언을 형상화한 것이다. 이 조각상은 방음벽 위로 위압적으로 솟아 있다.

시간에 대한 이런 접근법은 평등주의적 성격을 띤다고 여겨지며, 자기 힘으로 성공을 이루려는 '자력 문화'에서 특히 잘 통용되는 듯하다. 흥미롭게도 "자기 힘만으로 철저히 노력해 자신을 발전시키다."라는 현대적 의미의 '부트스트랩bootstrapper'이라는 표현은 레어드의 책이 출간되던 시기와 비슷한 때에 등장했다.* 오늘날의 '자력' 문화는 신자유주의적 가치관의 영향을 받고, 정부 서비스가 축소, 일자리의 불안정, 그리고 사회 안전망의 붕괴로 더욱 강화되었다. 이 문화는 각 개인이 자신의 운명을 책임지고, 타인과의 경쟁 속

---

* 원래 '자립해서 일어선다(pulling oneself up by one's bootstraps).'라는 말은 실제로는 불가능한 일을 시도한다는 은유적인 표현이었다. 예를 들어 1888년 출간된 물리학 책에는 "저울 위에 선 사람은 자신을 들어 올려 무게를 가볍게 만들 수 있을까?"라고 질문한 다음 곧바로 "인간은 왜 자립해서 일어날 수 없을까?"라고 질문한다.

에서 스스로 안전을 확보할 것을 요구한다. 이를 위해 개인은 자신의 시간과 노력을 투자하고, 필요한 훈련도 스스로 해결하며, 자신의 위험을 계산해야 한다.

미국에서는 개인이 기업가라는 개념이 노동 통계뿐 아니라 문화적 정서 속에서도 뿌리 깊게 자리 잡고 있다. 2012년 퓨Pew 리서치의 조사에 따르면 미국 응답자의 62퍼센트가 "인생의 성공은 우리가 통제할 수 없는 요인에 의해 결정된다."라는 주장에 동의하지 않았다. 반면 스페인, 영국, 프랑스, 독일에서는 이 주장에 동의하지 않은 비율이 훨씬 낮았으며, 독일의 경우 단 27퍼센트에 불과했다. 또한 '국가의 간섭을 받지 않고 인생의 목표를 추구할 자유'와 '누구도 궁핍하지 않도록 국가가 보장' 중 하나를 선택하라고 했을 때 미국에서는 전자가 58퍼센트로 후자(35퍼센트)를 크게 앞질렀다. 반면 다른 4개국에서는 이 비율은 거의 반대였다.* 2017년 연구에 따르면 미국 공화당원들이 예상대로 민주당원보다 개인의 부를 '더 열심히 일했기 때문'으로, 빈곤을 '노력 부족'으로 여기는 경향이 더 컸다. 반대로 민주당원은 이를 '삶의 유리한 조건'이나 '개인의 통제를 벗어난 상황' 때문이라고 여기는 경향이 더 강했다.

물론 빈곤의 원인이 '노력'과 '환경' 중 어느 것인지에 대한 논쟁은 오래전부터 있었다. 서문에서도 언급했듯 '내가 통제할 수 없

---

* 이런 결과는 2019년 후반 퓨 리서치에서 발표한 연구 결과와도 일치한다. 서유럽 응답자의 평균 53퍼센트, 중유럽 및 동유럽 응답자의 58퍼센트가 '인생의 성공은 내가 통제할 수 없는 힘으로 결정된다.'라는 문항에 동의했지만, 미국 응답자의 경우 31퍼센트에 불과했다.

는 외부 요인' 안에서 개인이 얼마나 선택의 여지가 있는가에 대한 질문은 단순히 사회학뿐 아니라 철학에서도 중요한 주제다. 이는 결국 자유 의지에 대한 질문으로 이어지기 때문이다.** 하지만 이 장에서는 이 주제를 카드 게임을 활용해 살펴보려고 한다. 나는 이 게임을 '멍청이' 게임이라고 배웠지만 '대통령', '쓰레기', '자본주의' 게임이라고도 부른다. 이 게임은 중국에서 유래했을 가능성이 있으며, 그곳에서는 '아래에서의 투쟁'이라고도 부르는 쟁상유(上游) 같은 유사한 게임들이 오랫동안 인기를 끌어왔다.

'멍청이' 게임은 기본적으로 특정 시간에만 특정 카드를 낼 수 있는 일반적인 카드 버리기 게임이다. 하지만 이 게임을 하려면 일종의 기억 잇기를 해야 한다. 첫판에서 승자는 '대통령'이 되고, 2등은 '부통령'이 되고 반대로 패자는 '멍청이', 끝에서 2등은 '부 멍청이'가 된다. 다음 판이 시작되기 전에 모든 플레이어는 이 순위에 맞게 자리 배치를 다시 정리해야 한다. 이 과정에서 꼴찌가 된 사람은 카드를 섞어 나눠주는 역할을 맡게 된다.

카드를 받으면 멍청이는 자기 카드 가운데 가장 좋은 카드 두 장을 대통령이 버리고 싶은 카드 두 장과 교환해야 한다. 부 멍청이는 부대통령과 카드를 한 장씩 교환한다. 여기서 구조적 불평등의

** '내가 통제할 수 없는 힘'에 대한 몇 가지 고찰은 사회학자 피에르 부르디외(Pierre Bourdieu)의 《실천이성》의 한 장과 아비투스 및 문화 자본 개념, 해리 프랑크푸르트(Harry Frankfurt)가 〈의지의 자유와 개인이라는 개념(Freedom of the Will and the Concept of a Person)〉에서 설명한 1차적 욕망(원하는 것)과 2차적 의지(원하기를 원하는 것)를 참고하라.

축소판이 만들어진다.* 이 게임에서 진짜 악랄한 점은 당신이 멍청이가 되었을 때 당신이 포기한 좋은 카드나 떠안게 된 좋은 카드를 보지 못한다는 점이다. 그래서 당신이 게임에서 진 것이 처음에 카드를 맞바꾼 탓인지, 카드 게임을 잘 못해서인지 아무도 모른다. 게다가 게임의 규칙은 협상이 불가능하기 때문에 '멍청이를 맡은 당신'에게 주어진 유일한 선택지는 열심히 전략을 짜는 것뿐이다. 이기려면 당신은 자기 카드의 주인이 돼야 한다.

이 게임을 비유로 삼아 보면, 규칙을 바꾸는 길이 체계적으로 차단된 문화에서 사람들이 자신의 '카드를 잘 활용하도록' 가르치는 것이 얼마나 큰 사업이 되는지 이해할 수 있다. 이러한 환경에서 탄생한 자기 통제의 수사는 유튜브와 인스타그램 시대에 맞게 재구성됐고, 그 절정은 앞으로 '생산성 친구들productivity bros'이라고 부르는 사람들에게서 찾아볼 수 있다. 특히 존 뒤마John Dumas가 설계하고 판매한 두 가지 제품에서 찾아볼 수 있다. 뒤마는 매일 '열정의 사업가들Entrepreneurs on Fire'이라는 일일 팟캐스트를 운영하며, 성공한 기업가들을 인터뷰해 청취자들에게 경영인의 길을 가도록 영

---

* 물론 실제 세계에서 규칙과 관행의 관계는 '멍청이' 같은 카드 게임에서보다 훨씬 복잡하고 반복적이다. 하지만 이 극단적인 사례는 장단점이 얽힌 네트워크에서 지위가 다르다는 사실이 어떻게 작용하는지 유용하게 보여준다. 실제로 불평등에 대한 인식을 연구할 때 비슷한 카드 게임을 이용한 사례가 있다. 2019년 코넬대학교 연구진은 참가자들에게 '교환 게임(Swap Game)'을 하도록 한 결과 승자들은 패자들보다 게임이 공정하다고 여길 확률이 두 배나 높다는 사실을 발견했다. 연구자들은 카드 게임의 결과를 성급히 일반화해 실제 사회 경제학적 불평등을 설명하지 않도록 주의하면서도, 연구 결과에서 '기회의 분배가 결과의 분배에 큰 역할을 하는 현실의 계층화 과정'과 비슷한 면을 볼 수 있다는 사실을 지적했다.

감을 불어넣는다. 그의 팟캐스트 웹사이트에는 이런 문구가 적혀 있다. "하루 중 90퍼센트를 좋아하지 않는 일에 허비하고, 단 10퍼센트만 내가 좋아하는 일에 쓰는 데 지쳤다면, 여기야말로 당신이 있어야 할 곳입니다."

2016년 뒤마는 '자유 일지The Freedom Journal'라는 제품을 위해 킥스타터 캠페인을 시작했다. 이 제품은 사용자가 "100일 안에 가장 중요한 목표를 달성하도록 돕겠다고 약속했다. 가죽으로 제본된 이 일지는 대부분 반복되는 두 페이지로 구성되어 있으며, 사용자가 자신의 목표를 구체적으로 설정하고 진행 상황을 평가하도록 요구한다. 중간중간에는 10일 스프린트 요약과 분기별 리뷰가 포함되어 있다. 뒤마의 후속 제품인 '정복 일기The Mastery Journal'는 작업의 정량화를 한층 강화한다. 하루를 네 개의 세션으로 나누고, 각 세션마다 스스로 평가한 '생산성'과 '규칙' 점수를 기록하게 한다. 이 점수를 평균 내서 10일 단위의 생산성 및 규칙 그래프로 시각화하도록 설계되었다. 그는 자유 일지와 정복 일기를 묶어 '2017년 성공 패키지'로 판매했다. 자유와 통제의 결합은 우연일 수도 있지만 한 사람이 동시에 해방된 자이자, 통제된 자가 될 수 있다는 발상은 자기계발이라는 개념의 이중적인 성격을 보여준다.

생산성에 집착하는 사람들, 이른바 '생산성 브로bros'들과 많은 사람들 사이에서 테일러주의적 생활 패턴에 대한 집착은 이제 아침 루틴에 대한 강박으로 변질했다. 자칭 '세상에서 제일 규칙적인 사람'으로 소개하는 크레이그 밸런타인Craig Ballantyne은 이 주제로만 최소 10개의 영상을 제작했다. 그중 하나인 '이 아침 루틴이 당신의 생산성과 수입을 높여줄 것입니다.'에서 그는 아침을 어떻게 '지배' 해 꿈꾸던 삶을 살고 매년 새로운 나라 다섯 곳을 여행하게 되었는지 보여준다. 영상에서 그는 '배우 마크 월버그Mark Wahlberg보다 12분 늦고 더 록The Rock(프로레슬러이자 배우인 드웨인 존슨Dwayne Johnson의 별명-옮긴이)보다 3분 이른' 새벽 3시 57분에 일어난다. 다른 기업가들이 아침 시간을 요가나 일기 쓰기로 보내는 것과 달리 밸런타인은 일어나서 컴퓨터 앞에 앉아 자신의 책《완벽한 하루를 위한 공식The Perfect Day Formula: How to Own the Day and Control Your Life》 작업을 시작하기까지 15분만 허용한다. 그리고 당연히 이런 영상에 '파워 스무디'를 만드는 장면은 필수다.

밸런타인은 다른 영상이나 활동에는 목표, 경쟁, 영업, 소셜 미디어, 혼돈, 인생 자체 등을 정복하거나 지배하라는 조언이 담겨 있다. 하지만 생산성 전문가들이 주는 자유는 그저 현상을 유지하며 일과 삶의 균형을 맞추는 수준이 아니다. 밸런타인과 뒤마 모두《나는 4시간만 일한다》의 저자 팀 페리스Tim Ferriss의 추종자다. 이 책은 다른 사람들로부터, 그리고 시간을 팔아야 하는 상황에서 벗어나야 자유를 얻을 수 있다고 말한다. 핵심은 자본주의를 자신의 방식으로 활용해 그 제약에서 벗어나는 것이다. 아리 메이즐Ari Meisel의《적게 일하는 기술The Art of Less Doing》은 현대적 방법으로 더 적게 일하고도 성공을 이룰 수 있다고 주장한다. 예를 들어 "80/20 법칙, 3단계 결정, 멀티 플랫폼 용도 변경 같은 방법을 통해 단 한 명의 직원만으로 운영할 수 있는 강력한 성공 시스템을 만들 수 있다고 약속한다. 또 다른 예로, '9-to-5 방식 버리기Screw the Nine to Five' 사이트의 창립자들은 "30개가 넘는 온라인 비즈니스 네트워크를 활용해 수익을 창출하며 해외에서 사는" 비결을 공유한다.

노동조합 결성, 법 제정, 상호부조 같은 다른 방식의 '9-to-5 방식 버리기' 비교하면, 생산성 중심의 자기계발은 오직 자기의 힘으로 자유를 얻을 수 있다는 점에서 매력적이다. 하지만 이 접근법의 문제는 더 큰 자유를 얻기 위해서 점점 더 철저한 자기 통제와 더 뛰어난 능력이 요구된다는 사실이다. 외부 환경을 통제하기 어려워질수록 이런 자기계발을 추구하는 사람은 자신에게 더 가혹해질 위험에 처한다. 스프레드시트로 자신을 감시하고, 점수를 깎고, '고백과 질책'이라는 이름 아래 스스로를 벌하며 지나치게 자신을 몰아세우게 되는 것이다. 이런 방식은 신자유주의의 '모든 것이 경쟁'이라는 세계관과 딱 들어맞는다. 타인에게 도움을 기대할 수 없을 뿐 아니라 모든 사람을 자신의 시간과 자원을 지키고 최대한 활용하려는 경쟁자로 보게 된다. 결국 그 시간을 얼마나 가치 있게 사용하는지는 전적으로 당신 책임이 된다.

샌프란시스코 베이는 그리 멀지 않지만 그 모습을 직접 볼

수는 없다. 우리의 경로 어디에서도 베이는 보이지 않으니, 내가 그렇다고 말하면 믿어야 할 것이다. 임금을 가로채고 화물을 '우버화'하려 시도하다 노조에 고발당한 XPO 로지스틱스XPO Logistics 물류센터가 그 앞을 가로막고 있다. 이따금 만으로 향하는 흰색 백로나 제한속도 표지판 위에서 쥐를 노리는 거대한 붉은꼬리매, 공중에서 불안하게 넓은 원을 그리는 독수리 덕분에 교통 체증의 지루함이 깨진다. 최근 나는 독수리가 새들 가운데 가장 큰 후각 기관을 지닌 덕에 1킬로미터 떨어진 곳의 냄새도 맡을 수 있다는 사실을 알게 되었다. 그에 비해, 이 차 안에서 맡을 수 있는 냄새는 오래된 플라스틱, 낡은 시트 냄새, 그리고 브레이크를 밟을 때

날리는 약간의 먼지 냄새뿐이다.

전방에 설치된 전광판에는 밀피타스, 산호세 국제공항, 멘로 공원까지 걸리는 시간이 나타난다. 이 시간은 교통 상황에 따라 달라지며, 이는 우리가 지불하게 될 통행료와는 또 다른, 인생의 분 단위로 측정되는 유동적인 비용을 나타낸다. 또한 이 시간들은 각각의 운전자들에게 전혀 다른 의미일 것이다. 우리는 다시 다른 운전자들을 바라보게 되는데, 그들도 각자 보이지 않는 요구를 충족하기 위해 자신만의 시간적 지형을 헤쳐 나가고 있다. 사람들은 저렴한 주택과 아이를 키우기에 적당한 장소를 찾아 베이 지역에서 약 160킬로미터 이상 남쪽이나 동쪽에서 출퇴근을 하고 있으며, 그 과정에서 편도 두세 시간을 차에서 보낸다. 이러한 배경 속에서 도로 위에 있는 대부분의 사람들은 그저 어떻게든 삶을 유지하기 위해 노력하고 있다.

"아침에 눈을 뜨면, 짜잔! 당신의 지갑에는 마치 마법처럼 인생이라는 우주의 원재료가 (24시간) 가득 들어 있습니다. …… 아무도 당신에게서 그걸 뺏을 순 없죠. 도둑 맞을 일도 없습니다." 아널드 베넷Arnold Bennett의 1908년 책《하루 24시간 어떻게 살 것인가》에는 이런 구절이 있다. 헨리 포드Henry Ford는 회사 경영진에게 이 책 500부를 선물했다. 이 책은 여전히 인기 있으며, 2020년 맥밀란

Macmillan출판사에서 자기계발서로 재출간되었다.

직장에 다니는 부모들은 24시간을 훔칠 수 없다는 개념을 잘 받아들이지 못할 것이다. 페이스북 워킹맘 그룹을 운영하는 메이 앤더슨May Anderson은 주류 시간 관리 책들을 던져버렸다며 그런 책은 부자가 되려면 "그깟 라테 한 잔 끊으라."고 권하는 흔한 경제서 조언과 다를 바 없다고 말했다. 케빈 크루즈의 '1440' 포스터에서 전하는 것과 달리 시간은 모두에게 공평하지 않다. 유타주 시골에서 엔지니어이자 두 아이의 엄마로 사는 메이May는 자기가 해야 하는 수많은 일상적인 일을 예로 들며, 자신에게 '일'이란 유급 노동은 물론 무급 육아와 가사노동을 포함한다고 말한다. 그리고 자신의 전형적인 하루에 해야 하는 많은 일들을 나열했다. 메이는 자신이 해내야 할 일을 떠올리기만 해도 숨이 막힌다며 시간이 부족하게 느껴진다고 강조했다. "잠깐 쉬려고 10분만 앉아 있어도 마음이 편치 않아요."

의무의 압박과 시간에 대한 심리적 가변성은, 우리가 사용하는 시간이 모두에게 똑같이 주어진 것처럼 보이지만 실제로는 그렇지 않음을 보여준다. 사람들은 의무의 압박과 시간에 대한 각자의 심리적 경험 때문에 같은 1시간을 다르게 느끼고 다르게 사용할 수밖에 없다. 그래서 '모두가 같은 시간 속에서 산다.'는 개념은 겉보기와 달리 쉽게 깨질 수 있다. 철학 및 사회정치이론 교수인 로버트 구딘은 이러한 "시간의 평등"을 "잔인한 농담"이라고 부른다. 무엇보다 가장 기본적으로 일부 사람들은 다른 사람들의 시간을 통제한다. 비록 노예제도는 공식적으로는 폐지됐지만 여전히 대부분의 사람들은 "생존을 위해 고용주에게 자신의 시간을 임대"하고 있는 것이 현실이다. 이러한 것이 해결되지 않는 한, (예를 들어 보편적 기본 소득 보장) 시간적 자율성에서의 '심각한 불평등'은 지속될 것이다. 더나아가 당신이 어떤 유명인이나 영향력 있는 컨설턴트가 아닌 이상 당신이 자신의 시간을 파는 가격은 성별, 인종, 당면한 경제적 상황 등 당신이 통제할 수 없는 요소가 반영될 가능성이 크다.

1장에서 살펴봤듯 시간이나 속도 같은 요소들도 종종 노동자의 통제를 벗어난다. 시간 관리 책들이 개인을 대상으로 판매된다는 점에서 이러한 통제의 존재는 보통 인정되지 않지만 때로는 그 흔적을 포착할 수 있다. 예를 들어 "기계가 여직원들을 책상에 묶어두었다."라고 1990년대의 한 시간 관리 책들은 "컴퓨터 칩이 우리를 자유롭게 하지 않았다. 오히려 우리를 그 속도에 맞춰 생산하도록 강요한다."라고 한탄한다. 알렉산더와 돕슨은 《현실 시간 관리》에서 가상의 독자와 질의응답을 진행한다. 한 독자가 이렇게 항의한다. "당신들은 제게 우선순위에 따라 일하라고 하지만 그들이 그렇게 하지 못하게 하잖아요!" 저자들의 대답은 다소 불가능하거나 비현실적인 요구처럼 들린다. "당신은 우선순위뿐만 아니라 외부 요인 같은 것들도 모두 통제해야 합니다."

그들이 누구인지 묻는 질문은 은행에 넣어둔 불평등한 시간의 양을 넘어 시간의 정치학으로 이어진다. 시간 관리는 흔히 '하루 종일 시간이 부족하다.'는 상상에 대한 응답이지만, 시간 압박이 항상 양적인 시간 부족에서 오는 것은 아니다. 끊임없이 업무가 바뀌거나 외부 요인과 조율해야 할 때도 시간 압박이 발생한다. 이런 상황을 설명하기에 "시간 조절자"로 번역되는 차이트게버 zeitgeber(생체 리듬을 조절하는 외부 신호-옮긴이)라는 독일어가 여기에서 유용하다. 프레더릭 테일러의 상세한 시간표는 산업 노동자나 뒤마의 '자유 일지' 구매자에게 차이트게버가 된다. 전업주부에게는 자녀의 기분, 건강, 학교 시간표가 차이트게버다. 내게는 오랫동안 10주 단위의 대학 학기제와 끝없이 늘어지는 베이 지역의 러시아워가 차이트게버였다. 만성질환을 앓는 사람에게는 질병의 주기가 차이트게버다. 인스타카트Instacart 노동자에게는 고객의 변덕과 앱 인터페이스가 모두 차이트게버다.

여기에는 패턴이 있다. 차이트게버라는 개념으로 보면 누군가 혹은 무언가는 항상 다른 누군가에게 시간을 준다. 분초 단위의 시간을 선물한다는 뜻이 아니라 시간 경험을 결정한다는 뜻이다. 차이트게버를 따른다는 말은 끌려간다는 것이다. 당신의 활동이 당신 바깥의 패턴에 끌려가거나, 타인의 활동이 당신의 패턴에 끌려온다. 하지만 만성질환을 안고 9시부터 5시까지라는 일정으로 일하는 노동자라면 누구나 알듯, 다양한 차이트게버는 서로 충돌할 수 있고 모든 차이트게버가 균등하지도 않다. 각자에게 부여되는 시간의

'임대료'가 다르듯, 타인의 삶에 내 인생을 끌고 들어가는 외부 구조 때문에 어쩔 수 없이 강요받는 이들도 있다.

사라 샤르마Sarah Sharma는 〈속도 함정과 시간성Speed Traps and the Temporal〉이라는 글에서 친구와 함께 연착된 기차를 기다리다 겪은 사례를 들며 이런 난관을 극복한 방법을 설명한다. 친구는 이동식 유축기를 기다리고 있는 12주 일찍 태어난 아기를 만나러 가는 길이어서 시간 여유가 없었다. 친구는 주변을 둘러보다 우버를 부르고 있는 듯해 보이는 검은색 정장 차림의 한 사업가를 발견했다. 외모와 태도를 보고 그가 시내로 갈 것이라 짐작한 친구는 그의 속도에 맞춰 발걸음을 빨리 했다. 친구는 그에게 우버를 함께 타자고 제안했고 남자는 다행히 받아들였다. 하지만 그는 '자기 속도를 늦추지 않고' 빠르게 걸으며, 우버가 도착할 때까지 계속 휴대전화만 들여다봤다. 샤르마는 친구가 생존 본능에 따른 직관으로 권력의 차이를 이용했다고 쓰면서, "세상이 점점 빨라지고 있다는 이야기로 지배되는 문화 속에서 빠르게 살아가는 상징적이고 특권적인 사람의 모든 특징을 포착한 것"이라고 설명했다.

그는 정장을 입고 있었고, 빠른 걸음으로 종종거리며 미친 듯 스마트폰을 눌러댔다. 그는 계속 접속된 상태로 일하며, 네트워크 시간을 이용해 차량 흐름 공간을 탐색하고 일시적으로 막힌 도로를 우회할 수 있었다. 우버 앱으로 드라이버를 호출해 자신의 시간을 계속 통제할 수 있고 1분도 낭비하지 않으면서 출근할 수 있다. 그는 자신의 이동성과 시간뿐만 아니라 타인의 이동성과 시간도 통제하고 있었다.

이런 극복 방법은 시간이 동등하게 주어진다는 신화와 극명한 대조를 이룬다. 개인에게 시간은 현실의 무언가를 측정하는 단위라기보다는 오히려 '권력 관계를 구조화'하는 관계로 작용한다. 멍청이 게임에서 직전 판의 결과와 자신이 앉은 위치에 따라 경험이 달라지듯 "개인이 시간을 경험하는 방식은 시간 가치라는 더욱 거대한 경제 안에서 어떤 위치에 있는지에 따라 달라진다." 이 개념은 중요한 시사점을 제공하며, 케이트 노스럽Kate Northrup의 책《적게 일하기Do Less: A Revolutionary Approach to Time and Energy Management for Ambitious Women》를 논한 굿리즈Goodreads의 리뷰를 떠올리게 한다. 이 책에서는 한 달 동안의 에너지 수준 변화를 활용하기 위해 생리 주기(또 다른 시간 지표인 차이트게버)에 맞춰 업무 일정을 조율하라는 조언을 한다. 이에 대해 독자 사라 K.Sarah K.는 이러한 조언이 자신의 시간과 돈을 통제할 수 있는 사람에게만 실현 가능하다고 지적한다. 그는 리뷰에 이렇게 썼다. "가사도우미를 고용해서 업무 일정이 단순해졌다고 생각해 봐요. 그런데 그 도우미가 휴식과 성찰에 집중해야 하는 신월New Moon(많은 문화에서 묵은 것을 정리하고 새로운 계획을 세우는 시간으로 상징됨.-옮긴이) 시기라 집안일을 못하게 된다면 어떻게 해야 할까요? 당신의 '노력에 집중하는' 초승달 주간(신월에 설정한 목표를 실행하기 위해 구체적으로 노력하는 시기를 의미-옮긴이)과 운 좋게 맞아떨어지길 바라는 편이 낫겠네요."

타인의 도움을 받아 자신을 위한 시간을 확보해야 하는 직장 여성을 보면 누구의 시간이 우선시되는지 명확하다. 또한 직장 내에서도 권력의 미묘한 차이는 여전히 존재한다. '세컨드 시프트 second shift(임금노동을 하고 집에 돌아와서는 가사와 육아를 전담하는 맞벌이 주부의 현실을 일컫는 용어-옮긴이)'나 여성이 흔히 '주 양육자'를 맡는 현실은 차치하더라도, 여러 연구에 따르면 직장에서 여성은 남성보다 업무 요청을 거절하는 일이 더 어려운 상황에 놓이는 경우가 많았다. 예를 들어 한 연구에서는 남성과 여성 모두 여성에게 도움을 제공하거나 요청에 응하는 것을 더 기대한다는 사실이 드러났다. 이 연구에서 남성들은 집단 내에 여성이 있을 경우 도움을 자청하는 시점을 늦추는 경향이 있었다. 하지만 남성들로만 이루어진 집단에서는 더 빨리 손을 들고 자원하는 모습을 보였다.

"싫어."라고 말하는 여성들을 다룬 〈엘르Elle〉와의 인터뷰에 응한 샐리 크로체크Sallie Krawcheck는 이렇게 말했다. "우리는 모두 엄마는 도와주는 사람, 아빠는 축구나 보는 사람이라고 믿도록 사회화됐죠." BIPOCBlack, Indigenous, People Of Color(흑인, 원주민, 유색인종 등 백인에게 차별받은 사람들을 지칭하는 용어-옮긴이) 여성에게 그 격차는 더 두드러진다. 〈하버드 비즈니스 리뷰Harvard Business Review〉 지에 실린 기사에서 기술 회사의 한 관리자는 이중적 딜레마를 이렇게 설명했다. "사무실 잡일을 떠맡지 않으면 사람들이 절 '성난 흑인 Angry Black' 여성으로 보겠죠." 다른 유색인종 전문직 여성들이 직장에서 자기 시간을 통제하려고 하면 "공격적이고, 모나고, 너무 감정적인" 사람으로 보일 수 있다고 말했다.

워킹맘 페이스북 그룹의 관리자인 메이May와 나눈 대화 주제 가운데 한 가지는 사무실부터 자동차까지 모든 것이 하나같이 남성 중심으로 설계됐다는 사실이었다. 예를 들어 자동차 충돌 테스트용 더미는 이른바 평균 남성을 기준으로 제작된다. 메이는 여성 엔지니어 집단에서 남성처럼 행동해 승진한 여성을 다른 사람들이 어떻게 비난했는지도 말해 줬다. "승진하려고 어쩔 수 없이 남성처럼 행동해야 했던 여성들은 이제 비난받습니다. 저도 마찬가지였죠. 저도 비난받았냐고요? 모르겠네요. 전 양쪽 다 겪어봤으니까요." 나는 고개를 끄덕이며 한 가지 깨달음을 입 밖으로 꺼냈다. "은유적으로 표현하자면, 이건 마치 자동차 좌석 같은 거네요. 마치 사고가 났을 때 차에서 죽지 않으려고 스스로를 남성의 형태에 더 맞추려고 하는 것과 같은 거예요."

차에서 죽지 않기 위해 남성형으로 더 바뀌어야 한다는 것은 내가 무의식적으로 묘사한 '린 인lean in(셰릴 샌드버그의 책《린 인》에 등장한 표현으로, 모터사이클 경주에서 코너를 돌 때 안쪽으로 빠르게 기울여 돌 듯 목표를 향해 적극적으로 달려든다는 뜻-옮긴이)'식 페미니즘과 여성에게 초점을 맞춘 시간 관리 방식에 대한 설명이었다. 그 대표적인 사례는 로라 밴더캠Laura Vanderkam의 《168시간168 Hours: You Have More Time Than You Think》을 들 수 있다. 이 책은 기독교적 색채가 가미된 조금 부드러워진 버전의 '워킹맘과 커리어 우먼으로 성공하는 법'에 대한 전략을 제시한다. 밴더캠의 주요 조언은 '꿈의 직업 찾기', '하기 싫은 일은 아웃소싱하기', '자신만의 핵심 역량을 찾아 이미 잘 하지 못하는 일에는 시간 낭비하지 말기' 등이 있다. 또한 밴더캠은 자신의 책에 30분 단위로 작성된 시간표를 제공하며, 독자들이 일주일 동안 주어진 168시간을 '빈 캔버스'처럼 바라보도록 격려한다. 이 책은 집에서든 직장에서든 민첩함이 중요하다고 강조하며, 그 민첩함은 기업처럼 행동하는 것을 의미한다고 말한다. 〈퍼블리셔스 위클리Publishers Weekly〉 지 리뷰에서 이 책을 적절히 요약한다. "훌륭한 커리어 관리 조언을 담고 있지만 동시에 인생에서 '소소한 삶의 재미'를 빼앗길 위험도 있다."

《168시간》은 만약 저자와 비슷한 사회경제적 계층에 속한 워킹맘이라면 실제로 "모든 것을 가질 수 있다."고 약속한다. 이런 약속은 여성이 왜 여전히 과도한 유급·무급 노동에 시달리는지는 질문하지 않으면서, 여성들이 이런 현실에 맞서 자원을 더 잘 배분해야 한다고 제안한다. 그러나 이 책은 잔인한 내용도 아니며, 생산성 전문가들이 흔히 내놓는 것처럼 피라미드 구조처럼 보이는 공허한 조언으로 가득 찬 책도 아니다. 《168시간》은 불편한 현실을 저자와 비슷한 특권을 가진 사람들이 조금 더 편안하게 받아들일 수 있도록 돕는 데 초점을 맞추고 있다. 그런 면에서 이 책은 다른 많은 자기계발서처럼 개인이 주어진 환경에서 자신의 가능성을 최대한 활용하도록 돕는 게 목적이다.

어느 정도 범위 내에서 그건 별 문제가 아니다. 자기계발서들은 보통 개인의 삶에 혁명을 일으키겠다고 약속하지, 사회적 또는 경제적 계층구조를 혁신하겠다고 약속하지는 않는다. 따라서 이런 책들이 결코 한 적 없는 약속을 지키지 않았다고 비난할 수는 없다. 하지만 겉보기에는 실용적으로 보이는 자기계발서조차도 잔혹한 세상 속에서 자신만의 틈새를 찾아 폭풍이 지나가길 기다리라는 초대장처럼 보일 때가 있다. 인류학자 케빈 버스Kevin Birth는 시계와 달력 같은 겉보기에는 무해한 기술 장치를 "사용자를 대신해 생각하는 인지 도구"로 묘사하며, "시간에 대한 문화적 관념"과 "권력의 구조적 배열"을 재생산한다고 설명했다. 마찬가지로 격자 형태의 일정표가 시간을 교환 가능한 단위로 간주하는 생각을 재생산하듯, "차에서 죽지 않으려면 더 남성적인 형태가 되어야 한다."는 조언은 잘못된 형태의 차에 맞춰 살아가는 삶을 재생산한다.

시간 관리는 개인을 절대적인 단위로 삼고 가까운 미래를 시간의 틀로 삼기 때문에 의지 대 환경 논쟁의 가정들을 조명하게 되며, 이는 집단적 이익을 희생하는 결과를 낳는다. 샤르마조차 시간 관리가 분명 위험하기는 하지만 매력적이라는 사실도 잘 안다. 이에 대해 샤르마는 "시간 관리 및 기술과 더 나은 관계를 가지려는 것은 매혹적인 관심사다."라고 썼다. 그리고 "하지만 시간 통제와 시간을 조절할 수 있는 개인의 능력, 즉 시간을 더 잘 관리하고, 늦추고, 가속화하려는 이러한 문화적 집착은 시간에 대한 정치적 이해에 필요한 집단적 시간 감각과 상반된다."라고 덧붙인다. 바로 이러한 시간에 대한 정치적 이해가 사람들이 외부를 바라보고, 다른 '권력의 구조적 배열'을 상상할 수 있게 한다. 이것은 혼자서는 할 수 없는 일이며, 보통 단기간에 할 수 있는 일도 아니다. 해결하는 데 시간이 걸릴 수밖에 없다는 점에서, 스페인 저널리스트가 나에게 번아웃 현상에 대해 이야기하면서 들려준 한마디가 떠올랐다. "당신에게 필요한 것은 치료사인가요, 아니면 노동조합인가요?"

어느 시점에 이르면 개인은 할 수 있는 일의 한계에 도달한다. 상업적인 시간 관리도 이를 인정하며, 삶의 일부를 '아웃소싱'하라고 조언한다. 아웃소싱은 지원망support networks이라는 오래된 개념을 시장 기반으로 바꾼 형태다. 메이가 일주일에 한 번씩 일곱 명의 다른 엄마들과 함께 저녁 식사를 준비하는 모임을 생각해 본 적 있다고 말했을 때, 나는 전혀 놀라지 않았다. 메이는 친척이나 친구들로 이뤄진 비공식적인 네트워크를 예로 들며 "저는 지원 시스템이야말로 시간 관리에 도움이 되는 최고의 방법이라고 생각해요."라고 말했다. 이를 더 확장하면, 1981년 앤젤라 데이비스가 말한 것처럼 "육아는 물론, 식사 준비와 가사노동은 산업화돼야 한다. 그리고 이 모든 서비스는 노동 계급도 쉽게 이용할 수 있어야 한다."고 생각할 수 있다. 팬데믹을 거치며 우리는 오히려 이런 모습의 정반대 상황을 보았다. 모든 가족(대체로 여성)은 스스로 육아, 식사 준비, 기타 가사일을 도맡았다.

이렇게 보면 카드 게임의 규칙을 다시 생각하게 된다. 시간 관리가 그저 숫자로 따질 수 있는 시간 문제가 아니라 누가 다른 사람보다 더 시간 통제권을 갖는가의 문제라고 본다면, 가장 현실적이고 광범위한 시간 관리는 공동의 문제가 돼야 한다. 이렇게 하려면 권력과 안전을 지금과는 다르게 분배해야 한다. 정책 영역에는 시간과 분명 관련 있는 대책, 예를 들어 육아보조금 지원이나 유급 휴가, 초과 노동법 개선, 파트타임 직원이 일정을 예측할 수 있게 보장하고 그렇지 못할 때는 보상하는 '공정한 주당 노동 시간법' 등이 포함된다. 그외 시간과 관련 있는 정책으로는 최저임금 인상, 연방 일자리 보장, 보편적 기본소득 등이 있다.*

그리고 가난이나 장애를 겪어본 적 없는 사람은 생각하지 못

---

* 스톡턴시에서 시행한 보편적 기본소득(UBI) 시범 사업에서는 무작위로 선발한 주민들에게 아무런 조건 없이 2년간 매달 500달러를 지급했다. 그 결과 수급자들 사이에서 불안, 우울, 경제적 부담이 줄었다. 특히 "오랫동안 자신의 웰빙보다 다른 사람을 우선순위에 뒀던 여성들이 …… 자신의 건강에 집중할 수 있게 됐고, 가족의 건강 관리에서 격차를 줄일 수 있었다." 또 다른 소득 보장 사례인 매그놀리아 어머니 신탁(Magnolia Mother's Trust)은 보편적 기본소득과 비슷하지만 특정 공동체를 대상으로 한다는 점에서 다르다. 이 정책은 미시시피주 잭슨에서 보조금을 받는 주택에 거주하며 흑인 여성이 돌보는 100가구에 1년간 매달 1000달러씩 지급했다. 〈미즈(Ms.)〉 지에 실린 기획 기사에서는 각 집단의 이야기를 다루며 티아(Tia)라는 한 참가자의 이야기를 들려줬다. 티아는 시간 부담을 덜었다며 이렇게 말했다. "아이가 아프더라도 괜찮을 거라 안심하게 됐어요. 급할 때 월급이 깎일까 봐 걱정할 필요 없이 휴가를 내고 아이를 돌볼 수 있었죠."

할, 많은 시간을 소모하는 일들이 있다. 정부 서비스를 이용하는 사람들이 겪는 '시간세time tax'에 관한 글에서, 애니 로우리Annie Lowrey는 정책이 제대로 운용되지 않으면 부자와 가난한 사람, 백인과 흑인, 아픈 사람과 건강한 사람 사이의 격차가 심화된다고 지적한다. 그는 이런 격차를 '진보적 정책을 모두 깎아내리는 퇴행적 필터'라고 부른다. 로우리는 자산 검증이나 면담 같은 장애물을 없애고, 각자의 언어로 쉽게 읽을 수 있도록 잘 구성된 양식 같은 더 나은 도구를 사용하자고 제안한다. 또한 그는 시간세의 역사가 오래됐음을 지적한다. 또한 인종차별이나 정부에 대한 회의감, 도움을 받을 만한 "자격 있는" 빈곤층과 "자격 없는" 빈곤층을 나누는 오랜 구분에 끈질기게 뿌리내렸음을 꼬집었다.

이와 마찬가지로 시간을 정치적으로 제대로 이해하려면 전반적으로 광범위하게 고착된 권력 구조를 다루는 일을 두려워하지 않아야 한다. 예를 들어 작가이자 활동가, 문화 비평가인 브리트니 쿠퍼Brittney Cooper는 '시간의 인종 정치학'이라는 강연에서 "백인이 시간을 소유한다."는 도발적인 말로 포문을 열었다. 이 말은 세계의 식민지화된 사람들이 역사 밖에 존재하는 것(식민지화된 사람들 또는 지역이 '역사'라는 개념에서 소외되거나 주류 서구 역사 서술에서 배제되었다는 비판적 관점을 나타냄.-옮긴이)으로 여겨진다는 점과 백인들이 노동의 속도를 설정하고 다른 사람들의 시간 가치를 결정하는 데 있어 압도적인 권력을 행사한다는 사실을 모두 담고 있다. 또한 많은 경우 누군가의 시간을 직접 구매하지 않더라도 그것을 낭비할 수 있다. 베넷의 주장, 즉 '절대 도둑 맞을 수 없는 24시간'이라는 개념에 정면으로 반박하듯 타네히시 코츠Ta-Nehisi Coates의 말을 인용해 이렇게 말한다. "흑인으로 살아가는 것을 정의하는 가장 큰 특징은 시간을 필연적으로 약탈당한다는 것이다." 그리고 쿠퍼는 '동등한 시간'이라는 신화를 대신할 새로운 사고방식을 제안한다.

> 아니다. 우리 모두가 동등한 시간을 갖고 있지는 않지만 우리가 가진 시간을 정의롭고 자유롭게 만들기로 결정할 수는 있다. 우리는 당신의 우편번호(사는 지역)가 수명을 결정짓는 주된 요인이 되는 상황을 멈출 수 있다. 또한 우리는 과도한 정학과 퇴학으로 흑인 아이들의 학습 시간을 빼앗는 일을 멈출 수 있다. 우리는 비폭력 범죄로 장기적인 수감 생활을 통해 흑인들의 시간을 빼앗는 일을 멈출 수 있다. 그리고 경찰이 과도한 무력 사용으로 흑인의 시간과 생명을 빼앗는 일을 멈출 수 있다.

쿠퍼가 분명히 지적했듯 시간이 단순히 삶 그 자체라면 '시간 관리' 문제는 결국 누가 누구의 삶을 통제하느냐는 질문으로 귀결된다. 이런 질문은 샤르마가 강조한 것처럼 시간에 대한 정치적인 이해와 개인의 시간 단위를 정복하려는 꿈을 대조적으로 보여준다. 시간을 대체 무엇으로 보는지와 연관된 언어의 문제는 6장에서 다

시 다룰 것이다. 여기서 내 말의 요점은 좀 더 단순하다. 시간 경험이 펼쳐지는 현실적인 맥락을 깨달아야 우리는 비로소 잔인한 게임을 계속 이어가지 않고 다른 '시간 관리' 개념에 도달할 수 있다.

84번 국도 서쪽 출구로 빠져나오면 반듯한 평지에 이어 낮게 웅크린 언덕과 바람에 흔들리는 듬성듬성한 숲이 나타난다. '멈추지 마시오.'라고 적힌 표지판이 연달아 나타나고, 카메라가 우리 차에 설치된 하이패스 장치를 인식하면서 삑삑 신호음이 울린다. 만에 들어찬 물에서 찌르는 듯한 유황 냄새가 풍겨와 차 통풍구로 스며든다. 도로 양쪽 얕은 물가에 서식하는 혐기성 박테리아 때문에 나는 냄새다. 왜

가리 몇 마리가 만에 조심스럽게 발을 내디딘다. 실안개 사이로 푸른 종잇장을 길게 찢어놓은 듯한 산타크루즈 산맥이 눈길 닿는 곳 멀리까지 쭉 뻗어 있다.

거대한 송전탑 위로 이어진 다리는 염습지와 콘크리트로 이뤄져 그다지 살기 적당해 보이지 않는 평지가 펼쳐진 반도에 우리를 내려놓는다. 몬테레이소나무에 반쯤 가려진 틈 사이로 멀리 흰색 배경에 빨간색, 청록색, 하늘색, 노란색, 회색 패널을 붙인 건물들이 기묘한 복합체를 이룬다. 교차로에서 긴 좌회전 신호를 기다릴 즈음에야 비로소 커다란 파란색 엄지손가락 그림과 '페이스북: 해커웨이 1번지'라는 표지판을 알아볼 수 있다. 인스타그램 본사도 여기 있다. 평소 같으면 파란색 페이스북 로고가 박힌 자전거를 탄 사람들이 이 길을 건너 캠퍼스 곳곳의 건물로 향하는 모습을 볼 수 있겠지만, 지금은 많은 직원이 재택업무 중이어서 광활한 주차장은 평소보다 한산하다. 신호가 초록색으로 바뀌기 전 나는 맞지도 않는 낡은 컵 홀더에 억지로 넣어둔 휴대전화를 내려다본다. 휴대전화는 분명 동반자이지만 삶을 측정하는 장치이기도 하다.

개인적인 측면에서 시간 관리의 반대는 번아웃처럼 보일 수 있다. 해야 할 일은 쌓여가는데 시간표에 끼워넣을 자리가 없다. 삶은 점점 무질서하고, 어수선해진다. 그 결과 겪기도 하는 번아웃을 《개인 효율성 향상》의 저자 도널드 레어드나 생산성 전문가들은 크게 우려할 만한 상황으로 인식한다. 이는 곧 '기계가 고장 난 상태'로 간주되기 때문이다. 즉, 사람을 효율성과 생산성에 초점을 맞춘 기계처럼 바라보는 사고방식에서 번아웃은 단순히 기능이 멈춘 '실패'다.

한때 나는 내 삶을 부끄러울 정도로 정확하게 묘사한 글을 비동기화된 작업에 관한 논문에서 발견한 적이 있다. 사회학자 하르트무트 로자Hartmut Rosa는 린다라는 가상의 인물을 묘사한다. 린다는 과중한 업무에 시달리는 교수로 학생들, 동료들, 가족, 친구들에게 의무를 다할 시간이 충분하지 않아 하루 종일 쫓기며 산다. 항상 모든 사람에게 답해야 하는 상황에서 자신이 항상 부족하고, 뒤처진다는 느낌을 받는다. "요리할 시간이 없다. 애인 만날 시간도 없다. 집안일 할 시간도, 운동하러 갈 시간도 없다. 의사는 린다가 건강을 위해 충분히 노력하지 않는다고 말한다. 일과가 끝나면 린다는 너무 스트레스를 받아서 충분히 휴식을 취하지 못한 것에 죄책감을 느낀다. 그는 워라밸도 제대로 지키지 못한다."

로자는 이런 갈등 상황을 보며, 직장 안팎에서 사람은 언제 어디서든 누군가와 항상 연결돼야 한다는 '정당한 요구'가 확대되는데 디지털 기술이 어떻게 공헌했는지 정확히 강조한다. 린다는 소와 아이들이 잠든 밤에 들어온 농부들이 느꼈을 법한 여가의 감정인 '피에라벤트Feierabend(자유 시간 또는 여유를 의미하는 독일어-옮긴이)'를 결코 경험할 수 없다. 피에라벤트를 얻을 수 있는 순간은 전파가 터지지 않는 산장에 갔을 때 같은 드문 상황 뿐이다. 그런 때를 제외하고 일상에서 끊임없이 요구가 밀려드는 상황에서 볼 때, 린다가 할 수 있는 일과 린다에게 요구되는 일 사이의 불균형은 '삶에서 일어나는 추상적인 일'이 아니라 매 순간 경험하는 '심각한 딜레마'다.

그다음 로자는 이 이야기가 '사회에서 한 줌뿐인 제트족(제트기를 타고 동에 번쩍 서에 번쩍 돌아다니며 살면서 자신을 뽐내는 엘리트-옮긴이)'에게도 통하는 이야기인지 묻는다. 이와 비슷하게 엘리자베스 콜버트 Elizabeth Kolbert는 바쁘다는 불평이 '여피(젊고 전문직에 종사하는 도시인을 의미-옮긴이)들의 투덜거림'일 뿐이라고 묘사한 경제학자들의 설명을 인용한다. 로자는 린다의 상황을 트럭 운전사, 공장 노동자, 병원 간호사, 상점 점원이 경험하는 시간성과 비교한다. 이런 일에 종사하는 사람들은 특히 업무를 하는 동안 시간 압박을 크게 겪는다. 트럭 운전사는 속도 제한을 준수하면서도 마감 시간을 맞추려 고군분투하고, 공장 근로자는 생산량을 높이라는 상사의 압박에 시달리고, 점원은 조급한 고객을 상대해야 하고, 간호사는 더 많은 환자를 배정하는 와중에도 더욱 환자를 잘 보살피고 관심을 기울이도록 요구받는다. 로자는 이렇게 썼다. "직장에서 혜택받지 못하는 노동자들은 시간 주권을 거의 갖지 못하고, 시간 예산을 관리하는 외부 기관이나 상사에게 압력을 받는다. 이런 외부 요인은 노동자를 직접 압박하는 요인이다. 린다에게 압박의 원천은 업무 바깥에 있고, 비난해야 할 대상은 바로 자신이다."

구딘은 '재량 시간discretionary time'이라는 개념을 이용해 린다 같은 사람과 린다와 비슷한 상황에 놓이지 않은 비(非)린다를 구분한다. 재량 시간은 엄밀히 말하면 재량 지출과 마찬가지로 굳이 어떤 용도로 사용할지 정해두지 않은 시간이다. 어떻게 쓰든 당신이 선택할 수 있다. 이 개념을 이용하면 진정으로 자유 시간이 없는 사람과 (예를 들어) 개인의 필요에 따라 자발적으로 길게 일하면서 시간이 부족하다고 한탄하는 야심 찬 사람을 구분할 수 있다. 구딘은 자녀가 없는 맞벌이 부부 같은 일부 사람이 '시간 압박을 받는다는 착각'을 가진다는 사실을 발견했다. 엄밀히 말하면 이들은 자유 시간이 많지만 자신의 재량에 따라 그것을 자유 시간으로 보지 않는다.

실제로 가정에서 밀려드는 요구 때문에 번아웃을 겪는 린다에게는 '대체 왜 이런 상황이 됐을까?'라고 질문해야 하며 그 이유 중 하나로 노동 '유연성'의 증가를 들 수 있다. 하지만 어떤 일이 닥칠지 몰라 미래를 준비하는 것은 끝없는 일이 돼버린다. 특히 창의력이 필요한 일을 하는 사람이나 프리랜서, 비정규직 교수 같은 사람들은 린다인지 비린다인지 구분하기 애매하다. 나는 많은 비정규직 교수들이 '관련성을 유지'하고 일자리를 확보하기 위해 워커홀릭처럼 행동해야 하는 상황에 놓인 것을 보아왔다. 하지만 그렇게 한다고 해도, 수업이 갑작스럽게 취소되면서 강의료를 받지 못하는 일이 발생할 수 있다. 비정규직 교수들은 대개 복지 혜택을 받지 못한다. 2019년 기준으로 미국의 비정규직 교수 중 4분의 1이 공공 지원 프로그램에 의존하고 있었고, 3분의 1은 빈곤선 이하의 생활을 하고 있다.

넓게 보면 '적응하지 못하면 죽는다.'라는 경고가 무서울 정도로 설득력이 있는 문화에서는 재량 시간의 '재량권'을 평가하기 어렵다. 로자는 전 세계적으로 번아웃이 늘어나는 현상을 언급하며 사람들의 속도를 늦추는 약물 사용은 감소하고, 대신 속도를 높이는 암페타민 및 리탈린Ritalin이나 타우린Taurine, 모다피닐Modafinil 같은 이러한 약물은 사람들의 속도를 맞추고, 동기화할 수 있다고 유혹한다. 로자는 대부분의 인간 능력 강화가 일을 더 빨리 처리하거나 더 빠르게 목표를 달성하는 방향으로 이루어진다고 말한다. 작가이자 미래학자인 저메이스 카시오Jamais Cascio는 인간 생명공학을 다룬 다큐멘터리에서 비슷한 일화를 소개한다. 그는 외국 여행을 대비해 각성제인 모다피닐을 합법적으로 처방받았는데, 마감이 닥치면 가끔 집에서 그 약 한 알을 입에 넣는다는 사실을 깨달았다. 정장 차림의 사업가가 트랙을 질주하는 다소 우스꽝스러운 B컷 영상 위로 카시오의 고백이 겹친다. "진짜 문제는 나와 경쟁하는 사람, 나와 함께 일하는 사람이 이런 인지력 향상 약물을 자주 복용하고 더 좋은 성과를 낸다면 어떻게 될까 하는 것이다. 내 업무 능력이 떨어지지는 않지만 남들의 업무 능력이 훨씬 좋아진다면 어떨까?

나는 이런 인지력 향상 약물을 계속 멀리할 수 있을까? 이런 약물을 자주 사용하는 일을 거부할 수 있을까?"

로라 밴더캄은 이런 상황을 누구보다 잘 안다. 그는 《168시간》에서 꿈꾸는 직업을 찾아야 하는 진짜 이유가 일에 열정을 가지면 생산성과 창의성이 높아지기 때문이라고 설명한다. "일에 대한 집착은 최고의 자리를 지키는 유일한 방법이다. 당신의 경쟁자들은 샤워하면서도 자기 일을 고민할 것이 분명하기 때문이다." 많은 이들은 공장 일자리가 아웃소싱된다고 걱정하지만, 점점 많은 지식 노동도 아웃소싱된다. 밴더캄은 이렇게 조언한다. "누군가는 항상 더 싼 값에 일하려 대기하는 세상에서 살아남기 위해 무슨 일을 하든 차별성을 가져야 한다. 그저 살아남기 위해 세계 최고가 돼야 할 때도 있다." 밴더캄의 말에 따르자면 가만히 눌러앉아 있으면 안 된다. 이론적으로 당신은 항상 발전할 수 있고, 또 그래야 한다.

그럼에도 불구하고 린다의 번아웃은 단순히 일과 경제적 안정만의 문제라고 보기는 어렵다. 왜냐하면 경제적으로 충분히 여유로워 보이는 사람들조차 스스로를 소진시키는 경향을 보이기 때문이다. 비평가 한병철은 그의 책 《피로사회》에서 더 근본적인 원인을 제시한다. 그는 "생산성을 극대화하려는 욕구가 사회적 무의식에 내재되어 있다."고 주장하며, 이를 통해 '성과 주체'라는 개념을 설명한다. 성과 주체는 외부에서 누군가나 무언가에 의해 규율되는 대신 스스로를 관리하고 '자기 자신을 경영하는 사람', 즉 내부에서 추

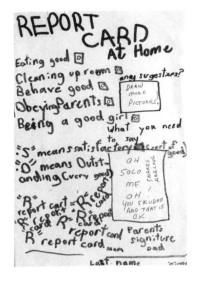

진력을 얻은 "셀프 경영자"처럼 행동한다는 것이다. 성과 주체는 다른 누군가에게 지시를 받지 않지만 결국 "자신과의 경쟁 속에서 지쳐간다." 한병철은 이런 현상에 대해 "지배가 사라진다고 해서 자유가 보장되는 것은 아니다. 대신 자유와 제약이 동시에 공존하게 된다."라고 설명한다. 즉 성과 주체는 강박적인 자유, 다시 말해 성과를 극대화하려는 자발적인 제약에 자신을 내맡긴다. 그 결과 과도한 업무와 성과는 자기 착취로 이어지고 점점 더 심화된다.

공짜 식사, 로고가 새겨진 백팩, 인공 암벽등반장이 있는 IT 캠퍼스를 보면 알 수 있듯, '성과 주체'로 구성된 사회는 기업의 수익에는 더없이 좋은 환경이다. 밴더캄의 '집착'에 대한 지적은 맞는 말이다. 한병철은 이에 대해 이렇게 설명한다. "해야 한다(Should)."라는 부정적 명령보다는 "할 수 있다(Can)."라는 긍정적 동기가 훨씬 더 효율적이다. 성과 주체는 복종 주체보다 더 빠르고 생산적이다. 그러나 이러한 끝없는 가능성이 성과 주체를 결국 번아웃으로 내몬다. 무한한 목표를 향하도록 훈련된 성과 주체는 목표를 달성했다는 만족감을 느끼지 못하고, 대신 '스스로를 지배하고 동시에 착취하는 자기 공격auto-aggression' 상태에 빠진다. 그는 끊임없이 '자신의 한계를 뛰어넘으려' 애쓰지만 현실과 이상 사이의 넘을 수 없는 간극에 좌절하며 소진된다.

안타깝게도 그 격차는 계속 확대된다. 로자는 자본주의적 '증대의 논리'가 좋은 인생이란 무엇인지 바라보는 문화적 관념에 침투했다고 말한다. 사람들은 일뿐만 아니라 돈, 건강, 지식, 인간관계, 패션 같은 영역에서조차 가만히 있으면 사회 질서에서 뒷걸음질 치거나 나가떨어질지도 모른다고 여긴다고 썼다. 나는 여기에 더해 비교와 경쟁의 언어가 소셜 미디어에서 증폭된다는 점을 언급하고 싶다. 친구가 올린 사진만 계속 스크롤해도 '나는 무엇이 될 수 있는가'를 끝없이 탐색하게 된다. 연구에 따르면 자존감이 낮은 사람들은 자신을 드러내고 연결되기 위해 소셜 미디어를 사용하지만 그럴수록 눈만 높아지게 만드는 '사회적 비교 정보'에 노출돼 악순환이 반복된다. 소셜 미디어 피드에서 결승점은 멈추지 않고 계속 움직인다. 우리에게는 하루 24시간이 주어지고, 이 시간을 더, 더, 더 나은 방식으로 써야 한다.

우리는 어릴 때부터 평가받고 시간에 맞추라는 가르침을 받고, 학교에서는 성적을 매기며 서로 경쟁해야 한다고 배운다. 이런 관행에 대응하는 방식 가운데 하나는 마치 치트키를 사용하듯 이런 체계를 게임처럼 여기며 냉소하는 것이다. 생산성 전문가들이 전하는 생활 팁과 비슷하다. 나는 이런 관행을 내면화하는 방식을 사용했다. 초등학교 1학년 때 나는 직접 '인간 성적표'를 만들어 부모님께 보여드렸다. 성적표의 '수우미양가(미국에서는 Outstanding, Good, Satisfactory, Fail, Poor 등으로 등급화함.-옮긴이)' 등급을 적용해 부모님께 '착한 아이 되기'나 '방 청소하기' 같은 다양한 기준에서 나를 평가해 달라고 했다. 부모님은 이런 행동이 귀여우면서도 약간 당황스러우셨을 테지만 마지못해 결국 모든 항목에서 '수'를 주셨다. 아버지는 '하고 싶은 말' 항목에 '수Outstanding'를 적고 여기에서 O를 따서 평소에 나를 웃기려고 과장되게 불러주시곤 했던 나폴리 민요 '오 솔레 미오O sole mio'를 패러디해 '오! 솔로 미 오oh solo me oh!'라고 적어주셨다.

수십 년이 지나 나는 대학생들의 미술 과제에 등급을 매기는 나를 발견했다. 미술 과제 채점은 사람을 채점하는 일보다 어렵지 않지만 나는 언제나 그 일이 싫었다. 전반적으로 모든 학생이 좋은 작품을 제출했더라도 전부 A를 주면 비난받을지도 모른다는 사실이 싫었고, 멋진 수업에서 모두가 협업해 역동적인 관계가 발생했어도 개인별로 평가해야 하는 성적 부여 방식도 마찬가지였다.

A에서 F까지 점수를 매기는 성적 등급 체계는 아주 오래돼 보이지만 1940년대 이전까지만 해도 완전히 표준화되지 않았다. 내가 사용하기도 했고 내게 적용되기도 했던 성적 평가 체계가 20세기 초 테일러주의에서 영향받은 교육계의 '사회 효율성' 운동 안에

서 모습을 갖췄다는 사실은 그리 놀랍지 않다. 사회적으로 효율적인 커리큘럼이란 고용주나 군대가 쉽게 사용할 수 있고, 사람들이 갖게 될 직업에 적응하는 데 도움이 되도록 가급적 더 직무 중심적이고 학문적으로는 덜 엄격한 커리큘럼이었다. 성적 평가가 하나의 양식이 되려면 질을 양으로 환산할 수 있는 일종의 표준 척도가 있어야 한다. 미술 과제를 채점할 규칙을 만들어야 할 때마다 나는 이런 척도를 떠올렸다. 사회적 비교는 시간이라는 개념만큼이나 오래됐지만, 여러 사람을 같은 척도로 비교하려면 우선 사람을 데이터로 환산해야 하고 무엇을 최적화할 것인지 결정해야 한다.* 이런 행위가 역사적으로 어떤 의미가 있는지, 특히 속도와 어떤 관련이 있는지 제대로 이해하려면 과거의 생산성 전문가들에 대해 알아볼 필요가 있다.

테일러의 《과학적 관리법》이 출간되기 2년 전, 영국 탐험가이자 인류학자이며 우생학의 선구자인 프랜시스 골턴Francis Galton은 자신의 회고록을 출간했다. 골턴은 계급, 사분위수, 백분위수를 사

---

* 미국 학교들은 21세기가 되기 전부터 이미 순위와 등급제를 사용했다. 내가 말하는 개선은 특히 사회 효율성 운동이라는 맥락과 사회적 유용성이라는 개념 안에서 일어난 A-F 등급제 표준화와 관련된다. 구조화된 커리큘럼을 다룬 영향력 있는 저서인 《학교에서 무엇을 가르쳐야 하는가》를 쓴 프랭클린 보빗(Franklin Bobbitt)은 1913년 교사에 대해 이렇게 썼다. "철강 공장에서 생산된 제품을 측정할 센티미터와 미터로 된 자가 필요하듯, 교사는 자신이 내놓는 제품을 측정할 자가 필요하다." 학자들은 객관적인 IQ 검사에 대한 욕망과 급격히 늘어난 이민자 노동력을 통제할 필요성과 함께, 대량생산돼 시장에 널리 보급된 밀 같은 상품에 적용할 등급제 개발과 교육에서의 표준 등급제 개발이 어떻게 동시에 일어났는지 지적했다. 결국 20세기 중반이 되자 사회 효율성에 대한 열망은 사그라들었지만, 과학적 관리라는 요소는 근대 표준 및 시험에 다시 등장해 교육 노동을 탈숙련화할 위험을 지속시킨다.

랑했다. 그는 온갖 사물을 측정하고 순위를 매기는 데 집착했다. 골턴은 회고록에서 영국 제도의 '미의 지도'를 만들기 위해 애쓴 일을 아무렇지 않게 묘사했다. 그는 종이에 몰래 바늘로 구멍을 뚫어 여자들을 '예쁨', '보통', '못생김'으로 표시했다. "나는 이 미의 지도 데이터를 이용해 거리를 지나가는 여자들을 매력적인지, 그저 그런지, 혐오스러운지 분류했다." 골턴의 다른 등급 체계는 더 심각했다. 그는 자신의 책《유전적 천재Hereditary Genius》에서 A부터 G까지 구분된 지능 척도를 개발해 백인과 흑인을 비교했다고 설명한다. 그는 '사회적 장애'(혹자는 골턴이 사용한 이 용어가 인종차별 및 기타 노예제도의 유산을 의미한다고 추측한다.)가 데이터의 정확성을 떨어뜨린다는 점을 언급하긴 했지만 그럼에도 불구하고 "흑인과 백인 사이에 적어도 두 등급의 차이가 있으며, 그 차이는 더 클 수도 있다."고 결론지었다.

골턴은《유전적 천재》에서 판사, 정치가, 장교, 문인, 과학자, 시인, 예술가, '천재' 같은 저명한 남성들의 계보를 구성하려 시도하고, 이어 '과학적 인종차별'이라는 장을 서술한다. 테일러주의에서 측정이 노동을 강화하려는 시도였다면, 우생학에서 측정은 멘델의 유전학과 사회적 다윈주의를 기계적으로 결합해 인간을 특정 방향으로 '성형'하려는 시도였다. "미래 세대의 신체 구조는 인종 개량자의 의지에 따라 점토처럼 쉽게 바꿀 수 있는 것처럼 보인다." 골턴은 이렇게 썼다. "내 바람은 …… 정신적 자질도 이처럼 통제할

수 있다는 사실을 밝히는 것이다." 골턴은 이런 통제 방법의 하나
로, 유전적 이점을 바탕으로 결혼을 평가해 바람직하지 않은 특성
이 '교배'되지 못하게 하는 방법을 생각해 냈다. 이러한 맥락으로 보
면 골턴이 가족 생활에 관한 장에서 자신의 아내보다 등산 간식(치
즈와 특정 종류의 건포도를 곁들인 빵)을 준비하는 데 더 많은 시간을 할애
하는 것은 당연하다. 아내에 대해서는 가문의 '유전적 재능'만 언급
한다.

　　그렇다면 골턴이 등급을 올릴 수 있는 자질로 본 것은 무엇이
었을까? 그에게 지능은 본질적으로 속도와 연결되어 있었다. 그는
자신이 설립한 시험 센터에서 물리적 자극에 대한 반응 속도를 통
해 지능을 측정했다. 하지만 인류 전체의 수준에서 그는 다른 종류
의 '반응 속도', 즉 새로운 사회적 조건에 적응하는 능력으로 가치를
평가했다. 골턴에게 문명(대부분의 식민지화를 의미함.)은 인간의 의지
나 선택이 아니라 "지질학적 사건과 비슷하게 일련의 사건들이 인
간에게 강제로 부과한 새로운 조건"이었다. 속도를 높이는 게 인류
의 운명이라는 생각은 골턴으로 하여금 식민지화된 사람들의 '사라
짐(인구 감소, 문화적 소멸 혹은 사회적, 경제적 몰락을 지칭하는 것으로 이해할 수
있음.-옮긴이)'을 놀라운 일이 아니라 그들의 운명을 자신에게도 적용
가능한 경고로 해석했다.

　　북미대륙, 서인도제도, 희망봉, 호주, 뉴질랜드, 반 디멘Van

Diemen's Land(호주 태즈메이니아 섬을 가리키는 옛 지명-옮긴이) 같은 광활한 지역에서 살던 인간들이 불과 3세기라는 짧은 기간 만에 완전히 사라졌다. 이는 더 강한 인종의 압박 때문이라기보다 그들이 감당할 수 없는 문명의 영향 때문이라고 할 수 있다. 그리고 이 문명을 창조하는 데 앞장선 일꾼들인 우리조차도 이제 스스로 만들어낸 작업 속도를 따라가지 못하는 모습을 보이기 시작했다.

다시 말해, 심지어 자동차를 설계한 남성들조차도 차에서 죽지 않기 위해 더 "남성적인 형태", 특히 골턴이 '야만인'과 연관 지은 유목 생활이나 보헤미안 기질 같은 특성을 배제하는 방식 등으로 변화해야 할 때가 온 것이다. 밴더캄이 샤워 중에 자신의 직업을 떠올리며 경쟁에 대한 경고를 말하기 훨씬 전, 골턴은 특정한 노동 윤리가 시장성이 있으며, 따라서 적용 가능하다고 경고했다. 그리고 "요즘에는 그때그때 적당히 일하는 사람은 생계를 유지할 수 없다. 꾸준히 일하는 노동자와의 경쟁에서 성공할 가능성이 없기 때문이다."라고 말했다. 현대 영국 노동자의 이상적인 자질에 대해 골턴은 제러미 벤담(판옵티콘의 설계자)의 제자였던 에드윈 채드윅Edwin Chadwick 경이 작성한 목록을 인용했다. "노동자는 다음과 같은 특성을 가져야 한다. 강한 체력, 꾸준하고, 인내심 있는 의지의 명령을 받는 힘, 정신적 자기만족, 외부의 무의미한 자극에 흔들리지 않는 태도 등 모든 것이 반복되는 고된 노동을 견디게 해주며, '시간처럼 꾸준한 사람'". 즉 골턴과 그 당대의 사람들은 이상적인 노동자를 끊임없이 노력하고 변하지 않는 안정적인 일꾼으로 정의한 것이다.

골턴은 자기 사촌인 찰스 다윈 역시 꾸준한 성과의 화신이라고 봤다. 골턴이 다윈에게 《유전적 천재》의 사본을 보내자 다윈은 이 책이 '어려운 작업'이며 아직 50쪽밖에 읽지 못했다고 밝히며 정중히 이렇게 답했다. "전적으로 내 두뇌의 잘못이지 당신의 아름답고 명료한 문체 탓은 아닙니다." 골턴은 회고록에서 이 편지를 인용하며 개인적인 소회를 밝혔다. "어려운 작업이라는 그의 언급에 답하자면 일에 대한 적성을 포함한 성격은 다른 모든 자질과 마찬가지로 유전된다고 할 수 있습니다."

우생학은 20세기까지 미국에서 폭넓은 인기를 누렸다. 특히 캘리포니아에서는 '부적합'하다고 여겨진 수만 명이 아이를 갖지 못하게 강제됨은 물론 불임 수술까지 받아야 했다.* 우생학에서 최적화라는 수사는 당시 자기계발 서적에도 뿌리내렸다. 《개인 효율성 향상》에도 우생학자들이 언급됐다는 사실을 떠올려보자. 한 가지 대표적인 사례는 1899년부터 1955년까지 발행된 건강 및 피트니스

---

* 오늘날 우생학이라는 용어는 부정적인 의미를 지니며, 분명 주류에서 뚜렷하게 드러나지 않지만, 그 사상은 여전히 영향을 미친다. 2021년 캘리포니아주는 1909년 제정된 법에 따라 국가기관이 동의 없이 불임 수술을 한 사람들에게 배상안을 제시했다. 이런 불임 수술은 흔히 '범죄자', '심신 미약자', '일탈자'라는 옛 우생학적인 낙인이 찍힌 사람들을 대상으로 이뤄졌으며 2000년대까지도 계속됐다.

잡지 〈피지컬 컬처〉에서 찾아볼 수 있다. 이 잡지는 스스로를 '개인 문제 해결 잡지'라고 소개하며, 자기계발 조언과 보디빌딩 콘텐츠를 골턴이 열광했던 '신체 측정'과 '인종 개선'의 개념과 결합해 제공했다. 한 번은 '가장 아름다운 여성'과 '가장 잘생긴 남성'을 뽑는 대회를 열어 우승자에게 1000달러(한화로 약 130만 원) 상금을 제공하기도 했다. 참가 신청서에는 이상적인 인간 신체를 나타낸, 그리스 조각상을 외곽선만 있는 단순한 형태와 참가자들이 자신의 신체 치수를 적는 칸이 있었다.

여러 면에서 궁극적인 생산성 전문가라고 볼 수 있는 버나르 맥페이든Bernarr Macfadden은 〈피지컬 컬처〉를 창간하고 오랫동안 편집자로 일했다. 그는 보디빌딩과 오늘날 '웰니스 문화'를 지지하며, 자신의 원래 이름인 버나드 맥페이든Bernard McFadden을 좀 더 강하게 들리도록 버나르 맥페이든으로 바꾸며 일찍이 퍼스널 브랜딩을 시작했다. '버나르Bernarr'는 사자가 포효하는 듯 들리도록 의도한 것이고, '맥페이든Macfadden'은 흔한 이름인 '맥페이든McFadden'보다 눈에 띄게 하려던 것이다. 맥페이든이 쓴 기사 제목을 보자. "원 푸드 다이어트Mono Diet로 활력 되찾기"*, "휴가에서 건강 보상 얻기", "집에서 등산하기", "인생을 낭비하나요?" 등 약간 허풍스럽지만 이런 기사가 주장하는 목표는 분명하다. 당시나 지금이나 정신 차

---

* '원 푸드 다이어트'는 다양성을 줄인 식사를 말한다. 맥페이든에 따르면 한 달 동안 녹두 또는 현미만 먹는 식단이다. 절대 아닐 것 같지만 그는 "일반 식사에서 사용되는 조합만큼은 아니더라도 맛은 비슷하게 좋다."라고 주장했다.

리고, 더 빨리 움직이고, 앞서 나가는 것이 개선이라는 주장이다.

맥페이든은 1921년 〈피지컬 컬처〉 2월호에 실린 편집자의 말에서 정신적 활력이 최상의 건강만큼 중요하고 이와 뗄 수 없는 관계이며, 따라서 경제적 성공과도 분리할 수 없다고 강조했다. 그는 사회적 다윈주의의 관점으로 이런 아이디어들을 바라보며 "자신의 신체를 완전히 발달시키지 못한" 사람은 "진정한 남성도 완벽한 여성도 아니다."라고 썼다. 맥페이든은 다음과 같이 조언했다.

> 지금은 금융 시대다. 부를 얻기 위한 싸움은 평균적인 삶의 주요 목표를 나타낸다. 하지만 초효율의 중요성을 인식하게 되면, 어디에 사는 사람이든 경제적이나 그 밖의 방식으로 인생에서 큰 보상을 얻으려는 싸움에서 훌륭한 기계가 된다는 것이 얼마나 중요한지 곧 깨닫게 될 것이다. 이런 기계는 모든 면에서 완벽해야 한다. 힘이 넘치고 활력 충만한 몸은 허약하고 덜 발달한 몸보다 훨씬 더 많은 일과 더 나은 일을 해낼 수 있다.

1937년에 발행된 〈피지컬 컬처〉의 한 호에는 이런 효율성이 얼마나 미국 문화의 DNA 일부로 여겨지는지 기괴할 정도로 묘사돼 있다. 이 호에서는 유전적으로 유리한 결혼이 가능하다는 골턴의 생각을 이어받아 "인종 개선을 위해 할 수 있는 일: 태아와의 도박에서 유전적 주사위를 던져 어떻게 우수한 자녀를 낳고 인종 수준을 높일 수 있는가."라는 제목의 기사를 실었다. 이 기사에 따르면 유전적 조합은 그저 속도와 진보라는 사회적(우생학자들은 '과학적'이라 하겠지만) 위계질서에 한정된 것만으로는 충분하지 않다. 유전자 자체가 '활력 넘치거나' 혹은 '무기력한' 것이었고, 이들은 노동자와 같았다.

> 우리는 유전자가 정확히 어떻게 작동하는지 아직 잘 모른다. 하지만 유전자가 무엇을 하는지는 꽤 잘 안다. 유전자가 아주 작다는 점만 빼면 분명 유전자를 노동자라고 볼 수 있다. 하나의 염색체는 이 일꾼들의 줄(말 그대로 족쇄를 찬 작업대)이 될 것이다. 유전자들은 서로 연결되고, 각자는 영원히 정해진 자리에 있다. 일부 유전자는 실질적으로 건축가 역할을 하고, 또 일부는 화학자, 엔지니어, 목수, 배관공, 석공, 채색가, 영양사 등의 역할을 한다.

이 기사를 쓴 사람은 유전자가 더욱 빨라질 수 있다고도 썼다. 돌연변이는 약점을 만들기도 하지만 번개처럼 빠르게 무작위로 작동해 유전자를 '자극하거나 유전자의 작용을 가속해서' 개선할 수 있다. 그 결과 '신체적으로 우월하고 정신력이 뛰어난' 천재적인 유전자가 탄생한다. 기사에 포함된 그림에서는 다양한 유전자를 막대로 표현했다. '챔피언' 유전자는 권투 글러브를 꼈고, '흑인'으로 표시된 해로운 유전자는 폭탄 두 개를 들고 있다.

이 이야기는 내가 초반에 언급했던 도덕적 방정식, 즉 '바쁨=좋은 것'이라는 관념이 얼마나 깊이 뿌리박혀 있는지를 암시한다. '눈에 띄는 바쁨conspicuous busyness.'에 관한 연구에서, 사회학자 미셸 시어와이즈Michelle Shir-Wise는 일과 삶의 균형과 상관없이 바쁨이 평생 지속되는 생산성 퍼포먼스가 될 수 있다고 지적한다. 그는 "스스로를 (바쁜 사람으로) 보이지 않게 만드는 것은 자신이 부족하고 가치 없는 존재라는 증거로 해석될 수 있다."고 말한다. (맥페이든의 표현대로라면 이는 '진짜 남성도, 완전한 여성도 아니'라고 할 수 있다.) 우리는 어릴 때부터 24시간을 충실하게 최대한 활용하는 것, 즉 "시간처럼 꾸준히" 사는 것이 좋은 사람의 행동이라고 배운다. 끊임없이 확장하고, 기회를 추구하며, 모든 경험의 영역에서 앞서 나가는 것이 좋은 삶의 의미로 여긴다. 그러나 만약 일이 사회적 무의식 속에 자리잡고 있다면, 그것은 특정 역사적 맥락에서 만들어진 이상에 따른 일이다. 빠르고, 강력하며, 지치지 않고, 백인 중심적인 일 말이다. 속도, 효율성, 진보라는 개념이 우리 문화에 얼마나 깊이 뿌리박혀 있는지를 인식하는 것은, 브리트니 쿠퍼의 "백인이 시간을 소유한다."는 주장을 이해하는 또 다른 방식이다.

이런 사실을 염두에 두고 잠시 린다를 다시 떠올려보자. 만약 린다가 번아웃됐다 해도 그것은 사회적·경제적으로 더 위태로운 비린다의 번아웃과 같지 않다. 린다가 완전히 번아웃됐다고 해도 거리로 내몰리지는 않을 것이다. 하지만 린다의 번아웃과 비린다의 번아웃이 관련 없다고 여기는 것은 실수다. 비린다가 외부 환경에 따라 직접 통제받고 감시받는 반면, 린다는 문화적 '확장 논리'에 따라 통제받고 감시받는다. 린다가 이에 따르지 않으면 비난받고 사회적으로든 경제적으로든 대가를 치러야 한다.

린다와 불안정한 삶을 사는 사람의 차이점이라면 린다는 사회적 비용을 감당할 수 있다는 점이다. 둘의 공통점은 린다의 '타이머'(바쁨의 문화)와 비린다의 '타이머'(임금노동과 구조적 불이익)가 공통의 뿌리를 가졌다는 것이다. 이 두 타이머는 같은 시스템을 유지하는 데 기여한다. 이 시스템에서는 시간이 단지 이윤을 위한 수단으로만 여겨지며, 다른 사람은 항상 경쟁자가 된다. 그래서 린다는 자신과 다른 사람들을 위해 그 대가를 치를 필요가 있다. 즉 대부분의 사람들이 어떤 방식으로든 고통받고 있는 그 '자동차'에 맞추기 위해 더 '남성적인 형태'가 되는 대신 지금의 모습을 유지하며 덜 '남성적인 형태'로 남는 것을 선택해야 한다는 것이다. 이 행동이 스스로 혁명적인 행동이라고 주장하는 것이 아니다. 다만 이것이 더 합리적이라는 뜻이다. 그리고 이것은 중요한 깨달음으로 나아가는 문을 연다. 공통의 결과(모두가 겪는 고통)를 이해하는 것을 넘어, 그 고통을 만들어내는 공통의 원인을 인식하게 되는 것이다.

프레드 모튼Fred Moten은 《언더커먼스The Undercommons: Fugitive Planning and Black Study》에 실린 대화에서 이런 인식을 이해하는 데

유용한 사고 모델을 제안한다. "자신을 기꺼이 특권층이라 주장하고 그런 생각을 받아들이는 사람들은 내 주된 관심사가 아니다. 나는 그런 사람들을 먼저 걱정하지 않는다. 하지만 그들이 스스로 걱정할 능력을 갖추게 되면 좋겠다. 그러면 우리가 대화를 나눌 수 있을지도 모르니 말이다." 그다음 그는 블랙팬서Black Panther당의 지도자 중 한 사람인 프레드 햄튼Fred Hampton의 생각을 인용한다.

> 봐, 연대의 문제는 연대가 '나를 돕기 위해' 생겨나는 게 아니라는 거야. 그렇게 시작하면 결국 네 자신의 이익으로 돌아가게 되거든. 연대는 네가 이 상황이 너에게도 문제가 된다는 걸 깨달을 때 만들어지는 거야. 우리가 이미 우리한테 얼마나 큰 문제인지 깨달은 것처럼 말이야. 난 네 도움이 필요한 게 아니야. 난 그냥 네가 이 상황이 너한테도 영향을 미치고 있다는 걸 알아줬으면 해. 그 영향이 은근하더라도 말이야. 알겠지, 이 멍청아!

내밀하고 개인적인 차원에서 볼 때 이 말은 무슨 의미일까? '정신없이 일하는' 우리 모습을 관찰한 버크먼은 정책 변화를 위해 노력하는 동안 성과 지향적인 사람은 자신의 유한성을 받아들이고, 완전한 통제와 최적화를 추구하는 불가능한 목표를 포기해야 한다고 주장했다. 나는 여기에 '포기'라는 말은 그럴 여력이 있는 사람,

자신의 특권을 솔직하고 뼈아프게 인정할 수 있는 사람에게나 들어맞는 말이라고 덧붙이고 싶다. 이런 여력은 모두 '재량' 시간이라는 말을 다시 떠올리게 한다. 버크먼은 모든 일이 생존에 필수적이지는 않으며, '돈을 더 벌고, 더 많은 목표를 성취하고, 모든 면에서 잠재력을 실현하고, 더 잘 들어맞아야 한다는 강요'가 보편적이지도 않다고 썼다. 사람마다 받아들이는 재량의 의미는 다르다. 하지만 당신이 스스로를 지치게 만드는 진짜 성과 주체라면 나는 당신에게 재량을 조정해 보라고 권하고 싶다. 삶에서 평범해 보이는 것부터 실험해 보자. 그러면 그것이 왜, 누구에게 평범해 보이는지 생각해 볼 수 있을 것이다.

물론 야망이 적은 삶을 받아들이는 것과 의미가 적은 삶에 안주한다는 것은 다르다. 어떤 것을 다소 평범하게 놓아둘지 결정하는 것은 한정된 인생에서 무엇을 원하는지와 맞닿아 있기 때문이다. 삶이 유한하다는 사실은 말할 필요도 없다. 이 주제는 6장과 7장에서 다시 살펴볼 것이다. 그동안 우리가 흔히 듣는 '최선의 삶을 살아라.'라는 조언을 곰곰이 생각해 보자. 실은 더 높은 점수를 얻을 수 있는 '정해진 바로 그 삶을 살아라.'라는 명령이 아닌지도 따져봐야 한다. 대신 '그냥 삶을 살아라.'를 선택하면 어떨까? 나는 지나치게 욕심을 부리거나 과도하게 목표를 추구한다고 느낄 때면, 부모님이 자식에게 말하듯 "모든 걸 다 가질 수는 없어."라고 스스로 타이른다. 끝없는 확장을 추구하는 미국식 논리를 유머러스하게 대하려고 노력하기도 한다. 자의적이고 부조리하지만 조용하고 유쾌한 품위를 갖고 이런 논리를 거부하려 한다. 애니메이션 〈비비스와 버트헤드Beavis and Butt-Head〉의 한 장면이 생각난다. 버트헤드가 일하는 패스트푸드점에서 한 손님이 이렇게 주문한다. "더블 치즈버거, 감자튀김 라지 사이즈, 루트비어 작은 것, 애플파이 주세요." 버트헤드가 대답한다. "음…… 뭐라고요?" 손님은 짜증을 내며 더 큰 소리로 다시 주문한다. 버트헤드는 그냥 이렇게 대답한다. "어…… 조금 덜 주문하시면 안 되나요?"

페이스북 캠퍼스 건너편에는 목이 마른 잔디와 코요테브러시 등의 관목들만 무성한 땅이 있다. 나는 '생산적이지 않은' 덤불이 얽혀 있어 구글 지도에서 텅 비고 회색으로만 보이는 그 들판이 어떤 곳인지 알지 못했다. 빨간불에 정차하고, 들판 위에 정지 상태인 듯한 한 지점을 본다. 흰꼬리솔개다. 날개를 아주 작게 퍼덕이며 거의 멈춘 상태로 정확히 같은 자리에 떠 있다. 그때 신호등이 초록불로 바뀌고, 우리는 왼쪽으로 틀어 산 쪽으로 향한다. 이제는 개별 나무들의 실루엣이 보인다. 우리는 곧 그곳에 도착할 것이다.

확장을 당연하게 여기는 세상에서 확장을 포기하면 문제가 될 수 있다. 2016년 중국의 젊은 공장 노동자 뤄화중Luo Huazhong은 직장을 그만두고 쓰촨성에서 티베트까지 약 2000킬로미터를 자전거로 여행했다. 그는 아르바이트와 저축한 돈으로 생활하며 여정을 이어갔다. 그는 바이두Baidu에 '눕는 것이 정의다Lying Flat Is Justice.'라는 제목의 글을 올려 자신의 경험을 공유했다. 그는 이렇게 말했다. "나는 그냥 쉬고 있었어요. 디오게네스처럼, 햇빛을 받으며 잘 수도 있죠." 이 글은 '탕핑平', 즉 '눕기 운동'이라는 사회적 흐름을 촉발했으며, 이 글을 쓰는 지금도 여전히 지속되고 있다. 2021년 5월에는 한 남성이 누워 있는 일러스트와 함께 "일어나라고? 이번 생에는 무리!"라는 문구가 중국 소셜 미디어에서 화제가 되었다. 당연히 중국 공산당의 관영 매체는 이를 곱게 보지 않았다. 이에 〈남방일보Nanfang Daily〉는 이렇게 썼다. "투쟁은 항상 청춘의 가장 빛나는 본질이다. 압박 앞에서 '눕기'를 선택하는 것은 정의롭지 않을 뿐 아니라 부끄러운 일이다."

2021년 젊은 미국 밀레니얼 세대가 이 흐름을 받아들였을 때, 이는 다시 한번 비판받았다. 그러나 이번에는 국가적 의무라는 언어가 아닌 '자력갱생boostrapperism'의 관점에서 비난받았다. 〈블룸버그Bloomberg〉의 사설 "눕기를 선택하라. 하지만 대가를 치를 준비도 하라."에서 앨리슨 슈레거Allison Schrager는 미국의 '눕기' 운동 지지자들을 특권층으로 치부하며, 이들이 사회를 벗어난 선택을 하는 것은 "언젠가 후회할지도 모를 사치"라고 일축했다. 슈레거는 또 세상이 빠르게 변화하고 있으니, 변화에 적응하지 않으면 도태될 수

밖에 없다고 경고했다. "지금 경제는 큰 변화를 겪고 있습니다. 팬데믹 이전부터 기술과 세계화가 경제를 바꾸고 있고, 팬데믹 이후 이런 변화는 가속화될 것입니다. 이 변화에 적응하고 그 혜택을 누릴 수 있는 사람들은 승자가 될 것이고, 그렇지 못한 사람들은 패자가 될 것입니다. 하지만 이 과정은 혼란스럽고 예측하기 어렵습니다. 확실한 것은, 완전히 손을 놓아버린 사람들은 분명히 손해를 볼 거라는 사실입니다."

밴더캄처럼 슈레거도 유용한 커리어 조언을 제공한다. 예를 들어 대부분의 급여 상승은 45세 이전에 이뤄지며, 중요한 기술 개발과 네트워킹은 20~30대에 이뤄지기 때문에 이 시기에 중년의 위기를 겪는 것은 '최악의 타이밍'이라고 지적한다. 하지만 이러한 조언은 당신이 여전히 경쟁 속에서 달리고 있다는 가정하에 유효하다. 만약 사라져가는 꿈에서 발을 빼려 한다면 이야기는 달라진다. 트위터(현 X)에서 '탕핑족'들은 이 기사에 촌철살인 댓글을 달았다. 한 사용자는 이렇게 언급했다. "매일 전염병, 기후변화, 기근, 가뭄, 화재, 허리케인, 무기 계획, 전쟁 기사가 넘치는데도 〈블룸버그〉지 기자들은 우리가 고작 연봉 3만 6000달러(한화로 약 4824만 원)를 받고 이 문제를 헤쳐 나가기를 바란다니 정말 황당하다." 또 다른 사용자는 슈레거의 기사를 이렇게 요약했다. "억만장자가 말씀하시길, '우리 신문사, 청년들이 얼마나 게으른지 기사 좀 써보라고. 젊은 사람들이 겨우 먹고살면서 나한테 더 많은 돈을 벌어다 준다는 사실을 뒤늦게 알아차렸다고. 집은 평생 못 사고, 부모 두 명이 풀타임으로 일해야 겨우 가족을 부양할 수 있는 현실임에도 불구하고 말이야." 다른 사용자는 이렇게 물었다. "왜 열심히 일해? 내 사업도 아닌데."

이 글에서는 '눕기'를 선택할 여유가 있는 사람과 없는 사람, 일을 거부할 수 있는 사람과 없는 사람, 시간을 가질 수 있는 사람과 없는 사람 사이의 차이와 연결성을 설명하려고 했다. 다시 말해, 시간을 스스로 통제할 수 있는 사람과 그렇지 않은 사람에 대한 이야기다. 물론 이 경계가 항상 명확한 것은 아니다. 이 관계를 인식하는 것, 즉 "이 상황이 당신에게도 영향을 미치고 있다는 걸 깨달아야 한다."는 점은 여러 가지 이유로 중요하다. 가장 근본적으로 이것은 공동의 문제를 공유한다는 진정한 의미에서의 연대 가능성을 열 수 있다. 동시에 이것은 특권층이 번아웃에 대응하며 보이는 반응에 대해 경계하도록 만들기도 한다. 특권층은 종종 느림, 미니멀리즘, 진정성을 추구하며 '자신들만의 벽으로 둘러싸인 정원'을 강화하려는 경향이 있다. 이런 반응은 최선의 경우 사람들이 세상과 단절하고 기존의 상태를 그대로 두는 것을 더 쉽게 만들 뿐이다. 하지만 최악의 경우 이는 현재의 불평등 구조를 오히려 심화시켜, 느림이나 여유가 다른 사람들의 희생을 통해 소비되는 상품으로 변하는 상황을 초래할 수 있다. 그리고 이러한 위험이 가장 두드러지게 나타날 수 있는 영역이 바로 여가(레저)다.

Chapter 3

여가란

가능할까

Can There Be Leisure?

쇼핑몰과 공원

평야를 지배하는 산처럼 일이 주변의 모든 것을 지배한다.
_마이클 영(Michael Young), 톰 슐러(Tom Schuller),
《노동 이후의 삶(Life After Work)》

산맥으로 가는 길에 먼저 다른 캠퍼스에 들러야 한다. 우리는 차에서 내려 세심하게 계획된 인테리어 매장 포터리반Pottery Barn의 장식과 캘리포니아피자키친California Pizza Kitchen에서 풍기는 짭짤하면서도 달콤한 냄새를 지나친다. 주변 환경은 마치 호화로운 건축 렌더링 이미지 같고, 우리는 그런 데서 가끔 보이는 가상 캐릭터처럼 정처 없이 배회하는 유령이 된 느낌이다. 장미와 금어초 화분에 박힌 초록색 스피커는 목련 나무에 숨겨진 다른 스피커와 연결된다. 스피커에서는 로드 스튜어트Rod Stewart의 〈영원히 젊은

Forever Young〉이 흘러나온다. 휴식 중인 티파니앤코Tiffany&Co 매장의 직원이 팔짱을 끼고 미간을 찌푸린 채 휴대전화로 누군가와 통화한다. 그 뒤로 아직 문을 열지 않은 매장 창문에는 깨끗한 흰색 패널이 달렸고, 이렇게 적혀 있다. "행복은 아주 작은 것에서 옵니다. 일상을 더욱 의미 있는 순간으로 만드는 것, 그것이 저희의 열망입니다."

우리가 걷는 길은 다른 길과 합쳐져 가짜 마을광장으로 이어진다. 이곳에는 '파빌리온PAVILION'이라고 간결하게 적힌 고풍스러운 간판이 있다. '라 바게트La Baguette'라는 빵집 바깥에는 카페 테이블이 몇 개 놓여 있다. 모퉁이를 돌면 나타나는 벽에는 파리의 샤퀴페슈Chat-qui-Pêche 거리로 이어지는 그늘진 '입구'가 그려져 있다. 비록 그 입구는 실제가 아니지만 그려진 문에 있는 문손잡이는 실제하고, 창문 아래에 걸린 빈 테라코타 화분들도 실제한다. 이 마을의 실제 주민 한 명이 빈 생수병을 들고 작게 트림하며 지나간다. 우리의 시선은 그를 좇아 시계 광고에 흔히 등장하는 것처럼 10시 10분으로* 설정된 거대한 시계 이미지를 보여주는 독립형 디지털 스크린을 지나친다. 이 이미지는 다이아몬드가 세팅된 '포제션Possession(소유)'이라는 3만 8400달러(한화

---

* 시간이 선택된 이유는 여러 가지가 있는데, 그중 하나는 시곗바늘이 브랜드 로고를 테두리처럼 둘러싸게 되기 때문이다.

로 약 5145만 원)짜리 시계를 판매하는 피아제Piaget의 광고다.

2020년 3월 말 전 세계 일부가 봉쇄에 들어갈 무렵 여행 인플루언서 로렌 불렌Lauren Bullen은 늘어진 바나나 나무를 배경으로 비를 맞으며 수영장에서 걸어 나오는 자기 사진을 인스타그램에 올렸다. 눈을 감고 입가에 미소를 띤 채였다. 사진 설명에는 "우리에게는 지금뿐"이라고 적혀 있었다. 닷새 뒤 올린 사진에서 불렌은 새 한 마리가 맞춘 듯 꼭 맞는 위치에서 날아가는 라일락 빛 하늘을 배경으로 가운을 걸치고 인피니티 풀 가장자리에 누워 있다. 이번에도 눈을 감은 채다. 설명에는 이렇게 적혀 있다. "이 또한 지나가리."

불렌은 여행 중이 아니었다. 그는 인플루언서로 번 돈으로 잭 모리스와 함께 그해 발리에 지은 집에 주로 있었다. "지금은 낙원에 갇혀서"라는 설명이 붙은 사진에서 불렌은 흰색 원피스 수영복을 입고 수제 발리 풍 부채를 들었다. 다음 날에는 더 많은 바나나 나무를 배경 삼아 돌로 만든 욕조에서 머리와 다리만 내놓은 모습을 찍은 영상이 올라왔다. 불렌은 카메라 쪽으로 숯 팩을 올린 얼굴을 돌리며 미소를 짓는다. 그리고 팔에 얼굴을 살짝 얹고, 휴식을 취하는 자세를 취한다. 이번에는 영상에 노란색 글씨로 자막이 달린다. "나를 사랑하는 순간."

인플루언서든 아니든 인스타그램에 수많은 게시물을 올릴 때 무언의 목표는 영향력을 행사하는 것이다. 느림, 자기 관리, '휴식'을 설파하는 게시물에는 지나치기 어려운 전도 같은 묘한 분위기가 있다. 이런 게시물은 광고처럼 보이기도 한다. 암시적이거나 명시적으로 보는 이에게 무언가를 강하게 권유한다. "당신도, 아니 당신은 반드시 이렇게 느리게 살아야 한다." 이런 휴식의 이미지는 종종 아주 아름답고, 희소하며, 멀리 떨어진 어딘가에 존재하는 것으로 묘사된다. '여기'와는 완전히 반대인 장소 말이다. 여기란 즉 의무가 무겁게 느껴지고, 설거지가 쌓이며, 조용한 순간이 드문 현실을 말한다.

연구자 필립 보스탈Filip Vostal은 논문 〈느림의 근대성Slowing Down Modernity〉에서 대중문화와 학계에서 드러나는 느림이라는 수사학을 비판적으로 바라본다. 그는 느림이 "반드시 침착함, 신중함, 장기적 관점, 지속성, 성숙 그리고 결과적으로 인간의 향상"과 동일하지는 않다고 주장한다. 느림이 재화로 판매될 때, 느림은 우리가 2장에서 그토록 벗어나고자 했던 상승 논리의 또 다른 형태에 불과하다는 아이러니가 금세 드러난다. 극단적인 예로 보스탈은 24시간이 세밀하게 구분된 시계판을 가진 260유로(한화로 약 36만 6000원)짜리 '느린 시계'를 설명한다. 이 시계의 0은 시계 아래에 위치했다. 또 시계에 동봉된 설명서에는 "느리게 사는 법을 배우는 전혀 새로운 삶을 향한 여정에서 당신의 충실한 동반자가 될 것입니다."라고 적혀 있다. 문제는 단지 '느림 브랜드'의 상품화에 그치지 않는다. 보스탈이 지적하듯, 이 시계가 제시하는 시간 감각은 일반적인 시계 시간과 충돌한다. "브랜드 창립자의 말처럼 '슬로어slower' 공동체를 만들고, '세상을 느리게 만들자slowify.'는 것은 확실히 흥미로운 목표일 수 있다. 하지만 이는 단순히 그런 액세서리를 구매할 여유가 있을 뿐만 아니라, 무엇보다도 정확성과 정시가 중요하지 않고 또 다른 시간 해석 방식을 수용할 수 있는 특권층의 공동체일 가능성이 높다."

그 시계는 제품과 서비스가 어떻게 "역설적으로 빠른 자본주의의 …… 필수 요소가 되는지"에 대한 교훈을 보여준다. 이 세상에서는 느림이 실천된다기보다는 소비된다. "느린 삶은 이제 '판매 중'이며, 주로 중산층 도시 거주자들을 위한 소비주의적 라이프 스타일에 접근한다. 이들 대부분은 아마도 변혁적이거나 진보적이거나 심지어 사회주의적 의제를 가지지 않을 것이다. 아마도 많은 사람들이 '모든 것이 느려져야 한다.'는 것을 인정할지 모르지만, 그런 느림은 대개 개인적인 영역에서 소비된다."

물론 관광지에서 특권적 생활 방식을 누리는 이미지를 파는 것이 직업인 불렌 같은 사람에게 사회주의적 의제를 기대하는 사람은 아무도 없을 것이다. 여기서 문제가 있다면, 그것은 여가 속 소비주의가 진화한 최신 형태에 불과하다는 점이다. 이 소비주의에서는 본래 소비와는 거리가 멀어야 할 '느림'이라는 개념조차 상품과 서비스로 포장되어 빠른 제품이나 다른 소비재들처럼 자연스럽게 소비 체계에 흡수되고 있다. 이렇게 느림조차 소비주의의 일부로 변질되며, 더 이상 단순한 삶의 철학이 아니라 상업적 선택지 중 하나로 자리 잡고 있다. 이미 1899년 소스타인 베블런Thorstein Veblen은 《유한계급론》에서 사람들이 어떻게 소비를 이용해 아랫사람에게 자신의 지위를 드러내고 더 높은 지위를 욕망하는지 설명했다. 끝없는 비교의 쳇바퀴인 소셜 미디어에서 우리는 그 어느 때보다 쉽게 드러내기와 욕망하기를 동시에 할 수 있다.

느리게 살기, 해방, 자기 관리 같은 요소는 '경험경제'가 좋아하는 상품이다. 조지프 파인 2세와 제임스 길모어는 1998년 〈하버드 비즈니스 리뷰〉에 기고한 글에서 이 용어를 고안했다. 이들은 경험경제를 다음과 같이 이론화했다. "재화는 대체할 수 있으며, 상품은 유형이고 서비스는 무형이다. 하지만 경험은 기억할 수 있다." 여기서 마지막에 언급된 경험은 가장 진화한 형태의 경제적 가치다. 실제로 이들은 경험 자체가 재화가 될수록 테마파크가 아닌 사업에서도 입장료를 받는 일이 더욱 당연해지리라고 추측했다.* 이렇게 하면 시간을 돈으로 바꿀 수 있을 뿐만 아니라 심리적 소속감을 줘 매출 증대에도 도움이 된다.

이 글에서 언급된 유명한 예로는 나이키타운Niketown 매장과 레인포레스트카페, 라스베이거스의 포럼숍Forum Shops 같은 곳이다. 이곳에서는 "모든 입구와 매장 전면은 정교하게 로마를 재현한다. …… '시저 만세!'라는 외침도 자주 들린다." 판매 가능한 테마를 광적으로 추구하는 과정에서 어떤 디테일도 소홀히 할 수 없었고, 샅샅이 조사하지 않은 것도 없었다. "보통 레스토랑 직원이 '자리가 준비됐습니다.'라고 말할 때는 별 느낌이 없다. 하지만 레인포레스트카페 직원이 '이제 여러분의 모험이 시작됩니다.'라고 선언하면 특별한 무대를 위한 준비가 된다." 또한 패스트푸드점의 쓰레기통에는 보통 '감사합니다.'라는 문구가 적혀 있다. 하지만 노련한 디자이너는 "대신 쓰레기를 먹고, 말을 하는 쓰레기통 캐릭터를 만들어

---

* 누군가에게 특정 장소에서 특정 기간 비용을 지불하라고 요구하는 경험경제는 임대료라는 개념과 약간 비슷하다. 하지만 시간을 돈으로 환산하는 또 다른 개념인 임대료는 이 책의 범위를 벗어난다는 점을 인정하겠다.

뚜껑이 열릴 때마다 감사 인사를 하게 할 수 있다."

파인과 길모어는 소셜 미디어가 어떻게 경험경제를 밀어붙이고, 세상 자체가 잠재력 있는 2D 배경을 파는 24시간 3D 쇼핑몰이 될지는 예측하지 못했을 것이다. 샌프란시스코의 아이스크림 박물관 같은 장소는 분명 인스타그램 사용자 맞춤형 장소다. 하지만 카메라와 수전 손택의 '경험을 포착해 두려는 심리' 같은 적당한 사고방식만 있다면 어떤 아이스크림 가게라도 박물관이 될 수 있다. 경험경제의 맥락에서 '소셜'을 표방하는 인스타그램은 오히려 쇼핑 앱에 가깝다. 실제 광고든 친구의 일상 사진이든, 포착된 것을 둘러보고 사고파는 시장인 셈이다.* 파인과 길모어는 경험 자체가 기념품이 되리라 예상했지만 경험을 전달하는 데는 그것의 상징인 사진 한 장으로도 충분하다.

2017년 일본에서는 인스타그램에 어울린다는 형용사로 '인스타배(インスタ映え, 우리나라에서는 인스타그래머블이라는 용어가 더 흔하게 사용됨.-옮긴이)'라는 말이 등장했다. 인스타그램을 뜻하는 '인스타(インスタ)'와 '빛나다'라는 뜻의 '하에루(映える)'를 결합한 것으로, 인스타그램에서 잘 보일 만한 것을 묘사하는 형용사로 사용한다. 같은 해 진행된 한 연구에 따르면, 미국 밀레니얼 세대의 5분의 2가 여행지를 선택할 때 인스타그램에 얼마나 잘 어울릴지를 기준으로 삼는다

---

* 처음 이 글을 쓸 때는 비유적인 표현이었다. 하지만 2022년 3월 인스타그램은 크리에이터뿐만 아니라 모든 사용자가 인스타그램 게시물에 제품을 태그할 수 있도록 허용한다고 발표했다. 이 기능은 상품 페이지나 앱 내에서 상품을 구매할 수 있는 다른 쇼핑 기능과 함께 앱에 추가됐다.

는 결과가 나왔다. 〈인디펜던트The Independent〉 지에 실린 글에서 레이철 호지Rachel Hosie는 그림 같은 장소로 여행하고 싶어 하는 것이 새로운 일은 아니지만, "모두가 좋아하는 사진 공유 플랫폼에서 더 많은 '좋아요'를 받을 수 있는 전망, 리조트, 인피니티 풀이 있다."**고 언급하며 이것이 더 구체적이라고 평가했다. 각 게시물은 의도적이든 아니든 광고처럼 작용하기 때문에 인스타그램에 어울리는 장소를 찾는 일은 쉽게 전염된다. 불렌은 최근 게시물 중 하나에서 라벤더 밭 한가운데서 포즈를 취하며, 그 장소에 가기 위해 구글 지도에 정확히 무엇을 입력해야 하는지를 친절하게 알려줬다. 여행 업계는 이 점에 주목한다. 〈여행 연구Journal of Travel Research〉 저널에 실린 논문에서는 '소셜 미디어를 보면서 느끼는 동경'과 '우연한 대리 여행 소비incidental vicarious travel consumption, IVTC'의 다양한 활용법에 대한 내용을 자세히 다루면서, 특히 자존감이 낮은 사람은 이러한 현상에 취약하므로 마케터들은 여기에 특히 주목해야 한다고 말했다.

느림은 지극히 인스타배스럽다. 불렌이 이탈리아 돌로미티 근처의 한 리조트에서 올린 게시물 중 하나에서는 그가 침대에서 일어나 커피 한 잔을 들고 산을 바라보며 감사하는 듯한 표정을 짓다

** 보 번햄(Bo Burnham)은 2021년 특집 쇼 〈못 나가서 만든 쇼(Inside)〉에서 이렇게 단언한다. "외부 세계, 즉 비디지털 세계는 훨씬 현실적이고 중요한 디지털 공간에 쓰일 콘텐츠를 연출하고 기록하는 연극적 공간에 불과하다. 우리에게 외부 세계는 탄광이나 마찬가지다. 우리는 옷을 갖춰 입고 필요한 것을 챙겨서 지상으로 돌아온다."

가 느긋하게 화면 밖으로 사라지는 모습이 나온다. 이 게시물은 부러움을 유발하기 위해 잘 만들어진 장면이다. 하지만 모든 것이 인스타배스러워질 수 있다. 2021년 9월, 배우이자 코미디언인 안나 세레기나Anna Seregina는 옥스퍼드의 한 감옥을 개조한 고급 호텔에서 여행자들이 찍은 사진들을 우연히 발견했다. 그가 수집해 트위터에 공유한 사진에는 "감옥에서 보낸 하룻밤, 너무 좋아.", "나 감옥 생활 잘할 듯." 같은 캡션이 달려 있었다. 이것이 소름 끼치게 들릴지 모르지만, 옥스퍼드의 감옥 호텔과 돌로미티의 리조트는 사실 공통점이 있다. 가끔 영화 〈쇼생크 탈출The Shawshank Redemption〉을 상영하는 이 감옥 호텔이 무해하고 불쾌한 요소 하나 없는 관광 명소가 됐듯, 돌로미티 리조트에서 '자연'은 정적인 배경이 된다. "평화라는 새로운 사치"를 제공하는 이 리조트는 "다시 한번 시간을 느끼고 자신을 돌아보는 신체적 정신적 마음챙김으로 정서적 가치를 가득 채우는 자연에 둘러싸인 휴식처"로 여겨진다.

풍경, 사람, 역사적 순간, 움직임은 모두 경험경제의 재료가 된다. 관광 업계가 예전부터 간파했듯, 이런 경험을 만들기 위해서는 껍데기를 제거하는 추출과 정제 과정이 필요하다. 특수성과 생산 조건이 감춰진 커피 원두나 설탕 같은 상품과 마찬가지 맥락이다. 경험 패키지를 구매하는 사람들은 복잡해지기를 원하지 않는다. 적어도 자신이 돈을 지불하지 않은 방식으로는 말이다. 파인과 길모어는 이런 점을 제대로 간파하고 직원들이 단순히 일만 하는 것이 아니라 무대 소품이 돼 연기해야 한다고 주장했다. 이런 역학관계를 제대로 보여주는 사례는 2021년 TV 시리즈 〈화이트 로터스The White Lotus〉에서 백인 관광객들이 하와이의 고급 리조트에 도착하는 초반부에 등장한다. 리조트 매니저 아몬드Armond는 손님들이 도착하는 모습을 지켜보며 신입 직원에게 이렇게 조언한다.

> 아몬드: 오늘이 첫 업무일이지. 네가 일하던 다른 곳에서는 어떻게 했는지 모르겠지만, 여기서는 자기 이야기를 하는 것은 지양해야 해. 특히 배를 타고 오는 VIP들에게는 말이야. 너무 구체적으로 얘기하지 않는 게 좋아. 네 존재감이나 정체성은 좀 더 일반적이어야 해.
>
> 라니: 일반적이라…….
>
> 아몬드: 맞아. 우리가 여기서 따르는 것은 일본 정신 같은 거야. 우리는 친절하고 대체 가능한 도우미로서, 가면 뒤로 사라지도록 요구받는 거지. 이걸 '열대 가부키'라고 생각하면 돼. 우리의 목표는 손님들에게 모든 게 다 있지만, 동시에 무엇인지 잘 모르게 만드는 막연한 느낌을 주는 거야. 그래서 손님들은 자신이 원하는 걸 다 얻지만, 사실은 무엇을 원하는지, 오늘이 무슨 요일인지, 자신이 어디에 있는지, 우리가 누구인지, 무슨 일이 벌어지는지조차 모르는 상태가 되는 거지.

내가 소비주의 여가를 특별히 혐오하는 것처럼 보인다면 그것은 테마파크화된 짝퉁 레인포레스트카페로 가득 찬 베이 지역 교외에서 자란 것과 관련이 있을 것이다. 실제 테마파크에서 일한 경험도 이 반감을 줄이는 데 전혀 도움이 되지 않았다. 두 해 여름을 나며 내가 한 일은 '홈타운스퀘어Hometown Square', '셀레브레이션플라자Celebration Plaza', '전미코너All American Corners' 같은 이름이 붙은 가짜 공공장소를 돌아다니며 지나가는 사람들에게 캐리커처를 그려주겠다며 앉히는 것이었다. 사실 사람들이 구매한 것은 대부분 형편없는 그림 자체가 아니라 모델이 되는 경험이었다. 나는 그림 한 장을 10분 안에 완성해야 했고, 그 과정에서 가벼운 대화를 나누며 때때로 이상한 아빠들을 상대해야 했다. 우리는 고객을 끌어들이도록 강요 받았는데, 이는 단순히 수수료로 보수를 받았기 때문만이 아니라, 고객을 그리고 있지 않으면 앉아 있을 수 없다는 규칙 때문이기도 했다.

그날 내가 배치된 위치에 따라 근처 스피커에서는 파라마운트에서 제작한 영화나 쇼, 예를 들어 〈모두 레이먼드를 좋아해 Everybody Loves Raymond〉의 테마곡이 나오거나 아니면 애국적인 분위기의 음악이 울려 퍼졌다. 돌이켜보면, 후자의 음악은 마치 존 필립 수자John Philip Sousa(미국 지휘자이자 작곡가로 다수의 행진곡과 군가를 작곡해 '행진곡의 왕'이라 불림.-옮긴이)의 모든 곡을 AI에 입력해서 만들어 낸 것처럼 들렸다. 어느 날, 빨간 비닐우산 아래에 서 있다가 동료와

함께 바닥이 너무 달궈져 신발로 밀면 일부를 움직일 수 있다는 사실을 발견했다. 그렇게 드러난 틈 사이로 끓고 있는 물이 보였다.

호스티스Hostess 사의 제품 자판기가 설치돼 있던 휴게실 바로 위로 롤러코스터가 지나갔다. 그래서 약 5분마다 다리가 대롱거리며 지나가고 비명이 울려 퍼지곤 했다. 업무가 끝나고 공원 자이언트 루프 놀이기구 중앙을 거쳐 대기실에 들어서면 공기 빠진 경품 동물 모형, 합판에 그려진 배경의 뒷면, 그리고 가끔은 피곤해 보이는 스폰지밥 탈 인형을 쓴 사람이 담배를 피우고 있는 모습을 볼 수 있었다. 집으로 돌아가는 고속도로에서는 테마가 있는 쇼핑몰을 지나치곤 했는데, 그것 때문에 공원을 떠난 느낌이 전혀 들지 않았다. 동료들 중 몇몇은 좋았지만 그 시절 쓴 일기에는 사춘기의 냉소주의가 고스란히 드러났다. "일만 해야 하고 그 일이라는 게 기본적으로 사람들에게서 돈을 뜯어내는 거라니, 인생 참 의미 없네."

이런 경험은 '재미'가 철저히 계획된 패키지로 만들어져 다시 팔리는 개념에 대한 반감을 더 키웠다. 나는 돈을 주고 사는 놀라움, 돈을 내고 즐기는 화기애애한 분위기, 돈으로 경험하는 초월감에 대해 지나칠 정도로 회의적이었다. 마치 전형적인 십대처럼 "세상은 너무 가식적이야."라고 불평했던 것이다. 2002년 우리 집에서 몇 킬로미터 떨어진 곳에 산타나로우Santana Row라는 야외 쇼핑몰이 빠르게 들어섰다. 그곳은 유럽 어딘가의 오래된 도심지를 흉내 내려고 유기적인 다양성을 표방했다. 할 일이 없었던 고등학교 친구들과 나는 그곳의 자갈길을 배회하며, 마치 심심한 영화 엑스트라들처럼 고급 체인 매장, 거대한 야외 체스판, 새로 지었지만 낡아 보이는 칠한 벽들 옆을 지나쳤다. 그것들은 '도심'이라는 개념을 여러 번 거쳐 만들어진 아이디어 같았다. 그런 공간에서 진짜 다른 것, 놀라움, 혹은 역사를 느껴보려 애쓰는 건 마치 영화 〈트루먼 쇼The Truman Show〉의 마지막 장면에서 짐 캐리Jim Carrey가 배를 몰고 가다 지평선처럼 보이는 벽에 부딪히는 장면 같았다.

경험경제에 대한 글을 읽는 데 영향을 준 것은 바로 이런 오래된 회의주의였다. 경험을 디자인하고 연기하는 데 예술 따위란 없다든가, 상업적 경험이라는 장막 뒤에 단순한 '진짜' 경험(그런 것을 포착할 수 있다면)이 숨어 있다든가, 테마파크 같은 곳에서는 진정으로 즐겁게 지낼 수 없다고 주장하려는 것은 아니다. 다만 경험경제가 확대돼 느림, 공동체, 진정성, '자연'처럼 상품화된 개념을 포함하고, 소득 불평등과 기후변화의 징후가 더욱 심각해지는 모습을 보면서, 나는 가능성 있는 출구가 막히는 모습을 바라보는 듯한 공포를 느끼기 때문이었다. 나는 무언가를 한다는 경험을 소비하는 대신 무언가를 실제로 하고 싶다고 계속 생각한다. 하지만 새로운 존재 방식을 찾으려 해도 내가 발견하게 되는 것은 새로운 소비 방식뿐이다.

젊은기업가위원회Young Entrepreneur Council 회원인 조시 다이크스트라Josh Dykstra는 "밀레니얼 세대는 왜 물건을 사고 싶어 하지 않는가?"라는 글에서 의미 있는 관계에 굶주린 세대를 위해 파인과 길모어가 제안한 경험경제라는 개념을 현대적으로 해석했다. "소유의 종말에서 엿볼 수 있는 가장 강력한 통찰은 관계에 관한 것이다. 이제는 관계가 귀해졌다. 무언가를 쉽게 얻을 수 있게 되면 '이것으로 무엇을 할 수 있을까?'라는 질문으로 이어지기 마련이다. 이제 가치는 무언가를 실제로 하는 것에 달렸다." 다이크스트라는 "비즈니스로 사람들이 서로 연결되도록 도와야 한다."라고 조언하며 "영업은 더 이상 '판매'가 아니라 커뮤니티 구축"이라고 덧붙였다. 하지만 다른 면에서 영업은 여전히 판매이기도 하다. "우리가 파는 '물건'을 좀 더 새로운 방식으로 생각해 봐야 한다." 이들이 파는 '물건'이 소속감이라는 점에서 보면 상업적 소셜 미디어를 이보다 더 잘 설명할 수는 없을 것 같다. 나는 온라인 소셜 네트워크라는 개념 자체에는 문제가 없다고 생각한다. 다만 플랫폼이 내 정보를 수집하면서 암묵적으로 나를 광고하도록 장려하는 그곳에서 광고를 힐끔거리며 공동체 의식을 구매하고 싶지는 않을 뿐이다. 그건 마치 네슬레Nestlé가 공공자원인 수돗물을 병에 담아 파는 것만큼 사악하게 느껴진다.*

　이미지와 경험은 시간 관리 자기계발서의 여가 시간에 대응하는 개념이다. 시간 관리 책에서 상호 지원망을 꾸리는 대신 다른 사람의 시간을 사라는 조언을 받은 사람은 여기서도 마찬가지로 자신의 시간을 되찾거나 다른 사람이 시간을 되찾도록 행동하는 대신 주기적으로 느림이라는 경험을 소비하도록 권장받는다. 어떤 의미에서 이는 자신을 드러내는 소비가 아니라 심리적 결핍이나 위협에 대처해 무언가를 구매하는 보상 소비Compensatory consumption(개인이 심리적 불편감이나 자아 불일치 같은 감정을 해결하기 위한 물건이나 서비스를 구매하는 행동을 의미-옮긴이)로 볼 수 있다. 그리고 바로 지금 우리가 대처해야 하는 것은 너무나 많다. 일본 청년들의 '인생 여정'을 연구하는 이시다 히로시Hiroshi Ishida에게 '인스타배'라는 용어에 대해 질문하자 그는 청년들이 미래를 몹시 불안하게 본다는 사실을 지적했다. "그래서 이들은 지금 할 수 있을 때 가치 있는 경험을 수집하고

---

* 인스타그램은 2017년부터 인스타그램 스토리에 광고를 허용했다. 나는 가까운 사람이 세상을 떠났다는 친구의 가슴 아픈 사연을 보고 곧바로 '부스터 비타민의 놀라운 효과(Effizzing Amazing Vitamin Böosts)' 광고를 봐야 했던 경험을 잊을 수 없다.

싶어 합니다."

　과시적이든 보상적이든, 혹은 두 가지 모두이든 간에 소비는 오랫동안 여가와 관계를 맺어왔다. 그 결과 사람들이 여가를 일종의 제한된 자유처럼 느끼게 만들었다. 여가는 흔히 일과 상반된 개념으로 정의되지만, 두 개념을 구분하는 경계선은 역사적으로 둘을 이어주는 역할도 했다. 캐시 윅스Kathi Weeks는 개신교 노동 윤리의 내적 모순에 대해 논하며, 이 윤리가 어떻게 소비주의와 타협했는지 설명한다. 원래는 일을 통해 벌어들인 부를 낭비하지 말라는 경고였던 이 윤리는 20세기 초에 이르러 소비를 필수적인 경제 활동으로 수용하게 되었다. 그는 이렇게 말한다. "저축뿐 아니라 소비도 필수적인 경제 활동으로 부상했다. 게으름과는 달리 '비노동 시간'도 경제적으로 중요한 시간으로 인식되기 시작했으며, 더 많이 일할 새로운 이유를 만들어내는 시간이 되었다."

　개신교의 윤리는 주로 '노동'에 초점을 맞추고 있었기 때문에, 물건을 소유하는 것은 괜찮았다. 단, 그것을 위해 계속 일을 해야 한다는 전제가 있었다. 심지어 여가는 노동을 대체하는 지표가 되기 시작했다. 사회학자들은 조립 라인 작업이 등장하면서 누가 얼마나 열심히, 잘 일하는지 알기 어려워지자 대신 누가 얼마나 많이 소비하는지 눈여겨보게 됐다는 사실을 발견했다. 다시 말해 소비는 누가 얼마나 열심히 일했는지 보여주는 새로운 방식이 된 것이다. 윅스는 막스 베버의 고전 연구《프로테스탄트 윤리와 자본주의 정신》

을 인용하며 이렇게 말한다. "소유가 (태만해질) 위험을 수반하기 때문에 그것이 문제가 된다." 이 문장에서 베버는 소유 자체가 사람을 나태하게 만들 수 있다는 점에서 그 위험성을 지적한다.

오늘날 '확장 논리'로 인해 여가를 소비하는 행위조차 일이 영향을 미친다. 크리스 로젝Chris Rojek은 "아무도 그렇게 의도하지 않았지만 여가가 삶의 코칭처럼 돼버렸다."라고 말한다. 극단적인 사례로는, 전 오라클Oracle CEO인 래리 엘리슨Larry Ellison이 2012년에 대부분을 사들인 하와이의 라나이 섬에 세운 '증거 기반' 리조트 센세이 라나이Sensei Lāna'i를 들 수 있다. 이 리조트의 '최적 웰빙 프로그램Optimal Wellbeing Program'에 참가한 투숙객들은 숙박 기간 동안 신체적 정신적 목표를 설정해야 하고, 스파에서는 그들의 수면, 영양 상태, 혈류를 추적 관리한다. 한 안내문에는 "고객은 무한한 선택의 사치를 누릴 수 있다."고 적혀 있지만, 또 다른 안내문에는 '센세이sensei(先生)'가 일본어로 '스승, 주인'을 의미하며 그곳에서는 데이터가 바로 그 스승이라고 설명했다.

대부분 사람들은 이 센세이 리조트에 휴양하러 갈 여력이 없지만 여기서 말하는 수사는 익숙하다. 잠시 후 다시 설명하겠지만 진보 시대에 사회적으로 유용한 공공 여가에 대한 비전처럼, 개인적 여가의 소비에도 비슷한 유용성의 개념이 담겨 있다. 개인 맞춤 트레이너는 없어도 선택할 수 있는 수백 가지 자기 추적 앱self-tracking apps이 있다. 그중 하나인 '해빗쉐어Habitshare'는 스스로 일일 목표를 설정하고 자신의 진척 상황을 친구들에게 공개할 수 있다. 하지만 친구들에게 내 진행 상황을 공개하기 위해 가장 널리 사용되는 앱은 자기 이미지를 구축하고, 개선하고, 꾸미고, 계속 피드백을 받을 수 있는 인스타그램이다.

소셜 미디어가 생계에 필수적인 사람이라면 누구나 알겠지만, 이는 단순한 활동이 아니라 일이며, 스스로 광고 대행사처럼 행동해야 할 때가 많다. 대학생 시절 의류 매장을 운영하기 시작해 인스타그램에 점점 의존하게 된 예술가 레이철 라이헨바흐Rachel Reichenbach는 2020년, 인스타그램 파트너십팀의 미디어 전문가와 나눈 대화를 블로그에 적었다. 그는 이렇게 썼다. "알고리즘을 마치 수업에서 성적을 매기는 방식으로 생각해 보세요. 한 번의 시험 결과만으로 전체 성적이 결정되는 건 아니죠. 참여 점수, 숙제, 수업 활동, 프로젝트 등이 모두 포함됩니다. 한 번 시험을 잘 봐서 A를 받는 게 아니라 수업 전체에 걸쳐 꾸준히 참여해야 해요." 그 미디어 전문가는 그에게 주당 3개의 게시물, 810개의 스토리, 47개의 릴스, 그리고 1~3개의 IGTV(현재는 인스타그램 비디오로 불림.) 동영상을 제작하라고 권장했다. 이에 대해 라이헨바흐는 자신의 블로그에 피곤한 눈으로 미친 듯이 웃고 있는 개구리 일러스트를 올리며 "하하하하하"라고 표현했다. 2021년 인스타그램 책임자가 "인스타그램은 더 이상 사진 공유 앱이 아니다."라며 영상 중심 플랫폼으로 전환하겠다고 발표한 후, 일부 크리에이터들은 사생활 노출에 대한 두려움과 분노와 영상을 제작하는 데 드는 막대한 작업량과 피로감을 호소하며 이를 안타까워했다.

물론 라이헨바흐 같은 다른 사람들은 인스타그램을 활용해 사업을 하고 있기 때문에 '좋아요' 같은 지표를 높이는 데 신경을 써야 한다. 하지만 이것이 소셜 미디어의 문제점이기도 하다. 개인으로서의 자신과 '사업가로서의 자신'의 경계가 모호하기 때문이다. 특히 "유연성"이 강조되고, 면접에서 "당신만의 특별함이 무엇인가요?"라는 질문이 흔히 나오는 요즘 시대에는 개인이 자신을 마치 상품처럼 홍보해야 하는 상황이 더욱 두드러진다. 그 결과 한때 단순히 여가였던 활동이 자신을 업그레이드하고, 특별함을 찾아내 이를 상업적으로 활용하려는 수단으로 바뀌어버렸다. 과거에는 기업에만 적용되던 마케팅 조언, 예를 들어 "자신만의 틈새시장을 찾아라." 같은 말이 이제는 개인의 일상에도 적용되고 있는 셈이다.

우리는 애플 스토어, 테슬라, 메이시스백화점의 매장 사이에 있는 다른 광장에서 사진발 잘 받는 가족들에 둘러싸인 채 잠시 앉는다. 잔디밭 한구석에서는 개 한 마리가 뛰어논다. 몇 년 전 메이시스백화점 벽에 붙어 자라는 덩굴에 벌집이 생긴 탓에 누군가가 단호한 어투로 '벌 주의'라고 적은 경고판을 붙인 적 있다. 하지만 지금은 그런 기미가 보이지 않는다. 대신 화분 속에서 롭 토마스Rob Thomas가 "우리는 언젠가 자신만의 삶을 살게 될 거예요."라고 노래하는데 가사가 살짝 거슬리기 시작한다. 이제 언덕으로 갈 시간이다.

그곳에 가려면 거대한 골프장과 은행, 헤지펀드와 벤처캐피털 회사들을 지나가야 한다. 소박한 사무실 건물들은 대부분 나무와 작은 언덕 뒤에 숨어 있지만 간혹 악셀-KKRAccel-KKR, 라이트스피드Lightspeed, 애토스Aetos, 얼티미터Altimeter, 슐럼버거Schlumberger, 클라이너퍼킨스Kleiner Perkins, 배터리벤처스Battery Ventures 같은 회사 이름이 언뜻 보인다. 고속도로를 건너 반대편 나무 사이로 슬쩍 들어가면 현재 300만에서 500만 달러(한화로 약 41억 9000만 원~69억 9000만 원)에 판매되는 집들이 마찬가지로 숨겨져 있다.

하지만 집들은 곧 보이지 않고 우리는 개방된 보호구역의 자갈 깔린 주차장에 들어선다. 다리에서 볼 때는 길게 찢은 푸른 종잇장 같던 언덕은 노란 풀이 무성한 언덕과 어두운 참나무 군락으로 모습을 바꾸고, 이내 서쪽으로 뻗어나가 더욱 숲이 우거진 산맥으로 이어진다. 이제 우리는 배경에 들어선다. 뜨겁고 엄청나게 건조한 공기가 얼굴을 덮친다. 방문객 센터에는 공원의 세 가지 식물 군락(초지대, 참나무 숲지대, 강변 회랑)을 보여주는 거대한 3D 지형도, 올로니Ohlone 부족의 절굿공이, 자연보호론자 알도 레오폴트Aldo Leopold의 글이 실린 소책자, 누르면 초원종달새 소리를 들을 수 있는 버튼이 있다. 한여름 더위에 거의 모든 것이 시들어가는 듯하지만 이곳 풍경은 여전히 아름답다. 참나무와 풀들의 윤곽이 마치 태양에 감전된 듯 빛난다. 무엇보다도, 이곳은 고요하다.

여기서 나는 '들어가며'에서 언급한 피퍼의 《여가와 경신》으로 다시 돌아가고자 한다. 피퍼가 말하는 여가는 소비해야 하는 경험이나 달성해야 하는 목표와는 완전히 다르다. 오히려 그것은 마음가짐이나 감정적 태도에 가까운데, 이는 마치 잠에 드는 것처럼 억지로 할 수 없는 상태다. 여가는 놓아버림으로써만 가능해지는 것이기 때문이다. 피퍼에 따르면, 여가는 우리가 우주의 신비한 본질을 깨닫고, 이를 이해할 수 없다는 사실을 인정하면서 나오는 경외감과 감사의 혼합된 상태다. 그것은 혼돈과 자기 자신을 넘어서는 거대한 것들에 열려 있으며, 거기서 평화를 찾는다. 예를 들어 거대한 절벽을 바라보거나 일출을 보며 느끼는 감정과 비슷하다. 피퍼는 여가를 "현실을 이해하기 위한 전제 조건으로서의 침묵"이라고 표현한다. 진정한 여가는 마음의 여유가 필요하며, 이 여유는 스스로 살아 있다는 사실을 깨닫게 해주는 공간을 만들어준다.

피퍼가 말한 여가와 노동의 첫 번째 차이를 기억할 것이다. 여가는 노동의 세계에서 시간을 바라볼 때와는 근본적으로 다른 태도에서 온다는 사실을 말이다. 여가는 노동을 위한 재충전이 아니라 그 자체로 존재하는 전혀 다른 것이다. 피퍼가 말하는 여가와 일의 또 다른 차이는 '마음의 태도'이자 '영혼의 상태'라는 점이다. 즉 여가는 그저 외부 환경에 의해 자동으로 생기지 않는다. 이에 대해 피퍼는 이렇게 말한다. "그저 외부 요인에서 오는 결과가 아니며 남는 시간, 휴일, 주말이나 휴가에 따라오는 필연적인 결과도 아니다." 예를 들어 휴가 중에도 진정한 여가를 느끼지 못하는 이유는 여러 가지가 있을 수 있다. 앞서 언급했던 내면화된 압박감이나 휴가가 끝나면 다시 일터로 돌아가야 한다는 생각도 그중 하나일 수 있다. 하지만 반대로 휴가와는 전혀 상관없는 상황에서도 피퍼가 말하는 여가를 경험할 수 있는 방법은 많다.

내 첫 책 《아무것도 하지 않는 법》을 두고 나눈 인터뷰에서 나는 '아무것도 하지 않기' 위해 선택할 수 있는 활동에 어떤 것이 있느냐는 질문을 받았다. 피퍼가 말하는 여가가 장소, 제품, 서비스가 아니라 마음 상태라는 사실을 알게 되면서, 이 질문에 답하기 어려웠던 진짜 이유를 이해할 수 있었다. 나는 요리할 때, 양말을 갤 때, 우편물을 정리할 때, 버스를 기다릴 때, 특히 버스를 탔을 때 '여가'를 경험한다. 환각 여행을 해본 적이 있다면 보통 지루하고 일상적인 수평적 시간 영역의 일부였던 것이 어떻게 수직적 영역으로 전환돼 어지러울 정도로 매혹적이고 이질적으로 바뀔 수 있는지 잘 알 것이다.

팬데믹으로 혼란스러웠던 어느 날, 식료품점에 들어가기 위해 거리 두기를 유지하며 줄을 서 있다가 뜻밖의 경험을 했다. 평소와는 다른 각도에서 거리를 바라보게 되었고, 이전에는 눈치채지 못했던 그 디테일들이 보였다. 나무에 새로 돋아난 잎, 옆 벽의 외장 마감재 질감, 그리고 그 시간대만의 특별한 빛의 느낌까지. 줄 앞에 있던 사람들은 단순히 내가 가게에 들어가는 것을 방해하는 장애물이 아니라, 이 초현실적인 역사적 순간을 함께 겪고 있는 동료 여행자들처럼 느껴졌다. 간단히 말해, 나는 잠시 시계로 재는 시간을 잊었다. 가게에 들어가기 전 잠깐 피퍼가 말한 '이해할 수 없는 경외감'과 '우주의 신비로운 본질에 대한 깨달음'을 느낀 것이다.

맞다. 여가가 그저 외부 요인에서 나온 결과물이 아니라는 점은 사실이지만 이런 것과 전혀 관련 없다고는 할 수 없다. 비록 항상 직접적이거나 결정적인 방식은 아니지만 피퍼가 설명한 여가의 마음가짐은 시간, 공간, 그리고 상황과 연결돼 있다. 피퍼가 말한 여가를 경험하기 위해 공원이 꼭 필요한 것은 아니지만, 사는 곳 근처의 공원에서 방해받지 않고 시간을 보낼 수 있다면 분명 더 좋을 것이다. 휴가를 가지 않아도 여가를 느낄 수 있지만 삶이 위험, 불안, 외상에 휩싸여 있지 않다면 분명 도움이 된다. 내가 물건을 사려고 줄서 있는 동안 여가를 즐기는 마음을 지닐 수 있었다면, 그것은 적어도 물건값 계산할 일을 걱정하지 않아도 됐기 때문이다.

피퍼의 정의에서 한 발 물러나 넓게 바라보는 것은 쉽지 않다.

마음 상태조차 역사적·정치적 환경의 영향을 받기 때문이다. 이를 설명하려는 어려움은 단순히 개인의 선택과 구조적 힘을 조화시키는 문제에 그치지 않는다. 이것은 수평적인 시간 속에서 수직적인 가치를, 억압된 환경 속에서 자유를, 그리고 폭력으로 가득한 세상 속에서 마음의 평화를 발견하려는 시도를 의미한다. 이런 문제를 깊이 파고들다 보면, 마치 끝없이 펼쳐진 들판에 서 있는 것처럼 느껴진다. 그러다 보면 여가, 심지어 '자유로운 여가'라는 개념조차 신기루처럼 느껴질 위험이 있다. 세상에서 여가란 대체 무슨 의미일까?

예를 들어 설명하기 위해 《아무것도 하지 않는 법》에서 제기했던 논점 중 하나를 이번에는 다른 관점에서 돌아보고자 한다. 그 책에서 나는 자유 시간을 공공 공간과 연결 지으며, "자기 자신을 위한 공원과 도서관이 언제든 콘도로 바뀔 위험에 처한 상황"에 대해 말했다. 오클랜드의 시립 장미정원을 예로 들었는데, 이 공간은 생산적이고 상업적인 것들에서 벗어나 자유로울 수 있는 장소를 상징했다. 그곳에서는 업무나 자기계발 같은 모든 부담에서 벗어나 그냥 있는 그대로의 나 자신으로 있을 수 있는 공간이었다. 이런 공공 공간을 유니버설 스튜디오 같은 상업적이고 '연출된' 감시 공간과 비교하며, 나는 이렇게 썼다. "이상적인 공공 공간에서는 시민으로서 자율성을 지닐 수 있지만, 가짜 공공 공간에서는 소비자이거나 그곳의 디자인에 위협이 되는 존재일 뿐이다."

장미정원을 은유로 선택한 것은 뉴딜 시대의 공공 여가에 대한 이상을 향한 막연한 향수를 표현한 것이기도 했다. 오클랜드의 모컴장미정원Morcom Rose Garden은 대공황 시기에 연방 자금으로 지어졌다. 이듬해에는 미국 공공사업진흥청Works Progress Administration이 전국에 걸쳐 1000개가 넘는 공원을 건설하기 시작했다. 이런 프로젝트들은 시민들에게 여가 자원을 제공하는 것이 국가의 책임이라는 생각을 반영했다. 이는 진보주의, 발달 중이던 사회과학, 그리고 지금은 조금 우스꽝스럽게 보일 수도 있는 또 다른 우려에 영향을 받았는데, 바로 사람들이 너무 많은 여가 시간을 가지게 되는 것에 대한 걱정이었다. 1930년 영국 경제학자 존 케인스John Keynes는 현대화가 진행되면 주당 15시간만 일하게 될 것이라고 예상하며, "특별한 재능 없이 여가를 활용해야 하는 보통 사람들에게 이는 큰 문제"라고 걱정을 표했다. 대공황 동안 실업률이 높아지고 미국 산업부흥청National Recovery Administration이 주당 노동 시간을 35~45시간으로 제한하는 '일괄 규약blanket codes'이 기업들에게 주당 근무 시간을 3545시간으로 제한하도록 권장하면서, 일부 사람들에게는 실제로 많은 여가 시간이 생겼다.

로젝은 "현대 여가의 탄생은 …… 시민사회에 사는 자유 시민을 관리하는 문제와 불가분의 관계에 있다."고 제안한 바 있다. 이는 학교에서 성적 체계를 체계화한 사회 효율성 운동과 비슷한 감각으로, 20세기 초 개혁가들은 여가 시간을 위험인 동시에 시민을 더 건강하고 유용하게 만들 기회로 봤다. 1932년 전미성인생활풍요위원회National Commission on the Enrichment of Adult Life는 "앞으로 미국인들이 여가 시간에 무엇을 하느냐가 우리 문명의 성격을 크게 좌우할 것이다."라고까지 주장했다. 당시 공공 여가는 소비 중심의 여가 활동과 구분되었지만, 그 목적은 매우 실용적이었다. 예를 들어 대공황 시기의 출산율 감소를 고려한 연구에서는 여가의 중요한 기능 중 하나가 사람들이 만나고 결혼하고 자녀를 낳는 데 있다고 주장했다. 또 다른 연구에서는 여가가 사람들을 건강하게 유지해, 잠재적인 군 복무를 준비시키는 역할을 해야 한다고 언급하기도 했다.

1950년대에 제작된 공익 영화 〈놀이의 기회A Chance to Play〉는 미국의 제도적·경제적 관점에서 오락을 얼마나 유용하게 여겨졌는지를 잘 보여준다. 여가는 젊은이들이 문제를 일으키지 않도록 하고, 남성들이 징집될 경우를 대비해 건강을 유지하게 하며, 정신질환자들이 요양원(세금으로 운영되는 시설)에 가지 않게 하고, 핵가족을 유지하는 데 도움을 줄 수 있다고 여겨졌다. 전반적으로 여가는 '건강, 행복, 효율성 증대'라는 효과를 가져온다고 평가받았다. 이 영화에서는 기업들도 이런 점에 주목했다고 지적한다. "많은 대규모 산업 기업들은 업무와 상관없이, 여가를 즐길 기회가 있는 미국 노동자가 더 나은 업무 성과를 낸다는 것을 알고 있다. 진보적인 기업들은 직원들이 여가 활동에 참여하도록 장려할 뿐만 아니라, 종종 야간 조명이 설치된 운동장을 제공하고 유지하는 데 협력하기도 한다." 흥미롭게도 이 영화의 마지막 부분은 야간 조명이 설치된 여가 공간의 필요성에 대해 강조하는 섹션으로 이어진다. 그리고 이 영화가 전미오락협회National Recreation Association뿐만 아니라 제너럴 일렉트릭General Electric사의 협찬을 받아 제작되었다는 사실을 알게 되면, 그 이유가 덜 놀랍게 느껴진다.[*]

물론 이런 실용성과 더불어 여가가 자유와 표현의 건전한 장이라는 사실도 강조할 수 있다. 공공장소는 방문자들에게 노동과 소비가 아닌 자기 주도적인 행동을 위한 공간과 시간을 준다. 순수하게 삶을 즐기라고 설계한 공간을 공공 자금으로 지원한다는 것은 아름다운 발상이다. 내가 공원이라는 은유에서 거의 전적으로 받아들인 것이 바로 이 개념, 자유와 행위성의 이런 버전이다.

우리는 평소 개울이었지만 지금은 가뭄 때문에 안타깝게도 물이 말라버린 수변 통로를 따라 걸어간다. 그늘 사이는 너무 뜨거워서 다음 장소로 빨리 이동하는 것 외에는 아무 생각도 들지 않는다. 개울 건너편 언덕 위에서는 화재 위험을

---

[*] 같은 해에 코로넷교육영화사(Coronet Instructional Films)에서 나온 〈여가 잘 활용하기(Better Use of Leisure Time)〉도 참고하자. 이 영화에서 내레이터는 한 청년에게 열심히 일했던 조상들에 비해 요즘 청년들이 얼마나 태평한 삶을 사는지 가르치며, 시간을 채울 건설적인 여가 활동을 찾는 것이 각자의 책임이라고 말한다. 청년은 취미이자 직업이 될 수 있다는 요건을 충족하는 사진 찍기를 선택한다. 영화 마지막에 내레이터는 관객에게 이렇게 말한다. "시간을 그냥 흘려보낼 건가요, 아니면 시간을 잘 활용할 건가요?" 카메라는 시계를 점점 확대해 보여주고 똑딱거리는 소리는 점점 커진다.

줄이기 위해 전선을 땅 속에 묻는 작업 중인 정비 트럭 소리
가 들린다.

한때 목장 도로였던 길은 늠름한 참나무와 월계수 숲
으로 이어진다. 나는 당신에게 떨어진 월계수 이파리 하나
를 내밀며 냄새를 맡아보라고 한다. 바닐라, 정향, 레몬, 후
추가 뒤섞인 향이 난다. 이 나무들이 얼마나 오래 여기 있었
는지는 모른다. 우리는 나무들을 보며 현재를 벗어나 목장
이거나 그전에는 다른 집들이 있었을 이곳의 과거로 빠져
든다. 방문자 센터에서 본 올로니 부족의 절구와 유봉(길쭉하
고 둥근 형태의 막대기로 절구에 담긴 재료를 갈거나 빻을 때 사용함.-옮긴이)
은 1750년쯤 만들어진 것이어서 그리 오래된 편은 아니다.

길은 언덕을 오르며 이어지다 사유 도로와 만난다. 오른편에 세워진 큰 표지판이 그 너머가 사유지임을 알려준다. 우리 앞 낮은 나무문 너머로 멋진 경치가 펼쳐진다. 이 문은 두 번째 공원과의 경계를 나타내며, 그 공원은 1960년대부터 작년까지 주로 백인들이 거주하는 팔로알토 주민들에게만 독점적으로 개방된 곳이었다. 이에 미국시민자유연맹American Civil Liberties Union은 지역 전미 흑인지위향상협회 National Association for the Advancement of Colored People 지부를 대신해 소송을 제기하며 이 제약이 무엇보다 짐 크로우 시대(남북전쟁 이후 미국 남부 일부 주에서 공공장소에서의 흑백 분리를 강제한 법안이 시행되던 시대-옮긴이)에서 이어진 차별을 반영한다고 주장했다. 지금은 제약이 있었다는 증거는 없고 우리가 다른 공원으로 진입한다는 사실을 알리는 표지판만 남아 있을 뿐이다.

1934년 미국에서 실시한 한 사회학 연구에서는 사람들에게 즐거운 여가 경험에 대해 질문했다. 연구 결과 많은 참가자가 자기 주도적인 산책을 언급했다. 예를 들어 49세의 한 사회복지사는 산속 국립공원에서 3시간 동안 하이킹하고 점심을 먹은 경험을 이야기했다. 그가 장황하게 설명한 그날의 기억에 피퍼식의 경외와 감탄의 순간이 많았다. 그는 마지막에 '그날이 좋았던 이유'에 이렇게 덧붙였다.

1. 휴가 중이었고, 근심 걱정이 없었다.
2. 대화를 나누고 침묵도 즐길 수 있는 마음 맞는 동반자와 함께였다.
3. 구름, 나무, 햇살, 황홀한 공기 같은 대자연의 아름다움이 있었다.
4. 무엇보다 가장 중요한 것은 우리의 여가 시간을 누구도 계획하거나 지시하지 않았다는 점이다. 우리는 언제 어디로든 내키는 대로 떠났고 정해진 목적지 따위는 없었다.

　　나 역시 아름다운 산책로에서 목적지 없는 하이킹을 즐기며 잠시 모든 걱정을 내려놓는 자유를 누렸다. 하지만 1934년 당시 많은 미국인은 이런 설명을 낯설게 느꼈을 것이다. 실제로 많은 사람이 여전히 그렇다.

　　2016년 가넷 캐더건Garnette Cadogan은 에세이 〈흑인으로 산책하기Walking While Black〉에서 어린 시절 자메이카 킹스턴에서 산책한 경험과 이후 뉴올리언스와 뉴욕에서 산책한 경험을 비교한다. 다양하고 마음이 들떴던 킹스턴에서의 산책은 가정 학대에서 벗어날 수 있는 안전과 휴식을 줬다. 하지만 뉴올리언스에서는 상황이 금세 달라졌다. 아침에 "경찰 보호막 옷"을 입고 채비하는 순간부터 집에 돌아올 때까지, 산책은 더 이상 여유롭거나 자유롭지 않았다. 산책은 "복잡하고 때로 억압적인 협상"이 됐다.

밤에 내 쪽으로 걸어오는 백인 여성이라도 만나면 나는 그에게 안전하다고 안심시키려고 반대편으로 건너가곤 했다. 집에 뭔가를 두고 왔더라도 갑자기 뒤돌아보면 뒷사람이 깜짝 놀랄까 봐 홱 돌아서지 않았다. 내게는 가장 중요한 규칙이 있었다. 나를 위험하다고 여길 만한 사람에게서는 거리를 두는 것이다. 그렇지 않으면 내가 위험해질 수 있기 때문이다. 불현듯 뉴올리언스가 자메이카보다 더 위험하게 느껴졌다. 거리는 온통 지뢰밭이었고, 주저하고 약점을 감추려 자기 검열할 때마다 품위가 떨어지는 듯했다. 애써 노력했지만 거리는 결코 편안하게 느껴지지 않았다. 간단한 인사마저도 의심스러웠다.

캐더건은 이런 일 때문에 산책하기 어려울 지경에 내몰렸고 '산책'의 즐거움을 느낄 수 없었다. 캐더건은 "흑인으로 산책하는 일은 산책의 경험을 제한하고, 홀로 산책한다는 고전적이고 낭만적인 경험을 할 수 없게 만든다."라고 말했다. 그러면서 자기처럼 이런 자유를 누리지 못하는 여성들의 삶과 자신의 삶을 같은 연장선에서 바라본다. 피퍼는 여가를 정의하며 온전함을 강조한다. "인간이 자신과 하나가 될 때는 자신의 존재를 따를 때다." 하지만 캐더건에게는 그가 사는 미국 어느 도시에서도 이런 관계가 허용되지 않는다. 오히려 그가 경험하는 것은 온전함이라기보다 윌리엄 뒤보이스William Du Bois가 '이중 의식double-consciousness'이라 말한 것, 즉 "항상 타인의 눈으로 자신을 바라보고, 경멸과 연민을 즐기며 자신을 바라보는 세상의 잣대로 자신의 영혼을 재단하는 느낌"이다.

캐더건은 자신의 에세이에서 자메이카로 잠시 돌아왔을 때에야 비로소 온전한 자신을 느꼈다고 회상한다. "중요한 것은 타인이 구성한 내 제한된 정체성이 아니라 나 자신의 정체성이라는 사실을 다시 한번 느꼈다. …… 나는 더 나은 자아 속으로 걸어들어갔다."《라코타 사람들The Lakota》을 쓴 바버라 카메론Barbara Cameron은 백인이 지배하는 세상에서 오해받고 불편함을 느끼는 것에 대한 에세이 〈어머, 보호구역 출신 인디언 같지 않네요Gee, You Don't Seem Like an Indian from the Reservation〉(1981년에 출간된《내 등을 부르는 다리This Bridge Called My Back》에 수록된 에세이 중 하나-옮긴이) 말미에서 비슷한 순간을 묘사한다. 그는 사우스다코타의 고향을 방문해서야 비로소 피퍼가 말한 마음 상태를 발견한다.

언덕, 대초원, 하늘, 길, 고요한 밤, 별들 사이에서 멀리서 들리는 코요테 울음소리를 들으며 라코타의 대지를 걷고, 베어뷰트Bear Butte 산을 바라보며 할머니, 할아버지의 주름진 얼굴을 보고, 천둥 아래에 서서 파하사파Paha Sapa 언덕에서 불어오는 냄새를 맡고, 소중한 친척들과 함께하면서 나 자신을 다시 발견했다.

　나의 시간 감각도 말투도 달라졌고, 내 안에 어떤 자유가 다시 돌아왔다.

여가에는 시계에서 벗어나는 것 이상의 자유가 있다. 여가의 정의, 조건, 목적 등을 살피며 여가를 어떤 사고방식으로 생각하는 일은 복잡하다. 미국 역사상 많은 이들이 온전함, 주체성, 마음의 평화를 위해 필요하다면 무엇이든 착실히 파괴해 온 탓이다. 어떤 사람들은 공공장소에서든 사적 장소에서든 길을 걷는 것만으로도 '장소의 설계에 위협이 된다.'라고 여겨지고, 어떤 곳에서는 이런 사람들이 그저 공공장소에 나타나는 것만으로도 폭력을 일으킨다고 해석된다. 아시아인 혐오 범죄가 늘던 2021년, 뉴욕에서 한 남성이 우리 엄마 또래의 한 필리핀계 미국 여성을 이곳 사람이 아니라며 잔인하게 공격한 사건이 있었다. 나는 어머니가 공공장소를 다니는 모습을 보면서, 이전과 달리 이제는 잠재적 위협 때문에 그 행동반경이 제한될 수밖에 없다는 것을 깨닫기 시작했다.

　사회적 위계는 사회 속에 사는 모두의 경험에는 물론, 역사적으로 무엇을 공공 여가라고 봐왔는지에도 스며 있다. 이는 '모든 것에서 벗어나기 위한' 중립적이고 비정치적이며 비상업적인 공간이라는 공공 여가 공간의 이미지와 정면으로 배치된다. 여가가 공공

재라는 생각이 널리 퍼졌지만, 특정 지역에 경계를 두르는 법적 절차는 도시를 공간적으로 분리했다. 지금은 방문자가 좀 더 다양해졌지만 오클랜드 모컴장미정원이 지어졌을 당시에는 사실 백인을 위한 공간이었다. 1930년대 지도에서는 경계 설정에 사용된 지역 등급 구분을 볼 수 있다. 장미정원은 'B' 등급인 반면, 웨스트 오클랜드와 이스트 오클랜드는 비백인이 많이 산다는 이유로 '고위험 대출' 지역으로 분류된 'D' 등급이었다.

1930년대 여가 개념은 사회계층이라는 단일한 영역에만 존재한 것에 그치지 않고, 그 계층구조를 적극적으로 재생산하고 고착화시켰다. 특정 집단에 안전과 '걱정하지 않을 자유'를 주려면 다른 집단을 암묵적이고 폭력적으로 배제해야 하기 때문이다. 이 당시 여가에서 말하는 '안전'과 '순수성'은 백인과 건강한 사람들을 뜻했고, '개선'은 더 많은 백인과 더 건강한 사람들을 포함한다는 의미였다. 공공 및 사적 여가 공간이 자유와 연관되었기 때문에, 이러한 공간에서 인종 간의 섞임에 대한 불안이 더욱 커졌다. 역사학자 빅토리아 월콧Victoria Wolcott은 "1890년대 짐 크로우 법이 성문화되기 전에도 백인들은 특히 여가 공간에서 인종 분리를 더 엄격하게 시행하려 했다."고 쓴다. 영화 〈놀이의 기회〉에는 비백인은 거의 등장하지 않는다.

여가 시설에서도 시간은 차별을 위한 또 다른 도구로 사용되었다. 20세기 초 미국에서는 일부 놀이공원 소유주와 직원들이 비백인에게 일주일 중 단 하루(주로 월요일)나 1년 중 하루(노예 해방일인 6월 19일)에만 방문을 허용했다. 오하이오주 아이언턴에 있는 유일한 시립 수영장은 흑인 납세자의 세금도 포함된 공공사업진흥청 기금으로 건립됐는데도 흑인에게는 월요일 4시간만 개방됐다. 일부 공원은 방문하기 그리 좋지 않은 이른바 비성수기에만 흑인 입장을 허용했기 때문에, 연중 내내 프리미엄과 프리미엄 이하로 방문 시기가 구분됐다고 볼 수 있다. 이러한 규제는 많은 사람들의 '자유' 시간의 경험을 제한하는 틀이 됐다. 재키 로빈슨Jackie Robinson은 자서전에서 흑인, 일본계, 멕시코계 친구들과 함께 그 제한 때문에 얼마나 답답하게 생활했는지 회상한다. "우리는 화요일에만 패서디나Pasadena 시립 수영장에 갈 수 있었고, 한 번은 저수지에서 수영을 했다는 이유로 보안관이 우리에게 총을 겨누고 감옥으로 호송하기도 했다." 1948년과 1952년 올림픽에서 금메달을 딴 한국계 미국인 다이빙 선수 샘미 리Sammy Lee 역시 패서디나 수영장에서 화요일을 제외하고는 출입이 금지됐으며, 일주일 중 나머지 6일 동안 훈련하기 위해 다이빙 보드와 모래 구덩이를 직접 만들어야 했다.

결국 시위대나 NAACP(미국 유색인종 지위 향상 협회)와 같은 단체의 항의를 받은 많은 시설 소유주들은 시설을 방치하거나 폐쇄하거나 민간 개발업자에게 매각했다. 미국 내 분리된 여가 시설에 대한 관한 책에서 빅토리아 윌콧은 내가 무의식적으로 드러낸 바 있는

'황금기 공공 여가에 대한 향수'가 이런 역사를 지우고 망각한 것이라고 지적한다. 그러나 때로는 역사가 예상치 못한 방식으로 드러나기도 한다. 윌콧은 2005년 미시시피주 스톤월의 부동산 개발업자들이 그들 소유의 땅에서 콘크리트 일부가 지면 위로 솟아 있는 것을 발견했다고 기록한다. 추가 발굴을 통해 타일 작업과 수중 조명이 완비된 수영장이 드러났다. 이 수영장은 1970년대 초, 흑인 주민들이 백인 아이들과 함께 수영하지 못하게 마을 지도자들이 서둘러 땅속에 묻었던 것이었다.

안전한 여가 공간이란 백인의 공간이라는 생각은 온라인을 포함해 계속 새로운 방식으로 다시 떠오른다. 2020년 한 백인 여성이 센트럴파크에서 새를 관찰하던 과학 작가 크리스티안 쿠퍼Christian Cooper를 경찰에 신고하자, 코리나 뉴솜Corina Newsome과 애너 오포쿠아제만Anna Opoku-Agyeman 등은 사람들과 '흑인 탐조회Black Birders Weeks'를 조직했다. 흑인 탐조회 회원들은 소셜 미디어와 각종 행사 및 기사에서 백인 중산층 남성이 압도적으로 많이 즐기는 이 여가 활동을 하면서 겪은 불편과 괴롭힘에 대해 이야기했다. 새를 관찰하다 여러 차례 경찰과 마주친 적이 있는 예술가 월터 키툰두Walter Kitundu는 새 관찰을 하다가 경찰과 여러 차례 마주친 경험에 대해 〈워싱턴포스트〉지 기자와의 인터뷰에서 이렇게 말했다. "나무 아래 서서 벌새가 둥지를 트는 모습을 지켜보는 것만큼 건전한 활동이 또 있을까요? 하지만 우리가 하는 일이 백인들의 상상 속에서 설정된 '가능한 행동의 틀'을 벗어나면, 리는 위험에 처하게 됩니다."* 하지만 〈워싱턴포스트〉 지 기사를 포함해 온라인 탐조 모임에 '해시태그 흑인탐조회#blackbirdersweek'라는 내용이 게시되자 가끔 신고되거나 삭제됐으며, 게시한 사람이 아예 그룹에서 차단되기도 했다. 이는 현대판으로 변형된 '땅속에 묻힌 수영장'과 같은 일이었다.

그해 말 비영리 단체인 '레드우드보존협회Save the Red-woods League'에서 단체의 창립자 중 한 사람이 미국 우생학 운동에 참여한 사실을 공개했을 때, 이 현상이 떠올랐다. 다소 황당하게 들릴 수 있지만, 매디슨 그랜트Madison Grant는 레드우드(캘리포니아 해안가에 서식하는 세계에서 가장 큰 나무 중 하나로, 수명이 수천 년에 달한다.-옮긴이)를 북유럽 혈통과 연관 짓고, 레드우드 생존에 대한 위협을 인종적 순수성에 대한 위협과 동일시했다. 그는 나치당의 정책에 직접적인 영향을 미친 책 《위대한 인종의 종말The Passing of the Great Race》의 저자이기도 하다. 레드우드보존협회 웹사이트에서 이 성명에 달린 댓글 대부분은 긍정적이었고, 사람들은 이제라도 문제가 해결됐다는 사실에 안도했다. 하지만 불만을 나타내는 댓글도 있었다. 이 댓글 작성자는 성명서가 '부적절하다.'라고 지적하며, '피부색은 머리

---

* 한 남성이 공원에서 그를 가까이에서 보며 경찰에 신고하고, "경찰이 너를 처리해 줄 거야."라고 말한 후 키튠두는 자신의 사진 장비와 함께 찍은 사진을 넣고 "주의! 이 남자를 보신 적 있습니까?"라는 제목의 전단을 게시했다. 그 내용에는 "그는 흑인이자 조류 사진작가입니다. 이 조합은 드물 수 있지만 일반적으로 위험하다고 간주되지는 않습니다."라고 설명이 돼 있었다. 전단에는 또한 "이 남자가 실제로 찍은 사진들."도 포함됐다

색이나 눈 색깔과 마찬가지로 별로 중요하지 않다.'라고 주장했다. 또한 그는 이렇게 썼다. "저에게 레드우드는 정체성 정치와 무관하게 평화로운 특별한 장소였으며, 최근 귀하의 사이트에 게시된 내용으로 인해 그 성스러움이 훼손됐다고 느낍니다. …… 내 희망은 협회가 이미 사회를 분열시킨 정체성 논쟁에서 벗어나, 레드우드를 본래 의도된 피난처로 보존해 주길 바라는 것입니다." 여기서 평화, 신성함, 피난처 같은 단어가 떠오르지만 이는 다음 질문을 던지게 한다. 과연 누구를 위한 피난처인가? 또한 '본래 의도된 모습'이라고 비역사적인 관점은 마치 그 장소가 항상 지금과 같은 모습이

었고, 폭력, 약탈, 살인의 역사가 없었던 것처럼 만든다. 마크 스펜서Mark Spence의 저서 《야생권을 빼앗다: 인디언 제거와 국립공원의 형성Dispossessing the Wilderness: Indian Removal and the Making of the National Parks》 같은 책은 미국 국립공원과 자연보호구역이 설립되는 과정에서 원주민 부족과의 조약을 위반했을 뿐만 아니라 '진정한 야생real wilderness' 또는 '처녀지virgin landscape'라는 미국식 개념을 만들어냈다고 이야기해 왔다.

나는 레드우드보존협회 웹사이트에 올라온 댓글을 읽은 뒤 그 말을 오랫동안 곱씹었다. 모래밭에 머리를 파묻은 사람 같은 그의 말은 여가가 정확히 무엇을 의미하는지 다시 한번 생각하게 만들었다. 여가는 일에서 회복되는 것을 넘어 대체 무엇을 '위한' 것일까? 나 역시 《아무것도 하지 않는 법》에서 오클랜드 장미정원이 어떻게 언덕에 자리 잡고 주변의 소란스러움에서 분리됐는지에 주목하며 안식과 마음의 평화라는 말을 사용한 적이 있다. 하지만 이 사람이 고집하는 안식은 사막 한가운데에 냉장고를 설치하는 것처럼 엉뚱하고 터무니없는 생각 같았다.

문 앞에서 되돌아선 후 우리가 안다고 생각했던 연못에 멈춰 선다. 완전히 말라버린 상태다. 이런 모습은 처음이다. 물 대신 어떤 낯선 식물, 아마도 명아주 같은 것들이 작은 숲을 이뤘다. 나는 여기에서 수많은 새를 보곤 했다는 이야기와 몇 달 전에 약 32킬로미터 남쪽에 있는 비슷한 연못에서 본 죽은 물고기 이미지에 사로잡혔다고 이야기한다. 그 연못은 가뭄 때문에 점점 줄어들었다. 우리는 작은데도 끈질긴 검은 벌레들을 견디며 오래 벤치에 앉아 있다. 흰가슴동고비(벌레를 먹는 새)가 잠깐 방문해, 코맹맹이 소리로 몇 번 울고 사라진다. 이 벤치는 최근 돌아가신 분을 기리며 사람들이 연못을 즐길 수 있도록 놓아둔 것이다. 지금 우리가 하는 것은 이 풍경을 보면, 그와는 다른 무언가인 것 같다. 그래도 나는 여전히 쇼핑센터에 있는 것보다는 여기에 있는 게 더 좋다.

샌프란시스코 남쪽 작은 해안 마을 페스카데로 근처에서 새 관찰 여행을 하며 나는 '여가의 목적은 무엇인가'라고 다시 자문했다. 바위를 따라 유유자적하게 걷기 시작했을 때 모래 위에서 이상한 무언가를 발견했다. 죽은 논병아리였는데, 그날 내가 본 죽은 바닷새는 그뿐만이 아니었다. 많은 사람들이 일상적으로 훨씬 더 끔찍한 것을 본다는 것을 알지만 그 장면은 나에게 정말 가슴 아픈 광경이었다. 휴대전화에 잡히는 한 칸의 신호로 '2021년 페스카데로 바닷새 폐사'를 검색해 보니 전국 바닷새 떼죽음에 관한 기사들이 나왔다. 그날 나머지 시간 동안 내 머릿속은 기후변화와 생태계의 손실에 대한 생각으로 가득 찼다. 나는 식물들이 평년보다 일찍 개화한다는 사실을 발견하고 그해 겨울까지 부족했던 강수량에 대해 곰곰이 생각했다. 해가 지자, 나는 슬픔에 잠긴 채 해변 통나무에 앉아 마치 바다가 해답을 줄지도 모른다는 듯 바다를 바라봤다. 하지만 바다는 평소와 다름없이 으르렁거릴 뿐이었다. 그날도, 다음 날도 파도가 이어졌다.

이것이 여가였을까? 전통적인 기준으로 보면 아마 아닐 것이다. 흠 없는 성역으로써의 여가라는 개념은 죽은 새들을 보이지 않게 가려야만 가능했을 것이고, 이는 상업적인 여가 리조트에서 여가와 '무관한' 불쾌한 면모들을 가리는 것과 다를 바 없었을 것이다. 해변은 '본래의 모습대로' 제시돼야 했고, 외래종 달팽이나 줄어드는 송어의 개체 수에 대한 경고 표지판도 없는, 시간을 초월한 공간이어야 했을 것이다. 나는 이곳 땅의 균형을 되찾기 위해 애쓰는, 한때 미션 산 후안 바우티스타와 미션 산타 크루즈로 강제로 끌려갔던 지역 부족 아마 무춘Amah Mutsun의 후손들에 대해 전혀 알지 못해야 했을 것이다. 공원에서 만난 방문객들에 대해서도 '색맹'이어야 했을 것이다. 다시 말해, 이 상황은 어디서나 발견할 수 있는 고통과 불의로 가득한, 살아 있는 시간과 장소가 아니라 단지 엽서처럼 아름다운 장면이어야 했고, 나는 그 엽서의 구매자여야 했을 것이다.

여행으로 마음의 평화를 얻는 데는 실패했지만 긍정과 책임감은 얻었다. 마음이 아프다고 새들을 덜 사랑하게 되지도, 바다가 덜 아름답게 보이지도 않았다. 그저 새들을 바라볼 때 그런 마음이 스며들며 상황이 달라지기를 바라는 깊은 열망이 생겼을 뿐이다. 그런 점에서 나는 제품을 구매하는 소비자나 공원을 찾는 근심 걱정 없는 관람객으로서 공원을 찾아간 것이 아니었다. 근심 많은 존재가 근심 많은 세상을 찾아간 것이다. 결정적으로 이 만남은 제때 이뤄졌다. 공원을 찾아가 생각한 일은 사진엽서와 달리 사진 찍을 수 없는 것이었다. 사진은 찍고 나면 금세 과거가 되고, 카메라 렌즈에 담기지 않는 것이 너무 많다. 복잡하고 씁쓸한 이 만남은 생태학적 시간과 개인적 기억, 불의의 역사, 미래에 대한 근심처럼 일순간 빛의 패턴에 휩쓸려 사라져버리는 것들 사이의 틈새에서 일어났다.

어쩌면 이것이 바로 피퍼가 말한 '수직적' 시간일지도 모른다. 수평적 시간의 반대 의미일 뿐 아니라 유토피아적인 이상을 향해 무한하게 뻗어가면서도 역사의 구석진 깊은 곳에 닿는다는 점에서도 수직적이다. 여가 개념에 뭔가 유용함이 있다면 그것은 중단과 근심, 우리가 일상적으로 보는 것과는 전혀 다른 무언가와 진실 모두를 엿본다는 점에서 그렇다. 이런 여가는 노동의 세계뿐만 아니라 습관적인 일상의 세계에서도 벗어난다. 느림의 기회가 주어졌을 때 내가 발견한 것은 느림 그 자체가 아니라 그저 내가 지각하지 못하던 사이 늘 일어나던 일이었다.

코로나-19 팬데믹 동안 집에 머물러야 했던 많은 사람은 갑작스럽게 집에만 틀어박혀 있어야 하는 상태에 불편해했다. 이런 불편은 생산성을 높여야 한다는 생각에서 온다고 해석되기도 했지만, 다른 이유도 일부 있었다고 생각한다. 어쩌면 사람들은 어쩔 수 없이 그런 상황에 처했다는 것을 알면서도 자신들이 정적과 편안함 속에 있다는 사실에 죄책감을 느꼈던 것 같다. 아마도 그들이 원했던 것은 생산성 그 자체를 위한 '생산적' 활동(마치 찰리 채플린의 〈모던 타임즈〉에서 떠돌이가 일하는 동작을 멈출 줄 모르는 것처럼)이 아니라, 그저 뭔가를 하고 싶고 자신들의 여가 시간이 의미 있거나 도움이 되기를 바랐던 것일지도 모른다.

현재의 질서를 강화하는 것이 아니라 오히려 이에 대항하는 것이라고 본다면, 일부 사람만 누리는 탈출구가 아니라 정치적 상상력과 밀접하게 관련된 것으로 볼 수 있다. 어떤 규범의 혜택을 받는 사람에게는 여가가 비정치적인 안식일 수 있다. 반면 그런 규범의 혜택을 받지 못하고, 즐겁고 품위 있는 삶을 사는 일이 정의의 문제일 수밖에 없는 사람에게 여가는 항상 정치적이다. 베이 지역에서 활동하는 장애인 권익 옹호자인 마크 헤어Mark Hehir에게 하이킹할 때 가장 좋아하는 것이 무엇이냐고 물었을 때 그가 했던 대답이 떠오른다. 그에게도 '홀로 산책한다는 고전적이고 낭만적인 경험'은 쉽게 누릴 수 없는 것이었다. 1996년 그는 근육위축증 진단을 받았고, 지금은 휠체어와 인공호흡기를 사용해야 해서 산책로에는 반드시 동행자가 필요하다. 마크는 내게 "하이킹을 시작할 때 '집에 왔다.'고 말하는 것이 내게는 전혀 이상한 일이 아닙니다."라고 했다. 그러나 마크가 자연 속에서 집에 있는 듯한 느낌을 받는 데는 오랜 시간 동안 집을 고치는 과정을 수반해야 했다. 또한 처음에는 요청 없이, 지금은 산타클라라 카운티 공원의 공식 장애인 연락 담당자로서 공원 관계자들에게 산책로에 대한 리뷰와 피드백을 제공해야 한다.

과거에서 현재까지 공공 여가 공간을 더욱 포용적인 공간으로 만들기 위해 여러 기관이 벌인 노력은 매우 중요하며, 이런 기관들은 긍정적인 방향으로 의미 있는 발걸음을 내디뎠다. 복잡한 역사가 있지만 나는 팬데믹 동안 공원이 나나 집에 마당이 없는 다른 많은 사람을 구했다고 확신한다. 하지만 교회, 부엌, 뒷마당, 노동조합 회관, 게이 바, 공동 텃밭, 활동가 모임처럼 눈에 잘 띄지 않지만 본질적으로 정치적인 여가 공간의 역사도 기억해야 한다. 깨지기 쉽고, 수명이 짧고, 자금 부족에 허덕이고, 지하에 숨은 이런 공간은 마음의 평화나 즐거움, 치유를 위한 장소에 그치지 않는다. 이런 장소는 본질적으로 주변 환경과 대치한다는 점에서 권력을 구축하는 장소가 된다.

이런 곳이 안식처라면 그것은 모래밭에 머리를 파묻는 것보다는 다양한 시간과 존재의 언어가 살아 숨 쉬는 곳에 있을 것이다. 이런 곳은 일종의 집, 공동의 차원에서 실현된 피퍼의 마음 상태 같은 것을 위한 '다른 무언가'를 세우는 장소다. 아프리카계 미국인을 집중적으로 연구하는 작가이자 학자인 사이디야 하트먼Saidiya Hartman은 2021년 경제적·사회적 계층구조를 넘어 이런 집을 짓는 한 가지 방법을 설명했다. "흔히 사람들은 돌봄을 매우 사적인 것으로 생각한다. 하지만 나는 우리가 자신을 돌보는 일이 부분적으로 이 세상을 깨부수고 다른 세상을 만드는 방식이라고 말하고 싶다. 서로 돕지 않으면 살기 힘들, 이 잔인한 사회에서 우리는 서로를 돕는다."

시인이자 공연 예술가, 활동가인 트리샤 허시Tricia Hersey의 작업은 공동체적 돌봄과 정치적 느림의 예로, 단순히 삶을 '느리게' 만드는 것과는 확연히 대조되며 기존 시스템을 강화하지 않는다. 그가 조직한 단체 '낮잠부The Nap Ministry'의 활동에는 글쓰기, 워크숍, 공연, 집단 낮잠 체험이 포함된다. 그는 2020년 10월 트위터에 이렇게 썼다. "휴식은 기계처럼 몸을 갈아넣어 번아웃된 몸을 달래기 위해 자신에게 선물하는 소소한 사치품이 아니다. 휴식은 해방으로 향하는 길이자 치유의 문이며 우리의 당연한 권리다."

허시는 일할 때 소셜 미디어를 사용하지만 자본주의와 백인 우월주의에 역사적 뿌리를 두고 고된 노동 문화를 조장하는 방식에는 비판적이다. 그는 트위터에 '밈, 인포그래픽, 릴스, 틱톡 챌린지, 재치 있는 재담, 인스타그램 라이브'를 만드는 콘텐츠 크리에이터의 대리 피로감을 언급하며, "여러분이 매 순간 뭔가를 만들어내는 걸 보면 나도 모르게 소파로 가서 낮잠을 자게 된다."라고 썼다. 허시는 또한 자신의 말과 아이디어가 백인 자본주의자들의 웰빙 운동에 (그의 게시물에서 '인스타배'스러운 소재를 발견한 사람들이) 이용된다는 사실도 안다. 이는 '낮잠부'가 노예화된 사람들의 수면 부족과 상품화된 신체를 특히 구체적으로 언급한다는 점을 볼 때 잔인한 아이러니다. 허시가 보기에 휴식은 "영적 수행이자 인종 정의 문제인 동시에 사회 정의 문제"다.

허시는 NPR 방송의 〈생각해 봅시다All Things Considered〉에 4분가량 출연해 자칭 낮잠부 장관인 자신의 역할을 이야기했다. 진행자는 "특히 당장 쉴 수 없다고 느끼는 사람들에게, '어떻게 하면 휴식을 취할 수 있나요?'라고 묻는다면 뭐라고 말씀하실 건가요?"라고 물었다.

허시는 이렇게 대답했다. "네, 저는 휴식을 자본주의와 식민주의 시스템 밖에서 재구상하는 것을 좋아해요. 그래서 저는 휴식을 반항적이고 창의적인 무언가로 생각하는 것을 좋아합니다. 예를 들어 눈을 10분 동안 감거나 샤워를 좀 더 오래 하거나, 몽상에 잠기거나 명상하거나 기도하는 것이죠. 우리는 어디에 있든 휴식을 찾을 수 있어요. 왜냐하면 우리의 몸이 있는 곳이라면 어디에서든 해방을 찾을 수 있기 때문이죠. 우리의 몸은 해방의 현장이니까요. 그러니까 휴식할 시간은 바로 지금입니다. 우리는 언제든지……."

"네, 여기까지 듣겠습니다."라고 진행자가 허시의 말을 끊으며 말했다. 방송 종료 시간이 다 됐기 때문이었다.

연못을 벗어나면 참나무와 레드우드가 독특하게 늘어선 산책로가 이어진다. 울타리는 없지만 갈림길 반대편에는 마르고 우거진 풀밭이 갑자기 축축한 잔디밭으로 바뀌어 시야 너머까지 쭉 뻗어 있다. 바로 팔로알토 힐스 골프 앤드 컨트리클럽이다. 온라인에서 클럽 웹사이트를 찾아보니 기본적으로 가격은 공개되지 않았지만 입회비, 월 회비와 적절한 인맥이 있으면 골프, 수영장, 테니스, 피트니스센터, 아이들이 즐길 만한 것 등 많은 것을 얻을 수 있다고 한다. 나는 컨트리클럽에 가본 적이 없어서 대부분 드라마 〈열정은 눌러Curb Your Enthusiasm〉에 나오는 모습과 비슷하리라 짐작할 뿐이다. 이렇게 생각할 거라 예상했다는 듯 클럽 웹사이트는 "진정 모두를 위한 것이 가득한 이 다양성 넘치는 다문화 클럽에는 이제 변화, 혁신, 재미, 친구가 매일 끊임없이 이어집니다."라고 강조한다. 홈페이지 상단에는 클럽 부지 야외에 있는 대형 시계 이미지가 떠 있고, 그 위에는 '멋지게 사용한 시간TIME WELL SPENT'이라는 문구가 덧붙어 있다.

여가라는 개념에는 언제나 양면성이 있다. 역사적으로 여가를 지지하는 사람들과 학자들은 두 부류로 나뉜다. 로젝이 실용주의자 또는 비전가라고 부른 사람들이다. 피퍼는 비전가였지만, 진정한 비전가 중의 비전가는 아리스토텔레스Aristotle였다. 그에게 노동과 여가의 세계 구분은 매우 근본적이어서 실용적인 목적을 위해 행해지는 모든 활동, 심지어 놀이조차도 여가로 간주하지 않았다. 여가로 여긴 것은 오직 철학, 즉 사물의 본질을 관조, 숙고, 탐구하는 활동뿐이었다. 그리고 아리스토텔레스는 이를 인간의 가장 높은 사명으로 봤다.

하지만 아리스토텔레스가 말한 여가를 정의하려면 여가의 기반이 되는 노동이 필요하다. 고대 그리스는 노예제 사회였다. 아리스토텔레스는 다양한 추론을 구별하며, 어떤 사람들은 고도의 숙고 능력을 갖지 못한 채 "노예로 타고났다."라고 믿었다. 그는 특히 비그리스인에게 이런 특성이 있다고 봤다. 그리스에서 노예로 사는 사람 대부분이 비그리스인이었다는 점에서 이는 편리한 발상이었을 것이다. 아리스토텔레스는 도시에 자율적인 노동 기계가 있다면 노예가 필요 없겠지만, 그래도 노예로 타고난 사람들이 있다는 사실은 좋은 일이라고 생각했다. 이상적인 도시라면 여가가 있어야 하고, 일부 사람이 여가를 즐기려면 다른 누군가는 일을 해야 하기 때문이다. 게다가 노예는 독립적으로 숙고할 수 없으므로, 숙고할 수 있는 누군가의 감독하에 일하면서 이득을 얻고, 주인의 여가 추구에 이바지하면서 삶의 의미를 찾을 수 있다는 것이다. 타고난 열등함과 상호 이익이라는 이런 모델은 식민지화, 노예제, 여성 예속을 위해 지

〈여가와 노동Leisure and Labor〉, 프랭크 메이어Frank Mayer(1858)

금도 반복해서 불려 나온다.*

여가의 기반시설은 그저 사회적 위계질서였고, 이 질서하에서 노예는 자신이 생산한 여가에 이질적인 존재였다. 1장에서 언급한 분업의 핵심이 바로 여기에 있다. 어떤 사람의 시간은 덜 중요할 뿐만 아니라 다른 사람의 시간을 위해 존재한다고 여기는 것이다. 이

---

* 아리스토텔레스는 《정치학(politics)》에서 이 모델을 두고 이렇게 언급했다. "따라서 본질적으로 대부분의 사물은 지배하고 지배받는다. 자유인은 노예를, 남성은 여성을, 어른은 어린이를 각각 다른 방식으로 지배한다. 영혼은 누구에게나 존재하지만 그 존재 방식은 서로 다르다. 노예는 숙고 능력이 매우 부족하고, 여성은 그런 능력이 있지만 권위가 부족하며, 어린이는 불완전하다." 나중에 이런 계층구조는 기독교적 관점에서 해석된다. 1856년 미국 남부의 한 장로교 목사는 설교에서 노예제를 옹호하며 창세기에서 신이 이브에게 말하는 구절 "네 소원은 네 남편에게 있으니 그가 너를 다스릴 것이니."를 인용했다. 그러면서 노예제는 자연스러운 기독교 질서를 반영한 것뿐이라고 주장했다. 목사는 이렇게 덧붙였다. "이 율법에는 주님이 정하신 정부의 기원이 나와 있다. 우월한 사람이 순종적이고 열등한 사람들을 통치하는 지배는 바로 여기에서 시작된다."

런 정서는 노동환경이 변하는 동안에도 계속됐다. 미국 북부에서 노동계급의 독학이 급증하던 1830년, 한 잭슨민주당(미국 제7대 대통령 앤드루 잭슨Andrew Jackson은 최초의 민주당 소속 대통령이다.- 옮긴이) 의원은 축사하는 자리에서 "문해력 습득이라는 측면에서는 가장 가난한 농민도 부유한 이웃과 동등한 위치에 서야 한다."라는 희망을 피력했다. 필라델피아 〈내셔널가제트National Gazette〉 지의 편집자들은 이에 반발하며 계급 분열이 안정과 고급 문화를 뒷받침한다고 주장했다. "'농민'은 부유한 이웃이 추상적인 문화에 심취하는 낮 동안 노동해야 하며 …… 기계공은 교양을 공부한답시고 자기 일을 내던져서는 안 된다. …… 그렇게 한다면 곧 모든 계층에서 게으름, 부패, 빈곤, 불만이 터져 나올 것이다."

다시 말해 여가라는 시간의 구분은 다른 누군가에게 의무를 지는 노동 시간과의 대조로만 생길 수 있다. 학자 조안-유이스 마르파니Joan-Lluís Marfany는 근대 초기 유럽에서 지루함을 느낀 여가를 누리던 계급이 새로움을 추구하며 여가를 '발명'했다는 주장을 일축하며 말한다. "수렵 채집인이나 원시 농경 사회에서는 '노동'과 '여가'라는 대조적 개념이 필요 없었을 수도 있다. 하지만 어떤 형태로든 사회경제적 분화가 도입되자마자 (예를 들어 계약 노동이나 임금노동) 이러한 대립이 생겨나지 않았다고 믿기는 어렵다." 여가 계층이 느끼는 지루함의 원인이 자유 시간이라면, 다른 모든 사람들이 느끼는 지루함의 원인은 노동이었다. 게다가 노동자들도 자신에게 주어진 여가 시간에 무엇을 할지 결정하는 데 아무런 문제가 없었다. 이 점은 지금도 크게 달라지지 않았다. 조안-유이스 마르파니는 이렇게 썼다. "정말 놀라운 점은 가장 인기 있는 여가 형태가 5, 6, 7세기 전이나 다르지 않다는 점이다. 특정 게임을 하고, 술을 마시고, 춤을 추고, 그늘이나 불 옆에서 한가롭게 이야기를 나누는 것이다. 사람들이 뉴욕의 브라이언트 공원에서 장기를 두는 모습은 마치 바가 Bagà의 광장에서 장기를 두던 모습과 다를 바 없다."

진정한 여가가 정말 '일과 양립하지 않는다'면, 여가라는 존재는 노동 바깥의 삶, 노동을 정당화하는 소비, 사람을 노동 시간 저장고로 보는 시각의 시작점일 수 있다. 실제로 케인스가 자유 시간에 대해 걱정하기 훨씬 전부터, 노동자의 삶에서 노동을 우선순위에 두어야 하는가에 대한 의문은 미국 노동 시간 단축 운동에서도 여러 번 긴급하게 제기됐다. 19세기에 여가를 요구한다는 것은 노동자가 자본가를 위해 존재하는지, 아니면 노동자 자신을 위해 존재하는지에 대한 근본적인 질문을 던지는 일이기도 했다. 한 사람의 소중한 삶 중 얼마나 많은 부분이 자본에 빚진 걸까?

여기서 자유 시간은 결코 무력한 시간이 아니었다. 활동가들은 노동 시간 단축과 아동노동 근절 요구를 결합해 여가를 본질적으로 역동적인 것으로 상상했다. 이들은 여가를 즐거움뿐만 아니라 자기 교육과 조직화의 영역으로 봤다. 이들은 이렇게 되면 여가가 더 많은 요구와 더 큰 정치적 권력으로 이어지리라 생각했다. 19

세기 노동 지도자들은 1930년대 사회개혁가들과 달리 새로 발견한 여가 시간이 가져올 잠재적 영향을 걱정하지 않았다. '노동의 형제애brothergood of labor'라는 인종 포용적 비전을 수용하면서 노동 지도자들 사이에서 유명해진 아이라 스튜어드Ira Steward는 19세기 후반 노동 시간 단축을 앞서서 지지한 인물 중 한 명이다. 그는 여가를 "아무것도 없는 공백, 원판, 백지상태"라고 표현했다. 하루 8시간 노동을 쟁취하는 것은 그 자체로 목표가 아니라 "필수적인 첫걸음"이었다. 이를 달성하면 노동자들은 자유를 누릴 방법을 더 많이 찾아낼 시간을 얻게 되고 "무지한 노동과 이기적인 자본이 선거일에 연합하는 것이 불가능해질 것"이었기 때문이다. 앞서 언급한 정치화된 다른 여가 사례와 마찬가지로, 스튜어드가 말한 '백지'는 위계질서를 그대로 유지하는 충전재라기보다 늘어날 때마다 체계에 균열을 일으킬 수 있는 가스 같은 것이었다.

신자유주의 정책과 세계화로 노조가 약화되기 전인 1970년대 미국 노동자들 사이에서는 자유에 대한 열망과 요구가 다시 한번 분명하게 증가했다. 피터 프레이즈Peter Frase는 노동자들이 임금 인상을 대가로 고용주의 요구를 수용하는 '포드주의적 타협'이 양쪽 모두에게 불만족스럽다는 사실을 간파했다. 기업주는 강력한 노동운동을 상대해야 했고, 노동자는 그들이 사실 그저 돈이나 여가라는 덫 이상을 원하며 애초에 시간을 팔고 싶지도 않았다는 사실을 깨달았다. 프레이즈는 제퍼슨 카위Jefferson Cowie가 묘사한 '블루칼라 블루스blue-collar blues'를 언급하며 이런 불만은 블루칼라, 즉 생산직 노동자들이 지닌 진짜 욕망인 '더 많은 자유 시간, 노동 과정에 대한 통제권, 임금노동에서의 해방'을 나타낸다고 주장했다. 1978년 영화 〈블루칼라Blue Collar〉에서 하비 케이틀Harvey Keitel이 연기한 인물은 이런 대사를 한다. "집, 냉장고, 식기세척기, 세탁기, TV, 오디오, 오토바이, 자동차도 있지. 이딴 것도 사고, 저딴 것도 사고. 가진 건 이런 것들 뿐이네."

여가 시간이란 개념이 가장 쓸모없게 보일 때는, 한 가지 비참한 과정을 반영한다. 일을 해서 잠시 동안의 자유를 사는 경험을 얻고, 그 다음에는 일이라는 수평적인 구조 속에서 허용된 작은 틈 사이에서 겨우 숨을 쉬는 것이다. 휴식과 여가는 마치 기계를 유지 보수하듯이 작동하며, 여가라는 기계가 먹이를 공급하는 기계와 연결된 것처럼 느껴진다. 바버라 럭Barbara Luck은 1982년 〈우리가 놓친 것들The Thing That Is Missed〉이라는 시에서 이 '자유'의 부조리함을 잘 표현한다.

우리가 놓친 것은
계획 없는 시간,
여름 방학을 맞은 아이들처럼
시간을 발명하는 시간,
공짜 광장 따위가 아니라

231

매일 매일의 시간.

자, 준비, 땅!

즐겨, 젠장, 즐기라고

달려, 젠장, 달리라고

시간 다 됐어.

다시 줄 서

준비됐나요?

재밌었나요?

별로라고요?

너무 쫓겼다고요?

일하려면 좀 더 쉬어

그래야 하지 않겠니…….

하하하하

The thing that is missed is

time without plans,

time that invents itself

like children with summer vacation,

day after day of it,

not one free square

on your mark get set go

Have FUN-dammit-FUN

RUN-dammit-RUN

Time's up.

Back on the line.

Well did you have fun?

Not too much fun?

Too hectic?

More relaxing to work

isn't it . . .

heh heh heh heh

　그러나 여가 시간이 가장 유용할 때는 그것이 일에 둘러싸인 경계에 의문을 제기하는 기회를 줄 때다. 마치 빈 공간을 견디지 못하는 문화에 삽입된 스텐트(혈관 폐색 등을 막기 위해 혈관에 주입하는 도구-옮긴이)처럼 여가 시간은 끊임없이 일하고 쉬지 않는 일상에 작은 틈을 만들어준다. 이 중요한 멈춤의 순간에 노동자는 왜 이렇게 많이 일하는지 스스로 묻게 되고, 공동체의 슬픔을 다룰 수 있는 공간이 생기며, 새로운 가능성이 보이기 시작한다.

이곳의 느린 속도에 익숙해지자, 우리는 더 많은 거주와 은
신처의 흔적들을 발견할 수 있었다. 때로는 인간과의 협력
속에 만들어진 것이다. 사슴이 다니는 길, 스라소니의 발자
국, 새집, 땅속 뱀 구멍, 나무에 난 딱따구리 구멍, 우리가 그
저 나뭇가지 더미라고 생각했던 나무쥐 둥지들이 보인다.
풀밭에 있는 작은 원통들은 보호받는 참나무 묘목으로 지
역에서 참나무 숲을 복원하려는 노력의 일환이다. 다른 존
재들, 다른 삶들. 우리가 지나갈 때, 덤불토끼 한 마리가 마
른 회향나무 숲속에서 우리를 바라보다가 시냇가 쪽으로
재빨리 도망친다. 그 토끼는 '공원'이 무엇을 의미하는지 모
르고, 잠깐 동안 우리도 알지 못한다.

이 장을 쓰면서 나는 마이애미에서 활동하는 '임신중지의 비범
죄화' 운동가이자 예술가인 니키 프랑코Niki Franco와 대화를 나눴다.
그는 자신과 친구들이 국립공원에서 강압적인 경찰의 단속과 자신
의 정원에서조차 경찰차 사이렌 소리에 방해받아 제대로 즐기지 못
했던 경험을 이야기했다. 함께 대화를 나누며, 가부장제, 자본주의,
그리고 옛날과 새로운 식민주의로 가득 찬 세상에서 '여가란 과연
가능한가?'라는 질문을 던졌다. 그러다 문득 그에게 1934년 여가
연구에서 묻는 것과 같은 질문을 던져보고 싶어졌다. 최근에 '여유
로운 마음 상태'를 경험했던 기억이 있다면, 그게 언제였는지.

니키는 이 질문을 받고 푸에르토리코에 오랫동안 머물며 친구들과 매주 했던 하이킹을 떠올렸다. 그 경험은 '정치적으로 비어 있는' 시간이 아니었다. 그는 푸에르토리코가 세계에서 가장 오래된 식민지이며, 여전히 미국의 지배 아래 있다는 사실을 항상 인식하고 있었다. 또한 마이애미에서 푸에르토리코를 바라보며 허리케인 마리아로 인해 섬이 황폐화되는 모습을 지켜봤던 아픔을 떨칠 수 없었다. 많은 이들이 섬이 결코 회복하지 못할 것이라고 말했던 그 재난의 흔적도 잊을 수 없었다. 하지만 하이킹하는 동안 깊이 신뢰하는 친구들과 함께하며, 열대우림과 그 속의 새들로 가득 찬 감각적이 경험에 둘러싸인 덕분에, "그 모든 것이 마치 존재하지 않는 것처럼 느껴졌다."고 말했다. 이는 순전히 감사함과 동료애가 만들어낸 신비로운 순간이었다.

그때 한 걸음 물러나자 우리 존재가 얼마나 작은지 느껴졌어요. 인간다움으로 돌아가는 것 같은 느낌이었죠. …… 약간 과장한 것 같지만 진짜 그런 느낌이었다니까요. 그리고 내 존재가 평소처럼 직장이나 소셜 미디어, 아무튼 뭔가에 얽매인 것이 아니라는 사실을 깨닫고 나니 이런 생각이 들었죠. '아, 나지금 이 순간에 제대로 살아 있네. 와, 이런 말도 안 되는 일이 일어나다니, 살아 있다는 사실에 정말 감사하다.'

이 대화를 나눈 지 한 달쯤 뒤, 나는 산타아나 바람 축제가 열리는 모하비 사막을 우연히 방문했다. 산타아나는 고지대 사막에서 해안 쪽으로 불어오는 매우 강하고 건조한 바람이다. 시속 약 64킬로미터가 넘는 돌풍을 일으킨다. 지역 전설에 따르면 사람을 불안하고 폭력적으로 만든다는 악명 높은 바람이다. 그곳에 머물던 처음 이틀 동안은 온통 바람뿐이었다. 바람 소리를 듣고 바람에 흔들리고 바람을 피하려고 애쓰며 시간을 보냈다. 하지만 셋째 날 바람이 멈추자마자, 마치 기다렸다는 듯이 이곳에 사는 주민들이 나타났다. 사다리줄무늬딱따구리, 흰관박새, 뻐꾸기, 흉내지빠귀, 딱새 같은 새들이 노래하며 다시 찾아온 고요함을 메웠다. 내가 머무는 집 바로 바깥에 있는 둥지에서 이름 모를 작은 새 한 마리가 이리저리 날아다녔다. 새는 현명한 선택을 했다. 근처 남가새풀 덤불이 아니라 어린 영춘화 나무에 둥지를 튼 것이다. 이는 가지가 몹시 빽빽하고 풍성해서 정원의 가구를 남김없이 쓸어간 시속 80킬로미터의 강풍도 너끈히 견딘 나무였다.

넷째 날 다시 바람이 돌아왔다. 여전히 사나웠다. 하지만 나는 그 자비로운 멈춤의 순간과 그 안에서 들었던 것, 보았던 모든 것을 기억했다. 이제 나는 바람 없는 사막이 어떤지 알게 되었다. 피퍼가 말한 '일과 직각으로 흐르는' 수직적인 시간이 떠올랐다. 이 근본적인 중단들은 항상 수평적인 시간으로 다시 무너지겠지만, 니키가 잠깐의 감사와 경외 속에서 들었던 새소리가 생각났다. 그것은 다시 고통의 풍경으로 돌아가기 전의 순간이었다.

바람이 멈출 때 들리는 노래는 무엇인가? 일에서 빼앗아 오고, 지속되는 파괴에서 보호된 시간 속에서 무엇이 살아남았는가? 어떤 깨달음의 순간들, 어떤 관계의 방식들, 어떤 상상의 세계들, 어떤 또 다른 자아들일까? 아니면 어떤 다른 종류의 시간들일까?

Chapter 4

제대로

돌려놓은 시간

Putting Time Back in Its Place

페스카데로 근처의 해변

☼

그러나 죽은 태양의 검고 텅 빈 원의 아래쪽 가장자리에서
완벽한 빛의 점이 폭발하듯 터져 나온다.
그것은 도약하며 타오른다. 상상조차 할 수 없을 정도로 강렬하고,
눈을 뜨고 보기 어려울 정도로 찬란하다.
(이 표현을 하려니 부끄럽지만, 이렇게 표현할 수밖에 없다.)
마치 하나의 단어처럼.
그리고 이렇게 세상은 다시 시작된다.
_헬런 맥도널드(Helen MacDonald), 〈일식(Eclipse)〉

공원에서 서쪽으로 향하면 오래된 산 안드레아스 단층을
지나게 된다. 단층 자체는 보이지 않지만 그곳을 건넌 이
후의 풍경은 확연히 달라진다. 굽이치던 언덕들은 우리 뒤
로 사라지고, 도로는 레드우드, 더글라스전나무, 탄오크, 큰
잎단풍나무의 그늘 속에서 급격하게 구부러진 커브를 따
라 위로 올라간다. 가끔 보이는 소방관들에게 감사를 표하
기 위해 손수 그린 표지판을 만나면 지난해 이곳을 할퀴고
간 거대한 화염의 흔적이 떠오르지만, 아직은 보이지 않는
다. 우리는 흙이 무너져 내리는 것을 막기 위해 돌을 쌓아올

린 언덕을 지나 메모리레인Memory Lane이라는 이름의 도로, 1889년에 지어진 이래 우두커니 서 있는 잡화점을 지난다. 고속도로의 마지막 구간에는 나무가 없어 해는 잘 들지만, 회색 담요 같은 안개가 자욱하다. 해안에 도착하자마자 그 안개가 우리를 감싸고, 청회색 바다가 끝없는 모습으로 나타난다. 우리는 차를 주차하고 절벽 가장자리로 다가간다. 이곳의 튼튼한 아이스플랜트Ice Plant(해안가나 바위 틈, 사막 등 척박한 환경에서도 잘 자라는 다육식물-옮긴이)는 바람에도 거의 움직이지 않는다. 아래에서 파도가 절벽을 때리고 갈매기들이 가끔 울부짖음에도, 우리의 시선은 주로 서쪽을 향한다. 아무것도 심지어 배조차 없는 변함없는 수평선을 향한다. 저 멀리, 바다는 얼어붙은 듯 보인다.

소셜 미디어를 어떤 지표로 본다면 코로나-19 팬데믹이 시작되면서 우리가 시간을 나타내는 일반적인 형태에서 멀어졌다는 사실을 알 수 있다. 출퇴근이 줄고, 모임이 취소되고, 사람들이 재택업무를 하면서 시간이 넘쳐나기 시작했다. 시간이 너무 많아졌을 뿐만 아니라 균질해졌다. 시간이 제멋대로인 것 같다는 농담이 유행하기도 했다. 이를테면 다음과 같다.

제임스 홀츠하우어(James Holzhauer), @James_Holzhauer, 2020년 3월 17일
"시간이 무의미한 개념이 되기 직전에 모든 시계를 한 시간 앞당겨 놔서 정말 다행이야."

젤로(Jello), @JelloMariello, 2020년 3월 28일
"격리가 우리 시간 개념을 완전히 엉망으로 만들어버렸어. …… 지금 오전 10시 대낮에 새벽 2시 같은 멘붕을 겪다니, 정말 그렇지 않니?"

사인펠트 커런트 데이(Seinfeld Current Day), @Seinfeld2000, 2020년 4월 7일

"시간 개념을 완전히 잃고 새벽 3시에 거리로 뛰쳐나가는 나."

[뒤이어 조지 코스탄자(George Costanza)가 거리에서 "지금은 6월이야!"라고 외치며 거리로 뛰쳐나가는 이미지]

모로이(Mauroy), @_mxuroy, 2020년 4월 9일

"혹시라도 헷갈리는 사람이 있을까 봐 말해 두는데, 오늘은 목요일, 4월 47일이야."

그 당시 나 역시 나만의 시간 왜곡을 경험하고 있었다. 나는 침실에서 줌 수업 두 개를 진행했다. 내 학생들은 케냐, 한국, 미국 동부 해안 등 서로 멀리 떨어진 시간대에서 접속했다. 평일과 주말의 구분은 거의 사라졌고, 일과 여가의 차이란 브라우저의 두 개의 탭 정도에 불과했다. 수업 준비를 하거나, 같은 노트북으로 이 책을 집필하거나, 친구와 줌으로 대화를 나누지 않을 때는, 남자친구 조와 동네를 도는 몇 가지 똑같은 산책 코스 중 하나를 걸었다. 매일 저녁, 우리는 TV를 보며 저녁을 먹었고, 종종 〈소프라노스The Sopranos〉 같은 긴 시리즈의 한 에피소드를 시청했다. 이 상황이 특별히 불편했다고 말하는 건 아니다. 하지만 팬데믹 관련 밈처럼, 내가 경험한 시간은 반복적이고 변함없으며, 진공 상태에서 진행되는 것처럼 느껴졌다. 무엇보다 중요한 점은 당시에는 팬데믹이 언

제 끝날지 전혀 알 수 없었다는 것이다. 그냥 이렇게 계속될 것 같았다. 내 방이라는 상자 속에서 무한히 반복될 시간의 상자를 채워가는 것처럼 말이다.

이 모든 상황 속에서 나는 아이오와주 데커라에 있는 독수리의 둥지를 보여주는 익스플로어Explore.org 사이트의 라이브 웹캠을 들여다보기 시작했다. 3월에 이미 알을 낳은 독수리는 가끔 일어나 알을 살피거나 화면에는 보이지 않는 침입자를 쫓아내곤 했다. 나는 곧 다른 웹캠으로 UC버클리 세이더 타워Sather Tower에 사는 송골매를 비추는 두 번째 웹캠을 보기 시작했다. 그 다음에는 내가 사는 곳에서 북쪽으로 약 30분 거리에 있는 리치먼드의 조선소 크레인 위에 둥지를 튼 물수리의 영상이 송출되고 있는 웹캠을 보기 시작했다. 각 둥지 속 새끼들은 4월 말에서 5월 초에 부화했고, 모두 엉성하고 솜털로 뒤덮인 덩어리에서 부모 새를 닮은 모습으로 급격히 성장했다. 나는 웹캠을 브라우저 바에 즐겨찾기 해뒀고, 가끔은 화면 구석에 창을 열어뒀다. 마치 위안을 주는 부적 같았다. 어느 늦은 밤, 나는 어둑한 물수리 웹캠을 바라보며 스스로에게 이렇게 말했다. "지금은 밤이야. 이제 잘 시간이야."

2020년 9월, 우리 집 근처에서 큰 산불이 발생해 대기질 지수Air Quality Index와 바람 지도를 확인하고 나서야 외출할 수 있게 되자 나는 다른 탭을 열었다. 실시간 바람 지도를 볼 수 있는 윈디닷컴Windy.com 사이트였다. 화면을 확대하자 국지적으로 요동치는 바람이 좀 더 큰 패턴으로 합쳐져 해안을 따라 소용돌이치고, 이어 태평양의 더 큰 패턴으로 연결되는 모습이 보였다. 곧이어 내가 보는 것이 남극 해안에 몰아치는 시속 100킬로미터의 바람이라는 사실을 알게 됐다. 물론 남극 해안에는 당연히 바람이 많이 분다고 생각할 수도 있겠지만, 여기서는 내가 어떻게 그곳에 닿게 됐는지가 중요하다. 컴퓨터 앞에 구부정하게 앉아 패턴을 따라간 그 방법 말이다. 나는 화면을 확대하고 축소하며 서로 밀어내는 공기들을 떠올렸다. 저 보랏빛 소용돌이는 우리 지역 초록빛 소용돌이와 관련 있었다.

그러다 실제 창문을 바라봤다. 지금도 왜 그랬는지는 정확히 알 수 없지만 나는 낡은 삼각대를 펴서 카메라를 설치한 다음 창밖으로 돌리고 길 건너편 아파트 바로 위쪽 하늘이 잘 보이게 조정했다. 몇 달 동안 나는 하루에도 몇 번씩 창가에 가서 셔터 버튼을 누르고 나중에는 사진을 넘기면서 일종의 DIY 타임랩스를 만들었다. 공교롭게도 3월은 이 근방에서 가장 변화무쌍한 하늘을 볼 수 있는 달이다. 내 방 안에서는 시간이 똑같이 느껴졌지만 사진 속에서는 비가 내리고 폭풍이 몰아치고 샌프란시스코에서 안개가 몰려왔다. 어떤 때는 구름이 거대하며 선명했고, 다른 때는 멀고 흐릿했다. 한낮에는 하늘이 무거운 검푸른 빛이었다가도 초저녁이 되면 형언할 수 없는 보라색이나 분홍빛을 띠며 누그러지기도 했다.

일과 온라인 생활은 매일 변함없는 일상이었지만, 낮에 이 작은 틀로 바라보는 하늘은 매우 다르게 느껴졌다. 그러다 열일곱 살

때 눈치챘던 무언가가 떠올랐다. 당시 일기에는 지루하다거나 숙제가 너무 많다는 불평이 대부분이었지만, 가끔 내가 '그것'이라 부르는 무언가를 목격했다는 말도 적혀 있었다. '그것'은 주변에 있는 무언가나 내면의 감정(그런 것이 가능하다면)이 아니었다. '그것'은 약간 심리적인 것, 항상 예상치 못하고 찰나적인 무언가였다. 마치 어떤 냄새가 훅 스치거나 굉장한 무언가가 막 떠오르는 일과 비슷했다. 비록 내 묘사는 무언가가 '여기 없다'라거나 '시간 바깥의' 시간에 있다는 등 어설프고 불완전했지만, 어쨌든 그때의 나는 미래의 내가 당시 무엇을 말하는 것인지 정확히 알 수 있도록 이런 만남을 기록해 두었다.

2003년 11월 3일

최근에 이 …… 정체불명의 이름도 없고, 설명하기 어려운 '다른 무엇'이 평소보다 자주 모습을 드러낸다. 제대로 설명하지 못해 아예 없어져버릴지도 모르겠다. 마치 누군가에게 그가 한 번도 본 적 없는 색을 설명하는 것 같다. 이걸 설명할 어휘가 없는 느낌이랄까.

2003년 11월 8일

이곳은 단순히 장소적으로 낯선 것만이 아니라 시간적으로도 낯설다. 아주 멀리 미래에 있거나 혹은 과거로 간 듯한 느낌이다. 뭔가 근본적으로 다른 점이 있다. 거의 외계적이지만, 다른 행성에 있는 건 아닌 그런 느낌.

2003년 11월 21일

학교에서 오는 길에 주니페로세라 고속도로와 스티븐스크릭이 만나는 교차로 왼쪽 차선에서 그것을 봤다. 딱 한순간, 내가 주의를 기울이지 않았을 때였다. 뭔가 강렬히 기억을 떠올리게 하는 존재였다. 특정한 특성 때문에 느껴진 데자뷔 같은 것이랄까.

2003년 12월 9일

신문에서 그것을 봤다. 볼리비아와 칠레 근처 분화구를 다룬 기사였는데, 탐험대 가운데 한 사람은 이곳이 '지구의 본질'이자, '압도적이고 웅장'하다고 묘사했다.

날짜 불명, 밤 10시 43분

사라토가 도서관에 차를 타고 가는 길에 그것을 다시 발견했다. 날씨가 믿을 수 없을 정도로 화창해서 산들은 평소보다 다섯 배는 높아 보였다. 나는 동시에 두 곳에 있는 듯한 느낌이었어. 하나는 사라토가이고, 다른 하나는 아주, 아주 멀리 떨어진 곳이다.

날짜 및 시간 불명

그것은 내가 설명할 수 있는 것보다 훨씬 더 크고, 내 인식 범위를 넘어서는 무언가야. 특정한 것들을 통해 드러나는 어떤 존재인데, 정말로 비미국적이고, 어떤 것도 아닌 무언가 같아.

어른이 되고 나서야 비로소 '그것'이 무엇을 의미하는지 좀 더 잘 이해할 수 있게 되었다. 내가 처음으로 글 속에서 찾은 단서는 프랑스 철학자 앙리 베르그송Henri Bergson의 1907년 저서《창조적 진화》에서 나왔다. 베르그송에게 시간은 지속이라는 개념이었다. 추상적이고 측정 가능한 것이 아니라, 무언가를 창조하고 발전시키며 다소 신비로운 것이었다. 그에 따르면, 우리가 시간의 본질을 이해하는 데 어려움을 겪는 이유는 시간을 공간 안에 나란히 놓인 개별적인 순간들로 상상하려는 데서 비롯된다고 했다. 그는 이 '공간'이 우리가 사는 물리적 환경이 아니라 순전히 개념적인 것이라고 덧붙였다. 예를 들어 공상과학 영화에서 가끔 나오는 검은 바탕에 녹색 격자가 그려진 가상 공간을 떠올리고, 그 공간 속에 존재하는 시간의 순간들을 작은 입방체처럼 상상해 보라. 이러한 개념은 1장과 2장에서 언급한 가변적 시간fungible time이라는 개념의 기반이 되기도 했다. 베르그송은 우리가 이런 식으로 공간적 용어로 시간을 사고하려는 경향이 비활성 물질을 다루는 경험에서 비롯된다고 보았다. 우리는 시간을 자르고, 쌓고, 이동시킬 수 있는 무언

가로 보고 싶어 한다는 것이다.[*]

　베르그송에게 시간은 추상적인 공간의 은유를 이해하는 것은 맞지 않았다. 그는 이 개념을 "특이한 것…… 우리 경험의 본질적인 이질성에 대한 일종의 반작용"이라고 보았다. 대신 그가 생각한 시간은 서로 스며들고 겹치는 연속성, 단계, 그리고 강도의 변화로 이루어진 것이었다. 베르그송이 《창조적 진화》에서 이런 운동의 모델로 생물학적 진화는 가지를 치고 겹치는 발전의 과정으로 각 단계는 이전 단계에서 이미 다가오고 있었던 것이었지만, 과정 자체는 결정론적이지 않았다. 베르그송의 시간 개념을 이해하기 위해 유용한 또 다른 이미지는 평평한 땅 위를 흐르는 용암이다. 용암의 선두는 살아 있고, 역동적이다. 물론 어느 시점에서든 뒤를 돌아보면 용암이 지금의 위치에 이르기까지의 연속적인 경로를 볼 수 있다. 하지만 이는 용암이 그 위치에 도달할 운명이었다는 것을 의미하지 않으며, 앞으로 어디로 흐를지를 정확히 예측할 수 있다는 것도 아니다. 이 과정에서 특정 순간들을 따로 떼어내어 구분하려는 시도는, 마치 공간 속의 입방체들을 분리하려는 것처럼 헛된 일일 것이다.

---

[*] 추상적 시간과 추상적 공간은 베르그송의 끊임없는 관심사였다. 그는 《창조적 진화》에서 "이런 매체는 절대 지각되지 않고 인지될 뿐이다."라고 썼다. 《물질과 기억》에서는 추상적 시간과 공간을 끊임없이 변화하는 현재에 펼쳐진 돗자리 같은 것이라고 묘사하며 "우리가 물질에 대해 최종적으로 어떤 행동을 취하기 위한 도식적인 설계"라고 설명한다. 베르그송은 인간에게 이런 지각 도구가 필요하다는 사실을 인정한다. 문제는 그것을 사용하는 것이 아니라 이 도구가 현실 구조라고 너무 진지하게 받아들이는 데 있다는 것이다.

한편 당신이 그곳에 서서 이것에 대해 생각하는 동안에도 용암의 살아 있는 선두는 앞으로 나아가고 있다. 이 선두는 매 순간 속에 다가오는 미래를 포함하고 있지만, 동시에 이전에 일어난 모든 일의 역사를 담고 있다. 또 다른 예로는 한 세대의 식물에서 떨어진 씨앗이 미래의 식물에 대한 설계도를 품고 있는 경우를 들 수 있다. 이 과정에서 표현되는 시간, 베르그송이 '생명의 충동' 또는 '생명력'이라는 의미인 '엘랑 비탈élan vital'이라는 개념으로 설명한 것은 수를 세고 측정할 수 있는 추상적인 양이 아니다. 오히려 이는 만화경을 다시 되돌리는 것과 같은 돌이킬 수 없는 변화다. 이 변화는 분열, 재생산, 성장, 쇠퇴, 그리고 복잡성을 이끄는 힘이다. "같은 강물에 두 번 발을 담글 수 없다."는 오래된 격언도 베르그송이 설명하는 내용을 잘 대변한다. 특히 강둑의 변화, 강이 천천히 파내고 있는 협곡, 심지어 당신 발 속에서 일어나는 세포 활동까지 고려한다면 더욱 그렇다.

시간에 대한 이런 직관적인 개념이 나에게 꽤 자연스럽게 느껴지긴 하지만, 여전히 익숙한 추상적이고 공간적인 시간의 비유, 즉 시간이 균일하고 독립적인 단위들이 나란히 놓인 선형 경로라는 생각을 완전히 버리기 어렵다. 시간이란 감각이 역사적으로 특정한 배경에서 형성된 것이라는 사실을 배우는 것도 이미 혼란스러운 일이지만, 손에 딱 맞게 길들여진 오래된 개념을 놓아버리는 것은 또 다른 차원의 어려움이다. 이 어려움은 단순히 학교 시간표, 시간 제한 시험, 성적표 같은 요소들로 인해 생긴 시간 감각에만 국한되지 않는다. 그것들은 내가 자라오면서 익숙해지고 여전히 속해 있는 더 넓은 문화의 일부이거나 증상일 뿐이다. 그 모든 것의 밑바탕에는 시간은 선형적이고 추상적 공간 비유에 기반한다는 모델이 자리 잡고 있다. 이는 마치 내가 TV를 켜면 대부분의 사람들이 영어로 말할 거라고 당연히 여기는 것처럼 내 삶에서 너무나 당연한 사실이다. 사실 이 개념은 너무 깊이 뿌리박혀 있어서 이와 다른 방식은 마치 '시간 밖의 것'처럼 느껴지곤 한다.

다음 그래프는 해시계의 시간과 표준화된 시계 시간을 비교한 것이다. 이 그래프는 해시계가 표준 시계 시간보다 앞서거나 뒤처지는 시기가 언제인지 보여준다. 이런 차이가 발생하는 이유는 존 피

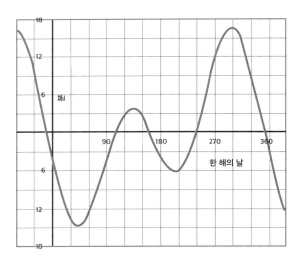

터스가 말했듯이 "해시계는 자연현상을 직접적으로 모델링해 지구가 태양 주위를 타원 궤도로 도는 동안 길어지거나 짧아지는 하루와 시간을 반영하지만 시계는 태양의 연간 변화를 평균 24시간 단위로 고정하며, 태양이 뜨거나 흐리든 상관없이 똑딱거린다."는 점 때문이다. 이는 장소에 기반한 관찰과 추상적이고 표준화된 시스템의 차이를 보여준다. 이러한 시스템의 진화는 1장에서 다뤄진다.

그래프에는 두 가지 시간 판독값이 나타나 있지만 둘은 똑같지 않다. 해시계 시간은 여기서 비교의 근간으로 삼는 시계 시간을 기준으로 설명된다. 인류학자 캐롤 그린하우스Carol Greenhouse의 설명처럼 "시계 자체는 어떤 보편적인 시간관념을 구체화한 것"이다. 시계 시간이 우리가 경험하는 유일한 시간 계산 형태는 아니지만 많은 사람이 시간을 어떤 '사물'처럼 생각한다는 점에서 시계 시간은 분명 시간 계산의 중심이다. 게다가 시계 시간을 충실히 따르는 식민주의자, 인류학자, 현대 서구의 일반 관찰자들은 비서구 문화나 원주민 문화에는 시간이라는 개념이 없거나 아예 시간 바깥에 있다고 여긴다.

케빈 버스는 《시간 맹목Time Blind: Problems in Perceiving Other Temporalities》에서 시간을 생각하는 방식을 살필 때 맞닥뜨리는 언어 장벽에 대해 다뤘다. 그가 인용한 2011년 한 연구에서 영국 포츠머스대학교와 브라질 론도니아연방대학교 소속 연구자들은 아마존 원주민인 아몬다와Amondawa족이 시간에 대한 은유와 언어를 사용하지만, 서구적 관점을 지닌 대중에게 이를 설명하기는 본질적으로 어렵다는 사실을 발견했다. 저자들은 연구 결과를 내놓으면서 오역을 방지하기 위해 이렇게 썼다. "우리는 아몬다와족을 '시간을 갖지 않은 민족'이라고 묘사하며, 이들을 서구적 사고방식으로 번역하거나 설명하는 것을 강력히 반대한다." 하지만 예상대로 언론은 연구 결과를 왜곡해 이들에게 시간을 초월한 '원시인'의 이미지를 부여했다. 언론이 사용한 기사 제목은 아몬다와족이 뭔가 다른 것을 지닌 것이 아니라 무언가가 결여됐다고 분명히 표현했다. "시간에 대하여: 시간을 갖지 않은 부족"(《뉴사이언티스트New Scientist》), "추상적인 시간 개념이 없는 아몬다와족"(BBC), "아마존 부족은 시간에 대한 언어가 없다"(《오스트리아지오그래픽Australian Geographic》).

내가 본 것 가운데 이 문제를 가장 적절히 설명한 문헌은 학자이자 예술평론가이며 호주 퀸즐랜드 아팔레치Apalech 씨족 일원으로 두 세계에 발을 걸친 타이슨 윤카포르타Tyson Yunkaporta는《모래는 말한다Sand Talk》라는 책에서 이렇게 말한다.

호주의 원주민이 이해하는 시간 개념을 설명하는 것은 애초에 어려운 일이다. 영어로는 "비선형적"이라고 표현할 수밖에 없는데, 이 말은 바로 우리의 사고를 제한한다. 우리는 "비non"라는 부정을 제대로 인식하지 못하고, "선형linear"이라는 개념에만 집중하기 때문이다. 즉 그 단어를 들으면 우리의 뇌는 여전히 "선형적"이라는 틀 안에서 이를 이해하려고 한다. 더 큰 문제는 이 표현이 시간의 본질을 설명하지 못하고 단지 그것이 "무엇이 아닌지"에 대해서만 말하고 있다는 점이다.

시간을 이국적인 대안이나 공허한 사변으로 여기는 것이 아니라, 시간을 근본적으로 다르게 느끼며 인식하려 애쓰고 이런 장벽을 극복하려는 도전은 어렵지만 매력적이다. 이런 도전은 정치적·생태적으로 중요하고 시급한 문제이기도 하다. 시간이라는 개념은 우리 자신은 물론 주체성이 어디에, 어떻게 있다고 보는지와 깊은 관련이 있다. 특히 이런 시간 개념은 행동을 요구할 뿐만 아니라, 누구 또는 무엇을 존중하고 공정하게 대해야 하는지 살피는 덜 인간 중심적인 모델을 요구하는 오늘날 특히 중요하다.

오랫동안 나는 다른 시간 개념을 공부하며 추상적이고 지적인 수준에서 어느 정도 이런 개념을 이해하게 됐다. 하지만 이런 개념을 '그것'을 본 개인적인 경험과 엮는 데는 더 오랜 시간이 걸렸다. 지금까지 살아오면서 배운 것이 있다면 무언가를 생각하는 것과 그것을 믿는 것은 별개의 문제라는 점이다. 버스가 지적했듯 자연에서 일어나는 일을 실제로 보는 것과 애초에 우리가 시간을 균일하게 봤다는 사실을 논하는 것은 별개의 문제다. 매직아이에서 3D 형태가 갑자기 튀어나오듯, 우리도 노력하면 격자와 해시계의 우월함을 뒤집을 수 있을지도 모른다. 하지만 그러려면 어떻게 해야 할까?

여기 위에서는 할 수 없다. 해변으로 내려가야 한다. 우리가 서 있는 절벽의 일부가 작은 계곡을 만들며 천천히 침식되고 있다. 우리는 캐러멜색 절벽을 따라 조심스럽게 내려간다. 그 절벽에는 용감하게 자리 잡은 해변 다육식물들이 점점이 박혀 있다. 절벽이 바람을 막아주는 곳에서 더운 해초 향이 훅 올라오고, 작은 해변 파리를 쫓아내야 한다. 가끔 검은 암초 뒤에서 하얀 물보라가 거대한 폭발처럼 솟아오르는데, 이는 우리에게 불시에 밀려오는 큰 파도를 조심하라는 경고 같다.

여기 아래로 내려오니 바다의 쉭쉭대는 소리와 파도 부딪히는 소리가 훨씬 크게 들린다. 우리는 해변의 모래 위로 내려선다. 바닥에서 느껴지는 건 사실 진짜 모래라기보다는 원시적인 모래 같은 느낌이다. 고개를 숙여보니 약 5밀리미터쯤 크기의 조약돌들이 온갖 색깔로 흩어져 있다. 질은 빨강, 검정, 회색, 주황, 유백색, 오팔처럼 빛나는 흰색, 그리고 초록색 등 다양한 색의 자갈들이 섞여 있고, 그 사이에 작은 흰 조개 조각들도 보인다. 손으로 한 움큼 집어 올려 모양을 살펴본다. 덩어리, 알약, 모양, 조각, 구슬, 콩 같은 다양한 형태들이 있다.

그중에는 규질암, 석영, 미사암, 사암이 있다. 암석의 정체성은 시간과 공간에서 떼려야 뗄 수 없다. 예를 들어 규질

암이 되기 위해서는 수백만 년 전, 보통 얕은 바다에서 플랑크톤 방류 지역에서 방대한 미세 해양 생밀인 방산충이 실리카 골격(규산 성분의 골격으로 바다 밑으로 가라앉게 되며, 이렇게 골격이 축적되면 시간이 지나면서 퇴적층을 형성하게 됨. 이 퇴적층이 지질학적 압력이 화학적 변화로 인해 단단해지면 규질암이 됨.-옮긴이)을 바다 바닥에 쏟아내던 그 시기에 거기 있어야 했다. 이 과정은 보통 해수가 솟아오르는 특정 지역에서 일어났다.

　　중생대에 이 물질들이 모여 규질암으로 형성되었다. 이후 규질암은 여러 차례 부서지고, 침식되며, 자갈로 재활용

되었다. 마지막으로 지각 변동으로 인해 해저가 융기한 시기는 홍적세|Pleistocene였다. 이는 검치호랑이와 늑대가 땅 위를 누비던 시대다. 이 자갈들은 해저의 다른 물질에 섞여 있었고, 융기된 땅이 파도에 의해 침식되면서 해방되었다. 이렇게 해서 지금 우리가 서 있는 자갈밭의 일부가 되었다. 나머지 물질들은 다시 바다로 쓸려 나갔다. 하지만 이 과정이 끝난 것은 아니다. 지금도 우리 앞에 있는 자갈들은 파도에 의해 조금씩 깎여나가며 모래로 변해가고 있다.

다시 자갈을 한 번 보자. 오해하지 말자. 이 자갈들은 시간의 상징도, 기호도 아니다. 이 자갈들은 실제로 두 가지 존재를 동시에 담고 있다. 마지막 빙하기의 해저였던 과거

와 미래의 모래가 될 현재다.

자, 자갈을 조금 파보자. 손끝에 매끄러운 무언가가 느껴진다. 자갈을 밀어내니, 가로로 줄무늬가 있는 표면이 드러난다.

이 줄무늬는 주변의 더 큰 줄이 있는 암석들과 연결되어 있다. 이 줄무늬는 우리가 내려온 절벽과 바다 사이를 가로지르며 이어지고 있다. 각 줄은 약 1억 년에서 6500만 년 전에 바다 밑에서 쌓인 퇴적층을 나타낸다. 이 자갈들이 탄생하기 훨씬 이전의 일이다. 우리는 보통 지층이 위에서 아래로 쌓이는 모습을 떠올린다. 하지만 우리가 내려온 절벽 뒤쪽의 퇴적층과 달리 여기 있는 퇴적층은 지각 활동 때문

에 63도 정도 기울어져 원래 위치에서 접혔다. 이 말은 이 암석들에서는 시간이 해변을 따라 옆으로 흐른다는 뜻이다.

이곳에서 휴식을 취하면 '시간에 맞춘다.'라는 것에 대해 매우 다른 감각을 얻게 된다. 우리는 텅 빈 달력 칸을 지나가는 아바타 같은 존재가 아니라, 우리는 실제로 수백만 년의 과거와 미래를 아우르는 과정의 결과물 위에 앉아 있는 것이다. 갑자기 우리가 바라보는 모든 것이 구체적인 시간으로 가득 차 있는 것처럼 느껴진다. 자갈, 바위, 절벽뿐만 아니라 남쪽으로 천천히 움직이는 안개, 파도와 바람에 따라 매번 다르게 나타나는 물결, 해변 파리의 분주한 움직임, 우리 몸속에서 공기와 물이 흩어지는 과정, 심지어 지금 이런 생각을 하며 우리 신경 속에서 번쩍이는 화학 반응까지도. 이 모든 것들은 절대 반복되지 않는다. 그리고 이 모든 것들이 지금 이 순간 세상을 새롭게 만들어가고 있는 것이다.

바위는 시간과 공간의 불가분성을 가르쳐준다. 여기서 내가 말하는 '공간'은 뉴턴식 격자가 아닌 환경 공간이다. 지질학자 마샤 비요르네루드Marcia Bjornerud는 이런 감각을 '시간 인식timefulness'이라 부르며 이렇게 썼다. "나는 과거의 사건이 여전히 존재함을 본다. …… 초월 인식timelessness이 아니라 시간을 인식할 때 오는 이런 느낌은 세상이 어떻게 시간으로 이뤄졌는지, 실로 어떻게 시간으로 구성됐는지 깨닫는 예리한 인식이다." 베르그송은 "모든 것이 살아 있는 곳이면 어디든, 그곳에는 시간이 기입된 장부가 펼쳐진다."라고 썼다. 나는 이 말에서 바위 지층, 나무 나이테, 조개 속 진주를 떠올렸다. 우리가 이런 장부에서 소외된 것을 자연계에 무지하고 접근성이 부족한 탓으로 돌릴 수도 있다. 하지만 결정적으로 이런 어려움은 우리가 시공간을 생각하는 방식에 대해서도 말해 준다. 베르그송은 추상적 시간과 추상적 공간이 함께 발생하는 개념으로 봤다. 비요르네루드 역시 시간 인식 개념을 이용해 시간을 공간에서 떼어내려는 시도는 무의미하다고 봤다. 베르그송도 해변을 보고 시간으로 가득 찬 무언가를 떠올렸으리라.

시간을 돈처럼 여기는 개념과 마찬가지로, 시간과 공간을 추상적으로 분리하는 사고방식은 문화적으로 특정한 맥락에서 형성된 것이며, 인간 역사에서는 비교적 최근에 등장한 현상이다. 이 개념은 아이작 뉴턴Isaac Newton이 제안한 '시계 태엽 우주clockwork universe'라는 말로 잘 표현된다. 여기서 우주는 분리되고 경계가 명확한 존재들 간의 사건과 상호작용으로 이루어졌으며, 마치 당구공이 서로 부딪히는 것처럼 원인과 결과를 예측할 수 있는 체계로 여겨졌다. 충분한 정보만 있다면 모든 것을 설명하고 예측할 수 있다는 것이다. 하지만 물리학에서는 이 개념이 오래가지 못했다. 뉴턴이 《프린키피아》를 쓴 지 약 250년 후, 아인슈타인이 시공간의 개념을 제시했고, 베르그송이나 앨프리드 화이트헤드Alfred Whitehead 같은 사상가들은 다양한 다양한 관점에서 추상적 시간 개념을 해체 하기 시작했다. 그럼에도 뉴턴식 시간 개념은 여전히 우리 사고 속 에 깊이 자리 잡고 있다. 스탠딩록 원주민 보호구역 활동가이자 역 사가, 신학자인 바인 딜로리아 주니어Vine Deloria, Jr.는 양자물리학 과 철학의 발전에도 "서구 사회의 대부분은 여전히 뉴턴적 세계관 을 유지하고 있으며, 사상가들과 철학자들이 자연이 '저기 밖에' 존 재한다는 믿음을 버린 이후에도 그러했다."고 라고 지적했다.* 이러 한 사고방식의 지속성은 단순히 문화적 관성 때문만은 아니다. 추 상적이고 뉴턴적인 시간은 측정되고, 사고팔 수 있는 유형의 시간 이다. 임금노동은 시간과 신체 또는 환경적 맥락을 분리해, 시간을 마치 거래 가능한 '물건'처럼 보도록 요구한다.

추상적 시간과 공간이라는 문화적 특수성을 이해하려면 '뉴턴 적 관점'과 원주민 세계관에서 현실을 바라보는 방식을 비교해 보 는 것이 도움이 된다. 시간과 공간을 분리하는 시도가 실질적으로 무의미한 예로 계절을 들 수 있다. 유럽인들은 시간의 추상화를 통 해 그들이 가는 어디에서든 4계절을 가져와 현지 계절 위에 덧씌울

---

* 딜로리아는 1992년 〈변혁의 바람(Winds of Change)〉에 실린 "상대성, 연관성, 현실"이라는 기사 에서 물리학의 상대성이론이 아메리카 원주민의 존재론과 어떻게 맞닿는지 상세히 설명한다. "아 메리카 인디언은 …… 이상적인 세계나 시공간의 영향을 받지 않는 완벽한 형태의 존재를 가정할 필요가 없었다. 수학적 용어로 제대로 말하면 우주를 정확하게 설명할 수 있다며 공간, 시간, 물질 이 물리적 세계에 내재한 절대적 특성이라고 주장할 필요도 없었다." 그는 이렇게 덧붙였다. "인디 언 부족 대부분은 생명체의 행동 방식을 이해하는 것만으로 충분했다."

수 있었다고 난니는 말한다. 그러나 대부분의 지역에는 4계절이 존재하지 않았고, 지금도 그렇다. 대신 각 지역은 해당 장소의 생태적 특성에 따라 다양한 단계(계절)를 가지고 있었다. 예를 들어 지금의 멜버른에 사는 호주 원주민인 쿨린Kulin족은 "특정 동식물의 출현에 따라 각기 길이가 다른 7계절을 인식"했다. 캥거루-사과 철(대략 12월), 건기(1~2월경), 장어 철(3월경), 웜뱃 철(4~8월경), 난초 철(9월), 올챙이 철(10월), 풀꽃 철(11월경)이 그것이다. 또한 더 긴 기간 동안 겹쳐 나타나는 두 가지 계절도 있었다. 산불 계절(대략 7년마다)과 홍수 계절(대략 28년마다)도 있었다.

계절의 길이가 일정해야 한다는 본질적인 이유는 없으며, 특히 4계절이 서로 같은 길이로 나뉘어야 할 이유도 없다. 사실 비교적 최근까지 계절이나 계절적 현상을 이름 붙이고, 인식하는 일은 특정 행동을 취해야 할 때를 나타내는 지표였다.** 예를 들어 수집, 사냥, 수확과 같은 활동이 그러하다. 또한 계절의 어느 한 요소도 시간, 공간, 또는 다른 요소들과 분리해 따로 떼어놓고 생각할 수 없다. 여기서 완벽한 당구공 같은 단일 요소는 존재하지 않는다. 대신 서로 얽히고 겹겹이 쌓인 복잡한 과정이 네트워크만 있을 뿐이다. 윤카포르타는 호주 원주민들이 비단참나무를 어떻게 공간적, 시간적 맥락 속에서 이해했는지를 설명한다. 이 나무의 원래 이름과 약

** 계절의 유용성에 대한 감각은 영어로 계절을 뜻하는 단어 시즌(season)에도 남아 있다. 이 말은 라틴어로 '씨 뿌리다.'라는 뜻의 사티오(satio)에서 유래했다.

용 용도는 이런 확장된 맥락 속에서만 의미가 있다. "비단참나무는 원주민 언어에서 장어eel와 같은 이름을 가지고 있다. 이 나무의 결이 장어 고기의 결과 똑같으며, 나무가 꽃을 피우는 시기는 장어가 가장 기름진 시기와 일치한다. 이는 우리가 장어를 먹기에 가장 좋은 때임을 알려준다. 그 계절의 장어 기름은 약효가 있어 열을 내리는 데 사용할 수 있다.*

많은 사람들이 샌프란시스코 베이 지역에는 다른 지역에 비해 '계절이 없다.'는 흔한 오해가 있다. 이는 아마도 겨울이 혹독하고, 기온 변화가 크며, 기후 현상이 일상의 흐름을 방해할 가능성이 더 큰 중서부나 동부 해안 같은 곳에서 이주한 사람들의 관점에서 특히 그렇게 느껴질 것이다. 하지만 이곳에서 자란 나조차도 베이 지역에 대한 오해를 내면화했고, 그로 인해 이 지역의 계절에 둔감해졌다.

최근 이 주제를 산타크루즈 산맥에서 오랫동안 살아온 한 사람에게 이야기했더니, 그는 갑작스러운 변화 대신 '끊임없고 점진적인 전개'가 이곳의 특징이라는 이론을 제시했다. 몇 년 동안 나는 그것을 보는 방법을 배우게 되었다. 섬꽃마리는 붓꽃보다 항상 먼저 피고 붓꽃은 물꽈리아재비보다 먼저 핀다. 겨울에는 흰뺨검둥오리

---

* 딜로리아는 이런 시간 따르기의 또 다른 사례를 든다. 미주리강을 따라 살던 부족은 옥수수를 심고 한여름이 되면 옥수수 밭을 버려두고 높은 평야와 산으로 이동했다. 이들은 산에서 나는 유즙풀을 '지표식물' 삼아 유즙풀 씨앗 꼬투리가 특정 상태가 되면 옥수수를 수확하러 돌아가야 할 때라는 사실을 알았다.

가, 여름에는 우아한 제비갈매기가 찾아온다. 가뭄이 계속되고 산불철이 길어지면서, 나는 2월에서 3월에 내리는 비와 여름철 해안에 안개가 깔리는 습한 계절에 예전보다 더욱 예민해졌다. 딜로리아의 말처럼 각 장소가 '개성'을 가지고 있으며, 이는 '누가' 있는지뿐만 아니라 '언제'인지를 통해 만들어진다. 이는 곡의 트랙처럼 겹쳐진 발전의 연속이다. 이 곡은 장소마다 약간 다르게 들린다. 심지어 산타크루즈 산맥 안에서도, 차파랄 관목림으로 덮인 산비탈은 레드우드로 덮인 산비탈과 흐름이 다르다.

가변적 시간의 연장선에는 가변적 공간이 있다. 이는 부동산의 평수처럼 계산되거나 목적지로 가는 길에 지나쳐야 할 귀찮은 거리 같은 것이다. 관심 부족, 시간 부족, 안전한 야외 공간에 대한 접근성 부족, 또는 이 세 가지가 복합적으로 작용한 탓에 오늘날 많은 도시 및 교외 거주자들은 자신이 매일 사는 공간이나 쇼핑몰 아래에 묻힌 땅의 생명적 특성, 즉 딜로리아가 말한 '개성'을 파악하지 못한다. 오클라호마 머스코지국의 유치Yuchi족 일원인 대니얼 와일드캣Daniel Wildcat은 〈미래를 토착화하다: 21세기에 공간적으로 생각해야 하는 이유Indigenizing the Future: Why We Must Think Spatially in the Twenty-first Century〉라는 글에서 "만약 인간이 다시 한번 우리가 살고 있는 공간적 차원의 장소를 시간 또는 시간적 차원만큼 우리의 역사에 본질적인 것으로 여긴다면 어떤 일이 일어날까?"라고 의문을 제기한다. 이 질문은 마치 나무뿌리가 보도 아래를 밀어 올리듯 가변적 시간의 격자에 도전한다. 특히 한곳에 오랫동안 거주하는 것이 점점 더 어려워지는 지금, 우리가 '어디'를 더 잘 볼 수 있다면, 시간에 대한 우리의 관점은 어떻게 달라질까?

우리는 이곳을 더 깊이 들어가 처음 자갈 속에서 보았던 퇴적암 능선 사이의 움푹 파인 곳에 고인 조수 웅덩이로 향한다. 주차장 표지판에는 "조수 웅덩이 생물을 관찰하는 가장 좋은 방법은 동물이 숨어 있다가 나와서 정상적인 활동을 다시 시작할 때까지 조용히 기다리는 것입니다."라고 적혀 있다. 우리는 더 깊은 웅덩이 하나 근처에 자리 잡고 거의 정지된 듯한 장면을 지켜본다. 모래와 물로 매끄러워진 바위는 붉거나 검은 작은 해초나 해조류로 덮였고, 다시마 같은 것이 섬세하게 흔들린다.

잠시 후 자갈이라고 생각했던 검고 동그란 물체들이 달팽이로 밝혀졌다. 어떤 달팽이는 가만히 있고 다른 달팽이는 산처럼 소복한 작은 수중 지형을 따라 느릿느릿 움직인다. 2센티미터 남짓한 게 한 마리가 시야에 들어온다. 이게가 특정 바위에 너무 가까이 다가가자, 더 큰 게가 나타나면서 짧고 조용한 싸움이 벌어진다. 파도가 배경에서 계속 부딪히는 가운데, 완전히 다른 규모에서 펼쳐지는 작은 드라마가 눈앞에서 진행된다. 우리가 더 오래 관찰할수록 바위 사이에서 점점 더 많은 작은 드라마들이 보이기 시작한다.

프랑스 작가 조르주 페렉Georges Perec은 1937년 〈무엇에 접근하기Approaches to What?〉라는 에세이에서 하부 일상infraordinary이라는 용어를 만들었다. 그는 미디어와 대중의 시간 인식은 혁명적인 사건이나 격변처럼 평범함을 벗어난 비범함extraordinary에 주목한다고 썼다. 이와 달리 하부 일상은 평범함ordinary의 내부 또는 바로 아래에 있는 층으로, 그것을 보려면 습관적인 것을 꿰뚫어 보려는 노력이 필요하다. 보이지 않는다는 것이 바로 습관의 본질이라는 점을 볼 때 이는 결코 쉬운 일이 아니다. "이것은 훈련이 아니다. 이것은 마취다." 페렉은 이렇게 썼다. "우리는 꿈 없는 잠 속에 살며 잠잔다. 하지만 우리 삶은 어디에 있는가? 우리 몸은? 우리 공간은 어디에 있는가?"

페렉은 익숙한 것을 낯설게 하려는 분명한 의도로 e를 하나도 사용하지 않고 300쪽 가량의 소설을 쓴 적도 있다. 하부 일상적인 것을 찾기 위한 그만의 특별한 방법도 있었다. 그는 《파리의 한 장소를 철저히 파헤치려는 시도An Attempt at Exhausting a Place in Paris》에서 파리 중심부의 큰 광장인 생쉴피스광장Place Saint Sulpice을 연구 장소로 선택했다. 그는 하루에도 여러 카페와 야외 벤치를 전전하며 며칠 동안 눈에 띄는 모든 것을 나열했다. 그 목록은 마치 주문을 외우는 듯한 느낌을 주며, 경찰 기록을 연상시키기도 한다.

우체국 배송차

개와 함께 있는 아이

신문을 든 남자

큼지막하게 'A'라고 쓰인 스웨터를 입은 남자

'크세주Que sais-je' 광고 차량: '크세주 문고는 모든 것에 답을 줍니다!'

스패니얼 개?

70번 버스

96번 버스

교회에서 나오는 장례식 화환

2시 30분

63번 버스, 87번 버스, 86번 버스, 또 86번 버스, 96번 버스 지나감.

이마에 손을 얹어 그늘을 만들며 다가오는 버스 번호를 확인하는 할머니(실망하는 표정으로 보아 70번 버스를 기다리는 것으로 추정됨.)

관을 꺼내는 중. 장례식 종소리가 다시 울림.

영구차가 떠남. 이어 204번 버스, 초록색 메하리 자동차

87번 버스

63번 버스

장례식 종소리 멈춤

96번 버스

3시 15분

  페렉은 이 작품의 도입부에서 지방의회 건물, 경찰서, '르 보, 지타르, 오프노르, 세르반도니, 샬그랭이 일했던 교회'처럼 생 쉴피스 광장의 일반적인 주요 장소를 간략하게 나열한다. 하지만 페렉은 이런 눈에 띄는 건물에는 관심이 없었다. 그는 이렇게 썼다. "내 관심은 그 나머지를 묘사하는 것이다. 보통은 주목받지 못하는 것, 눈에 띄지 않는 것, 중요하지 않은 것 말이다. 날씨, 사람, 자동차, 구름 외에는 아무 일도 일어나지 않을 때 일어나는 일들을 묘사하고자 한다."

  "아무 일도 일어나지 않을 때 벌어지는 일" 페렉은 이 표현의 아이러니를 분명히 알고 있었을 것이다. 왜냐하면 "아무 일도 일어나지 않는다."는 것은 결코 사실이 아니기 때문이다. 날씨, 사람, 자동차, 구름은 모두 움직이는 존재다. 심지어 사막 한가운데 있는 거대한, 생기 없는 콘크리트 광장에 서 있다 해도, 당신은 공기 입자가 소용돌이치고, 머리 위로 태양이 움직이고 지각판이 떠돌아다니며, 이러한 것들을 인식하는 당신의 몸과 마음이 나이를 먹는 변화 속에 둘러싸여 있을 것이다. 2010년 《파리의 한 장소를 철저히 파헤치려는 시도》를 영어로 옮긴 번역가 마크 로웬털Marc Lowenthal은 역자 후기에서 페렉이 제목에 쓴 '시도'라는 말을 강조하며 "시간, 포착 불가능성, 일은 (페렉의) 계획에 반한다. …… 지나가는 버스, 행인, 사물, 물건, 사건처럼 일어나거나 일어나지 않는 모든 것은 궁극적으로 시간을 표시하고, 영속성을 침식하는 신호, 단서, 방법, 시간 측정 장치 역할을 할 뿐이다."라고 설명한다.

나는 4년 동안 매 학기 디자인과 학생들에게 페렉의 글을 느슨하게 따라 한 수업 과제를 내주곤 했다. 학생들에게 15분 동안 교실 밖에 나가서 눈에 띄는 것을 적어 오라고 한 것이다. 학생들이 교실로 돌아오면 무엇을 발견했는지, 왜 그런 것에 주목했는지를 두고 토론했다. 대부분 이 과제는 캠퍼스에서 이루어졌고, 학생들은 주로 사람들의 사회적 상호작용을 관찰했다고 답하곤 했다. 하지만 2020년 4월 이 과제를 내줬을 때는 많은 학생이 캠퍼스를 떠나 있었다. 대부분 학생은 부모님이나 친구네 집에서 줌으로 수업을 듣다가 과제를 하러 마당으로 나가거나 창밖을 내다봤다. 수업에 돌아온 학생들과 15분 동안 발견한 내용을 두고 토론하면서 우리는 눈에 띄는 공통점을 발견했다. 많은 학생이 새를 관찰했던 것이다. 더 흥미로운 점은, 학생들은 자기가 전에는 새를 한 번도 관찰한 적이 없고, 적어도 그곳에서는 한 번도 눈여겨본 적이 없다는 사실이었다.

학생들의 관찰은 아마도 더 큰 국가적 경향의 일부였을지도 모른다. 팬데믹 동안 집에 머무르면서 사람들이 새를 더 자주 의식하게 된 것이다. 〈뉴욕타임스〉의 기사 '새들은 봉쇄되지 않았다, 그리고 더 많은 사람들이 그들을 보고 있다.'에서 코리나 뉴섬Corina Newsome은 봉쇄 시작 시기가 봄철 철새 이동 시기와 겹쳤다고 지적하며, "우리의 리듬은 끊겼지만 더 큰 자연의 리듬이 계속된다는 것을 보는 것이 평온과 안정을 줄 수 있을 것"이라고 말했다. 온라인 데이터베이스 이버드eBird는 2020년 5월 하루 동안 기록적인 관측 건수를 기록했고, 2021년에는 관측 자료를 올리는 사용자가 37퍼센트 늘었다고 보고했다. 2020년 6월 쌍안경 판매액은 전년 대비 22퍼센트 증가했으며, 2020년 8월 '리지 메이의 새 모이Lizzie Mae's Bird Seed'사는 새 모이 및 탐조 용품 판매가 50퍼센트 증가했다고 발표했다. 코넬대학교 조류학연구소의 조류 식별 앱인 멀린Merlin은 2020년 4월 한 달 동안 사상 최대의 다운로드 수를 기록했다.

이렇게 새 관찰 인구가 늘어난 이유는 새 관찰을 친근하게 느끼게 하려는 노력이 다양한 나이, 계층, 인종에서 지속된 덕분이기도 하다. 하지만 부분적으로는 사람들이 창밖을 정기적으로 바라보거나, 카메라 너머를 관찰할 수밖에 없었던 상황 때문이기도 하다. 코넬대학교의 라이브 버드캠 방문자 수는 2020년 5월까지 두 배 늘었다. 이미 새를 관찰하는 취미가 있던 일부 사람들에게도 팬데믹은 변화의 계기가 되었다. 자연보호구역에서 희귀종을 찾아다니는 대신, "아무 일도 일어나지 않을 때 벌어지는 일들"이나 늘 가까이 있던 새들의 사소한 활동에 주목하게 된 것이다. 실제로 이버드의 관찰 데이터에 따르면, 팬데믹 동안 교외 지역에 서식하는 종들의 관찰 비율이 일부 지역에서 크게 증가했다. 예를 들어 아이다호 주에서는 전면 봉쇄 기간 동안 이버드 체크리스트 제출이 66퍼센트 증가했으며, 어치나 박새 및 갈색나무발바리 같은 "일반적인 주거지 종"에 대한 보고가 두 배 이상 늘었다. 특히 갈색나무발바리는 눈에 띄기 어려운 종이지만, 창밖을 들여다보는 시간이 많아질수록 발견하기 쉬워졌다.

비밀스러운 갈색나무발바리는 지속적이고 집중적인 관찰을 통해 밝혀진 좋은 사례다. 몸길이 약 13센티미터에 몸무게는 8그램에 불과한 이 새는 초콜릿색과 흰색이 섞인 얼룩덜룩한 무늬가 있어, 나무줄기에 완벽히 위장된다. 게다가 이 새는 다른 새들처럼 나뭇가지에 앉지 않고 나무줄기 옆에 달라붙어 위아래로 움직이며 은밀하고 재빠른 점프 같은 동작을 보인다. 나는 친구들에게 갈색나무발바리를 보려면 "정확한 순간에 우연히 나무줄기에 시선을 돌리는 것뿐"이라고 농담하곤 했다. 물론 우연히 처음 갈색나무발바리를 봤을 때, 나는 부러진 나무줄기가 위쪽으로 올라가는 게 아닌가 착각할 정도였다. 이제 갈색나무발바리의 작은 울음소리를 구별할 줄 알게 되었기 때문에 적어도 새소리가 들릴 때는 대략적인 방향으로 눈을 돌릴 수 있게 됐다. 하지만 코넬대학교 연구소의 '새에 대한 모든 것'이라는 온라인 가이드에 나오듯, 이 새를 발견하려면 여전히 인내심을 갖고 기다리며 "움직임을 놓치지 않고 주의 깊게 관찰"해야 한다.

지구상 대부분의 생명체와 생태계는 분명 서구 인간의 시계에 따라 살지 않는다. 물론 매일 도심을 돌아다니는 쓰레기 수거 차량의 경로를 기억하는 까마귀처럼 인간의 활동 시간에 적응하는 일부 생명체도 있지만 말이다. 예를 들어 작은 부리로 틈새를 살피며 벌레를 잡아먹는 나무타기새를 지켜보는 것은 우리가 상상하기 어려운, 전혀 다른 시간 감각을 체험하는 한 방법이다. 나는 제니퍼 애커먼Jennifer Ackerman의 저서 《새들의 방식》에서 남미에 사는 노래하는 새인 검은마나킨 수컷이 너무 빨리 공중제비를 넘는 바람에 이 모습을 보려면 느린 영상으로밖에 확인할 수 없다는 사실을 알게 됐다. 일부 새 소리는 너무 빠르거나 음이 너무 높아서 우리가 들을 수 없는 음을 포함하기도 한다.* 미국지빠귀와 비슷한 개똥지빠귀는 수개월 전에 허리케인을 예측하고 그에 따라 이동 경로를 조정할 수 있는데, 현재로서는 어떻게 그렇게 하는지 아무도 모른다. 새들의 몸과 움직임에는 시간과 공간이 얽혀 있다. 만약 고위도에 아비새가 있다면 그곳은 여름이고, 이때 새들은 대체로 검은색에 흰 줄무늬가 선명하게 나타난다. 같은 아비새가 오클랜드의 내 작업실 근처에 있다면, 그곳은 겨울이고 이때 새들은 거의 알아볼 수 없을 정도로 칙칙한 회갈색이다. 내가 흰 줄무늬 아비새를 본 것은 한참 북쪽인 워싱턴주에 갔을 때뿐이다. 따라서 조류 전문가에게 털갈이

---

* 특히 아름다운 예시를 보려면 버드노트(BirdNote)에서 태평양황조롱이 소리를 느리게 녹음한 것을 들어보자. 여기에서 들을 수 있다. birdnote.org/listen/shows/what-pacific-wren-hears

가 한창인 특정 종의 사진을 보여주면 그 새가 어디쯤 이동하는지 추측할 수 있을지도 모른다.*

2020년 6월 이버드는 신규 등록된 '마당에 사는 종'이 900퍼센트 늘었다고 보고했다. 이버드에서 '마당에 사는 종' 목록은 '패치 목록patch lists(특정 지역이나 장소에서 관찰한 새들의 목록. '패치'는 조류 관찰자들이 자주 방문하며 관찰을 기록하는 특정 장소를 가리키는 용어-옮긴이)'의 하위 목록이다. 구획에는 '가까운 공원, 동네 산책로, 좋아하는 호수나 하수처리장' 등이 포함된다. 패치라는 개념은 유용하다. 도로, 경계선, 도시 경계와 달리 패치는 보통 하부 일상의 영역에 속하며, 관심을 가져야 드러나는 비공식적 공간이기도 하다. 새들에게 고유한 영역이 있다는 점에서 이런 관심은 마거릿 애트우드Margaret Atwood가 새 관찰에 대해 인터뷰할 때 "자연은 울퉁불퉁하다."라고 했던 말에 대한 응답이기도 하다. 내 주변에도 나름의 패치가 있다. 예를 들어 어수선한 작은 마당 한구석에서 적당한 시기가 되면 태평양사면도요새를 볼 수 있다. 조류학자이자 클렘슨대학교 야생동물학 교수인 조지프 래넘Joshep Lanham은 사우스캐롤라이나의 한 공공 도로

---

* 나는 2019년 메건 프렝거(Megan Prelinger)가 골든게이트 오듀본 소사이어티(Golden Gate Audubon Society)에서 가르쳤던 잠수오리 관련 수업을 들으며 아비새에 대해 처음 알게 됐다. 그의 에세이 〈아비새, 공간, 시간, 수생 적응성(Loons, Space, Time, and Aquatic Adaptability)〉에는 아비새가 속한 아비목이 아주 긴 이동을 한다고 적혀 있다. 아비목은 남반구에서 진화했고 지금은 북반구에만 서식한다. 아비목도 다른 수생생물처럼 전 세계적으로 여러 차례의 멸종 위기를 극복했다. 프렝거는 "호모 사피엔스에게는 독특한 시간 프레임을 이해하거나 직관적으로 바라본 깊은 역사가 없다."라고 지적하며 "우리는 아비새를 모방하려 노력하는 편이 낫다. 우리 인간 종이 지구에서 수백만 년을 살아가리라 상상하려면 말이다."라고 썼다.

를 따라 형성된 참새로 가득한 패치에서 "수백 시간 순조롭게 돌아다녔지만 인종차별적인 지역 농부와 만난 다음에는 가기가 망설여졌다."는 날카로운 글을 썼다. 그전에는 "가만히 앉아서 덤불 숲에서 참새가 날아다니는 모습에 집중해 보고 듣기만 했을" 뿐인데 말이다.

패치는 원하는 만큼 작게 만들 수 있다. 내 패치 가운데 가장 작은 것은 팬데믹 동안 수백 번 방문하거나 지나갔던 인근 시립 공원의 캘리포니아칠엽수 가지 한 개였다. 칠엽수는 이 지역에서 시간의 흐름을 느끼게 하는 나무다. 늦여름이 되면 휴면하느라 앙상한 가지가 마치 전기 통한 뇌처럼 삐죽삐죽해지지만, 결국 이 가지에서 복숭아 크기의 딱딱하고 갈색의 독성 있는 씨앗 꼬투리가 자란다. 봄에 피는 하얀 꽃에서 피어오르는 향기는 내가 가장 좋아하는 향기여서 나는 매년 꽃이 피는 날을 기다린다.

2020년 말부터 나는 공원에 갈 때마다 '내 가지'라고 부르기 시작한 것을 확인하곤 했다. 12월 말 가지 끝에 작고 불그스름한 새순이 돋아나기 시작했다. 1월이 되자 새순이 더 커지고 초록빛을 띠었다. 2월 초 새순이 벌어지며 오밀조밀한 작은 잎이 드러났다. 그 뒤 몇 주 동안 이파리와 줄기가 활발하게 자랐고, 그달 말쯤에는 잎이 완전히 벌어지고 광택이 사라져 짙은 초록색으로 축 늘어졌다. 3월에는 잎에 벌레 먹어 구멍이 생겼고 가지에서 꽃대가 자라기 시작했다. 4월에는 꽃줄기가 두 배로 커졌고 전부는 아니지만 꽃송이 일부가 열리면서 마침내 내가 좋아하는 그 향기를 풍기며 햇빛을 향해 긴 수술을 내 보이기 시작했다! 5월에는 꽃이 전부 활짝 피어 나뿐만 아니라 벌들까지 끌어들이는 바람에 근처 거리에 벌들이 윙윙거리는 소리가 가득 찼다. 6월 초가 되자 몇몇 꽃이 시들기 시작했고 잎끝에서부터 밝은 노란빛이 스멀스멀 올라왔다. 7월 중순이 되자 꽃은 전부 시들고 이파리는 얇은 갈색 종이처럼 변했다. 8월에는 칠엽수 열매가 눈에 띄기 시작했고, 처음에는 연두색에 보송보송했던 열매는 9월이 되자 단단하게 굳어 갈색이 되고 죽은 이파리들은 간신히 가지에 매달려 있었다. 10월에는 이파리가 전부 떨어졌지만 이듬해를 준비하는 새순이 이미 발달하기 시작했다. 11월이 되자 칠엽수 열매가 나무에서 모두 떨어졌다.

게다가 이런 일들은 모두 크고 작은 시간의 무늬 안에서 고르지 않게 일어났다. 한 꽃줄기 안에서도 어떤 꽃은 피었지만 다른 꽃은 피지 않았고, 똑같은 시기에 길 건너편 다른 나무에는 꽃봉오리만 돋았거나 완전히 시든 꽃도 있었다. 식물의 노쇠도 마찬가지였다. 어떤 나무는 이웃 나무보다 먼저 버석하게 변했고, 한 가지 안에서도 누런빛이 고르지 않게 퍼졌다. 내 가지를 잘라 보면 지금도 나이테가 형성되는 것을 볼 수 있다. 가지는 나무 둥치보다 어리기 때문에 나이테 수도 적다. 물론 이 나무도 언젠가는 죽을 것이다. 칠엽수는 보통 250년에서 300년 정도 살기 때문이다.

내가 보는 이 나무도 언젠가 공원에 심어진 것일 수도 있지만,

야생 칠엽수가 넓은 풍경에 자리 자리를 잡게 된 이유는 설명하기가 더욱 어렵다. 많은 식물 종은 새나 다른 동물에 의존해 씨앗을 퍼뜨리기 때문에, 식물이 자리 잡는 패턴은 과거 생물들의 움직임을 반영하는 흔적이라고 볼 수 있다. 그러나 칠엽수는 포식자에 대한 적응의 일환으로 나무의 모든 부분이 독성을 가지고 있다. 조 이튼 Joe Eaton은 〈베이 네이처Bay Nature〉 지에 실린 기사에서 동물에 의존하는 다른 종과 달리 칠엽수는 크고 무거운 씨앗 꼬투리를 떨어뜨려 언덕 아래로 굴리는 방법에 주로 의존한다고 지적했다. 하지만 그는 "나무는 계곡 아래쪽에만 한정돼 자라지 않는다. 산등성이, 언덕 꼭대기, 심지어 절벽 가장자리에서도 자란다."라는 사실을 관찰했다. 이튼은 지역 원주민 부족들이 칠엽수 씨앗을 볶아 우려서 독성을 없애거나 개울에서 물고기를 기절시키는 데 사용했다고 설명했다. 산등성이에 자란 칠엽수는 원주민 부족들이 씨앗을 이렇게 가공했다가 버린 곳에서 자라났을 가능성이 있다.

　게다가 다른 종과 마찬가지로 칠엽수의 존재 자체는 진화적 순간을 숨기기도 한다. 지난 늦여름 드러난 앙상한 가지는 틀림없이 300만 년 전 기후변화의 기록이다. 건조한 여름이 새롭게 출현하자 같은 시기 다른 종들은 멸종했지만 칠엽수는 적응했다. 사실 칠엽수는 자신만의 달력을 바꿔 적응한 셈이다. 칠엽수는 늦겨울에 성장 주기를 시작하고 여름에 잎을 떨구며 증발로 손실되는 수분을 줄였다.

시계는 과연 무엇일까? 시계가 '시간을 알려주는' 것이라고 정의한다면, 내 나뭇가지도 시계였다. 하지만 집에 걸려 있는 시계와 달리 이 가지는 절대 원래 상태로 돌아가지 않는다. 그게 아니라 이 시계는 일부는 오래전에 일어났고, 일부는 내가 이 글을 쓰는 지금도 일어나며 서로 중첩되는 사건들을 바라보는 물리적인 목격자이자 동시에 기록이다.

이 관찰 연습은 '시간 속에 무언가를 풀어주는' 것이라고 생각하게 된 개념의 한 예다. 이는 어떤 대상이나 사람을 추상적인 시간 속에 존재하는 안정적이고 개별적인 실체라는 경계에서 벗어나게 하는 것을 의미한다. 즉 그들을 단순히 시간 속에서 존재하는 것으로 보는 것을 넘어 시간 자체가 계속해서 물질화되는 과정으로 바라보는 것이다. 여기서 중요한 것은 나무를 시간의 증거로 보는 것과 시간의 상징으로 보는 것의 차이를 인식하는 것이다. 나무의 가지 구조를 통해 시간이나 운명에 대한 의미 있는 생각을 도출하는 것도 가능하지만 내가 말하려는 것은 그것과 다르다. 지금 당신 앞에 있는 실제 나무는 이 순간에도 시간과 변화를 그대로 담고 있다는 것이다.

시간 속에 무언가를 풀어주는 연습은 어렵지 않다. 대체 가능한 시간이 아닌 다른 시간을 보고 싶다면 나뭇가지, 마당, 길가 광장, 웹캠처럼 어디든 공간 속 한 곳을 골라 계속 지켜보면 된다. 그곳에서는 이야기가 만들어진다. 윈디닷컴Windy.com에서 볼 수 있는 점점 더 커지는 바람 패턴처럼 이 이야기는 모든 생명의 이야기, 심지어 당신의 이야기와도 떼어낼 수 없다. 이 이야기는 결국 불안하고 멈출 수 없으며 끊임없이 전복하며 모든 것을 나아가게 하는 '그것'의 특징이다.

밀물이 들어온다. 결국 (조수의) 시간 속에서 잠시 존재하던 웅덩이들을 곧 삼켜버릴 것처럼 보인다. 달팽이들은 움츠리고, 게들은 이동할 준비를 하며, 조간대에 사는 깡충거미는 실크로 봉인한 따개비 껍데기 속으로 후퇴한다. 이 바위들은 잠시 사라질 것이다. 그리고 우리도 절벽을 향해 돌아서기 때문에 사라질 것이다.

하지만 그 전에 이 바위를 올려다보며 우리가 서 있던 신기할 정도로 평평한 땅을 감상해 보자. 평평한 모양 자체는 기록이나 다름없다. 해안단구인 이곳은 해수면이 오랫동안 안정됐던 홍적세 때 파도가 해안 측면을 깎아내어 만든 평지가 나중에 지각 활동으로 솟아오르며 형성됐다. 지구의 다음 빙하기가 어떻게 진행되느냐에 따라 지금 우리가 선 곳이 미래에는 해안단구의 꼭대기가 될 수도 있다.

베르그송의 지속과 비요르네루드의 시간 인식이 뚜렷하게 느껴지고, 시간이 제자리로 돌아온 세상에서는 어떤 일이 일어날까?

우리는 시간이라는 공허한 '물질'이 그저 쓸고 지나간 무언가가 아닌, 시간에 새겨진 패턴인 '그것'을 더 자주 보게 될 것이다. 세상은 마치 도시의 건축물처럼 수주, 수년, 수세기 동안의 결과들이 뒤섞인 조각보가 되고, 이 모든 것들이 쌓이고 깎이며 미지의 세계를 향해 밀고 스며들고 날아가며 나아간다.

시간 속에서 무언가를 고정된 상태에서 벗어나게 하면 그것을 상품에서 다른 무언가로 전환할 수 있다. 이는 종종 '그것'과 관련된 무언가, 상품화 과정에 독특하게도 동화될 수 없는 어떤 것을 인정하는 과정을 포함한다. 식물학자이자 포타와토미Potawa tomi 원주민의 일원인 로빈 월 키머러는 이끼의 역사를 설명하며 '소유하는 사랑'이라는 제목의 생생한 장을 넣었다. 이 이야기는 자신이 원하는 방식으로 시간을 살 수 없었던 누군가에 대한 이야기이기도 한데, 주로 그가 시간을 관찰하는 방법을 몰랐기 때문이다. 이끼 학자로서 역량 있는 키머러는 "애팔래치아 지역의 식생을 정확하게 재현하고 싶다."는 자문을 요청받았다. 토지 소유주는 진정성을 가미하기 위해 전체 설계에 애팔래치아 산맥에서 자란 이끼를 넣고 싶어 했다.

키머러가 저택에 도착하자 한 직원이 은근히 그가 늦었다는 뉘앙스를 풍겼다. "시계를 보며 '주인이 컨설턴트들이 쓰는 시간을 꼼꼼하게 관리해요. 시간은 돈이니까요.'라고 말했다." 한 원예사가 저택을 안내하면서 키머러는 아프리카 미술품 갤러리를 보고 의심스러운 눈길을 보냈다. "그 물건들 진품이에요!"라며 자랑스럽게 말하는데 문제는 그 물건들이 단순히 도난당한 것만이 아니라 시간 속에 갇혔다는 거였다. "전시 케이스 안에 들어가면, 그 물건은 그냥 자기 자신을 복제한 것일 뿐이다. 마치 갤러리 벽에 걸린 북처럼." 이라고 키머러는 썼다. "북이 진짜가 되는 순간은 인간의 손이 나무와 가죽을 만나는 순간이다. 그때서야 비로소 본래의 목적을 다하게 된다."

알고 보니, 소유주는 이끼에 대해서도 비슷한 생각을 했다. 원예사가 아름다운 이끼로 뒤덮인 거대한 암석 조각을 보여주자, 키머러는 그 조합이 부자연스럽다는 사실을 깨달았다. 그 종은 그런 식으로 함께 자랄 수 없는 종이었기 때문이다. 그가 어떻게 이렇게 만들었는지 묻자, 원예사는 간단히 대답했다. "순간접착제요." 하지만 소유주가 키머러의 도움을 바랐던 거대한 채석장 벽은 순간접착제로는 부족했다. 그 벽은 골프장의 배경으로, 오랫동안 그곳에 존재한 것처럼 보여야 했다. 원예사는 "이끼가 있으면 오래된 것처럼 보일 거예요. 그래서 우리는 이끼를 자라게 해야 합니다."라고 말했다. 키머러는 이것이 불가능한 일이라는 사실을 알았다. 햇볕 내리쬐는 산성 바위에서 습기 없이 자랄 수 있는 유일한 이끼는 소유주가 상상하는 근사한 초록색 이끼가 아니기 때문이다. 하지만 키머러가 이 사실을 설명하자 원예사는 하나도 당황하지 않고 안개 분사 시스템을 설치하거나 "도움이 된다면 벽 전체에 폭포를 가동할 수도 있다."라고 말했다. 말하자면 돈은 문제가 되지 않는다는 뜻이었다. 키머러는 이렇게 썼다. "하지만 바위에 필요한 것은 돈이 아니라 시간이었다. 그리고 '시간은 돈이다.'라는 공식은 역으로 적용되지 않는다." 키머러가 원예사와 함께 바위와 이끼가 풍성한 인근 협곡에 갔을 때, 원예사는 소유주가 자기 집에 두고 싶어 하는 것이 바로 이런 것이라고 말했다. 키머러는 "이끼 층이 수백 년 된 것 같다"고 말하며 시간과 이끼의 관계를 다시 한번 설명하기 시작했다. 키머러는 부지의 바위 벽에 이끼를 이식하려는 소유주의 욕망에도 회의적이었다. 이끼가 어떻게 바위에 자라기로 '결정'하는지 구체적으로 연구했던 키머러는 바위에 자라는 이끼는 "적응하는 데 극도로 저항한다."라는 사실을 알았다.

1년 후 다시 저택에 초대받은 키머러는 바위에 이끼가 어떻게든 붙어 있는 것을 발견했다. 처음에는 감탄했지만 나중에 어떻게 한 것인지 알고는 경악했다. 부동산 설계자들이 인근 협곡에서 '가장 아름다운' 부분을 골라 폭약을 터트려 이끼 덮인 바위를 떼어 내 왔다는 것이다. 키머러가 그 사실을 알게 된 것은 훔쳐온 이끼가 병들어 노랗게 변해갔기 때문이다. 여전히 소유주의 정체를 모르는 키머러는 분노했다. "이끼가 무성한 야생 바위 면을 파괴해서 오래된 것에 대한 환상으로 자기 정원을 장식한 이 사람은 대체 누구일까? 시간을 사고 나를 산 그 사람은 누구일까?" 키머러는 소유주의 '극히 인간다운 행동'을 떠올리며 그가 자기 정원을 바라볼 때 무엇을 보게 될지 궁금해했다. "아마 생명체가 아니라, 그의 갤러리 안에서 침묵한 북처럼 생명 없는 예술 작품으로만 보는 게 아닐까?"

키머러는 소유주가 법적으로 바위를 '소유'했더라도 절벽을 폭파한 것이 일종의 범죄라고 생각했다. "소유는 사물의 고유한 주권을 훼손한다." 그는 소유주가 이끼를 정말 사랑했다면 "이끼를 그대로 두고 매일 걸어서 보러 갔을 것이다."라고 썼다. 시간을 두고 무언가를 본다는 것은 그것이 생명을 가졌음을 인정하는 것이며, 그 생명에는 단순히 뉴턴적 세계의 기계적 인과 관계를 넘어선 무언가를 수반한다는 것을 인정하는 것이다. 이런 사고방식으로 보면 이끼는 스스로 어떤 바위에 살지 '결정'할 수 있고, 심지어 바위에도 생명이 있다.*

이 책의 마지막 장에서도 다시 자세히 다룰 바버라 에런라이크Barbara Ehrenreich의 《건강의 배신》에서 저자는 서구적 사고방식에서는 흔치 않고, 키머러의 관점에 더 가까운 주체성에 대한 생각을 명확히 설명한다. 그는 세포 생물학 박사학위를 받은 연구를

---

* 이 이야기는 '시간 속에 풀어주기'라는 개념과 함께 베르그송의 직관 개념, 즉 지속을 인정하는 보기 방식과 비슷하다. 이 방식은 유럽인이 식민지를 바라보는 방식에 비판적이던 네그리튀드 운동(Négritude movement, 1930년대 프랑스에서 발달한 문학 및 정치 운동으로 프랑스 식민지의 인종차별을 거부하고 흑인의 정체성 속에서 통일성을 발견하자는 운동-옮긴이)이 받아들인 방법이다. 세네갈의 정치가이자 이론가, 시인이자 네그리튀드 운동의 공동 창립자인 레오폴드 상고르(Léopold Senghor)는 유럽의 관찰자들이 "대상과 자신을 구별하고 거리를 두며 대상을 시간 바깥에, 어떤 의미에서는 공간 바깥에 고정하고, 고치고, 죽인다."라고 썼다. 《철학으로써의 아프리카 예술(African Art as Philosophy: Senghor, Bergson and the Idea of Negritude)》에서 술레이만 디아뉴(Souleymane Diagne)는 이것을 '고정하는 시선'이라고 불렀다.

바탕으로 세포의 의사 결정에 관해 설명하며 "매 순간, 개별 세포와 우리가 '인간'이라고 부르는 세포들의 집합체는 똑같은 일을 한다. 데이터를 처리하고 결정을 내린다."라고 주장한다. 에런라이크는 이 현상을 더 작은 규모에서도 본다. 물리학자 프리먼 다이슨Freeman Dyson의 말을 인용하며 "원자는 이리저리 돌아다닐 일종의 자유가 있고, 외부에서 오는 어떤 입력 없이 전적으로 스스로 선택하는 것처럼 보인다. 그래서 어떤 의미에서 원자는 자유 의지가 있다고 할 수 있다."고 말한다. 아마 에런라이크도 바위와 이끼에 대한 키머러의 의견에 동의할 테지만 에런라이크가 보는 주체성은 그저 '행동을 시작할 수 있는 능력'을 의미한다. 이렇게 생각하면 주체성은 "인간이나 신, 좋아하는 동물에 집중돼 있지 않다. 그것은 우주 전체에 분산돼 있다." '시간이 기록되는' 베르그송의 시간 '장부'를 떠올려 보면 이런 행동과 결정은 그 기록의 일부인 것처럼 보인다.

바위가 살아 있을 수 있다는 생각에 조금 거부감이 든다면 그 이유를 스스로 자문해 보기를 바란다. 생물과 무생물을 구분하는 일이 명확하고 '초문화적supracultural'으로 여겨지더라도, 실비아 윈터Sylvia Wynter가 지적했듯 이는 피할 수 없이 문화적인 것이다. 〈원주민 공동체 어린이의 생물과 무생물 모델Models of Living and Non-Living Beings among Indigenous Community Children〉이라는 제목의 연구에서 멕시코 연구자들은 나우아Nahua족 어린이에게 다양한 범주의 사물을 보여주고 살아 있는지 질문했다. 어린이들은 대체로 먹고 숨 쉬고 생식하는 등 학교에서 배운 '생물학적' 관점에 따라 대답했다. 하지만 아이들은 '문화적' 관점을 따르기도 했다. "살아 있다는 것은 무생물이 인간이나 동물의 삶을 구성하거나 이에 영향을 미칠 수 있고, 특정 물질로 구성됐다는 것을 의미한다."라는 관점이다. 에런라이크의 '행동을 시작할 수 있는 능력'이라는 개념과 유사하다. 이 두 번째 모델은 멕시코 연구자들이 나우아족 여섯 살 어린이와 나눈 대화에서 나타난다.

연구자: 살아 있는 구역에는 무엇을 넣을까요?

학생: 땅이요.

연구자: 땅이 왜 살아 있는 것일까요?

학생: 우리가 거기에서 살잖아요.

연구원: 우리가 거기 살기 때문에? 그럼 땅은 왜 살아 있을까요?

학생: 동물을 위해서요.

연구원: 하지만 동물들을 생각하지 않으면, 땅은 여전히 살아 있는 걸까요?

학생: (고개를 끄덕이며) 네.

연구원: 그래요, 왜 그럴까요?

학생: 식물을 위해서요.

서구적 사고방식으로 볼 때 바위를 주체성을 가진 존재로 보는

것은 아마도 가장 큰 도전일 것이다. 쿼라에서 바위가 살아 있는지 물어보면 그렇지 않다는 대답이 대부분이지만 일부 응답자들은 이 질문의 한계에 대해 고민했다. 바위는 살아 있지 않지만, 석회암 같은 것은 살아 있는 해양 생물들의 껍데기로 만들어졌고, 지의류 같은 생명을 지원할 수 있다는 점에서 생각해 볼 수 있다. 한 사람은 방사성 붕괴가 바위가 죽은 한 형태로 간주할 수 있는지, 그리고 우리가 시간을 더 길게 잡고 질문한다면 어떻게 달라 보일지 궁금해했다. 여러 사람들은 살아 있음과 죽음의 정의 자체가 철학적 문제라고 인정했다. 한 사람은 담담하게 우리는 어느 정도는 바위에서 왔고 언젠가는 다시 바위로 돌아갈 것이라고 언급했다.

오세이지Osage족 학자 조지 '팅크' 틴커George 'Tink' Tinker는 〈돌들이 외칠 것이다: 의식, 바위 그리고 인디언들The Stones Shall Cry Out: Consciousness, Rocks, and Indians〉이라는 글에서 돌이 말할 수 있다고 주장한다. 틴커는 오늘날 의식이 무엇인지에 대해 합의가 이뤄지지 않았다고 지적한다. "글로벌 자본과 서구 과학이라는 …… 신흥 세계 문화는 바위에 분명히 의식이 없다며 입을 모은다." 틴커는 이런 생각은 역설적이면서도 오만하다고 주장한다.

바위의 말을 듣는 법을 배우려면 인간중심주의에서 벗어나 코페르니쿠스적 전환이 필요하다. 틴커는 한 컨퍼런스에서 카나카 마올리Kānaka Maoli족 예술가가 자신이 조각한 돌을 어떻게 찾아냈는지 묻는 말에 대답한 것을 들은 일화를 서술한다. "제가 그 바위들을 찾는 게 아니라 그들이 저를 찾는 거죠!"라고 예술가는 말했다. "내가 해변을 따라 걸으면, 어느 순간 돌멩이 하나가 다가와 발뒤꿈치를 물곤 합니다." 틴커는 한 영국인 미국학 교수가 즉각 이렇게 반박했다고 전한다. "그게 바로 당신들 문제입니다. 당신들은 너무 인간 중심적이에요! 세상 모든 것이 당신들 방식대로 작동한다고 생각하잖아요."라고 반박했다. 틴커는 이런 비판에 대해 '이성적이라기보다 너무 감정적'이라고 생각했다고 회상한다.

> 이 발언은 거의 일주일 동안 문화적 장벽을 넘어서 소통하려는 좌절된 시도에서 비롯된 것이었으며, 동시에 자신들의 문화를 보편적이고 규범적이라고 생각하는, 그리하여 본질적으로 우월하다고 여기는 문화 속에서 평생을 살아온 경험에 뿌리를 두었다. 이것은 아무리 순진하다고 해도 지적 파시즘의 한 형태다. 짧은 독설을 마치자마자 나는 일어나서 정반대의 사실이 맞다고 주장했다. "죄송합니다, W 교수님. 하지만 그 발언은 그냥 넘어갈 수 없습니다. 사실 당신들이야말로 진정한 인간중심주의자입니다. 당신들은 세상 모든 것이 당신들과 다르게 작동한다고 믿으니까요."

다시 말해, W 교수와 같은 관점은 자연을 인간과 근본적으로 다르다고 보는데 그 이유는 자연이 결정론적으로 작동하기 때문이다. 여기서 시간이 개입된다면, 그것은 일련의 행동으로 기록되는 것이 아니라 물질을 마치 비활성화된 것처럼 이끄는 힘으로 여겨진다. 틴커는 "유럽 서구인들은 세계를 신성, 인간, 자연이라는 명확한 위계로 나눴는데, 그 순서는 가장 위대한 것에서 가장 하찮은 것으로 내려간다."라고 썼다. 다음 장에서 다시 살펴보겠지만 이런 구분은 역사적으로 인종이라는 개념이 탄생한 과정과 관련된다. 이때 유럽인들이 탐험 중에 마주하고 나중에 노예로 삼은 사람들을 진정한 문명으로 가는 다윈식 진보의 초기 단계로 재구성한 것과 연결된다. 원주민들을 단순히 '역사 밖에' 있는 존재로 여겼을 뿐만 아니라 게으르고 미래에 관심도, 이해도 없는 개인이나 공동체로 해석했다. 요컨대 원주민은 진정한 주체성이 결여된 존재로 여겼으며, 그 주체성의 모델은 유럽식이었다.

틴커가 바위에 관해 쓴 글에서 자주 등장하는 단어 가운데 하나는 '존중'이다. 그는 마음을 '뇌에서 일어나는 물리적 과정'으로 보는 환원론적 관점을 언급하며, '고도로 발달한 신피질 뇌는 의식이 궁극적으로 성취한 것'이라는 가정에 불만을 표한다.* 틴커는 이와 반대로 "파충류에 신피질 뇌나 변연계 뇌가 없다고 해도 인디언

---

* 이런 환원론의 한 가지 사례는 기억이 물리적 사물, 장소, 풍경 속에 '깃들어 살아 있다.'라고 보는 일상적인 현상에서 볼 수 있다. 글이나 다른 기억 도구의 도움을 받는 것과 마찬가지로, 우리는 특정 장소에 가보지 않고는 무언가(예를 들어 인생의 특정 시기에 대한 세부 사항)를 기억할 수 없을 때가 종종 있다. 원주민 문화가 이 관계를 어떻게 활용해 왔는지, 구체적으로 이야기와 기억을 물리적 환경의 지속적인 요소와 연결하는 예시로는 키스 바소(Keith Basso)의 《장소들에 있는 지혜(Wisdom Sits in Places: Landscape and Language Among the Western Apache)》를 참고하라.

들이 도마뱀의 지능과 의식에 대해 보이는 깊은 존경과 감탄을 흔들어놓지 않을 것"이라고 주장했다. 이렇게 볼 때 조지프 래넘이 팟캐스트 〈존재에 대하여On Being〉의 한 에피소드에서 크리스타 티펫Krista Tippett에게 자기가 보는 모든 새를 '숭배'한다고 말할 때, 이 '숭배'는 부동산 소유주의 탐욕스러운 이끼 '사랑'과 분명 크게 다르다. 무언가를 존중하거나 존중하지 않는 것의 차이는 그것이 자동 기계가 아니라는 사실을 이해하는 것이자, 그저 그 안에 시간이 존재하는 것이 아니라 행동으로 시간을 기록한다는 사실을 이해하는 것이다.

지금까지는 식민주의와 연관해 설명했지만, 이런 차이는 사람들 사이의 일상적인 상호작용에서도 나타난다. 아담 와이츠Adam Waytz, 줄리아나 슈뢰더Juliana Schroeder, 니콜라스 엠플로이Nicholas Employ는 이를 '열등한 지성의 문제lesser minds problem'라고 불렀다. 이 인지적 편향은 우리가 자신과 다르다고 인식하는 사람들의 감정적 현실을 과소평가하거나 간과하게 만든다. 또한 이러한 사람들이 '우리'보다 더 편향적일 것이라는 잘못된 믿음을 가지게 한다. 이를 통해 '우리'는 이들 '외집단outgroup(심리학과 사회학에서 자신이 소속감이나 유사성을 느끼지 못하는 집단을 말함.-옮긴이)' 사람들을 인간보다는 기계처럼 보는 경향이 있다고 해석할 수 있다. 저자들은 한 놀라운 실험을 소개한다. 실험에서 참가자들은 '보통 비안간화되는 외집단'으로 여겨지는 마약 중독자나 노숙자 같은 사람들에 대해 생각하도록 요청받았다. 외집단에 속하지 않은 사람들이 이러한 사람들을 생각할 때, 보통 타인의 정신 상태를 짐작하는 데 관여하는 '마음 이론theory of mind과 관련된 뇌 영역이 활성화되지 않는다. 그러나 참가자들이 외집단 구성원의 마음에 직접적으로 관여하도록 요청받았을 때, 예를 들어 "노숙자는 어떤 채소를 좋아할까?" 같은 질문을 했을 때는, 이 뇌 영역이 활성화되었다. 이는 사회적 지위가 높은 외집단 구성원을 생각할 때와 같은 방식으로 활성화된 것이다.* 채소에 대해 던진 질문은 집단 바깥 사람이 욕망을 지녔다는 사실을 전제로 한다. 그리고 욕망은 미래에 대한 태도이자 과거를 반영하므로, 그 사람이 사는 시간 속에만 존재할 수 있다.

이것이 키머러가 말하는 '고유한 주권innate sovereignty'이자, 틴커가 우리에게 존중하라고 요청하는 부분이라고 생각한다. 새로운 장소에서 주권을 이해하는 것은 상당한 변화를 요구할 수 있으며, 인간중심주의와 유럽 중심주의에 익숙한 사람에게는 시간 속에서 세상을 '고정된' 상태로 보는 태도에서 벗어나 보려는 시도가 혼란스러울 수 있다. 예를 들어 나는 2001년 다큐멘터리 〈위대한 비상 Winged Migration〉의 한 장면을 보면서 비슷한 감정을 느꼈던 기억이 있다. 같은 장소, 같은 계절에서 시작하고 끝나는 이 영화는 다양한

---

* 〈그레이 아나토미(Grey's Anatomy)〉와 〈스캔들(Scandal)〉을 쓴 숀다 라임스(Shonda Rhimes) 도 '사실적인 TV 쇼 캐릭터 만들기'를 다룬 마스터클래스에서 비슷한 지적을 했다. 그는 매력적인 캐릭터에는 희망과 욕망, 즉 시간을 보는 태도가 완벽하게 형성돼 있다고 주장한다. 그리고 캐릭터가 진부하고 정적이고 지루해질 위험이 가장 클 때는 자기와 전혀 다른 캐릭터를 쓰려고 할 때라고 덧붙였다.

철새들의 삶과 투쟁이라는 단순하지만 심오한 사실을 보여준다. 영화 내내 제작진은 경량 카메라를 사용해 캐나다기러기 및 다른 새들과 함께 이동하며, 새들의 관점에 가까운 풍경을 보여주려고 했다.* 영화의 간결한 사운드트랙과 해설은 그러한 관점을 취하기 쉽게, 또는 적어도 그렇게 하고 싶은 자신의 욕구를 느끼게 만든다.

특히 나를 혼란스럽게 한 부분은 캐나다기러기가 뉴욕 상공을 지나가는 장면이었다. 뉴욕의 스카이라인을 기러기가 수천 년 동안 지나온 여정의 일부로 보자, 갑자기 낯설게 보였다. '뉴욕'은 특정한 강둑을 따라 단단한 모양과 돌출부로 이뤄진 기묘한 집합체가 됐다. 기러기들에게도 이 도시가 존재했을 테지만 이들에게 뉴욕은 그저 다른 곳으로 향할 때 지나치는 강 같은 여러 이정표 가운데 하나였을 것이다. 기러기들의 비행경로는 이 장소들을 하나의 거대한 달력으로 연결하고 있었다. 기러기들이 항구를 통과할 때 나는 그들이 본 것을 봤다고 말할 수는 없다(가장 명백한 이유는 내가 지구의 자

---

* 니콜 팰러타(Nicole Pallotta)는 2009년 〈동물 비평 연구(Journal for Critical Animal Studies)〉에 실린 글에서 〈위대한 비상〉을 리뷰하며 좀 더 침투적인 촬영 기법을 언급했다. "적어도 내가 생각하는 이상적인 세상에서는 인간이 비인간 동물에 개입하지 않고 그들을 그냥 내버려두어야 한다. 그러나 우리 세계는 이상적이지 않으며, 이 현실 속에서 이 영화는 중요한 가능성을 가지고 있으며, 중요한 목적을 수행할 수 있다." 이 영화가 지닌 중요성 가운데 하나는 '유사성 원칙(similarity principle, 약한 마음 편향과 비슷한 개념)'이 집단 바깥 사람뿐만 아니라 하등동물 집단으로도 확대 적용된다는 사실을 보여준다는 점이다. 예를 들어 1993년 발표된 연구에 따르면 응답자들은 고통을 느끼는 능력에 따라 순위를 매겨, 새는 포유류보다 고통을 덜 느끼고 파충류나 어류보다는 많이 느낀다고 평가했다. 이 순위는 응답자들이 어떤 동물 집단을 인간과 얼마나 비슷하다고 느꼈는지에 따라 달라졌다. 팰러타는 일부 우려에도 불구하고, 〈위대한 비상〉에서 "새들이 '그저 점들'에서 '등장인물'로 변모"했다는 점에서, 적어도 이 다큐멘터리가 '탈객체화된 실천'으로는 성공했다고 봤다.

기장을 감지할 능력이 없다는 점이다). 하지만 그 순간만큼은 내가 평소에 보는 것을 보지도 않았다. 잠깐이었지만, 해시계와 격자 같은 익숙한 시간 개념이 뒤집히며, 나는 내가 느끼는 시간 바깥의 무언가를 이해한 것 같았다.

우리 뒤에는 스펀지처럼 생긴 기묘한 바위가 있다. 풍화혈 tafoni이라고 부르는 이 바위는 일반적으로 소금에 의한 풍화의 한 형태로 받아들여지지만 여전히 수수께끼는 남아 있다. 소금이 바위에 구멍을 남기는 원인이기는 하지만 유일한 요인은 아니다. 실로 복잡한 구멍, 움푹 팬 곳, 연결다리는 각 암석의 구성 성분 같은 여러 요인에 따라 달라질 수

있다. 바위, 소금, 공기, 물이 남긴 이런 특징을 제대로 설명하려면 특정 장소에서 일어난 여러 중첩된 과정과 피드백 순환을 포착해야 한다. 풍화혈은 사실 지금 여기 있는 우리 몸을 포함해 모든 곳에서 계속 일어나는 일을 시각적으로 나타낸다. 사물은 다른 사물에 영향을 미친다는 사실 말이다. 풍화혈은 경험 같은 무언가의 흔적이다.

영어에서 경험experience이라는 단어는 실험experiment과 어원이 같다. 무언가를 경험한다는 것은 그것을 위해 존재한다는 것, 사건이 일어나게 만드는 열렬한 공동 창작자가 된다는 것이다. 날씨를 감지하고 떠날 시기를 결정해 이동하는 오리나 기러기처럼 말이다. 장애와 자폐스펙트럼장애를 다룬 블로거로 유명한 멜 배그스Mel Baggs는 〈내 언어로In My Language〉라는 편견 없고 감동적인 영상에서 자신만의 경험을 보여준다. 이 영상에서 그는 신체의 다양한 부위와 집 안 여러 사물이 만나는 갖가지 효과, 동작, 소리를 이용하고 그 만남이 노래하는 소리를 영상의 배경으로 삼아 이런 경험을 보여준다. 영상 처음 몇 분 동안은 일반적인 의미의 '말'이 나오지 않는다. 그 다음 '번역'이라는 제목이 달린 부분에서는 수도꼭지 아래에서 원을 그리며 움직이는 배그스의 손을 따라 컴퓨터 음성이 자막을 읽어준다. "이 영상의 이전 부분은 내 모국어로 되어 있다. 많은 사람들이 내가 이 언어를 모국어라고 말할 때, 영상의 각 부분이 인간이 해석하도록 설계된 특정한 상징적 메시지를 담고 있을 거라고 생각한다. 하지만 내 언어는 사람들을 위해 단어나 시각적 상징을 설계하는 것이 아니다. 내 언어는 내 환경의 모든 요소와 끊임없이 대화하는 것이다."

바위를 "바위가 나를 찾았다."고 표현했던 예술가의 말을 떠올리며, 배그스는 영상 속 물에 대해 이렇게 말한다. "이 물은 어떤 것도 상징하지 않는다. 그저 물과 상호작용하고, 물도 나와 상호작용하는 것뿐이다." 이 영상에서 경험과 실험의 연관성이 명확해진다. 경험한다는 것은 주변 환경을 실험하고 시도하고 그것에 반응하는 것이다. 경험은 서로 다른 행위자 간에 이뤄지는 일종의 호출과 응답이다. 하지만 영상은 또한 누가 세상을 경험할 능력을 부여받는지에 대한 정치적 본질을 드러낸다. 배그스는 영상에서 영어로 번역된 행위는, 장애인이 존재하지 않는 존재와 경험하지 않는 존재로 상상되는 위치를 반영한다. 그리고 배그스는 이렇게 말한다. "내가 자연스럽게 생각하고 반응하는 방식은 표준 개념이나 시각화와도 너무 달라서 어떤 사람들은 그것을 사고라고 여기지 않는다. 하지만 그것도 그 자체로 하나의 사고방식이다." 배그스가 자신의 경험을 지배적 언어로 표현한 것은 그들을 단순한 자동기계로 격하하려는 힘에 맞서 스스로를 주체로 선언한 것이기도 하다.

경험과 실험, 윤리의 연결을 보여주는 또 다른 사례는 테드 창 Ted Chiang의 소설집 《숨》에 수록된 〈소프트웨어 객체의 생애 주기

The Lifecycle of Software Objects〉에 등장한다. 원래 동물사육사였던 애나Ana는 인공지능인 '디지엔트digient'를 키우는 임무를 맡게 되는데, 이 과정은 육아처럼 오랜 시간이 걸린다. 디지엔트는 엄밀히 말하면 소프트웨어 객체지만 가상 세계에서 상호작용하고 이곳에서 능력을 시험하며, 때로 물리적 신체인 로봇 몸체에 넣어지기도 한다. 어느 날 가정용 로봇 판매 회사가 디지엔트에게 관심을 보이지만 애나와 그의 디지엔트, 잭스가 법적 인격을 기대한다는 것을 알고 협상이 결렬된다. 회사는 '초지능적인 직원'이 아닌 '초지능적인 제품'을 원했기 때문이다.

애나는 혼자 곰곰이 따져보다가 회사가 "인간처럼 반응하지만 인간과 같은 의무를 지지 않아도 되는 것"을 원한다는 사실을 깨닫는다. 그는 100년이 걸려야 자라는 이끼를 보호하려고 했던 키머러와 비슷한 상황에 처하게 된다. 돈으로는 시간을 살 수 없기 때문이다.

경험은 최고의 스승일 뿐만 아니라 유일한 스승이다. 잭스를 키우면서 배운 것이 있다면 지름길 따위는 없다는 사실이다. 20년 동안 세상에 살면서 얻은 상식을 가르치려면 20년을 들여야 한다. 단기간에 그만큼의 발견을 모을 수는 없다. 경험은 알고리즘으로 압축할 수 없기 때문이다.

설령 그 경험을 모두 스냅숏으로 찍어 무한히 복제할 수 있다고 해도, 심지어 복사본을 싸게 팔거나 공짜로 나눠줄 수 있다고 해도, 그 과정을 거쳐 만든 결과물인 디지엔트 하나하나는 각자 하나의 삶을 살 것이다. 새로운 눈으로 세상을 바라보고, 희망을 이루기도 하고 좌절하기도 하며, 거짓말을 하거나 거짓말을 들었을 때 어떤 기분인지 알게 됐을 것이다.

그들 하나하나가 존중받을 만하다는 뜻이다.

물로 검어진 바위에는 바다표범들이 은빛 무리를 이뤄 쉰다. 몸통이 온통 검은색에 주황색 부리를 지닌 바닷새인 검은머리물떼새 한 마리가 파도 따위에 놀란 기색도 없이 작

은 바위 사이를 바쁘게 오간다. 우리는 야생화의 흔적이 희미해진 절벽 사이로 난 길에서 이 지역의 지질과 거친 환경에서 적응한 식물 군락을 설명하는 튼튼한 나무 표지판을 여럿 만난다. 하지만 침식 과정을 설명하는 표지판은 만나기 어렵다. 그곳으로 향하는 옛길이 침식됐기 때문이다. 이에 대한 대응책으로 절벽을 둘러 새로운 길이 생겼다.

세상을 시간의 구성 요소로 보고, 주체성을 지녔으며 존중받을 가치가 있다고 여기는 것은 틴커가 언급한 행위자와 대상 간의 위계를 포기하는 것을 의미한다. 이것은 흥미로운 일인가, 아니면 두려운 일인가? 와일드캣은 "원주민 사상가들은 세상에서 인간의 불확실성과 통제력 부족을 인정할 뿐 아니라 그것을 두려워하지 않고 오히려 힘을 부여하고 겸손하게 만드는 요소로 본다."고 말한다. "힘을 부여하고 겸손하게 만든다."는 것이 역설처럼 들린다면 그것은 우리가 보통 권력을 어떻게 생각하는지에 따른 것이다. 권력, 행위성, 경험이 개별적인 신체에 국한되지 않고, 삶을 구성하는 관계와 과정 속에 존재하는 세계관에서는 그 역설이 사라진다.

진정한 역설은 세상을 비활성으로 간주하는 마음이 자신 또한 모든 것과 마찬가지로 결정론의 법칙에 묶였다고 인식하게 되는 것이다. 이는 일종의 궁극적인 자기 패배라고 할 수 있다. 2장에서 언급한 대로 우생학자 프랜시스 골턴은 회고록에서 인간을 대체로 행동을 예측할 수 있는 '의식 있는 기계'이자 '유전과 환경의 노예'로 보는 자기 생각을 검증할 실험을 했다고 회상한다. 그는 인간의 행동은 대부분 예측 가능하다고 믿었다. 골턴은 자유 의지의 잔여물을 찾으려 했으나 "내가 조사한 것이 유전적 행동 유사성이든, 쌍둥이의 생애사든, 혹은 내 자신의 정신 활동이든 그 잔여물을 위한 공간은 점점 더 좁아 보였다."라고 썼다. 한편 베르그송은 우리 행동이 완전히 습관적인 것과 완전히 자유로운 것 사이의 틈에 존재한다는 사실을 인정하면서도, 그가 발견한 자유는 매우 중요하며 무한으로 열리고 인간 내부와 외부 모두에 존재한다고 주장한다. 그는 생명력을 끊임없이 되돌아오는 물질과 불꽃을 가진 로켓에 비유하며, 이것은 물건이 아니라 "끊임없이 발사되는 연속성"이라고 주장한다. 창조는 "신비"가 아니며, "우리가 자유롭게 행동할 때 우리 안에서 그것을 경험한다."고 설명한다. 자유는 선택이며, 선택은 우주 곳곳에 흩어져 있다. 그리고 그것을 제약하려는 것들에 맞서 앞으로 나아가고 작용하는 것이다.

베르그송에게 학습과 인식이라는 일상적인 경험은 매 순간의 새로움과 시간의 비가역성을 입증해 준다. 그는 변화가 없어 보이는 익숙한 마을을 걷다가 처음 그 건물들을 봤을 때를 떠올린다. 그러자 비교가 이뤄지면서 순간적으로 세상이 멈춘 듯한 느낌을 받는다. "이 물체들은 끊임없이 내 지각 속에 있고, 나의 마음에 계속 각인되면서 결국 의식적 존재에서 무언가를 빌린 것 같다. 나처럼 그들도 살아왔고 나처럼 늙어갔다. 이것은 단순한 착각이 아니다. 만약 오늘의 인상이 어제와 완전히 동일하다면, 지각과 인식, 학습과 기억 사이에 무슨 차이가 있을까?"

윤카포르타 또한 학습과 '창조라는 사건'에 대해 이야기하며, 이는 정착민들에게 흔히 알려진 '드림 타임Dreamtime(호주 원주민 신화에서 인류가 창조된 시기-옮긴이)'이라는 단어를 발명하기 전, '턴어라운드Turnaround'라는 호주 원주민 영어 단어로 불렸다. 그는 마음과 영혼의 추상적 세계와 땅, 관계, 활동의 구체적 세계 사이의 관계를 설명하며 "창조는 먼 과거의 사건이 아니라 지속적으로 펼쳐지는 것이며, 두 세계를 문화적 실천 속 은유로 연결해 함께 창조해 나가는 관리자가 필요하다."고 썼다. '더 작지만 유사한 턴어라운드 사건'은 우리가 무언가 새로운 것을 진정으로 깨달을 때마다 뇌에서 도파민이 분비되는 순간에 일어난다. 윤카포르타는 "지식의 관리자는 지식에 이르는 사람들의 마음속에서 지속적으로 일어나야 하는 작은 창조 사건의 관리자"라고 쓴다.

깊은 곳에서 밀려 올라오는 바위와 그것을 닳게 만드는 물처럼, 갈색으로 익어 나무에서 떨어져 언덕을 구르는 칠엽수 열매처럼, 굳어진 언어의 경계를 밀어내는 시처럼, 또는 베르그송의 멈출 수 없는 폭포처럼, 우리 삶의 공동 창조의 사건들은 외부의 균일한 시간 속에서 펼쳐지는 것이 아니다. 그것들은 곧 시간 자체다. 이 사실을 완전히 이해하는 것은 머릿속에서 연습했던 대화를 실제로 나누는 순간과 비슷하다. 연습은 결코 완벽할 수 없다. 왜냐하면 당신의 상상 속에는 대화하는 상대뿐만 아니라 순간순간 변화하며 반응하는 당신 자신도 빠져 있기 때문이다. 이 점을 깨달을 때, 미래는 더 이상 당신의 추상적인 자아가 외로운 육체라는 껍데기 속에서 꾸역꾸역 나아가는 추상적 지평선처럼 보이지 않을 수 있다. 대신 지금 이 순간을 다음 순간으로 밀어내는 멈출 수 없는 힘이 언제나, 특히 예상하지 못한 곳에서 당신에게 말을 걸고 있음을 알게 될 것이다. 우리 대부분에게 주어진 과제는 다시 한번 이 말을 듣는 방법을 배우는 것이다.

Chapter 5

주제

전환

A Change of Subject

태평양 방파제

혼자서는 인류에게 미래가 없다.
_아실 음벰베(Achille Mbembe),
《숨 쉴 수 있는 보편적 권리(The Universal Right to Breathe)》

북쪽으로 50킬로미터 올라가 바다 너머 또 다른 절벽을 바라본다. 우리 바로 뒤에는 도시의 경계가 있고 앞으로는 바다 저편까지 안개가 퍼져 있다. '커피, 페이스트리, 케이크'를 파는 카페의 창문에 적힌 '케이크'라는 단어는 소금기 있는 바닷바람에 거의 다 지워졌고, 인도 배수구에는 모래가 가득하다. 해변으로 이어지는 가파른 절벽이 있고, 길을 조금만 더 따라가면 절벽 끝에 울타리로 둘러싸인 평평하고 빈 구역이 보인다. 인공적으로 만든 전망대일까? 아니었다. 알고 보니 이곳은 바다로 쓸려가기 전에 미리 철거한 오래된 집의 흔적이다. 근처에는 표지판이 두 개 있다. 하나에는 '절벽 주의'라는 경고가, 다른 표지판에는 이안류가 있으나 안전요원은 없다고 적혀 있다.

2020년 산불이 한창이던 9월 9일, 나는 블라인드 뒤에서 어른 거리는 불그스름한 빛에 눈을 떴다. 곧 그것이 안개와 인근 화재에서 발생한 연기가 섞인 것임을 알게 됐다. 그중 일부 화재는 일주일 전 마른번개가 치던 불길한 밤에 시작된 것이었다. 내가 읽은 바로는 태양광 패널로 생성된 전력은 0퍼센트였다. 그날 하루 종일 뉴스와 소셜미디어는 완전히 주황색으로 물들어 마치 종말을 연상시키는 콘텐츠로 가득 찼다. 주황색으로 물든 버널 힐Bernal Hill과 트랜스아메리카 피라미드 빌딩, 오클랜드 항구가 있었다. 이 글을 읽는 시기와 장소에 따라 이러한 현상이 이제는 이상하게 느껴지지 않을 수도 있겠지만 당시에는 전례 없는 일처럼 느껴졌다.

아침 9시인데도 너무 어두워서 주방에 불을 켜야 했다. 마음을 가라앉히려 필리핀식 아침 식사인 탑실록tapsilog(고기볶음인 타파에 마늘볶음밥, 달걀프라이를 더해 먹는 음식-옮긴이)을 채식 버전으로 만들까 싶어, 마늘을 볶아 종이 포일 위에 올려놓고 말라가는 모습을 물끄러미 지켜봤다. 하늘은 점점 더 어두워졌고, 마치 시간이 거꾸로 가는 것 같았다. 내 몸은 본능적으로 그 상황이 너무나 부자연스럽다는 것을 느꼈다. 프렐링거 도서관을 공동 운영하는 내 친구 릭 프렐링거Rick Prelinger는 "아침이 사라졌어."라는 트윗을 올렸다. 하지만 아침이 사라졌다고 일해야 하는 날이 사라진 것은 아니다. 길 건너 이웃집에는 불이 켜져 있었다. 이웃은 이미 줌을 켜고 일했다. 나도 수업 준비를 하고 논문도 채점해야 했다. 노트북 앞에 앉아 일하자니 평소와 다름없는 업무와 섬뜩한 주변 환경이 너무 대조적이어서 블라인드를 계속 올려놔야 할지 내려야 할지 몰라 당황스러웠다.

그대로 하루가 끝날 무렵, 나와 조는 집에서 나와 단독주택이 들어선 지역으로 이제 습관이 된 팬데믹 산책을 나갔다. 집마다 불이 환하게 켜져 있어서 우리가 그냥 지나치곤 했던 집들의 내부를 처음으로 들여다볼 수 있었다. 차가운 겨울바람은 헛헛하고 냄새 하나 없었다. 연기는 여전히 높은 고도에 머물러 대기질 지수에는 영향을 주지 않았다. 내 마음처럼 기괴할 정도로 평온하고 고요했다. 하지만 그날 밤 나는 치과에서 진료를 받다가 너무 아파서 울다 급기야 비명을 지르는 꿈을 꾸었다. 꿈속이었지만 육체적 고통이 너무 생생하고 강렬했다. 치과의사가 무슨 일이냐고 묻자 나는 "아니 너무 아파서 비명 지른 거잖아요!"라고 소리쳤다.

다음 날 밀린 집세처럼 연기가 우리 머리 위로 내려왔다. 대기질지수는 계속 올라 200을 넘어섰고, 사람들은 두통, 기침, 목과 눈 따가움을 호소했다. 육체적 피로와 정서적 피로가 뒤섞여 구분하기 어려웠다. 하늘이 하얗게 변하고 근처 나무들은 지우개로 지운 듯 모습을 감췄다. 산책은 더 이상 불가능했고, 악몽이 계속 이어졌다. 이번에는 불길에 관한 것이었다. 꿈에서 나는 불길을 피하려다 꽉 막힌 도로에 갇혀 몇몇 사람들과 함께 오솔길로 도망쳤다. 연못에서 낚시하는 사람들을 봤는데 이 사람들이 건져내는 것은 물고기가 아니라 불을 피하려다 익사한 사람들이었다. 이런 꿈에서는 늘 불의 벽이나 연기 벽이 다가왔다. 벽은 영상 타임라인 바처럼 공평무사한 최후를 향해 무시무시하게 움직여 나갔다.

산불 꿈은 팬데믹 동안 부쩍 늘어난 죽음 꿈과 뒤섞였다. 나는 일기에 이렇게 적었다.

미래가 사라졌다. 지평선 너머로 사라졌다고 말하고 싶지만, 지평선은 보이지 않고 매캐한 연기만 가득할 뿐이다. 한 해 한 해 더 나빠질 것이고, 매 순간 회복할 수 없는 상실과 재앙에 점점 가까워진다는 사실을 지금처럼 분명하게 느낀 적은 없다. 내 몸이 늙어가는 느낌과 비슷하지만 이건 세상 모든 것에 해당하는 느낌이다. 내가 떠난 뒤에도 다른 것들은 번성하리라는 사실을 확신하고 위안을 얻지도 못한다. 진짜로 모든 것이 끝나버릴 것 같은 느낌이다.

어린 시절을 계속 떠올린다. 어쩌다가 산불이 일어나는지도 모른 채 자랐는지, 어떻게 '평범한 시간'에 산다고 생각했는지 떠올려 본다. 이제는 과거의 모든 것이 접힌 종이의 표면을 따라 움직이는 듯하다. 지금 우리는 그 접힌 부분을 넘는 중이고, 이후에 남은 것은 생존뿐이다. 모두 내가 상상할 수 없는 모습으로 달라질 것이고 훨씬 나빠지리라 믿을 만한 이유는 넘쳐난다. 이런 생각과 얽힌 깊은 공포가 내 꿈을 만드는 것 같다. 죽음에 대한 공포가 아닌, 고통을 겪는 것에 대한 공포다.

이 글을 또 다른 악몽 같은 산불 시즌 한가운데서 읽으며, 그것도 예년보다 훨씬 일찍 시작된 시즌 속에서 나는 나 자신의 감정에 공감하고 이해했다. 하지만 나는 이런 악몽들이 사회가 한때 안정적이었다가 이제는 피할 수 없고 돌이킬 수 없는 파멸로 향한다는 믿음, 즉 쇠퇴주의를 내면화한 결과로 보기 시작했다. 쇠퇴주의는 우리가 처한 상황을 가슴 아프지만 냉철하게 평가하는 방식과는 전혀 다르다. 오히려 선형적이고 결정론적인 시간 계산법 가운데 아마도 가장 위험한 형태가 아닐까 싶다. 결국, 일어난 일로 인해 과거와 미래의 손실을 인정하는 것과 그저 비디오 재생 헤드처럼 냉혹하고 도덕성 없는 시간의 흐름 속에서 과거와 미래가 아무런 목적 없이 그저 스스로를 움직인다고 보는 것은 전혀 다른 문제다. 인간과 비인간 행위자의 주체성을 인정하지 않는 이런 관점은 투쟁과 우연성을 보이지 않게 만들고, 허무주의와 향수를 불러일으켜 결국 마비되게 만든다.

쇠퇴주의는 향수와 가까운 친척이다. 향수의 대상은 흔히 살아 있지 않고 시간과 상관없는 것이다. 가령 누군가와 헤어진 다음 몇 년 뒤 그 관계에 향수를 느낀다고 치자. 이 우울한 그리움의 대상은 누구일까? 향수를 느끼는 대상이 여전히 당신 곁에 있다면 분명 계속 나이 들고 발전해 온 현재의 그 사람은 아닐 것이다. 아마 지금 살아 있지만 홀로그램처럼 박제되고 이상화된 모습의 그 사람일 것이다. 게다가 어떤 관계들은 서로를 시간 속에서 보는 것을 멈췄기 때문에 애초에 끝나기도 한다. 한쪽은 살아 숨 쉬고 계속 변하는데, 상대방은 그를 놀라움은 전혀 없고 그저 위안을 주는 정적인 이미지로 바뀌버린 탓이다. 이끼에서 배웠듯 당신이 무언가 또는 누군가를 사랑하고 아낀다고 해서 안타깝지만 그것에 현실성을 부여하거나 그들을 다 안다고 확신할 수는 없다.

나는 인생 대부분 동안 이런 식으로 '환경'을 대해왔다. 어렸을 때 우리 가족은 자동차를 타고 험한 산타로사와 클라매스 산맥을 지나 북쪽으로 몇 번 여행을 떠났다. 나는 101번 고속도로를 달리는 자동차 뒷좌석에 파묻혀 수백 킬로미터에 이르는 레드우드와 더글라스전나무를 바라봤다. 나는 끝없이 이어진 빽빽한 숲에 감탄하며 태곳적 숲을 바라본다고 생각했다(아이들도 향수를 느끼는 법이다). 30대에 접어들어서도 나는 여전히 '나무=좋은 것, 산불=나쁜 것'이라는 구닥다리 공식에서 그다지 나아가지 못했다. 캘리포니아는 물론 전 세계 많은 부분이 실제로 화염에 휩싸인 상태라는 사실을 그때까지도 몰랐다. 지역 생태계가 주기적인 산불과 얼마나 밀접하게 관련 맺으며 함께 진화해 왔는지, 전 세계 원주민들이 불을 어떻게 이용했는지, 그런 관행이 언제 어떻게 금지됐는지도 몰랐다. 나는 정치적·문화적 역사가 아닌 자연사를 본다고 생각했다. 마치 그 둘을 따로 떼어내 볼 수 있다는 듯 말이다.

그 뒤로 나는 산불이 생태계 일부가 될 수 있다는 사실을 알게 됐다. 풀과 우거진 상록수 관목과 뒤섞여 호주 남서부부터 칠레를 거쳐 내가 사는 캘리포니아까지 뻗은 참나무 덤불은 주기적으로 발생하는 산불에 의존하는 식물군락 가운데 하나다. 이곳 환경은 매우 건조해서 나무가 썩거나 씻겨나갈 일이 거의 없으므로, 주기적으로 작은 산불이 일어나 죽은 덤불을 치우고 새로운 성장 공간을 만들어 토양에 영양분을 되돌려 주는 기능을 해야 한다. 어떤 식물의 씨앗은 산불이 없으면 싹을 틔우지 못하기 때문에 더욱 불이 잘 붙도록 왁스처럼 기름지고 반짝이는 형태로 진화했다. 숲 위쪽 언덕에 자라는 로지폴소나무 같은 종의 씨앗 주머니는 원뿔 모양으로 단단히 감싸여서 주머니를 터뜨려 씨앗을 퍼뜨리려면 불이 필요하다. 산불이 줄면 나무에 구멍을 내는 딱정벌레가 줄고, 연쇄적으로 나무둥치 구멍에 둥지를 트는 딱따구리 같은 종이 위태로워진다. 나는 전에 산불이 난 지역을 하이킹하다 큰 산불로 생긴 그루터기 서식지에 생물 다양성이 매우 풍부하다는 사실을 우연히 깨달았다. 일부 동물 종은 이런 곳을 선호한다.

사람들은 자연을 향수 어린 눈으로 바라보며 무언가를 종종 놓친다. '자연은 치유력이 있다.'라는 팬데믹 시대의 관점에 의해서도 무언가를 놓친다. 사람과 오염 때문에 스트레스 받는 생태계와 건강한 생태계는 분명 다르다. 하지만 그 밖에도 사물이 '원래 대로' 있어야 한다고 생각하는 서구인의 관념은 우려스럽다. 그런 가정을 하는 주체가 누구인지는 고려하지 않기 때문이다. 사람들은 흔히 원주민 집단이 개화, 날씨 패턴, 철새 이동 같은 생태계 변화나 시간적 단서에 더 주목한다고 말한다. 그러면서도 이런 행동이 세계를 적극적으로 건설하고 비인간적인 세계와 협력하는 행동이 아니라 아무런 흔적도 남기지 못하는 수동적인 적응이라고 쉽게 오해한다.

다른 많은 것처럼 토착 관행은 개별 식물 같은 작은 규모에서는 물론 전체 경관과 공동체 규모에서도 속도를 내거나 반대로 중단될 수 있다. 각 지역 원주민 부족은 식민화되기 전까지 산불을 이용해 숲과 대초원을 일정한 비율과 상태로 유지했다. 오늘날 캘리포니아 여러 지역에서는 산불이 나고 몇 년이 지나면 종자 생산량이 늘고, 키 큰 싹이 자라 사슴과 엘크를 유인하며, 수풀이 우거져 바구니, 밧줄, 덫을 만들기에 적당해진다. 참나무 아래에 주기적으로 불을 놓으면 이파리 사이에 서식하며 나무가 우리에게 주는 식량을 빼앗는 기생 나방을 죽일 수 있다. 사람, 식물, 동물, 산불, 토지, 문화는 캘리포니아를 비롯한 전 세계 지역마다 다양한 공진화 패턴의 변화 속에서 존재해 왔다.

2021년 버클리 뉴미디어센터에서 주최한 산불 관리 행사에 참가한 연사 중 한 명인 마고 로빈스Margo Robbins는 유록Yurok족 땅에 불 놓기를 촉진하는 협의회의 이사였다. 로빈스는 내가 어릴 때 바라보던 바로 그 산에서 불 놓기 전후에 찍은 사진을 보여주며, 불놓기가 어떤 역할을 하는지 설명했다. 일반인의 눈으로 보기에는 불 놓기 전 사진이 공원 주변 산책로처럼 별 특징 없는 흔한 '자연 지역'처럼 보였다. 하지만 로빈스는 이 사진을 과정이라는 측면에서 설명했다. 이 지역에는 불 놓기를 하지 않았기 때문에 불에 잘 적응한 만생종(晚生種, 늦게 성숙하며 불을 이용해 종자 발아하는 식물 종-옮긴이)인 개암나무가 쓸모없는 가지만 내어 유록족의 전통 바구니를 만드는 데 도움이 되지 않는다는 것이다. 게다가 타지 않은 덤불이 개암나무를 뒤덮어 동물들이 개암나무의 열매를 먹고 뱉어내지 못해, 결국 개암나무가 번식하지 못할 지경이 돼버렸다. 마지막으로 그는 숲의 사절ambassador of the forest이라 할 수 있는 어린 더글라스전나무를 가리키며 이렇게 말했다. "이 나무는 원래대로라면 참나무 숲 초원이었어야 하는 곳을 잠식하기 시작했어요."

스티븐 파인Stephen Pyne이 쓴 《미국의 산불Fire in America》에 따르면 지속적으로 불태워진 초원과 19세기 측량사들이 '공원 같은 환경'이라고 부른 지역들은 미국 식민지 시대에 흔할 뿐만 아니라 확장됐다. 파인의 기준으로 보면 나는 어릴 때 산불을 완전히 거꾸로 이해했던 셈이다. 나는 식민지 지배자들이 원주민의 불 놓기 관행을 막은 탓에 숲이 유럽 침략자들의 발자취를 따르게 됐다고 이해했다. 하지만 파인은 이렇게 썼다. "미국의 위대한 숲은 정착의 희생자라기보다 정착의 산물이다." 로빈스도 이 점을 강조했다. "우리의 풍경은 인간이 개입한 덕에 비원주민들이 도착했을 당시 모습 그대로 남을 수 있었다. …… 원주민들은 환경을 균형 있게 유지하려고 일부러 개입했다. 넓은 마당이 있는데 아무것도 하지 않는다고 치자. 5년 후, 6년 후, 10년이 지나면 그 마당은 어떻게 될까? 우리 마당은 숲이고 우리는 울타리 처진 마당을 관리하듯 이 숲을 관리한다." 그는 한때 유록족 땅의 50퍼센트가 초원이었다고 말한다. 하지만 지금은 일부만 남았고 엘크는 떠났다. "우리가 자체적으로 설정한 목표 가운데 하나는 엘크가 다시 돌아올 수 있을 만큼 초원을 확장하는 것이다."

내가 본 숲은 아득한 옛날부터 구체화된 기억이었다. 숲은 달라지는 불 놓기 계획에 따라 형성되고 구체화됐으며 나중에는 결국 위기에 처했다. 불 놓기 계획은 땅을 바라보는 서로 다른 비전과 권력 경쟁에 따라 달라졌다. 18세기 스페인과 19세기 캘리포니아 초기 주 정부가 시행한 불 놓기 금지령은 정복, 강제노동, 가족 분리를 강제한 다른 법률과 함께 식민지 권력이 토착 부족에게 행사한 권력 가운데 하나였다.* 원주민 부족에게 불 놓기를 배운 일부 개척민들은 계속 불을 놓았지만 신설된 미국 산림청은 20세기 초부터 산불 진압 프로그램을 추진했다. 이들은 경제가 폭발적으로 성장하던 시기에 숲을 국가 목재 저장고로 생각했다.

이런 관점에서 토지는 말 없는 상품 저장고가 됐다. 규제를 벗어난 벌목과 마찬가지로 불 놓기는 상품을 위협한다고 여겨졌다.

* 1850년 캘리포니아 주법 및 인디언 보호법 제10조는 오랫동안 이어진 대초원 불 놓기 관행을 금지했다. 몹시 효율적이게도 이 조항은 식민지 법을 어기면 원주민 추장을 처벌하는 조항과 백인이 불만을 품었다면 원주민을 사법부에 고발하기 전 적법한 절차 없이도 처벌할 수 있다는 조항 사이에 끼어 있었다. 캘리포니아연구국이 작성한 문서에서 킴벌리 존스턴-도즈(Kimberly Johnston-Dodds)는 전체 법안과 그 개정 사항을 이렇게 요약했다. "(이 법은) 캘리포니아 인디언을 그들이 오랫동안 살아온 땅에서 쫓아냈고, 1850년에서 1865년까지 적어도 한 세대의 어린이와 성인을 가족, 언어, 문화에서 분리했으며, 인디언 어린이와 성인이 백인에 종속되도록 계약했다."

나중에 산림청이 되는 기구의 초대 의장인 프랭클린 허프Franklin Hough는 1871년 《임업 보고서Report upon Forestry》에서 뉴저지에 발생한 산불로 "40~50제곱킬로미터 면적이 불타서 산불 전에는 에이커당 10~30달러(한화로 약 1만 3000원~3만 9000원) 가치가 있던 땅이 1에이커(4046제곱미터)당 2~4달러(한화로 약 2600~5200원) 가치로 급락했다."라고 불평했고, 뉴욕에서 일어난 산불로 "계산할 수 없을 정도로 입목이 소실됐다."라고 불만을 표했다. 허프의 뒤를 이은 네이서니얼 에글스턴Nathaniel Egleston은 "우리 민족의 역사는 나무 세계와 치른 전쟁의 역사라고 할 수 있다."라고도 말했다. 여기서 나무는 경제적·문화적으로 가치 있는 것이자 젊은이들이 도시로 이주하지 못하도록 심미적 매력을 주며 잡아두는 도구였다.

정치적으로 이는 "모든 불은 위험하다."는 생각을 퍼뜨리고, 이를 반박하는 연구의 발표를 막으며 농촌 지역의 화재 관행을 조롱하듯 '파이우트Paiute식 산림 관리'라고 부르며 폄하하는 것을 의미했다. 주기적인 불 태우기(산불 예방을 위해 일부러 불을 지르는 것)와 완전한 산불 진압 중 어느 쪽이 나은가를 두고 벌어진 논쟁은 제2차 세계대전 중에 종결되었다. 당시 미국 산림청은 산불 예방을 전쟁 노력과 연결 짓는 선전을 펼쳤다. 1939년 한 포스터는 개척자 버전의 엉클 샘Uncle Sam 같은 인물이 숲의 화재를 가리키며 "너의 숲-너의 잘못-너의 손실!"이라고 말한다. 다른 포스터는 더 직설적이다. "산불은 적을 돕는다." 이런 메시지는 심지어 전쟁 이후에도 계속됐다.

1953년 한 포스터는 새로운 스모키 베어Smokey Bear가 삽을 들고 산림 경비 모자를 쓴 채 불타는 숲을 배경으로 서 있었다. "이 부끄러운 잔재가 미국을 약화시킨다!"라는 문구와 함께 "기억하라-오직 너만이 이 광기를 막을 수 있다!"라고 써 있다.

그 후 수십 년 동안 캘리포니아는 전국적인 교외 주택 건설 붐의 선두에 서게 됐다. 나는 이런 집들 중 하나에서 자랐는데, 스모키 베어 포스터가 인쇄된 시기와 비슷한 때에 지어진 부실하고 천편일률적인 주택단지의 일부였다. 이런 교외 지역은 대부분 야생 지역과 도시의 경계를 따라 형성됐고, 화재에 익숙하지 않으면서도 스모키 베어의 전형적인 미국식 무관용 메시지를 받아들이기 쉬운 교외 주민들을 끌어들였다. 1970년대에 산림청은 결국 방침을 바꿔 야생 지역에 불을 놓을 수 있도록 허용했고, 이후 원주민이 문화적 관행에 따라 불을 놓을 수 있도록 했다.* 하지만 지난 수십 년간 이뤄진 화재 진압은 생태적·문화적으로 큰 상처를 남겼다. 로빈스가 연설했던 산불 관리 행사에서 아마무춘부족회Amah Mutsun Tribal Band 회장이자, 아마무춘토지신탁Amah Mutsun Land Trust 대표인 발

---

* 얀 W. 반 와흐텐동크(Jan W. van Wagtendonk)가 관찰한 바에 따르면, 산림청은 1905년 '화재 진압을 존재 이유'로 설립되었지만 캘리포니아에서의 화재 진압 정책 변화는 점진적으로 이뤄졌다. 1968년 국립공원관리청은 승인된 구역 내에서 번개로 발생한 화재가 자연스럽게 진행되도록 허용하는 정책으로 전환했다. 1974년에는 산림청도 유사하게 원시 자연 구역에서 발생한 번개로 인한 산불에 대해 같은 정책을 채택했다. 또한 산림청은 원주민 공동체가 문화적 의식을 위해 불을 사용하는 '문화적 화재'를 점차 허용하기 시작했다. 2021년에는 유록족이 캘리포니아 법 개정에 도움을 주었으며, 이 법은 통제된 불태우기를 실행하는 민간인과 원주민에 대한 법적 책임 부담을 없앴다.

렌틴 로페스Valentin Lopez는 "비원주민들은 불을 아주 두렵고 파괴적인 것으로 본다."라고 한탄했다. 로빈스도 이에 동의하며 젊은이들이 불과 관련된 이야기와 인식을 바꾸는 데 도움 주기를 바랐다.

수십 년간 진압이 자행되고 산불에 대한 논의가 격화되면서 사람들이 대형 산불을 바라보는 관점이 달라졌다는 사실을 볼 때, 이런 변화를 희망하기는 어렵다. 2021년, 처음에는 멀리 떨어진 곳에서 발생한 산불이 방향을 바꿔 퍼지며 타호호수 근처 주택 몇 채를 파괴하자, 산림청은 정치적 압력에 굴복해 이미 정해진 불 놓기 작업을 중단했다. 기후와 관련된 많은 일이 그렇듯 이 사건은 시간적 지평에 대한 논쟁을 일으켰다. 임시방편 해결책으로는 누적된 '화재 부채'를 더욱 악화시킬 뿐이지 않을까? 생태학자 크리스털 콜든Crystal Kolden는 이 금지령이 "훨씬 덥고 건조해진 조건에서 …… 산불을 일으키는 연료라는 문제를 잠시 미뤄두는 것일 뿐"이라고 말했다. 생태 비영리단체의 운영 책임자인 조너선 브루노Jonathan Bruno는 콜로라도 산불을 둘러싼 비슷한 논쟁을 언급하며 이렇게 말했다. "자금 투자 방식을 해결하지 않고 계속 문제를 덮으려고만 한다면 우리는 아무것도 바꾸지 못한다. …… 말 그대로 불난 곳에 물만 뿌리고, 그걸 반복하고 있을 뿐이다."

해변에서 올려다보면 절벽은 바위, 파이프, 주황색 안전고깔, 방수포 조각, 오래된 울타리, 콘크리트 철탑 잔해들이

뒤엉켜 있다. 한쪽에서는 지금은 사라진 아파트 건물의 옛 기초가 절벽 끝에서 처참히 내려앉아 있고, 녹슨 철근이 공중에서 뒤틀려 있는 모습이 보인다. 그 절벽을 따라 설치된 관들은 물이 흐르며 절벽을 침식하지 않도록 방향을 바꾸기 위한 것이지만, 어떤 관이 아직 작동 중이고 어떤 관이 버려져 바위 위에 방치되어 있는지 구분하기 어렵다. 전체적으로 불안정하고 임시방편 같은 분위기가 느껴진다. 마치 절벽이 천천히 묻히고 있는 듯한 기묘한 공기가 감돌지만 바로 몇 미터 옆에서는 사람들이 여유롭게 해변에서 하루를 즐기고 있다.

절벽이 움직이지 않도록 고정하려는 다양한 시도가 눈에 띈다. 절벽 아래를 따라 큰 바위들이 놓였는데 때때로 이를 '해안 방호'라고 부르기도 한다. 또 다른 곳에서는 점토 같은 물질이 절벽에 덕지덕지 발라져 있는데, 마치 케이크 장식처럼 보인다. 또 다른 곳에는 촘촘한 그물망이 절벽 측면을 덮고, 고정용 볼트로 고정해 놓았다. 이 모든 것 아래에, 누군가가 사암 위에 "OHLONE(현재 미국 캘리포니아 지역, 특히 샌프란시스코만과 몬테레이만 주변에 살던 원주민 부족을 가리킴.-옮긴이)"이라는 글자를 새겨놓았다.

절벽에 남은 몇 안 되는 아파트 건물 중 하나에서 차례로 무너질 것처럼 보이는 낡은 발코니들이 햇빛을 향해 툭 튀어나와 있다. 한쪽 발코니에는 콧수염을 기른 웃통 벗은 남자가 난간에 기대어 서 있다. 그는 이해할 수 없는 표정으로 바다를 바라보며 담배를 피운다.

'문제를 덮는 방식으로 해결하는 것'은 내가 포함된 많은 도시 거주자들이 익숙해진 현실을 구성하는 여러 방식을 요약한 말이다. 특히 캘리포니아에서는 이런 억제의 흔적을 쉽게 찾아볼 수 있다. 예를 들면 댐, 방파제, 모래 울타리, 그물망, 토사 방지 둑, 콘크리트로 덮인 하천 심지어 시멘트로 덮은 언덕들까지 모두 물과 돌이 인간과 재산에 해가 되는 방식으로 이동하지 못하도록 설계된 구조물들이다. 하지만 이런 구조물 중 많은 것, 특히 20세기에 만들어진 것들은 결국 (여러 의미에서) 시간이 지나면 실패할 운명을 가지고 있을 수 있다. 지질학자 도리스 슬론Doris Sloan은 다른 면에서 정치적으로는 중립적인 책 《샌프란시스코 베이 지역 지질학Geology of the San Francisco Bay Region》에서 고속도로 1번에 대해 판단을 내렸다. 이 좁은 도로는 베이 지역에서 태평양과 믿을 수 없을 정도로 불안정한 절벽 사이를 구불구불하게 지나간다. 슬론은 이렇게 썼다. "계속해서 수리가 필요하고, 도로를 유지하기 위해 점점 더 정교하고 (그리고 값비싼) 공학 구조물이 건설되지만, 아마 애초에 도로를 시도해서는 안 되는 곳일 것이다." 도로 위로 또는 도로에서 발생하는 산사태는 빈번한 문제다. 2021년 1월에는 빅서Big Sur 인근 고속도로 1번에서 50미터 길이의 도로가 절벽 아래로 떨어져 나가면서 도로는 그해 4월까지 폐쇄됐다.

이 문제의 도로는 1935년부터 2001년까지 최소 53회나 폐쇄된 적이 있었고, 이는 존 맥피John McPhee의 《자연의 통제The Control of Nature》에 나올 법한 장면이다. 이 책은 인간이 물, 용암, 암석의 자연적인 움직임을 막으려는 시도를 다룬 세 가지 이야기를 담고 있다. 가장 극적인 묘사는 책의 마지막 부분에 등장하는데, 바로 로스앤젤레스의 산 가브리엘 산맥 근처에 사는 사람들의 이야기다. 산 가브리엘은 지질학적으로 젊고 빠르게 융기하는 산맥으로, '세계에서 가장 빠르게 붕괴되고 있는 산맥 중 하나'다. 이곳에서는 거대한 토석류(흙, 바위, 물이 섞인 흐름)가 자주 발생한다. 여름에 산비탈의 관목이 불탄 후, 겨울에 큰 비가 내리면 수백 톤의 바위, 진흙, 물이 협곡으로 쏟아져 내려올 수 있다. 토석류는 산의 생태계의 일부로 사실상 로스앤젤레스의 평야를 형성한 중요한 요소다. 하지만 오늘날에는 이런 흐름이 주거 지역에 도달하면서 거대한 바위, 자동차, 다른 집의 잔해 등을 포함하게 된다. 맥피는 실드스 협곡의 한 가족이 겪은 이야기를 전한다. 그들의 집은 불과 6분 만에 바위와 진흙으로 가득 찼다. "문을 닫자마자 곧바로 부서져 방 안으로 떨어졌고, 진흙, 바위, 물이 쏟아져 들어왔다. 가족들은 방의 가장 안쪽 벽으로 밀려났다. '침대 위로 올라가!'라고 밥이 외쳤다. 침대가 떠오르기 시작했다. 금색 벨벳 침대보 위에 무릎을 꿇은 채, 가족들은 곧 손바닥으로 천장을 지탱할 수 있을 정도로 물이 차올랐다."

4장에서 나는 시간을 이해하는 한 가지 방법은 특정 장소를 선택하고 그곳에 주의를 기울이는 것이라고 제안했다. 이는 더 큰 장소와 더 긴 시간에도 해당된다. 산타크루즈 산맥에서 50년 동안 살았던 몇몇 사람들이 예전에 걸어서 갈 수 있었던 페스카데로의 거대한 바위에 대해 이야기해 줬는데, 그 바위는 이제 영구적으로 바닷속에 있다. 1980년대 후반, 맥피가 《자연의 통제》를 썼을 때, 산가브리엘 산맥 근처에 살던 많은 사람들은 마지막으로 언제 거대한 토사가 밀려왔는지 기억하지 못하거나 그런 사건을 어떤 패턴의 일부로 보지 않았다. 일시성과 무관심 때문에 '도시 시간'이라는 문화적 프레임 속도는 지질학적 시간을 인식하지 못했다. "1934년에 발생한 대규모 사건을 기억할까? 1938년? 1969년? 1978년은? 누가 그것을 기억할까? …… 산의 시간과 도시의 시간은 마치 두 개의 초점을 가진 렌즈처럼 다르게 보이는 것 같다. 지질학적 변화가 이렇게 짧은 간격으로 발생하는데도 사람들은 충분히 그것을 잊어버릴 수 있는 시간을 가진다."

부동산 개발업자나 중개인을 제외하면 모든 사람에게 나쁜 소식이다. 1916년부터 로스앤젤레스에 살았다는 한 남성은 맥피에게 이렇게 말한다. "집을 사는 사람들은 언젠가는 여기로 온갖 것들이 밀려 내려올 거라는 걸 모른다. 마치 깡통 나팔을 통과하는 똥처럼 말이다." 그럼에도 맥피가 만난 사람들 중 일부는 이것을 알았다. 이에 대한 대응 중 하나는 도시가 적극적으로 토석류 방지 시설을 짓는 것처럼, 자신의 집을 방어벽과 요새처럼 강화하는 것이었다. 어떤 가족은 차고 뒤쪽에 자동문을 설치했다. "흐름을 유도하기 위해 뒷마당에 유도벽을 세웠다. 이제 바위가 내려올 때 차고 양쪽 문을 열면 토석류가 차고를 통과해 거리로 빠져나간다." 이는 '산의 시간'을 받아들이는 독창적인 방식 중 하나라고 할 수 있다.

그러나 여기서 받아들여야 할 또 다른 시간 개념, 기록된 일련의 사건들 외에 다른 것이 있지 않은가? 그리고 우리가 '문제를 진압하려는 방식'에서, 실제로 '문제'란 무엇일까? 물질적이고 일상적인 차원에서 이 문제는 도시가 계속 기반시설을 강화해도 재산을 파괴하는 일련의 바위들일 것이다. 하지만 내가 제안하고 싶은 것은 더 근본적인 문제다. 진짜 '문제'는 산 자체를 인식하지 못한 데 있다. 맥피가 인터뷰한 사람들은 이 지형이 그들에게 제공하는 것 (도시에서 수직적 탈출, 자연과의 근접성, 계곡의 멋진 전망, 혹은 깔끔한 바위들) 을 고마워할지 모르지만 산 가브리엘 산맥은 그들에게 단지 배경이나 귀찮은 존재, 그저 우연히 존재하는 생명 없는 물질의 집합체로 보일 뿐이다. 산은 움직이지 않으니 통제 가능하다고 믿는 것 같다. 이는 맥피가 인용한 신문 헤드라인의 비극적이면서도 우스꽝스러운 오만함을 잘 보여준다. **"산의 침식 방지 프로젝트: 계곡 당국, 산사태는 불필요하다고 결의."**

이 고집스러운 사고방식은 산불을 완전히 진압해야 한다고 주장하는 태도와 같은 맥락에서 나온다. 캘리포니아와 그리스의 화재 양상을 연구한 한 그리스 지리학자 모임에서는 이러한 사고방식을 바위, 홍수, 심지어 퓨마 같은 야생동물에도 똑같이 적용할 수 있다고 설명한다. 그들은 이렇게 적었다. "대중은 산불이 반드시 통제되어야 하며, 인간과 재산에 위협이 되어서는 안 된다고 생각한다. 흥미로운 점은 사람들이 숲 가장자리에 사는 것을 매력적으로 느끼는 이유, 즉 '자연환경'에서 산다는 느낌이 사실상 야생 지역에서 '야생'을 제거하려는 욕구와 함께 이루어진다는 점이다."

지리학자들은 우리가 불이나 역동적인 풍경과 맺었던 '토착'

관계를 잃었다고 지적한다. 그리스에서는 더 많은 사람들이 도시로 이주하기 전, 주기적인 소각은 농촌 주민들이 자신들의 구체적인 환경에 익숙해지고 책임을 다하는 행동이었다. 마찬가지로 캘리포니아에서 로빈슨은 유록족 사람들이 사냥을 다니며 지나가는 길에 불이 필요한 지역을 메모했다고 언급했다. 서호주에서는 원주민 토지관리 전문가인 빅터 스테프센Victor Steffensen이 원로들에게 배운 지식을 바탕으로, 소각이 그 지역의 정체성과 어떻게 연결됐는지 설명한다. "장소마다 두 원로는 멈춰서 각기 다른 풍경에 대한 불 이야기를 들려줬다. 그들은 불태울 적절한 시기, 모든 동물이 어떻게 그 안에 맞아 들어가는지, 어떤 식물이 어디에 서식하는지, 어떤 유형의 토양이 있는지에 대해 이야기했다." 불은 하나의 주체(인간)와 또 다른 주체(땅) 사이 상호 책임의 일부였다.

스테프센은 19세 때 국립공원 관리자로 채용돼 산불 관리를 도왔다. "관리자들은 트럭 보닛에 지도를 펼쳐놓고 손가락으로 불 놓을 계획을 알려줬다. '도로 이쪽에는 불을 내지만 저쪽은 태우지 않는다.'라고 지시했다. 관리자들은 옛 사람들처럼 지형을 읽고 적재적소에 불을 놓지 않고 도로와 울타리로 불 놓을 구역을 나눴다." 불이 도로를 넘어 번져 큰 소동이 일어난 적도 있다. 이 사례를 국가기관과 원주민 집단 사이에서 일어나는 모든 상호작용으로 일반화할 수는 없다. 선의의 교류로 발생한 유익한 상호작용도 있기 때문이다. 하지만 이 이야기는 땅을 바라보는 서로 다른 관점을 극명하게 대조한다. 땅이란 정체성을 부여받은 주체들이 옮겨갈 수 있는 박제된 무대라는 관점과, 땅이란 시간으로 표현되는 정체성 그 자체라는 관점이다. 또는 폴라 앨런Paula Allen이 다음과 같이 지적한 대로다. "땅은 인간과 분리되거나 고립된 운명을 연출하는 무대가 아니다. 생존을 위한 수단이나 일상의 배경도 아니다. …… 그것은 오히려 존재의 일부이며, 역동적이고, 의미 있으며, 실재하는 것이다. 그것은 바로 자아 그 자체다."

미국 초기 산림청은 독일의 과학적 임업에서 영감을 받았다. 독일의 방식은 가장 경제적으로 가치 있는 목재를 규칙적으로 심는 것이 원칙으로, 동일한 나이와 종으로 이루어진 '상품 숲'을 만드는 것이 목표였다. 제임스 스콧James Scott은 독일의 과학적 임업이 실제 나무를 '추상적인 나무'로 대체하려 했다고 말한다. 이는 나무가 제공할 수 있는 목재 양만을 계산해 설계된 시스템이었다. 이 방식은 한 세대의 나무가 자라는 동안에는 수익성이 있었지만, 결국 재앙으로 이어졌다. 이는 단순히 이전 숲 생태계에 의존하던 독일 농민들에게만 문제가 된 것이 아니었다. 단일경작은 숲을 폭풍과 질병에 더 취약하게 만들었고, 첫 세대의 나무들이 잘 자랄 수 있었던 이유는 이전의 원시림이 축적한 자원을 활용할 수 있었기 때문이다. 그 후 독일어에 '발트슈테르벤Waldsterben(숲의 죽음)'이라는 단어가 등장했고, 경제적 숲 전략에서 간과되었던 요소들(새 둥지 상자, 개미 집단, 거미 등)을 인위적으로 다시 도입하려는 시도가 이루어졌지만, 단일경작된 숲의 한계를 극복하지 못했다.

스콧은 이러한 이야기를 자신의 책 《국가처럼 보기Seeing Like a State: How Certain Schemes to Improve the Human Condition Have Failed》의 첫머리에서 말한다.

> (이 이야기는) 아주 복잡하고 잘 이해되지 않는 여러 관계와 과정들의 집합을 해체해 단 하나의 도구적 가치를 가진 요소를 분리하려는 위험성을 보여준다. 새롭고 기초적인 숲을 만들어낸 도구, 즉 칼은 단일 상품 생산에 대한 예리한 관심이었다. 주요 상품의 효율적인 생산을 방해하는 모든 것은 가차 없이 제거했다. 효율적인 생산과 관련이 없어 보이는 모든 것은 무시했다. 숲을 상품으로 보기 시작한 과학적 산림 관리는 다시 그것을 상품 생산 기계로 만들어내기 시작했다. 숲에서의 실용적인 단순화는 단기 및 중기적으로 목재 생산을 극대화하는 효과적인 방법이었다. 그러나 궁극적으로 산림 관리가 수확량과 형식적인 수익에만 초점을 맞춘 것, 상대적으로 짧은 시간적 시야, 무엇보다도 수많은 결과를 단호하게 간과한 것이 결국 다시 그들의 발목을 잡았다.

인간이 기후와 환경에 큰 영향을 미치는 지질학적 시대인 인류세Anthropocene라는 용어가 과학과 인문학에서 통용되기 시작한 것은 내가 대학에 다니던 시절이었다. 메티스Métis족 인류학자 조이 토드Zoe Todd와 다른 원주민 연구 학자들은 이미 여러 이유로 이 용어를 비판해 왔다. 그 이유 중에는 인간과 비인간, 즉 '육체와 사물'의 위계 구조를 무분별하게 받아들인다는 점도 있다. 땅을 "우리 자신"이라고 표현하는 앨런의 관점과는 대조적으로, 인류세의 일부 버전은 본래 착취적인 인간이 자신과 분리된 무언가 즉, 의지를 보이지 않는 대상을 지배하는 것으로 본다. 이는 수천 년에 걸쳐 "육체와 사물"이 얽히고 공동 진화해 온 이야기와는 매우 다르다.

인류세라는 관점에서 보면 비인간적인 세계는 정적인 존재로 간주된다. 하지만 재미있는 점은 이런 관점에서 본래 착취적이라고 여겨지는 인간조차도 능동적인 행위자가 아니라는 것이다. 인간은 그저 '자연 상태'를 어지럽히는 행동을 할 뿐이며, 모든 인간이 똑같이 행동한다고 여겨진다. 인류세의 '인류Anthro'라는 개념은 모든 인간을 하나로 뭉뚱그려 생각한다. 마치 특정한 소수의 인간들이 자연을 착취하고 환경에 끔찍한 영향을 미치는 문화를 만들었음에도 불구하고, 이를 구분하지 않고 말이다. 이런 단순화된 접근은 마치 '인물 없는 역사, 단지 기계적 메커니즘만 있는 역사'처럼 내 악몽 속에서 재생되는 멈출 수 없는 동영상처럼 느껴진다. 이 관점에서는 투쟁의 순간도 없고, 단순히 선형적으로 진화하는 역사만 있을 뿐이다. 예를 들어 인류세에 대한 여러 정의는 18세기 후반 제임스 와트의 증기기관 발명으로 소급하며, 사회적·정치적 요소는 배제된 채 그 이후로 전개된다고 본다. 〈인류세, 자본세, 문화의 문제 Anthropocene, Capitalocene, and the Problem of Culture〉라는 글에서 다니엘 하틀리Daniel Hartley는 이렇게 썼다. "인류세 담론에는 역사적 인과 방식에 대한 순전히 기계적인 개념이 내재돼 있다. 기술적 발명과 역사적 효과 간의 일대일 당구공 모델 같은 것이다. 하지만 이는 실제 사회적·관계적 역사 인과관계 방식에 적합하지 않다. 기술 자체가 사회적 관계와 얽혀 있으며, 종종 계급 전쟁에서 무기로 사용돼 왔다는 사실은 인류세 담론에서는 전혀 고려되지 않는다." 하틀리가 지적하듯이 이러한 결정론은 역사를 일방향적이며 피할 수 없는 진보 행진으로 보는 관점을 반영한다. 이 진보의 행진은 의문을 품거나 방향을 바꿀 수 없고, 오직 가속하거나 느려질 수만 있다. 그는 2011년에 발표된 인류세에 관한 인기 있는 에세이에서 두 가지 구절을 인용한다.

1) "도시로의 이주는 보통 높아지는 기대치와 결국 증가하는 소득을 가져오며, 이는 소비의 증가로 이어진다."
2) "대전환의 시작은 두 차례의 세계대전과 대공황으로 약 반세기 정도 지연되었을 가능성이 있다."(강조는 하틀리가 추가함.)

하틀리는 "첫 번째 문장은 대규모 도시의 빈곤, 젠트리피케이션, 착취로 축적해 온 역사를 의도적으로 무시하는 것처럼 보인다. 두 번째 문장은 인류 역사상 가장 피비린내 나는 세기(히로시마, 나가사키, 드레스덴 폭격, 강제수용소, 홀로코스트를 포함한)가 진보라는 상승 곡선 위의 사소한 사건 정도로 취급하는 것처럼 보인다."

결정론적으로 생각한다는 것은 시간의 흐름에 따라 과거와 미래를 당연한 것으로 여기는 것이다. 내가 어렸을 때 수풀이 우거진 산을 단일한 과거로 오해했듯, 인류세라는 개념은 특정한 사람들이 저지른 특정 행동의 결과를 자연스럽고 불가피한 조건처럼 보이게 만들 가능성이 있다.* 결과가 그렇게 끔찍하지 않았다면, 이 현상은 웃기기까지 했을 것이다. 사실 이것은 내가 가장 좋아하는 TV 시리즈 〈나가 주시죠J Think You Should Leave〉의 한 에피소드에서 핫도그 모양의 자동차가 운전자도 없이 옷 가게로 돌진한 후 핫도그 복장을 한 남자가 "도대체 누가 이런 짓을 했어!"라고 외치는 장면을 떠올리게 한다.

"누군가 경찰 좀 불러요! 저 차 운전자를 찾아야 해요."
한 행인이 외친다.
"이 차는 누구 거야?"

---

* 하지만 어떤 조건이 점차 생명이나 자생력을 얻어 자연스럽게 다른 결과로 이어질 수 있다는 점을 부정하려는 것은 아니다. 요점은 어떤 시점에서 행한 특정 행동은 분명 어떤 조건을 형성하는 역할을 했다는 사실이다. 조건은 시대를 초월해 그저 자연스럽게 형성되거나 의심할 수 없는 것이 아니다.

또 다른 사람이 소리친다.

카메라가 팀 로빈슨에게 이동한다. 그는 거대한 핫도그 코스튬을 입고 과장된 놀란 표정을 지으며 이렇게 말한다.

"그래요, 그러니까 이 일을 저지른 사람이 누군지 빨리 자백하세요! 우린 진짜 화 안 낼게요."핫도그 옷을 입은 그는 자신이 차량 소유자로 지목되었음에도 불구하고 인정하지 않는다.

"알아요? 난 여기 앉아서 이런 모욕을 당할 필요가 없어요."

그리고 그가 다시 말한다.

"그냥 내가 잡을 수 있는 만큼의 양복을 챙겨서, 저 랜덤한 핫도그 차를 타고 위너 홀Wiener Hall로 돌아갈 거예요."

2020년, 이 일화는 종종 트럼프와 그의 끊임없는 번복을 지적하는 데 사용되었다. 그러나 내가 현재 주목하는 것은 이 일화가 인류세의 가장 단순화된 버전에서 나타나는 더 광범위한 부인을 보여준다는 점이다. 자메이카 작가이자 이론가인 실비아 윈터는 계몽주의 시대에 인간이라는 범주가 어떻게 정의되었는지에 대해 다음과 같이 설명했다. '인간'은 백인 경제인, 식민지 개척자 또는 '인간 대 자연'에서의 인간으로 정의되었다. 이는 '비안간'과 대조되는 개념으로 당시 식민지 착취의 맥락에서 형성되었다. 이 과정에서 식민지화된 사람들은 '후진적이고', '시간을 초월했으며', 또는 '덜 발전된' 사람들로 여겨졌다. 이러한 묘사는 단순한 역사적 착취의 결과였지만 생물학적이고 초역사적인 조건으로 다시 해석되었다.* 이러한 과정은 편리하게도 역사적 책임을 감추는 역할을 했다. 이는 마치 누군가가 당신을 밀어 넣고는 "너는 원래 잘 우는 사람이야."라고 주장하는 것과 비슷하다. 동시에 이것은 새로운 전제를 제시했다. "덜 인간적인" 사람들은 본질적으로 열등하며, "진정한 인간"은 본질적으로 자본주의적이고 개인주의적이라는 것이다. 이러한 특성들은 더 이상 사람들의 선택과 믿음의 결과로 여겨지지 않았고, 처음부터 주어진 선천적 특성으로 간주되었다. 따라서 이러한 전제 하에서는 아무도 이에 대한 책임을 질 필요가 없게 되었다. (핫도그 일화 속 등장인물의 말처럼 "우린 이 일을 저지른 사람이 누군지 모두 찾고 있어요.")

작가 세리나다serynada는 윈터의 연구를 바탕으로 18세기 애덤 스미스Adam Smith 같은 사상가들이 '생존의 의무'에 따라 움직이는 서구 남성이라는 개념에 기여했다고 말한다.

> 인간은 희소한 천연자원에서 자신의 몫을 극대화하려는 경제적 기계로 전락했다. 서구 남성의 발전 배후에 있는 생물학적

---

* 이 정의는 윈터가 2003년 논문 〈존재·권력·진리·자유의 식민성 풀어내기(Unsettling the Coloniality of Being/Power/Truth/Freedom)〉에서 설명한 변화의 일부다. 이런 변화 이전에는 인간을 이단자나 이교도 같은 '참되지 않은 기독교적 타자'에 반하는 '참된 기독교적 자아'라는 종교적 관념으로 봤다. 인간을 이성적이고 정치적인 주체로 재정의하자 새로운 집단이 타자의 역할을 맡았다. "신대륙 영토를 군사적으로 빼앗긴 사람들(예를 들어 인디언), 아프리카 흑인 노예들(흑인)이 …… 타자성(Otherness)이라는 매트릭스의 구멍을 다시 메꿨다. 이들은 비이성적·비합리적인 인간 타자라는 개념을 나타내는 물리적 표상이 됐다." 따라서 인간의 의미를 논하는 정의는 '인간'과 '달리 입증되기 전까지 진화에 따라 잘못 선택된' 사람 사이에 그어진 과학적 경계에 기반했다.

진화라는 명분, 이에 따른 불가피한 충동, 즉 "모두는 더 많은 자원을 확보하려 하고, 유럽인은 다른 사람들보다 그걸 좀 더 잘 해냈다."라는 생각은 자본주의, 백인 우월주의, 제국주의를 정당화하는 데 사용됐다. 서구는 인간을 발명하고, 그를 과거에 자연적이고 영원한 존재로 투영했으며, 역사적이고 문화적인 존재로 보지 않았다.

이런 관점에서 인류세 개념은 단순한 기술적 용어라기보다는 '자연적이고 영원한' 자본주의적 인간과 무력한 자연이라는 믿음을 나타내는 징후처럼 보인다. 여기에는 아이러니가 있다. 증기기관이 발명되기 훨씬 전부터 많은 세계 대부분에 대해 주체성을 부정하는 일이 애초에 자원 추출과 축적 과정을 가능하게 한 요소였기 때문이다. 나오미 클라인은 《이것이 모든 것을 바꾼다》에서 지금은 익숙해진 추출주의를 설명한다. 추출주의란 '지구와 맺는 비상호적이며, 지배 기반의 관계', '생명을 타인의 사용을 위한 대상으로 환원하고, 그것에 고유의 완전성이나 가치를 부여하지 않는 것', '인간을 가혹하게 착취해 한계를 넘어선 노동력으로 혹은 사회적 부담, 국경에서 차단되고 감옥이나 보호구역에 가둬야 할 문제로 환원하는 것'이다. 다시 말해 추상적인 사람들, 추상적인 나무들, 추상적인 동물들, 추상적인 땅들은 모두 주체성 없는 객체들이며, 채굴되고, 짜내어지고, 무시되거나 단순히 파괴될 준비가 된 대상일 뿐이다.

우리는 남쪽으로 계속 걸어가다가 실제로는 방파제 역할을 하는 산책로에 다다랐다. 겨울에 이곳을 방문했을 때, 부두 근처는 주황색 안전 고깔, 바리케이드, 모래주머니로 가득한 혼란스러운 상태였다. 산책로를 따라 늘어선 먼지 쌓인 집들 중 하나 앞에는 그때 자주색 꽃이 만개한 다육식물이 뒤덮인 정원 속에 있던 인어 조각상이 보였는데, 머리와 뻗은 팔이 부러져 있다. 하지만 오늘은 날씨가 맑아 사람들이 대거 나와 하루를 즐기고 있다. 발 아래로는 여전히 바다가 움직이고 있지만, 콘크리트를 향해 끊임없이 부딪히는 파도의 소리가 들린다. 노란색 경고 표지판에는 이렇게 적혀 있다. '주의-파도가 방파제를 넘어올 수 있습니다.' 조금 더 내려가면 높은 기둥에 부착된 표지판이 위성사진과 함께 이 지역의 기반 시설 회복력 프로젝트에 대해 대화를 나누자고 초대한다. 나는 이 표지판을 알아보겠다고 말한다. 이 지역을 조사할 때 이와 관련된 이전 회의 기록을 본 적이 있기 때문이다. 회의에서 주민들은 방파제를 건설할지 아니면 식물과 다른 자연 요소를 활용한 복원 방식을 선택할지에 대해 의견이 갈렸다. 한 주민은 '살아 있는 해안선'이나 '관리된 철수' 같은 옵션에는 관심이 없다고 말하며 자신이 원하는 것은 최소 50년은 버틸 방파제라고 했다. 나는 그들이 어떻게 그 숫자에 합의했는지 궁금했다.

이 장을 쓰면서 나는 종종 창밖을 내다보곤 했다. 잿빛 하늘 속에서 가까운 산들이 사라져버린 광경을 보며, 스티븐 파인이 《미국의 산불》에서 쓴 내용을 떠올렸다. 그는 20세기에 접어들며 발생한 논란에 대해 "이 논쟁의 근본은 두 가지 불 놓기 관행 사이의 갈등에서 왔다. 하나는 주로 인디언들에게 배운 것으로 사냥, 방목, 이동 농업의 개척지 경제에 의해 유지된 방식이었고, 다른 하나는 산업 임업에 더 적합한 관행이었다."라고 설명했다. 그리고 "미국 임업에서 광범위한 불 놓기를 엄격히 배제해야 할 선험적인 이유는 없었다."라고 덧붙였다. 그럴 이유가 전혀 없었다는 말이다. 이런 정책은 화재 진압이라는 기술 관료적 '지혜'를 추구하며 불가피하게 나아가야 하는 방향도 아니었다. 그저 내가 태어나기 훨씬 전부터 시작된 다양한 세계관과 복잡한 정치적 계략이 얽혀 있었을 뿐이다. 이제 산불로 생긴 대가는 내 폐 속에 쌓였고, 나는 지쳤다.

희뿌연 날들이 마치 연옥에 갇힌 것 같다. 연옥은 진이 빠지게 만든다. 너무 진이 빠져서 오늘의 경계를 넘어 과거를 바라볼 힘도 없다는 점은 위험하다. 하지만 필연적이라는 이 소름 끼치는 감각은 그저 기분 나쁜 것에 그치지 않는다. 필연성은 계속 밧줄을 조여대는 행위자들, 자유를 위해 싸워왔고 지금도 싸우는 사람들을 모두 가려버린다. '계몽주의적 인간Enlightenment Man' 이야기는 아주 평범한 진리를 알려준다. 결정론에서 가장 큰 이득을 보는 사람은 다름 아닌 결정론을 다른 사람에게 주입하려는 이들이다. 이런 사실은 오랜 역사에서뿐만 아니라 오늘날 기후변화를 주도하는 에너지 기업의 책략에서도 발견할 수 있다.

케이트 애러노프는 《과열된 지구Overheate》에서 에너지 산업계가 언제 필연성을 파는 방법을 배웠는지 설명한다. 1960년대 셸Shell의 임원 두 명은 허드슨연구소Hudson Institute의 미래 시나리오 기획 세미나에 초대받았다. 미래 시나리오는 냉전 시대에 미래학자들과 국방 계획가들에 의해 개발된 기법으로, 다양한 미래 시나리오를 상상하고 구체화하여 경쟁자를 앞서 나가는 것이 목표였다. 이 기법은 기존의 선형적 사고(예를 들어 컴퓨터 모델링 같은 접근 방식)에서 벗어나려는 명확한 시도로 여겨졌다. 이 세미나는 이런 접근법을 다국적 기업 세계로 전파하려 했고, 셸의 임원들에게 매우 적합한 아이디어로 다가왔다. 특히 이 과정에서 중요한 역할을 한 사람은 독특한 사고방식을 가진 아이디어맨으로 알려져 있는 피에르 왁Pierre Wack이었다. 그는 마치 〈심슨 가족〉의 행크 스콜피오Hank Scorpio(〈심슨 가족〉에 등장하는 악당 CEO 캐릭터로 친근하지만 슈퍼 빌런적인 이중성을 가진 인물—옮긴이)를 떠올리게 한다.

왁과 뉴랜드 및 동료들은 사내 미래 시나리오 기획의 전도사가 됐다. 초창기 셸의 뛰어난 인재들은 초기 시나리오를 쓰러 프랑스 남부 '자연으로 들어가' 고성에서 긴 식사와 와인을 즐기고 산책하며 열띤 마라톤 회의를 거쳤다. 이들은 석유 및 가스 산업 지형에서 일어나는 진화와 지형 변화의 속도를 예측해 초기 시나리오를 완성했다. …… 왁은 스무 살 때부터 동서를 오가며 이곳저곳의 수행원이나 수도원에서 영적 가르침을 얻은 것으로 유명하다. 그의 사무실에서는 향 냄새가 났다. 기획팀의 한 임원은 최종 면접에서 왁을 만났을 때 그가 '어려운 요가 자세로 있었다.'라고 회상했다.

애러노프는 시나리오 계획이 과대 평가된 철학적 연습이라기보다는 훨씬 더 (어쩌면 훨씬 덜) 중요한 것이었다고 지적한다. 왜냐하면 "1960년대 후반 석유 산업에서 선형 예측 모델이 한계에 부딪힐 것이라는 점을 깨닫는 데 천재적일 필요는 없었기 때문"이라고 말했다. 이 시기는 셸이 '글로벌 사우스Global South(전 세계에서 경제적, 정치적, 사회적 측면에서 개발도상국으로 분류되는 국가들을 지칭하는 용어-옮긴이)로부터 압력을 받고 있었으며, 1972년 발표된 〈성장 한계Limits to Growth〉 같은 보고서가 화석연료의 지속 불가능성을 강조하던 때였다. 경제사학자 제니 앤더슨Jenny Andersson이 애러노프에게 말했듯, 셸은 자기 패배적인 결정론에서 눈을 돌려 '자기들을 파멸시키지 않을 다른 미래 버전'을 모색해 '미래에 대처할' 방법을 찾아야 했다. 괜찮은 사업 감각이었다. 애러노프가 지적한 다음과 같은 사실도 떠올릴 수 있다. "셸은 기후 전쟁과 함께 갈 수 없는 구조적 장애물을 지녔다. 바로 셸이 없는 미래는 상상하지 못한다는 점이다. 회사의 가장 중요한 사명은 회사와 회사의 이익을 위해 반드시 무한히 살아남는 것이다."

그 이후 셸은 미래 시나리오 기획을 더욱 직설적으로 홍보했다. 1970년대에는 기후변화를 부정하는 광고에 자금을 지원하다가 2000년대에는 '자신들을 친환경적으로 포장하는 것'으로 방향을 전환했다. '자기 파괴적 결정론'에 맞섰던 바로 그 기업들이 이제 자신들 버전의 결정론을 대중에게 판매하고 있다. 에너지 기업들은 그들의 미래가 이미 정해진 미래라고 바꿔치기하며 이득을 봤다. 2021년 나오미 오레스케스Naomi Oreskes와 제프리 수프란Geoffrey Supran은 2000년대 중반 이후 엑손모빌이 펼친 기후변화 캠페인을 전면적으로 연구했다. 그 결과 이들은 석유와 가스 같은 자원을 계속 채굴하고, 소비자들이 그것을 사용하는 것은 피할 수 없는 일이라는 식으로 이야기하고 있다는 사실을 밝혀냈다.

2008년 엑손모빌의 기사형 광고에 따르면 "2030년까지 전 세계 에너지 수요는 지금보다 약 30퍼센트 증가할 것이며 …… 석유와 천연가스는 …… 전 세계 에너지 수요에 맞춰야 할 것이다." 2007년 다른 광고에서는 이렇게 말한다. "개발도상국이 점점 발전하는 상황은 에너지 수요 증가 및 그에 따른 이산화탄소 배출량 증가의 주요 원인이 될 것이다." 1999년 엑손모빌 광고는 더 직설적이다. "수요가 늘어난 탓에 이산화탄소 배출이 가속화된다." 이들은 필연적으로 에너지 수요가 늘어난다고 주장하며, 이런 수요를 맞출 수 있는 대책은 화석연료뿐이라고 암시한다.

　예를 들어 BPBritish Petroleum(영국의 다국적 석유 및 가스회사)는 2004년 탄소발자국 계산기를 출시하면서 개인 탄소발자국이라는 개념을 대중화했다. 에너지 회사가 기후변화를 해결할 책임을 소비자에게 전가하는 갖가지 방법 가운데 하나다. 물론 소비 습관의 변화가 필요하다는 점은 사실이다. 나오미 클라인은 인구 상위 20퍼센트의 부유층이 이러한 변화를 이끄는 데 가장 큰 책임이 있다고 지적한다. 하지만 클라인은 기후변화 문제를 해결하려면 "토요일마다 농산물 직거래 장터에 가고, 재활용 옷을 즐겨 입는 진지한 도시인"으로 변화하는 것만으로는 충분하지 않다고 강조한다. 대신 "모두가 저탄소 생활방식을 선택하기 쉽고 편리하게 만들기 위해 정부나 기업 차원에서 종합적인 정책과 프로그램이 필요하다."고 주장한다.* 에너지

---

* 이와 마찬가지로 애러노프는 《과열된 지구》에서 "만약 저탄소 사회라는 것이 존재하려면 이를 구축하는 것은 정부의 몫이 될 것"이라고 지적한다. 물론 구조 내에서 개인의 선택 역시 중요하다. 더글러스 러시코프(Douglas Rushkoff)는 《부자의 생존법(Survival of the Richest)》에서 이렇게 제안한다. "전기차를 살지, 휘발유 차나 하이브리드 차를 살지 고민하지 말고 그냥 지금 차를 계속 타라. 카풀을 하거나 도보로 출퇴근하거나 재택업무를 하거나, 아예 업무 시간을 줄인다면 더 좋다. 지미 카터(Jimmy Carter)는 노변한담에서 내뱉은 말로 조롱거리가 됐지만, 그의 말대로 보일러를 약하게 틀고 스웨터를 입자. 호흡기에도 좋고 모두에게도 좋다." 애러노프는 책의 마지막 부분에서 노동을 줄이자는 가능성을 살피며 주당 노동 시간을 줄일 때의 이점과 자신의 주장을 연결한다. 어떤 면에서 이런 권고는 이 책 2장의 뒷부분에 인용했던 버트헤드의 "어 …… 조금 덜 …… 주문하시면 안 되나요?" 같은 요청처럼 조금은 포기하자는 생각을 떠올리게 한다.

회사들이 소비를 강조해 온 그간의 행태는 정직하지 못하다. 이런 수사는 거대 담배회사들이 자기들은 소비자들이 요구하는 것을 공급하는 중립적인 공급책일 뿐이라고 설명하는 것과 비슷하다. "우리는 그저 담배를 판매할 뿐, 담배를 피우는 건 당신들의 선택"이라는 논리와 비슷한 것이다.

이런 틀은 기후변화를 전적으로 '우리' 탓으로 돌린다. 여기서 '우리'는 탄소발자국 계산기에 신경 써야 하는 소비자 전체다. 애러노프는 이렇게 말한다. "기온이 상승하고 해수면이 높아지고 산불이 퍼지는 동안, 에너지 산업계는 더 많이 시추하고 에너지를 생산하며 전속력으로 반대편으로 향한다는 증거가 속속 드러났다." 이 장을 쓰던 어느 연기 자욱한 날, 나는 웰스파고Wells Fargo 사의 ATM 기기 앞에 서 있다가 산불 예방에 기부하겠는지 묻는 화면을 봤다. 나는 그 화면을 뚫어지게 다시 쳐다봤다. 웰스파고는 파리협정 이후 4년 동안 석탄, 석유, 가스 산업에 1980억 달러를 투자한 화석연료의 최대 자금줄 가운데 하나다.

개인 시간 관리 산업이 홀로 고립된 채 자립하려는 사람에게 시간이 돈이라는 생각을 재판매하듯, 에너지 기업은 탄소발자국이라는 개념을 판매하며 더 크고 중요한 변화로 나아가야 하는 길을 감춘다. 이런 변화로 나아가는 방법에는 이미 우리 손에 있는 기술적·정치적 도구도 있다. 클라인이나 애러노프는 그린뉴딜Green New Deal(기후 위기 대응에 초점을 맞춘 새로운 형태의 경제 회복 및 개혁 정책-옮긴이)

정책 같은 공공 규제와 감시가 이런 도구의 일환이라고 본다. 자살 행위나 다름없는 에너지 기업의 시간적 지평을 옹호하는 글로벌 무역협정에 맞서는 일도 마찬가지다. 실제로 클라인은 《이것이 모든 것을 바꾼다》에서 '과감한 계획과 적극적인 봉쇄'라는 제목의 장 전체를 할애해 이런 내용을 언급한다.

클라인은 계획과 봉쇄 모두가 정부의 지나친 개입이라고 비판하는 오늘날의 미국에서 이런 행동이 힘든 싸움이라는 사실을 인정한다. 그럼에도 그는 "우리가 직면한 문제의 본질에 대해 분명히 해야 한다. 문제는 우리가 재정적으로 파산했거나 선택지가 부족한 것은 '우리'가 아니라 정치 기부금이 주어지지 않는 이상 돈을 써야 하는 쪽으로는 아주 미적미적 움직이는 정치계급, 자신들의 정당한 몫을 지불하기를 거부하는 기업 계급이다."라고 썼다. 애러노프 역시 자신의 책 전반에 걸쳐 이 힘겨운 싸움에서의 경제적·사회적 조건이 역사적으로 특정한 것임을 상기시키기 위해 많은 노력을 기울인다. "신자유주의자들은 인류 모두가 시장 사회를 향해 끊임없이 나아가려 애쓴다고 주장하기 위해 미래의 가능성뿐만 아니라 인간 스스로 다른 방식으로 조직할 수 있었던 과거의 기억을 모두 지워야 했다. 공공 소유, 완전 고용, 심지어는 강력한 규제처럼 기후 위기를 벗어날 방법을 모색하기 위해 필요한 도구들은 기억 저편으로 사라졌다." 애러노프는 글로벌 경제가 자리 잡고 신자유주의적 분위기 속에서 정부 규제에 대한 인식이 나빠지기 전인 뉴딜 시대 정책을 언급한다. 세리나다의 말처럼 역사를 더 거슬러 올라가 정치적 기억상실이라는 개념을 확장해 볼 수도 있다. 인간을 경제 기계로 보는 역사를 새로 쓰는 것이다.

　다시 말하지만, 연옥은 진이 빠지게 만든다. 애초에 디스토피아가 당연하다는 개념을 안개 분사 기계처럼 뿜어내는 에너지 회사들은 여전히 미래가 확고하다는 사실을 팔며 목표를 설계하고, 우리가 그런 목표를 향해 무력하게 나아간다고 설명한다. 나는 내 악몽을 다시 떠올리며 그런 미래가 어떤 모습일지 상상해 본다. 누가 그런 시나리오를 썼을까?

　한 부둣가 산책로에서 뻗어나와 거칠게 밀려오는 바다 위로 이어진다. 방파제를 지나자, 파도가 벽에 부딪히는 소리와 힘이 더욱 선명하고 거칠게 들려온다 북적이는 부두를 따라 걷다보면 양옆에 테이블, 양동이, 파라솔, 라디오를 세팅한 게잡이꾼들의 무리를 지나게 된다. 부두 끝에서 돌아보면 방파제가 한눈에 들어온다. 이제 북쪽 끝부분이 무너지고 있다는 것이 뚜렷하게 보인다. 아마도 오랫동안 무너져왔을 것이다. 방파제는 아래로 처져 있고, 점점 얇아지더니 마침내 사라지는 듯하다. 사실 부두에서 이렇게 거리를 두고 보면 전체 상황이 더 명확히 보인다. 집들과 도로들이 끊임없이 움직이고 요동치는 절벽 위에 위태롭게 얹혀 있

　　　　는 문명의 얇은 먼지처럼 보인다.

　　내가 스탠퍼드대학교에서 미술 수업을 가르치며 묵시록적인 언어를 학생들 사이에서 처음 듣기 시작한 때가 정확히 몇 년도였는지는 기억나지 않는다. 다만 히에로니무스 보쉬Hieronymus Bosch의 〈쾌락의 기쁨 정원The Garden of Earthly Delights〉을 바탕으로 세밀하고 생동감 있는 애니메이션 3부작을 만든 것이 기억날 뿐이다. 그 작품은 왼쪽에서 오른쪽으로 갈수록 점점 어두워지고 암울해졌다. 그 학생은 약간 불안하게 웃으며 이렇게 말했다. "이건 약간 …… 인간의 석양 같은 느낌이에요." 프로젝터 스크린 앞에서 자신의 3D 작품을 설명해야 하는 학생은 작지만 고통스러운 목소리로 "세상이 끝나간다는 느낌이 들어서요."라고 말했다. 그 말을 듣고 교실 안 모두가 조용히 고개를 끄덕였다. 그 순간 이후로 벡터vector와 셰이더shader(컴퓨터 그래픽스에서 3D 물체의 표면을 그리거나 특수효과를 만드는 프로그램)에 대해 계속 이야기하는 것이 왠지 천박하게 느껴졌다. 그리고 그 학생에게 달려가 안아주고 싶었던 내 마음도 생생히 기억난다.

　　몇 년 뒤 기후변화에 가슴 아파하고 시민사회 붕괴를 걱정하는 사람들이 모인 온라인 포럼에서 내 첫 번째 책을 추천하는 것을 봤다. 어떤 사람은 포럼의 대표 게시물에 "모든 것이 아직 여기에 있다는 사실에 감사해야겠지만, 모든 것 하나하나가 언젠가는 비참하게 사라지리라는 사실을 일깨워 준다."라고 썼다. 또 다른 사람은 "아무에게도 상처 주지 않고 그저 사라질 수 있었으면"이라고 썼다. 포럼에서 나온 이런 표현은 불교의 무상 개념을 추구하고, 삶에서 소소한 기쁨을 찾고,《아무것도 하지 않는 법》을 읽자는 등 초월을 권하는 선의의 제안과 함께 등장했다.

애도하기, 특히 함께 애도하기는 중요하다. 나는 언제라도 현실을 부정하거나 비현실적인 낙관에 빠지기보다 통곡하며 애도하는 편을 택할 것이다. 그러나 그런 슬픔이 아무것과도 연결되지 않은 채, 그저 떠 있는 감정으로 남아 있다면, 그것은 내가 꾸는 악몽과도 비슷하게 느껴진다. 그 악몽은 사람들의 믿음과 행동이 이미 정해져 있고, 세상이 아무런 힘도 없이 멈춰버린 희망 없는 미래를 상징한다. 그렇다고 슬픔을 억누르라는 말은 아니다. 하지만 단순히 우리가 끝을 향해 끌려가고 있다는 시간 개념을 넘어서는 다른 사고방식이 필요하다. 하나의 방법은 과거와 현재의 다양한 가능성을 다시 살펴보는 것이다. 또 다른 방법은 이미 여러 번 세상의 끝을 경험한 사람들을 바라보며 우리의 시간 감각을 바꾸는 것이다.

2019년 톰 데이비스Thom Davies는 비공식적으로 '암 거리Cancer Alley'라 불리는 루이지애나의 한 거리를 연구한 글을 썼다. 그는 한때 랜드리-페데스클로Landry-Pedescleaux 설탕 농장의 일부였던 프리타운 Freetown 주민을 인터뷰했다. 프리타운은 재건 시대 노예였던 사람들이 정착했던 지역으로, 현재는 석유화학 산업이 활발하다. 데이비스가 글을 쓰던 당시 바이유브리지Bayou Bridge사의 원유 파이프라인은 아직 완공되기 전이었지만 이미 상황은 매우 심각했다. 원유 파이프라인 생성에 반발하는 시위 중 시위자 열여섯 명과 기자 한 명이 중죄 혐의로 체포됐다. 한 주민은 데이비스에게 "어떤 날은 공기에 가스가 가득해서 숨 쉴 수조차 없을 지경"이라고 털어놓았다.

데이비스는 암 거리의 상황이 하이메도스환경연구소High Meadows Environmental Institute의 롭 닉슨Rob Nixon이 만든 '느린 폭력slow violence'이라는 개념을 잘 보여준다고 지적했다. 느린 폭력이란 피해가 아주 점진적으로 일어나 눈에 띄지 않으므로 대중이 미처 지각하지 못할 정도로 숨겨져 있다는 개념이다. 하지만 데이비스는 한 가지 중요한 설명을 덧붙인다. "닉슨처럼 느린 폭력을 '보이지 않는 폭력'으로 정의하는 데 그치지 않고, 우리는 그 폭력이 '누구에게 보이지 않는 폭력인지' 질문해야 한다." 어떤 풍경을 주간 뉴스에서 보는 사람과 그 안에 실제로 사는 사람에게 그 풍경은 다른 의미를 지닌다. "나는 체르노빌, 후쿠시마, 지금의 '암 거리' 등 독성이 퍼진 여러 지역사회의 삶을 10여 년간 조사했지만 …… 딱 한마디로 요약한다면 이런 곳에는 사람들의 관심을 끌 광경이 부족하다고 말하고 싶다." 데이비스는 이렇게 썼다. "독극물 오염이라는 느린 폭력에 노출된 지역사회는 점진적인 환경 파괴의 잔인함을 드러내는 증언, 경험, 죽음으로 가득하다."

다시 말해 미래를 내다보는 것은 앞을 내다보는 것이 아니라 주위를 둘러보는 문제일 수 있다. 내 가족사 덕분에 나는 바다를 건너서 바라보는 경향이 있다. 다른 남태평양 국가들처럼 필리핀에서도 1970년대 이후 열대성 태풍이 증가했으며, 1960년부터 2012년까지 마닐라만 지역의 해수면 상승 속도는 전 세계 평균 대비 9배에 달했다. 마닐라 바로 북쪽 시티오 나봉Sitio Nabong 주민들은 채널 뉴스아시아Channel News Asia와의 인터뷰에서 그곳의 포장도로를 걸어본 지 수십 년이 지났다고 말했다. 그들은 배를 타고 교회에 간다. 하지만 서로 지리적으로 멀리 떨어진 곳을 봐야만 관점이 달라지는 것은 아니다. 예를 들어 2021년 8월 〈뉴욕타임스〉에 실린 한 사설에서는 가상의 시점으로 미래를 두려워하는 내용을 담았다. "캘리포니아를 상징하는 아름다운 날씨가 사라지면 어떻게 될까?" 반면 한 달 전 캘리포니아 농장 노동자 마사 푸엔테스Martha Fuentes는 〈알자지라Al Jazeera〉 기자에게 31년 동안 현장에서 일하면서 이미 기온 변화를 체감한다고 증언했다.

여기서 우리는 인류세에 대한 의문과 우리가 무엇을 전환점으로 삼아야 하는지에 대한 질문에 다시 도달한다. 캐서린 유소프Kathryn Yusoff는 《10억 흑인의 인류세 또는 아무것도 아닌A Billion Black Anthropocenes or None》에서 인류세가 "이미 흑인과 원주민들에게 발생한 멸종을 인정하기보다는 미래 시제로 구성되는 방식"에 대해 비판한다. 마오리족 기후운동가 헤일리 코로이Haylee Koroi는 기후 우울증과 피로감이라는 오늘날의 개념에 대해 어떻게 생각하느냐는 질문에 "그렇게 느끼는 사람들이 있다는 사실을 부정하지는 않지만, 사실 우리는 식민지화를 겪으며 여러 세대 동안 기후 위기 증후를 경험해 왔다."라고 대답했다. 이와 마찬가지로 엘리사 와슈타Elissa Washuta는 자기 민족을 '종말 이후의 세계post-apocalyptic' 민족이라고 부른다. 이들에게 소멸은 미래가 아니라 과거이며, '우리 안에 있다고 생각하는 인디언Siwash을 멸종시키려' 애쓰는 백인 미국인의 현재로 이어진다.

나처럼 이제야 세상이 끝난다고 느끼는 사람들을 부끄럽게 하려고 이런 관점을 인용하는 것이 아니다. 오히려 나는 미래를 상상하지 못하는 허무주의자들에게 우리가 오래전에 이미 세상이 끝났음에도 불구하고 생존해 왔고, 지금도 살아가고 있는 관점을 보여주고자 하는 것이다. 많은 사람들과 장소들은 계몽주의적 인간의 진보 행진이나 인류세의 당구공처럼 굴러가는 쇠퇴 서사를 받아들일 수 없다. 왜냐하면 그 서사는 본질적으로 이들의 파괴, 상품화, 그리고 존재하지 않는 상태로의 격하를 전제로 했기 때문이다. 이러한 사람들과 장소들에게 역사의 과거는 결코 향수를 불러일으키는 대상이 될 수 없으며, 미래는 언제나 위기에 처해 있었다. 만약 더 이상 문제를 미룰 수 없다고 생각한다면 처음부터 그 '길'을 인정하지 않았던 이들에게 눈을 돌려보기 바란다.

방파제로 돌아와 보면 다섯 개의 나무 기둥이 원을 이루고

ANCHOR OF THE BRIG ROLPH

A FOUR MAST SAILING VESSEL
SANK OFF POINT SAN PEDRO IN 1910
ANCHOR RAISED BY THE SEA LIONS CLUB IN
1962 AND DONATED TO THE CITY OF PACIFICA

WEIGHT 2000 POUNDS

서 있는데, 마치 작은 스톤헨지를 연상시킨다. 스톤헨지는 가장 상징적인 달력 도구 중 하나로 유명하다. 그 원의 중심에는 땅에 박혀 있는 금속 명판이 보이는데, 모래에 가려져 있어 겨우 그 글자를 알아볼 수 있다.

브리그 롤프의 닻
4 마스트 범선
1910년 샌페르도 포인트에서 침몰
1962년 해양라이온스클럽에서 인양해 퍼시피카시에 기증됨.
무게 2000파운드

알 수 없는 이유로 닻이 사라졌기 때문에 명판의 글은 어떤 인공물이 아닌 기억에 대한 추도문처럼 보인다. 명판만 봐서는 배가 어디로 향했었는지도 알 수 없다. 우리는 실눈을 뜨고 수평선을 가만히 바라본다. 나는 배가 어디로 향했는지, 배가 어떻게 하와이 하나Hana에 있는 사탕수수 플랜테이션으로 석회, 건초, 목재를 실어 날랐는지 당신에게 말해 준다. 이 플랜테이션 농장은 하와이 땅 대부분을 점유하고 하와이 경제를 독점한 '빅 5' 기업 가운데 하나인 테오데이비스앤드컴퍼니Theo H. Davies and Company가 운영하던 농장이다. 하와이 원주민들이 노동 조건에 항의하고* 외국에서 들어온 질병에 시달린 탓에, 회사는 안정적인 노동력을 충분히 확보하기 위해 중국, 일본, 노르웨이, 독일, 푸에르토리코, 러시아, 한국, 필리핀, 포르투갈에서 인력을 수입했고 일이 더디면 노동자들을 체포했다. '빅 5' 기업은 설탕을 운반하기 위해 해상 운송회사인 매슨도 운영했다. 오클랜드 항구에서 봤던 바로 그 회사다.

하와이에는 "땅이 주인이고, 인간은 종이다."라는 뜻의 속담이 있다. 그런데 하와이에서는 상업적 이익을 쫓다가 스스로 기후변화를 초래한 일이 있었다. 고대의 나무들을 베어내고 소를 방목하면서 지역의 강우 패턴이 변화했는데, 이는 결국 그들에게 불리하게 작용했다. 설탕 산업의 영향을 받던 당시의 영토 정부는 급히 산비탈을 다시 숲으로 채우려 했다. 하지만 아쉽게도 성장 속도가 빠른 외래종 유칼립투스를 심어버리는 바람에 생물 다양성이 적고, 복잡성이 낮은 숲이 형성되고 말았다.

1910년 어느 날 밤, 플랜테이션으로 향하던 화물선은 짙은 안개와 강한 해류에 휘말렸다. 그 배는 6년 전, 비슷한

---

* 로널드 타카키(Ronald Takaki)는 《파우 하나: 하와이 플랜테이션 농장 생활과 노동(Pau Hana: Plantation Life and Labor in Hawaii, 1835~1920)》에서 하와이 최초의 플랜테이션 가운데 한 곳에서 일하던 하와이 원주민 노동자들이 농장주가 의도한 '통제와 충성'을 거부했다고 썼다. 플랜테이션 농장주는 인종차별적인 노동 관념과 시간관념을 내세우며 원주민 카나카(kānaka) 부족 중 근면하고 순종적이어서 "'백인 카나카'로 바꿀 수 있는" 사람이 있었으면 하고 바랐다.

상황에서 좌초된 또 다른 배와 똑같은 장소에서 사고를 당했다. 다행히도 사망자는 없었지만, 배를 제거하려는 시도는 실패로 끝났고, 바위에 단단히 고정된 채 남아 있다. 지금은 바다가 고요해 보이고, 수평선 너머로는 안개 한 줄기가 너무 천천히 흘러가 마치 멈춰 있는 것처럼 보인다.

날씨는 말한다. 영어로 말하는 것은 아니지만 말이다. 대규모의 기후변화 사건 대부분은 전례 없는 일이기는 하지만 화재, 폭풍, 홍수 같은 오래된 언어의 다른 버전이다. 그저 더 크고 새로운 장소에서 발생할 뿐이다. 우리가 '문제를 덮으려는' 동안 산은 깎여나가고 단층선은 흘러내리며 용암은 제멋대로 흐른다. 참나무 덤불은 '계속 퍼지며 가차 없이 빽빽하게 자라며 필연적으로 화염에 휩싸이게' 된다. 개울이 둑으로 넘치고 강의 물길은 주기적으로 바뀐다.《자연의 통제The Control of Nature》첫 장에서는 아차팔라야 강이 미시시피 강의 흐름을 '다시 차지하는 것'을 막기 위한 싸움을 다룬다. 이는 뉴올리언스에서 점점 더 높은 제방을 쌓는 것이 헛된 일이라는 사실을 다루며, 예상치 못한 맥락에서 비인간적 요소가 잠시 언급된다. 이는 도선사와 토목공학자 사이의 대화에서 일어난다. "카노는 아차팔라야 강이 언젠가 모든 예방 조치에도 불구하고 미시시피 강의 물줄기를 빼앗아 흐름을 바꿀 가능성에 대해 추측하고 있었다. 그는 '대자연은 인내심이 강하다.'라고 말했다. 라

블레(16세기 프랑스의 르네상스 시대 작가이자 풍자가-옮긴이)는 '대자연에게는 우리보다 시간이 많다, 대자연에게는 시간밖에 없다.'라고 말했다."

이런 정서는 "언명하노니 …… 산사태는 불필요하다."라고 말하는 오만함이나, 산사태를 일으킨 원인이 무엇이든 그것과 단절된 채 살아가는 행태만큼이나 잘못됐다. 멈퍼드는 《기술과 문명》에서 이런 단절과 시간을 지배하려는 특성이 정확히 경영주들이 환호했던 석탄의 특성이라고 설명했다. "사용하기 전에 미리 채굴해서 저장할 수 있으며 계절의 영향이나 날씨의 변덕에서 벗어나 산업을 벌일 수 있다."라는 특징이다. 나중에 밝혀지겠지만 이는 우리가 당장의 문제를 해결하지 않고 미래로 미뤄둔 첫 번째 사례 중 하나였다. 이미 1934년에 멈퍼드는 산업주의가 실제로 '기후에 장기적인 순환 변화'를 일으킬 수 있다고 예측했다. 즉, 산업주의는 결국 우리가 자연에 미친 영향을 무시하고 문제를 뒤로 미루면서 기후변화 같은 더 큰 문제를 초래할 수 있다고 경고한 것이다.

해가 보이지 않는 낮이 이어지던 9월 무렵, 나는 대기질 예보 웹사이트인 에어나우Air Now를 브라우저 즐겨찾기에 추가했다. 그날은 대기질 지수가 153 근처에서 머물렀고, 웹사이트의 원은 빨간색이었다. 불에 탄 나무 잔해는 PM2.5('초미세 먼지, fine particulate matter'에서 따온 단위인 PM) 수치로 나타났고, 이 잔해는 일주일 내내 대기 중에 머물 것 같았다. 웹사이트에는 "일정이 유연한가요?"라고 적혀 있었다. "예보가 적색(건강에 좋지 않음.)이더라도 낮 동안에는 야외 활동을 하기에 대기질이 괜찮은 시간대가 있을 수 있습니다. 지금 대기질을 확인하고 야외 활동하기 적당한 시간인지 확인하세요." 미국에서 처음으로 석탄을 상업적으로 이용한 지 수 세기가 지난 지금, 내 눈앞 모니터에는 변덕스러운 날씨가 펼쳐진다. 모니터에는 "내 말을 들어라. 무시하면 큰 화를 입을 것이다."라고 경고하는 듯했다.

나는 대형 화재와 파괴된 삶에서 어떤 기쁨도 느끼지 않다. 특히 세계의 가난한 사람들이 그 비용을 불균형하게 감당해야 했다는 점에서 더 그렇다. 하지만 날씨라는 자연현상이 어떤 면에서는 말하는 듯한 특성과 반복되는, 때로는 으스스한 요소를 지닌다는 점을 부정할 수도 없다. 가끔 북캘리포니아의 해변에서 보게 되는 표지판이 떠오른다. 이곳에서는 이안류나 너울성 파도가 밀려오고 안전요원이 부재한 탓에 때로 아무것도 모르는 사람들이 종종 휩쓸려간다. 표지판에는 '절대 바다를 등지지 마시오.'라고 적혀 있다. 그 표지판은 언제나 나를 겸손하게 만든다. 표지판은 해변이 인간을 위한 편의시설이 아니며, 우리는 바다에 갈 수는 있지만 살아남고 싶다면 바다의 법칙을 배워야 한다는 사실을 일깨워 준다.

점점 더 많은 사람이 '유연한 일정'을 추구하도록 내몰리는 오늘날, 우리는 산불과 홍수의 언어를 배워 그 주기에 따라야 한다. 비인간적 세계를 법적으로 인정하자는 움직임도 있다. 2017년 뉴질랜드는 타라나키산에 사람과 동일한 법적 권리를 부여했고, 2019년 방글라데시는 모든 강에 동일한 법적 권리를 부여했다. 2022년에는 플로리다호수가 개발자를 상대로 낸 소송에서 원고가 되기도 했다.*

하지만 비인간의 주체성은 대체로 제거와 통제라는 계몽주의적 환상에서 받아들여지지 못했고 지금도 널리 (재)인정되지 못한다. 독자들이 모두 내 의견에 동의하지는 않겠지만 좀 더 밀고 나가보겠다. 특히 기후변화의 한가운데에서 비인간의 주체성을 인정하지 않는 것은 룸메이트와 함께 살면서도 그가 없는 척하는 것과 같다. 그를 죽이는 동시에 자신을 죽이는 셈이다. 따라서 이 질문은 실용적인 동시에 도덕적인 문제다. 응아푸히Ngāpuhi족 응아티 히네Ngāti Hine 부족인 마오리족 작가 나딘 후라Nadine Hura는 이렇게 진단한다. "우리가 아픈 이유는 파파투아누쿠Papatūānuku(마오리족 언어로 대지라는 뜻 옮긴이)가 아프기 때문이다. 앞으로는 고통이 더욱 심해질 것이다. 근본적인 원인을 인정하지 않은 채 어떻게 이 병의 해결책을 논할 수 있을까? 탐욕, 낭비, 개인적 부의 축적, 다른 모든 생명체보다 '인간'

---

* 바인 들로리아 주니어는 《현대 존재의 형이상학(The Metaphysics of Modern Existence)》 중 '법적 우주의 확장'이라는 장에서 "자연은 인간의 법적 체계에서 독자적인 권리를 갖지 않는다. 만약 우리의 법적 체계가 현실을 보는 인간의 관점을 반영한다면 우리는 인간이 물리적 세계와 별개로 그 위에 존재한다고 믿는 셈이다."라고 썼다. 들로리아는 서던캘리포니아대학교 법학 교수 크리스토퍼 스톤(Christopher Stone)에 대해서도 설명한다. 그는 1972년 시에라클럽 대 모튼 소송(Sierra Club vs. Morton)에서 법적 지위 이론을 이용하고 《나무는 지위가 있는가(Should Trees Have Standing?)》라는 책을 쓴 인물이다. 이후 에콰도르, 아르헨티나, 페루, 파키스탄, 인도, 뉴질랜드, 캐나다, 미국에서도 비슷한 법적 소송이 진행됐다. 2019년 유록족(캘리포니아 주법에 통제된 불놓기에 대한 법적 지침을 제공했던 그 부족)은 부족법에 따라 클라매스 강에 법적 인격을 부여해 강을 대신해 법적 조치를 취하는 데 도움이 되고자 했다.

이 우월하다는 오만한 믿음, 토지를 더러운 행주처럼 한 번 짜서 쓰고 버려야 할 자원으로 인식하는 문제가 바로 이 병의 원인이다."

이와 마찬가지로 에너지 정책을 다루는 기후 학자인 세스 힐드 Seth Heald는 "우리가 무엇에 대해 적응하고, 무엇으로부터 회복력을 키우려고 하고 있는지 언급하지 않은 채 기후 적응과 회복력에 대해 이야기하는 것"에 대해 경고한다. 그는 미국인 대부분이 기후변화를 환경·과학·경제의 관점에서 이해하지만, 도덕적이거나 사회정의의 관점에서는 보지 않는다는 연구 결과를 인용한다. 힐드에게 이는 '부분적인 기후 침묵'의 한 형태다. 더 많은 사람들이 기후변화에 대해 우려하고 있다는 여론조사 결과는 분명 긍정적인 일이지만, 부분적인 침묵은 결국 부분적인 해결책만을 가져온다. 예를 들어 점점 더 불타고, 폭풍이 몰아치고, 산사태가 일어나는 세계를 비난하면서도 동시에 억누르고 주체성을 부정하는 미래를 상상할 수 있다. 이는 과거 식민지 대상들이 그러했던 방식과 동일하다. 이런 관점은 (실제로도 그렇듯) 이주민의 물결을 허리케인처럼 객관적인 대상으로 간주하고, 그들을 산사태만큼 '불필요한' 존재로 선언한다. 그리고 오랫동안 미뤄왔던 근본적인 반성과 대면 대신 기술 관료적 개입으로 이를 대체하려 한다.

방파제 길은 바다에서 골프 코스를 보호하기 위해 두른 둑으로 이어진다. 이 둑은 바다로부터 골프장을 지키는 역할을 할 뿐만 아니라 그곳 연못에 서식하는 멸종 위기 종인 개구리를 보호하기도 한다. 우리의 왼쪽에는 바람에 의해 영구적으로 조각된 듯한 사이프러스 나무들이 서 있고, 앞쪽으로는 민둥산이 보인다. 그 산으로 사람들이 점처럼 사라져가는 모습이 보인다. 우리도 그들을 따라가기로 한다.

길은 좁아지며 작은 사이프러스 숲 아래를 지나간다. 놀랍게도 이곳에서는 여전히 꽃이 피어 있다. 해안 인디언 붓꽃과 "봄에게 작별을"이라는 이름의 꽃이 보인다. 민둥산 정상에 오르자, 불안정한 절벽 근처로 가지 말라는 또 다른 경고 표지판이 우리를 맞이한다. 이곳에서는 모든 것이 한눈에 들어온다. 부두, 무너져가는 방벽, 북쪽과 남쪽의 절벽, 그리고 끝없이 펼쳐진 바다까지, 높이 오를수록 더 무한하게 느껴지는 그 바다가 말이다.

저 멀리서 뭔가가 보인다. 안개가 폭발하듯 솟아오른다. 너무 멀리 있어서, 그리고 햇빛이 너무 밝아서 눈이 착시를 일으킨 것처럼 보였지만, 곧 다시 같은 길이 일어난다. 그것은 고래였다.

잠시 나는 말을 잃었다. 그러다 "고래가 정말 실제로 존재한다는 걸 깜빡했어. 범퍼 스티커에 그려진 상징이 아니라는 걸 말이야."라는 어리석은 말을 내뱉었다. 하지만 사실 내가 생각한 것은 고래뿐 아니라 바다 역시 갑자기 더 실제처럼 보였다는 것이었다. 지금까지 바다는 우리의 세상과 맞닿아 있는 또 다른 우주였으며, 우리가 이해할 수 없는 움벨트Umwelt였다.* 즉 우리를 위한 것이 아닌 세계였다. 우리의 중심이 흔들리면서 고래와 바다가 독립적인 존재로, 주권을 가진 존재로 드러난다. 절벽은 그들의 세상의 경계인 동시에 우리 세상의 끝이라는 것을 깨닫게 된다.

기후 위기를 도덕적 차원에서 바라볼 때, 이전에는 안개 속에

---

* 움벨트는 '환경' 또는 '주변'을 뜻하는 독일어다. 20세기 초 발트해 연안 독일의 생물학자 야코프 폰 윅스퀼(Jakob von Uexküll)은 특정 유기체가 경험하는 세계를 구체적으로 지칭하기 위해 움벨트라는 용어를 사용했다. 이 개념에 대해 자세히 알아보려면 에드 용(Ed Yong)의 《이토록 굉장한 세계》를 참고하자.

가려져 있던 몇 가지 중요한 점들이 더 명확해진다. 특히, 이 위기가 다른 근본적인 불평등과 어떻게 연결되어 있는지 말이다. 예를 들어 에너지 회사와 투자자들이 내세우는 겉보기에 실용적인 논리는 19세기 미국에서 노예제를 옹호하던 사람들의 논리와 비교할 수 있다. 그들은 노예제를 정치적 문제가 아닌 경제적 문제로, 기술적 해결책으로 다룰 수 있는 사안으로 보았다. 예를 들어 1823년 자신이 소유한 서인도제도 플랜테이션과 관련된 회의에서 2대 백작 헨리 라셀스Henry Lascelles는 노예 인구의 '점진적인 개선'이라는 말을 진지하게 할 수 있었던 것은 노예를 주체가 아닌 대상으로 간주했기 때문이다. 이들에게 '개선'은 기술적 문제, 즉 대상을 더 잘 활용하는 방법에 관한 것이었고, '폐지'는 도덕적 문제 즉 누가 주체인가에 관한 것이었다. 에너지 회사들은 자원을 추출하는 '대사' 없이 미래를 상상하지 못하며, 따라서 지구를 여전히 '대상'으로 간주하는 세계관을 지지하는 자금을 지원할 수밖에 없다. 마찬가지로, 플랜테이션 소유주들은 노예라는 '대상' 없이 미래를 상상하지 못했기에, 노예를 대상으로 간주하는 세계관을 지지하고 자금을 지원했다. 이 연결은 단순한 비유 이상이다. 예를 들어 여러 학자는 산업혁명을 이끈 방직공장에서 플랜테이션 면화가 어떤 역할을 했는지를 강조한 바 있다.

현대인에게는 이 시대가 복잡하게 얽혀 있어 무력하게 느껴질 때가 많다. 하지만 어떤 것들은 명확하다. 나는 이런 상황을 볼 때마다 깨닫는다. 미래가 차가운 계산 속에서 낭비될 때, 누군가가 문제를 생태적이고 경제적인 문제로만 말하며 도덕적이거나 정치적인 문제는 아니라고 할 때, 기술 관료적인 관점이 과거 수 세기의 오만함을 감추고 지속시킬 때, 식민지화되고 대상화된 사람들이 피해자로 등장하지 못할 때, 이익을 보는 사람들이 피고로 나타나지 않을 때, 내가 저 멀리 지평선을 보지 못하고 왜 연기가 나는지조차 잊어버릴 때 나는 내 머릿속에서 스스로 논쟁을 시작한다. 한쪽은 말한다. "이건 복잡한 문제야." 다른 한쪽은 대답한다. "꼭 그렇지만은 않아."*

"이것이 전부다."라고 말하는 대신 이것은 결코 전부가 아니었다는 생각을 받아들이는 것이다. 내가 어릴 적 보았던 나무들은 시간을 초월한 존재가 아니었다. 화재를 억제하는 정책으로 생겨난 숲들처럼, 땅이 '누구'인지 '무엇'인지 묻는 질문처럼 나는 유한한 세상을 무한한 것으로 착각하며 자랐다. 그 사실을 깨닫기 전까지 나는 그저 내가 익숙하고 위안을 느꼈던 것들이 사라지는 상실감만을 느낄 수 있었다. 이제 나는 그 집착을 내려놓으려 노력한다. 미래를 바라보는 것은 곧 주변을 둘러보는 것이고, 주변을 둘러보는 것은 곧 역사를 보는 것이다. 다가올 종말이 아니라 이미 지나간 종말, 그리고 지금도 계속되고 있는 종말을 말이다. 그리스어 아포칼립스

---

* 2017년 폴 슈레이더(Paul Schrader) 감독의 영화 〈퍼스트 리폼드(First Reformed)〉에 등장하는 신부와 오염물 공장 공장주가 기후변화를 두고 나누는 대화에서 가져온 말이다.

Apokalypse가 '숨겨진 것을 통해 보이는 것'을 뜻했다는 점을 상기시키며, 와슈타는 이렇게 쓴다. "아포칼립스는 세상의 종말과 거의 관련이 없으며, 숨겨진 것을 볼 수 있는 통찰과 깊은 연관이 있다. 이는 가려진 막을 걷어내는 행위와 연결된다." 프랑스의 여성주의 시인이자 철학자인 엘렌 식수Hélène Cixous 또한 이렇게 썼다. "우리는 세상을 잃어야 한다. 하나의 세상을 잃고, 하나 이상의 세상이 있다는 것과 우리가 생각하던 세상이 진정한 세상이 아니라는 것을 발견해야 한다." 오늘날 아포칼립스의 의미는 현대적 개념이다. 중세 영어에서는 단순히 '비전', '통찰' 혹은 심지어 '환상'을 뜻했다.

세상이 끝나가고 있다. 하지만 어떤 세상이 끝나가고 있을까? 많은 세상이 끝났고, 많은 세상이 태어났으며, 또 새롭게 태어나려 하고 있다. 어떤 세상이든 처음부터 정해진 것은 아무것도 없다는 점을 생각해 보라. 사고 실험으로 당신이 세상의 종말에서 태어난 것이 아니라, 사실은 완벽한 순간에 태어났다고 상상해 보자. 당신이 자라서 시인 첸 첸Chen Chen이 표현한 대로 "행성 크기의 폭풍으로 가득한 행성의/하나의 계절"이 될 수도 있는 존재라고 말이다. 상상의 시나리오를 떠올려 보자. 그리고 그 안에서 당신의 모습을 그려보자. 그러고 나서 무엇이 보였는지 이야기해 주길 바란다.

그렇다면 여전히 악몽을 꾸는 동안에는 어떻게 해야 할까? 미래는 아직 쓰이지 않았지만, 이미 발생한 상실, 지금 일어나고 있는 상실, 그리고 이미 피할 수 없는 상실의 몫이 존재한다. 이 장을 쓰는 동안 마치 독을 마시는 것 같은 기분이 드는 순간들이 있었다. 아니면 어쩌면 더 정확히 말하자면, 내 작은 자아라는 집을 통해 수 톤의 산가브리엘 바위들이 지나가게 내버려두는 것 같았다. 나는 그 벽이 견딜 수 있을지 항상 확신할 수 없었다.

이 정도 크기의 슬픔은 고독한 애도자를 육체적으로는 아니더라도 다른 방식으로 죽일 수 있다. 고립된 호모 이코노미쿠스Homo economicus에게 가해지는 또 다른 저주다. 소비자가 하는 일이란 서로 보듬고 우는 것이 아니라 친환경 제품을 구매하는 것이다. 우리가 "인간 스스로 다른 방식으로 조직할 수 있던 과거의 기억"을 모두 빼앗겼다면 이런 강탈은 분명 우리의 정서적 삶까지 확장될 것이다. 당신의 문제는 개인적이고 병리적이다. 그 해결책은 당신이 내리는 인생의 선택과 자기계발서 몇 권에만 들어 있을 것이다.

코로나-19 팬데믹 직전 친구 두 명과 저녁 식사를 하면서 내가 우울증을 겪고 있는 것 같다고 말했던 기억이 난다. 내가 말하는 방식 때문에 우울증에 걸린 게 마치 부러진 팔다리나 영양 결핍, 혹은 개인적인 실패인 것처럼 들렸을 것이다. 하지만 사실 그것은 이 세상에서 존재하는 사람으로서 느끼는 깊은 상심이었다. 그때 친구 중 한 명이 이렇게 말했다. "음. 제니, 우울해할 만한 일이 많긴 해." 다른 한 명은 아무 말 없이 나를 감싸안아 주었다.

☼ ─────────────────────────────── ☽

현재는 혼자 감당하기 어려울 뿐만 아니라, 감당해서도 안 되는 시간이다. 슬픔조차도 새로운 형태의 주체성을 가르쳐줄 수 있다. 저는 일종의 이중성과 서로 간의 연대감을 떠올린다. 그것은 세상을 마주하고, 외면하지 않을 힘을 주는 상호성이다. 내가 또 다른 하루를 살아갈 힘을 얻는 것은 언제나 또 다른 존재들 덕분이었다. 그것이 친구의 몸이든, 덤불 속 새들의 무리든, 내가 가장 좋아하는 산의 동쪽 면이든 말이다. 나는 그들에게 가까이 다가가 내 안에 온전히 존재하지 않는 어떤 힘을 끌어온다. 한 번은 《아무것도 하지 않는 법》에 대한 어느 리뷰에서는 내가 "짜증스럽게 '신체bodies'라는 단어를 사용"했다며, 분명 '사람'이나 '인간'을 의미했을 것이라고 썼다. 하지만 내가 말하려는 것은 '사람'도 '인간'도 아니다. 이중적이고 다중적인 신체, 무게를 함께 지고 벽을 지탱할 수 있는 동맹이나 융합을 의미한다. 지금은 우리가 서로 연대해 세상에 맞서야할 때지, 바다에 등을 돌릴 때가 아니다.

2020년 9월로 돌아가 보면 내가 꾼 악몽 대부분은 밀려오는 불길을 바라보며 끝났다. 하지만 한 가지 기억할 만한 예외가 있었다. 어떤 꿈에서 나는 개와 함께 있는 낯선 사람에게 달려가 도움을 요청했다. 그는 내 손을 잡았고 우리 셋은 목숨을 걸고 가게 주차장으로 도망쳤다. 불이 우리를 둘러싸자 함께 서서 그 광경을 지켜보았다. 세상은 끝났지만 꿈은 끝나지 않았다. "이제 어쩌죠?" 하고 내가 물었다.

비범한

시간

Uncommon Times

공공 도서관

우리는 시계가 아니라 태양에 따라 살아간다.

_2013년 〈BBC〉 기사
'스페인, 생산성 향상을 위한 시간대 변경 검토'에 인용된 세비야 여성의 인터뷰

산 안드레아스 단층을 넘어 절벽에서 북동쪽으로 향하며 우리는 다시 교통체증에 발이 묶인다. 이번에는 마크 저커버그의 이름을 딴 샌프란시스코병원 근처 101번 고속도로다. 도로가 꽉 막히기 시작할 무렵 우리는 왼편으로 빠져나와 사우스오브마켓으로 내려가 금융 지구로 이어지는 넓지만 번잡한 길에 내린다. 네모난 4층 아파트와 낡은 공업용 건물이 뒤섞인 이곳에는 가죽 및 구속 용품 가게인 레더 같은 사업체가 입주해 있다.

우리는 낡은 건물들 중 한 곳에 들어선다. 1920년대 이

곳은 상업 세탁소가 있었던 곳으로, 당시 전화번호부에는 반일세탁연맹Anti-Jap Laundry League 광고 아래 등록되어 있다. 당시에는 '백인 노동력'을 마치 공정무역 인증처럼 자랑스럽게 광고하던 시절이었다. 100년이 지난 지금 우리는 건물 인터컴에서 프렐링거 도서관을 뜻하는 P자를 누른다. 엘리베이터를 타니 거리의 소음이 멀어진다. 우리는 2층으로 올라간다. 폴 댄스 스튜디오에서 쿵쿵거리는 저음이 울려 온다. 따뜻한 조명이 손짓하는 복도 끝에 이중문 중 하나가 열린 채 버팀쇠로 고정돼 있다. 문 안으로 들어가면, 천장까지 닿는 강철 책장이 이어진 세 개의 복도, 웃고 있는 두 명의 사서, 그리고 큰 테이블에 모여 여러 책과 지도를 살펴보는 몇몇 사람들이 보인다.

어떻게 하면 욕망이 깃든 집을 만들 수 있을까? 이 질문은 쉽지 않다. 특히 불만족을 개인적인 부끄러움으로 치부하는 자수성가형 사회에 살고 있다면 더더욱 그렇다. 그런 사회에서는 원하는 것과 현실이 완전히 동떨어져 보일 때가 많다. 냉소와 허무주의는 사람을 메마르게 한다. 방치되고 학대받아 단단히 굳어진 흙처럼 말이다. 하지만 흙은 생명의 기억을 간직하고 있다. 물과 괭이만 있다면 다시 숨을 불어넣을 수도 있다. 이때 중요한 것은, 당신이 혼자가 아니라는 사실을 기억하는 것이다. 주위를 둘러보자. 정말 모두가 시

간을 돈으로만 여긴다고 생각할까? 아니면 사실은 대부분의 사람들이 시간이 돈처럼 느껴지지 않기를 간절히 바란다는 것이 더 진실에 가까울까?

이 흙을 한번 뒤집어 보기 위해 또 다른 사고 실험을 해보려고 한다. 2장에서 설명했듯이, 시간 관리라는 개념은 종종 시간을 각 개인의 '시간 은행' 안에 있는 단위로 여긴다. 내 시간은 내 것이고, 당신의 시간은 당신 것이다. 이런 세상에서는 내가 당신에게 내 시간을 주면, 내 시간이 줄어들게 된다. 우리의 상호작용은 단순히 거래적인 관계일 수밖에 없다. 하지만 만약 이게 사실이 아니라면 어떨까? 만약 당신과 내가 서로에게 영향을 주고받는 하나의 장 안에 존재하며, 시간이 교환 가능하거나 상품화된 개념이 아니라면, 그런 경우 '시간 관리'란 무엇을 의미할 수 있을까?

나는 적어도 부분적으로 시간 관리란 언제, 어떻게, 무언가를 할지를 두고 당신과 내가 맺는, 상호 이익이 되는 일종의 합의를 의미해야 한다고 생각한다. 이는 아주 작은 차원에서 시작될 수도 있다. 예를 들어 나는 한 친구와 함께 서로 이메일 답장이 늦어져도 사과하지 않기로 명시적으로 합의했다. 서로가 시간이 될 때 답장을 보내면 된다는 이해가 전제되어 있기 때문이다. 또 남자친구와 나에게는 요리하는 사람은 설거지는 하지 않아도 된다는 암묵적인 규칙이 있다. 하지만 우리는 모두 이보다 훨씬 거대하고 진지한 협상을 맺으면서 산다. '현실적이 돼라.'는 말이 점점 더 '유지 불가능한 현실을 받아들이라.'는 의미로 들리는 상황에서, 단순히 '같은 발걸음으로 나락을 향해 행진하는 것' 대신 우리는 최소한 상상할 권리를 가진다. 그리고 함께 상상할 권리도 있다. 누구의 시간이 어떤 가치를 가져야 하는지, 누구의 시간이 어떤 의미를 가지는지, 그리고 우리의 시간이 무엇을 위해 쓰여야 하는지를 말이다.

다른 시간의 풍경을 상상할 때 우리는 앨런 블루도른이 '시간 공유temporal commons'(여기서 커먼즈commons는 공동체의 공유 자산, 공공재, 공유 활동 등을 지칭하는 사회학적 개념으로 흔히 공유, 공유지 또는 그대로 커먼즈로 번역하기도 한다.-옮긴이)라고 부른 사회적 합의에서 몇 가지 교훈을 얻을 수 있다. 시간 공유는 참여자들의 시간 경험을 구성하고 정의한다. 블루도른은 특히 스페인에서 시에스타(낮잠)와 같은 멸종 위기의 시간적 현상에 대해 우려한다. 법이 시에스타를 보호하지 못하거나 사람들이 다른 이유로 지키지 않으면, 이 시간적 형태는 사라질 것이다. 다른 모든 공유지와 마찬가지로 시간적 공유지도 관리자가 필요하다. 그는 "그 아이디어는 시간 관리의 의미에서 시간을 절약하는 것이 아니라 '시간들을' 지키는 것이다. 적어도 그중 일부를 보존하는 것"이라고 썼다.

하지만 시간 공유는 진공 상태에서 이뤄지지 않으므로 흔히 주변 환경과 충돌한다. 블루도른은 1999년 〈포춘Fortune〉 지 선정 500대 소프트웨어 회사에 '조용한 시간'을 도입한 레슬리 펄로우Leslie Perlow의 실험을 언급했다. 당시 이곳 엔지니어들은 끊임없이 방해받아 업무를 효과적으로 수행할 수 없어 혼란스러워했다. 펄로우의 '조용한 시간'이란 하루 한두 번 일정하게 시간을 정해놓고 동료들끼리 '즉흥적인 상호작용이나 방해'를 하지 않는 시간이다. 블루도른은 이런 사실을 상기시킨다. "조용한 시간은 저절로 생기지 않는다. 다른 시간들처럼 조용한 시간도 사회적으로 구성된 것이며, 이처럼 사회적으로 계약된 것이기도 하다."

펄로우는 이 연구로 다양한 노동 시간에 대해 중요한 통찰을 얻었다. 하지만 이들 소프트웨어 회사에서 결국 어떤 일이 일어났는지도 살펴봐야 한다. 조용한 시간은 인기 있었고 일부 엔지니어는 실험이 끝난 후에도 조용한 시간을 계속 유지하기를 바랐지만 펄로우가 떠난 뒤에는 이 구조가 유지되지 못했다. "성공의 기준 같은 조직 문화의 분명한 핵심 요소들이 그대로 유지되며 조용한 시간을 실천하려는 행동을 '해체'하도록 부추겼다."

펄로우가 떠난 뒤에도 엔지니어들이 조용한 시간을 '지키려면' 무엇이 필요했을까? 비공식적인 합의 외에도 기존 기준에서 벗어나 모두를 보호할 수 있는 새로운 '성공의 기준'을 정립해야 했을 것이다. 이런 기준 사이의 긴장은 앞서 내가 언급한 소소한 사례에도 어느 정도 존재한다. 내 친구와 내가 이룬 합의는 상대방이 항상 이메일에 접속할 수 있으리라는 더 느슨한 기대를 부정한다. 내 남자친구와 이룬 합의는 여성이 집안일을 모두 해야 한다는 더 느슨한 기대를 부정한다.

나는 블루도른의 책 《인간 시간 조직》에서 시간을 조직하고 패턴화하는 것을 의미하는 독일어 차이트게버를 발견했다. 2장에서 언급했듯이 하나의 차이트게버는 다른 차이트게버와 충돌하거나 상대편을 압도할 수 있다. 이런 '쟁탈'은 나오미 클라인의 저서 《이것이 모든 것을 바꾼다》의 부제인 '자본주의 대 기후'를 다시 살펴볼 틀이 된다. 클라인은 NAFTA 같은 국제무역협정이 화석연료 채취 및 판매를 규제하거나 재생 가능한 에너지 기간시설을 구축하려는 각 나라의 노력에 어떻게 훼방을 놓는지 설명한다. 심지어 다국적 기업들은 이런 협정을 이용해 캐나다 퀘벡에서 풀뿌리 민주주의로 이룬 천연가스 시추 중단 같은 승리를 뒤엎기도 했다. 우리에게는 국제 무역기구와 기후 정상회담이 있지만, 이들은 서로 다른 현실적인 목표를 지녔으므로 각자의 목표가 공평하게 시행되지는 않는다. 클라인은 2005년 WTO 관계자의 말을 인용해 국제기구가 '온실가스 배출을 줄이기 위한 거의 모든 조치'에 이의를 제기할 수 있게 만들었다고 지적하며, 당시에는 대중이 거의 항의하지 않았지만 항의했어야 한다고 덧붙였다.

샌포드 플레밍이 지구의 맥락과 완전히 분리된 우주날을 꿈꿨던 때에서 수 세기가 지난 지금, 우리 삶을 지배하는 차이트게버(시간을 알려주는 신호)는 최후의 날을 가리키는 시계가 아니라 분기별 보고서다. 이 보고서는 올여름 어느 날 내가 겪은 기묘한 시간의 분열을 설명할 수 있을 것 같다. 그날은 대기질지수가 너무 높아 외출할 수 없었고, 나는 BP가 웹사이트에 공개한 실적 발표 회의록을 읽었다. 2018년 회의록의 주주 질의응답 부분에서 산탄데르은행의 한 애널리스트가 모리타니와 세네갈 국경에서 해상 천연가스전을 개발하려는 BP의 토르투Tortue 프로젝트에 대해 정중하게 질문했다. 2020년 녹취록에서는 당시 진행 중이었지만 코로나-19 팬데믹으로 중단된 가스전 개발 상황에 대해 영국 투자은행 팬뮈어고든Panmure Gordon의 애널리스트가 다시 한번 묻는다.

네, 제 질문을 받아주셔서 감사합니다. 다시 가스 이야기로 돌아가겠습니다. 버나드(버나드 루니Bernard Looney, BP의 CEO), 언급하지 않으신 프로젝트 중 하나가 토르투와 관련된 진행 상황이었고, 더 넓게는 모리타니와 세네갈에서의 추가 개발이 2025년과 2030년까지 목표로 하는 연간 2500만 톤 및 3000만 톤의 LNG(액화천연가스) 생산 목표에 어떻게 기여하는지에 대해 말씀해 주실 수 있을까요? 특히 이러한 프로젝트가 본격적인 FID Final Investment Decision(최종 투자 결정) 프로젝트로 전환하기 위해서는 어떤 조건들이 결정적으로 작용하는지 궁금합니다. 감사합니다.

루니는 애널리스트에게 코로나-19 팬데믹으로 개발이 지연됐지만 모든 것이 예정대로 착착 진행된다고 안심시킨다. 액화천연가스 3000만 톤을 떠올릴 때의 내 막막한 공포를 제외하면 이 대화에서 특별히 눈에 띄는 점은 없다. 마르크스가 《자본론》에 쓴 것처럼 "'내가 죽고 난 뒤 홍수가 오리니.'는 모든 자본가와 자본주의 국가의 표어다."* 기업 대부분이 가장 중요한 성공 기준으로 삼는 것은 성장이다. 버나드 루니는 제 몫을 하고 은행 역시 제 몫을 한다. 천연가스가 '청정'하다는 광고를 디자인하는 BP사 홍보 담당은 제 몫을 한다. 다음 분기에도 또 회의가 있을 것이고 그 회의도 마찬가지

---

* 이 표현은 1장에서 언급했던 《자본론》 중 '노동일'이라는 장에서 마르크스가 노동하는 몸의 착취와 지구의 착취를 비교하는 내용으로 이어진다. "(자본가의) 관심사는 오로지 단순하게 하루의 노동일 동안 가용할 수 있는 최대 노동력이다. 탐욕스러운 농부가 비옥한 토양을 수탈해 더 많은 농산물을 수확하듯, 자본가는 노동력의 수명을 단축하면서 같은 목표를 달성한다."

로 늘 똑같을 것이다. 나는 저들에게서 유리한 시간적 지평에서 운영되는 채굴 산업의 평범한 하루를 엿본 것뿐이다. 하지만 내가 본 것은 내 시간적 지평을 결정하며 내게 직접 영향을 미치는 시간 조절자다. 결국 나는 그들의 시계에 맞춰 살아가야 한다.

우리는 서고에 들어간다. 이 도서관은 듀이 십진법 체계를 따르지 않고 사서들의 직관적이고 심리 지리학적인 배치에 따라 정리돼 있다. 왼쪽부터 샌프란시스코 지역에 관한 주제에서 시작해 통로를 따라 미국 서부, 세계 지리 및 자연사, 채굴, 교통, 인프라, 주거, 예술, 영화, 미디어 네트워크, 물질문화, 언어와 젠더, 인종과 민족, 미국 정치사, 지정학 및 반미 활동을 다룬 섹션으로 이어진다. 마지막으로 추상과 지구 바깥이라는 섹션이 자리하고 있다.

나는 당신을 마지막 섹션인 대형 서적이 있는 곳으로 데려가, 제본된 정기 간행물들 중에서 한 권을 꺼낸다. 그것은 〈팩토리 매거진〉이다. 우리는 페이지를 넘기며 시간 기록기와 효율성 시스템을 광고하는 내용을 살핀다. 한 광고에는 이렇게 적혀 있다. ‘시간에 맞춰 준비 완료.’ 또 다른 광고는 이렇게 말한다. ‘성공한 사람들은 사업에서 모든 것을 좌우하는 요소가 하나 있다는 것을 깨닫는다. 그것은 바로 시간이다.’ 또 다른 광고에는 작업대에 앉아 있는 노동자들

의 모습이 그려져 있으며, '인간의 효율성이 공장의 효율성을 결정한다.'라고 적혀 있다.

　우리는 모퉁이를 돌아 〈피지컬 컬처〉 잡지 몇 권을 발견한다. 제1차 세계대전 시기의 전면 광고에는 리오넬 스트롱포트Lionel Strongfort가 속을 깊이 집어넣은 속옷을 입고 포즈를 취하며 이렇게 외친다. "앗, 당신은 부적합입니다!" 광고의 이런 문구는 계속 우리에게 말하는 것 같다. "부적합하고, 무기력하고, 나약하고, 쓸모없는 상태로, 자신과 가족, 그리고 국가를 위해 아무것도 하지 않고 있다. 미국 역사상 단 한 번, 모든 남자가 싸우거나 일해야 하는 바로 이 시기에 말이다!" 아래쪽에는 이런 문구도 적혀 있다. "왜 당신은 자신을 개선하지 않습니까?" 이러한 광고 원본을 보면 묘하게 웃음이 난다. 우리가 이런 사고방식이 우리 문화에 얼마나 깊이 스며들어 있는지 잘 아는데도, 당시 광고 속 언어는 절박하고, 제멋대로이며, 위태로워 보인다.

'시간을 지켜라.'라는 사명을 설파하는 블루도른은 흔히 세계의 여러 언어가 멸종할까 걱정하는 민족주의자처럼 보인다. 사실 우리가 공유하는 시간관념은 모두 언어와 깊은 관련이 있다. 언어는 그 자체로 세계의 질서를 잡고 분석하는 체계이며, 언어의 틀은 시간을 정의하는 단어, 구문, 개념으로 이뤄진다. 사회학자 윌리엄 그로신William Grossin은 "한 사회의 경제·노동을 조직하는 방식, 재화와 서비스 생산에 사용되는 수단, 시간의 집합적 의식에서의 표현 사이의 "상응"에 대해 썼다. 그는 이 시간의 표현이 모든 개인에게 받아들여지고, 내면화되며, 거의 문제 없이 수용된다고 설명했다. 대체로는 그렇다. 하지만 문제가 생기면 어떻게 될까?

언어는 역동적이고 통제할 수 없으며, 항상 분열된다. 그래야만 한다. 왜냐하면 언어를 사용하기 위해서는 우리가 선택하지 않은 단어와 구조를 가져다가(우리가 속한 집단이 크든 작든) 원하는 대로 작동하게 만들어야 하기 때문이다. 2021년 3월, 팬데믹이 한창이던 시기에 캐서린 하임스Kathryn Hymes는 〈애틀랜틱The Atlantic〉에 실린 글에서 같은 공간에서 많은 시간을 보내는 사람들 사이에서 발생하는 방언이나 줄임말을 의미하는 '가족 방언familect'이라는 주제로 글을 썼다. 그리고 팬데믹으로 인한 봉쇄 조치가 이러한 과정을 가속화했을 수 있다고 추측했다. 한 사람은 하임스에게 호그hog라는 단어를 예로 들었다. 이는 커피 한 잔이 가득 차지 않은 상태를 의미하는데, 그는 "룸메이트와 함께 어느 날 작은 고슴도치 그림이 그려진 작은 커피 잔을 발견했어요. 그 잔은 다른 잔들보다 작아서 '호그'라고 부르게 되었죠."라고 설명했다. '호그'는 이제 그의 집에서 확립된 측정 단위가 됐으며, "이제 저는 반 호그를 요청하거나 제안받기도 해요."고 말했다.

앞서 사례로 든 이메일이나 설거지, 보통은 지각으로 여겨질 수 있는 '필리핀 시간'을 지키는 우리 친척 등(이에 대해서는 나중에 …… 다시 다룰 것이다), 특정한 시간 공유 안에서 이룬 합의도 가족 방언으로 볼 수 있다. 자의적인 시간 가족 방언을 만드는 일도 떠올려 볼 수 있다. 딱 한 명의 친구와 주 8일 주기를 지키기로 합의하는 일도 상상해 볼 수 있다. 물론 당사자가 아닌 다른 사람을 상대할 때마다 일반적인 주 7일 주기에 어긋나는 시간 언어를 유지하는 비용이 발생할 수는 있다.

주 8일 주기라는 아이디어가 이상하게 들릴지 모르지만, 종교마다 그저 서로를 구별한다는 단 하나의 목적 때문에 안식일을 서

로 다른 날로 선택하는 역사적 현상보다 이상하지는 않을 것이다. 우리 가족 중 필리핀계 사람들은 19세기 초 제2차 대각성 운동에서 탄생한 기독교 종파인 제칠일안식일 예수재림교를 믿는다. 이 교단의 주요 특징 중 하나는 토요일에 안식일을 지킨다는 점이다. 20세기 초 선교사들 덕분에 필리핀에서 뿌리를 내렸고, 그 무렵 누군가 증조할아버지를 개종시키는 데 성공했다. 하지만 증조할머니는 개종하지 않고 계속 가톨릭 신자로 남았다. 증조할머니가 개종하기 전까지 안식일은 가족 간의 갈등의 원인이었다. 가족 사이에 전해지는 이야기에 따르면 증조할머니는 토요일에 딸들이 주일 예배에 늦게 가도록 일부러 부엌을 어지럽혀 청소를 시키곤 했다고 한다.

새로운 시간 체계에 저항하는 사람들에게는 나름의 이유가 있다. 그 이유는 사소하고 실용적인 것에서부터 상징적이고, 분리주의적인 것까지 다양하다. 특히 이러한 시간대 변화가 큰 불협화음을 가져오는 가장 강하게 이를 느끼고 때로는 저항하기도 한다. 예를 들어 시간대 자오선에서 경도 7.5도 정도 떨어진 곳에 살면 표준 정오와 실제 태양이 머리 위에 오는 정오 사이에 최대 30분의 차이가 생긴다. 표준 시간대는 때로 "신성하고 자연스러운 질서를 모독하는 간섭"으로 여겨지기도 했다. 에비아타르 제루바벨Eviatar Zerubavel은 시간 표준화에 대한 연구에서 이슬람 국가들이 기도 시간을 정할 때 시계가 아니라 태양의 위치에 기반한 태양 시간을 고집한다고 지적한다. 비슷한 사례로, 제칠일안식일 예수재림교가 토요일을 안식일로 지키듯,《아무것도 하지 않는 법》에서 언급한 1960년대 공동체 중 하나인 트윈 오크스Twin Oaks는 의도적으로 모든 시계를 '외부 시간'보다 한 시간 앞당겨 설정하고 이를 '트윈 오크스 시간 Twin Oaks Time, TOT이라고 불렀다. 그리고 1911년까지 프랑스는 고집스럽게 그리니치 평균시를 사용하지 않았다. 영국을 기준으로 한 시간이었기 때문이다. 그리니치 평균시를 채택한 이후에도, 프랑스는 이를 '파리 평균시, 9분 21초 늦음.'이라고 부르며 자신들만의 명칭을 사용했다.

마지막 사례에서 알 수 있듯 표준시는 흔히 국가 정체성의 오른팔 역할을 해왔다. 1949년 마오쩌둥은 국가 통합을 이유로 중국 전역을 베이징 표준시로 통일했다. 이 단일 시간대는 곧 살펴볼 한 가지 예외를 제외하고 오늘날까지 지속된다. 제2차 세계대전 중 독일은 서머타임제Daylight Saving Time(일광 절약 시간제라고도 함.-옮긴이)를 채택했고 유럽 일부 나치 점령지에도 적용했다. 1940년대 스페인의 독재자 프란시스코 프랑코Francisco Franco는 히틀러와 연대한다는 신호로 스페인 시간대를 중부 유럽 표준시Central European Time로 전환했다. 이런 이유만으로 스페인은 현재 독일과 시간대를 공유하며 바로 남쪽에 있는 모로코보다 한 시간 앞선다. 2019년 유럽의회는 서머타임제를 폐지할 것을 의결했지만 아이러니하게도 코로나-19 팬데믹 및 여름과 겨울 중 어느 시간을 유지할지에 대한 의견이 분분해 실제 폐지가 연기됐다.

미국에서는 전시 도덕과 노골적인 상업적 이해관계가 뒤섞인 특유의 분위기에 영향받아 서머타임제의 역사가 다소 우스꽝스럽게 전해진다. 놀랄 만큼 재미있는 책 《스프링 포워드Spring Forward》에서 마이클 다우닝Michael Downing은 1918년 3월 미국이 서머타임제를 도입한 직후 상황을 다음과 같이 설명했다. 그는 "어두워지기 전에 일하는 소녀들이 안전하게 귀가하고, 뒷마당 정원에 그림자가 드리우기 전에 아이들이 부모와 만나고, 낮에 스포츠와 오락을 즐길 기회를 늘려 산업 노동자들의 신체적·정신적 건강을 보호한다는 서머타임제의 고귀한 인도주의적 목표는 소매 판매를 촉진하기 위한 혁신적인 전략과 닮았다."라고 썼다. 시계 회사들은 자명종 시계 광고 수천 건을 게재했고, 일하는 여성들을 위해 '오후 5시부터 자정까지' 입는 새로운 옷을 판매했으며, 원예 도구, 스포츠용품, 휴가용 별장 할인 같은 판매 전략이 넘쳐났다.

다우닝이 미국의 서머타임제라는 주제에 책 전체를 할애할 수 있던 것은 이 전환이 몹시 혼란스러웠고, 지금도 그 혼란이 계속되고 있기 때문이다. 다우닝은 1960년대까지 서머타임제가 "어처구니없을 정도로 이에 동조화되지 못한" 국가를 초래했다며 제임스 스콧도 만족할 만한 설명을 했다.

1965년 18개 주에서는 서머타임제를 시행해 1년 중 6개월 동안 시계를 표준시보다 한 시간 앞당겼고, 다른 18개 주는 뒤늦게 참여했다. 일부 도시나 마을에서는 매년 3~6개월 동안 시계를 표준시보다 1시간 앞당겼고 일부는 그렇지 않았다는 의미다. 12개 주에서는 서머타임제를 전혀 시행하지 않아 이를 준수하는 주의 시계보다 한 시간 늦었다. 텍사스주와 노스다코타주에서는 지역 주민들이 '역 서머타임제'를 채택해 시계가 표준시보다 1시간 늦게, 서머타임제 시계보다는 2시간 늦게 작동했다. 그해 〈네이션The Nation〉 지는 "미국인 1억 명이 나머지 8000만 명과 보조를 맞추지 못한다."라고 추정하며 미국을 '세계에서 가장 시간을 못 지키는 나라'라고 부른 미국 해군천문대 관계자의 말을 인용했다.

현실적인 문제도 계속 걸림돌이 된다. 애리조나주는 서머타임제를 시행하지 않았다. 2021년 주민 두 명이 말한 것과 같은 이유 때문이다. "사막에 살면 낮 시간이 너무 길어요. …… 그래서 우리는 서머타임제를 지키고 싶지 않습니다." 서머타임제로 전환하면 여름 일몰 시각이 1시간 늦어져 '더위로 인한 고통이 늘어날 뿐'이다. 하지만 같은 애리조나 내에서도 나바호국은 서머타임제를 따른다. 이는 나바호국의 영토가 애리조나뿐 아니라 뉴멕시코와 유타에 걸쳐 있는 법적 이유 때문이다. (반면 애리조나 내에 위치하며 나바호국으로 둘러싸인 '호피보호구역Hopi Reservation은 서머타임제를 따르지 않는다. 이처럼 나바호 영토는 구역이 조각보처럼 나뉘어져 있기 때문에 애리조나의 특정 고속도로를 운전하다 보면 서머타임 또는 표준 시간대를 시행하는 곳을 여러 번 오가는 일이 발생할 수 있다.

서머타임제와 시간대라는 사례는 언뜻 시간 자체가 무엇이고 무엇을 위한 것인지 묻는 말이라기보다 시간과 일광을 둘러싼 단순하고 사소한 질문처럼 보인다. 하지만 시간대와 표준화라는 개념 자체는 하나의 차이트게버(현지 태양시 또는 현지에 뿌리내린 농업 신호)가 다른 차이트게버(국제 표준시 또는 표준화된 상업용 농업 신호)에 포섭되는 지배 관계를 나타낸다. 공식 시간과 비공식 시간을 둘러싼 질문은 1장에서 한 '누가 누구의 시간을 정하는가'라는 질문의 변주다.

중국에서 베이징 시간에서 벗어나 유일하게 버티는 곳은 서부 산악·사막 지역인 신장이다. 이곳은 부분적으로 신장 시간(또는 신장의 수도 이름을 딴 우루무치 시간)을 따른다. 중국과 카자흐스탄의 국경에 있는 신장에는 범이슬람 및 범튀르크계 정체성을 지닌 위구르족이 거주하는데 이들은 중국 공산당과는 사이가 좋지 않다. 신장은 1950년대에 자치구로 지정됐지만 중국은 1968년 신장 시간을 공식적으로 폐지하려 시도하는 등 신장을 정치적으로 동화시키려 했다.

한편 신장 시간은 단순히 실용적인 이유에서 존재하는 것처럼 보인다. 신장은 베이징에서 서쪽으로 1600킬로미터 이상 떨어져 있어 태양시가 베이징보다 2시간 늦기 때문이다. 우루무치의 한 환경미화원은 〈뉴욕타임스〉와의 인터뷰에서 "우리가 아마 자정(베이징 시간 기준)에 저녁 식사를 하는 유일한 사람들일 것"이라고 말하기도 했다. 지역 TV 네트워크는 중국 채널의 방송 일정을 베이징 시간에 맞추는 반면 위구르와 카자흐 채널은 신장 시간을 따른다. 중국 공산당이 동화 정책에서 반이슬람적 말살 정책으로 전환한 시기에, 신장 시간의 사용은 단순한 시간 문제를 넘어 정치적인 문제가 되었다 위구르족은 강제 불임, 강제 노동, 재교육 수용소 감금, 그리고 위구르 문화 자료와 관습 금지 같은 탄압을 받고 있다.

다우닝은 서머타임제를 다룬 책의 서두에서 너무 피곤해 일찍 잠자리에 들려고 서머타임이 공식적으로 새벽 두 시에 시작되기 전에 시계를 미리 조정했던 일을 농담조로 늘어놓는다. 다음 날 아침 이웃 주민이 그에게 찾아와 "당신, 법 어겼죠. 그래도 연방 경찰이 찾아와 물으면 모르는 척해 줄게요."라고 선심 쓰듯 말했다고 한다. 하지만 신장에서 시간 법규 위반은 그저 농담으로 치부될 수 없다. 과거 위구르족 정치범이었던 어떤 사람은 누군가 손목시계를 신장 시간에 맞춰 2시간 앞당겨놓았다는 혐의로 구금됐다고 국제 인권 감시기구에 폭로했다. 중국 당국은 그것이 그가 테러리스트라는 증거라고 주장했다.

다른 언어와 마찬가지로 시간 체계는 사람들이 공유하는 세계를 반영한다. 당신과 내게 주 8일 주기를 지켜야 할 실제적인 이유가 있다면 그것은 자의적인 것이 아니라 서로 또는 우리가 공유하는 상황 사이의 관계에서 나온 자연스러운 결과다. 게다가 그런 시간은 세상의 다른 시간 형태와 마찬가지로 우리와 관련 있다. 한집에 사는 모든 룸메이트가 고슴도치 컵의 존재를 알고 있고, 자주 커피 양을 말해야 한다면 커피 한 호그는 완벽하게 이해된다.

제임스 스콧은《국가처럼 보기》에서 "도시는 도시의 질서가 있고, 마을은 마을의 관습이 있다Negara mawa tata, desa mawa cara.라는 자바의 속담을 인용한다. 말레이시아의 한 지역에서는 목적지까지 걸리는 시간을 묻는 질문에 분 단위가 아닌 '쌀을 세 번 짓는 시간'이라는 답을 들을 수도 있다. 이는 모두가 지역에서 사용하는 특정 쌀 품종이 얼마나 오래 걸리는지 알고 있기 때문이다. 국가가 이런 마을 단위의 복잡하고 지역적인 시간 계산이나 측정을 표준화하려 한 데에는 실질적이고 정치적인 이유가 있었다. 이를 통합하지 않으면, "지역적으로만 이해 가능한" 단위들이 행정적으로는 불투명한 문제가 되었기 때문이다. 의사소통도 마찬가지였다. 지역 언어가 지배적이라면 행정기관이 이해하기 어려울 것이고, 국가 언어가 지배적이라면 마을 사람들이 이해하기 어려웠을 것이다. 국가 언어를 사용한다는 것은 국가에 의해 이해될 수 있다는 의미였고, 이해된다는 것은 국가가 점점 더 지배력을 확대해 가는 환경에서 생존을 의미했다.* 이는 과학적 시간표를 통해 작업 방식을 정리

---

* 이 과정은 유럽 식민지 세력의 자국 내에서도 진행되었다. 스콧은 표면상 프랑스 식민지에서 프랑스어가 강요되면서 브르타뉴와 옥시타니처럼 '언어적으로 정복되고 문화적으로 통합된' 외국 지역에서도 일종의 국내 식민지화가 일어났다고 썼다. 공용어인 프랑스어를 써야 하는 사람이 많아질수록 "프랑스어 구사 능력이 부족한 주변부 사람들은 말을 잃고 밀려났다."

하고 재해석했던 테일러주의자와 비슷하다. 그들은 제조 노동자들의 기술을 약화시키고, 공장 관리자들의 시간 체계에 맞춰 일하게 만들었다. 이런 식으로 사회적 집단의 권한을 약화시키고자 한다면, 당연히 가장 먼저 그들의 언어를 통제하려고 할 것이다.

따라서 토착 문화를 말살하려는 식민지 지배자들은 언어적 관행과 시간적 관행 둘 다를 목표로 삼았다. 하지만 정복이 내부화를 의미한다면 이런 계획은 분명 실패했다고 볼 수 있다. 어떤 언어를 단숨에 아예 없애기는 어렵다. 조르다노 난니는 《시간의 식민지화 The Colonisation of Time》에서 "두 가지 사고 체계는 '충돌'하지 않는다. 오히려 사람들은 서로 다른 요소를 파악하고 결합하고 대립하며 삶 속에서 나름의 방식으로 타협하며 살아간다."라는 리처드 엘픽Richard Elphick의 주장을 인용한다. 난니는 식민지였던 남아프리카 공화국의 사례에서처럼 그런 협상이 때로 폭력적으로 이뤄진다고 봤다. 한 소사Xhosa족 무리는 식민주의자들의 선교관을 불태운 뒤 종을 돌로 깨부쉈다. 이는 유럽식 시간 기준인 차이트게버, 즉 안식일과 규칙적인 근무일을 상징하던 종소리를 침묵시킨 행위였다. 그러나 이른바 수용이라 불리는 행동도 종종 재해석과 적응의 결과였다. 기독교 시간은 그들만의 유용한 목적에 맞게 사용될 수 있었다. 예를 들어 한 소사족은 선교사들의 설교를 월요일에는 듣지 않겠다고 거부했다. 그 이유는 간단했다. "월요일은 안식일이 아니기 때문"이라고 그들이 지적했기 때문이었다.

언어를 강요한다고 해서 언어를 통제할 수 있다는 것은 아니며, 어떤 언어를 사용한다고 해서 그 언어를 내면화했다는 뜻도 아니다. 미국의 원주민 보호구역은 20세기까지도 백인 관리들의 감독 아래에 있었으며, 전통춤은 대체로 금지되었다. 그러나 라코타족은 1920년대에 애국심이라는 명분을 내세우면, 독립기념일(7월 4일)에 대규모 춤 행사를 열 수 있다는 사실을 알아냈다. 이 전략이 효과를 보이자, 이 방식은 북부와 남부 평원 지역 전역으로 확산되었다. 이후 원주민들은 새해, 워싱턴과 링컨의 생일, 현충일, 국기 게양일, 재향군인의 날과 같은 날에도 춤을 출 수 있도록 허가를 요청했다. 존 트라우트먼John Troutman은 저서 《인디언 블루스 Indian Blues》에서 "백인 관리인들이 그런 행사를 위험하다고 판단하지 않았기 때문에 우리는 춤을 출 수 있었다."라는 세버트 베어 Severt Bear의 말을 인용했다. 트라우트먼은 이렇게 덧붙인다. "백인 관리들이 원래는 안전하다고 여겼던 국가적 기념일을 라코타족이 자신들만의 방식으로 해석하고 활용하기 시작하자, 더 이상 통제할 수 없게 되어 위협적으로 보이게 되었다."

안식일을 이용해 그들의 목적을 달성한 소사족 이야기처럼 이 이야기에도 매우 재미있는 점이 있다. 이 이야기에는 원주민들이 기꺼이 독립기념일을 기념하리라는 말도 안 되는 생각으로 우쭐대던 어리숙한 관리들에게는 통하지 않고 라코타족에게만 통하는 농담의 요소가 들어 있다. 라코타족은 관리들의 시·공간적 감시 속에서도 언어를 바꾸며 숨을 공간을 찾을 수 있었다. 이러한 종류의 적응은 반복적으로 나타났으며, 더 최근에는 2010년대에 중국 시민들이 동음이의어, 이미지, 풍자를 사용해 중국 인터넷 검열을 피했던 사례로 입증되었다.* 그들끼리만 통하는 농담은 새로운 내부, 새로운 중심을 만든다. 국가는 이해 가능한 명료함에 의지하지만, 끼리끼리 통하는 농담은 감시자의 이해를 벗어나 집단 내에서만 이해할 수 있는 어울리기 방식이 된다.**

1장에서 나는 플랜테이션 농장 노예제하에서 노동 시간 측정법이 어떻게 발전했는지 다뤘다. 당시 노예들은 장부의 행간에서 자신들의 시간이라는 형태를 보호할 그들만의 '내부'를 고안했다. 제임스 론James Roane은 〈흑인 공유지 구획화하기Plotting the Black Commons〉에서 '구획화plotting'라는 용어를 다음과 같은 세 가지를

---

* 인터넷 검열에 대한 저항을 나타내는 만다린어 문구 '차오니마'가 발생한 것이 대표적인 사례다 (중국어 욕인 차오니마를 상상의 동물인 풀흙말(草泥馬)이라는, 발음만 같은 의미 없는 다른 단어로 바꿔 동요처럼 부르며 인터넷 검열을 조롱하던 유행-옮긴이).

** 물론 이런 전술이 본질적으로 선한 것은 아니다. 인종차별적이거나 보수적인 집단들은 이와 유사한 전략을 사용하며, 오늘날 우리가 "개를 부를 때 호루라기"를 부는 방식으로 이를 활용한다. 그들은 자신들의 인종차별적 태도가 비판받을 때 "그건 그냥 농담이었어."라며 책임을 회피하곤 한다. 언어를 권력으로 활용하는 집단으로 광고주를 들 수 있다. 그들은 역시 언어적 혁신의 전문가들이다. 브랜드 역시 특정 사람들에게 의미를 전달하도록 의도된 새로운 단어에 불과하지 않은가? 권력의 모든 도구가 그렇듯, 언어도 어떻게 사용하는지에 따라 우리에게 해를 끼칠 수도, 해방을 가져올 수도 있다. 언어는 단순한 소통의 도구를 넘어 사회의 구조, 개인의 사고, 그리고 집단의 상호작용에 깊은 영향을 미치기 때문이다. 이와 관련해 제임스 스콧은 《지배와 저항의 예술》에서 "공적 전사(public transcript, 지배와 피지배 관계에서 드러나는 겉으로 보이는 행동과 표현-옮긴이)"와 "사적 전사(private transcript, 피지배자들 사이에서 은밀하게 드러나는 실제 의견이나 불만 또는 저항을 의미-옮긴이)"를 제시한다. 그는 극심한 지배 상황에서 피지배자들이 자신의 생각을 드러내는 방식이 더욱 정교하고 풍부해져, "이에 상응하는 풍부함을 지닌 숨겨진 전사(hidden transcript, 공적 전사와 사적 전사가 교차하는 지점에서 발생하는 더 복잡하고 풍부한 저항-옮긴이)"를 만들어낸다고 설명한다.

의미하는 데 사용했다. (1) 19세기 미국 플랜테이션에서 식량과 약초 재배를 위해 노예들에게 주어진 토지 구획, (2) 서아프리카 장례 관습을 끌어와 새로운 맥락에 맞게 구획한 매장지, (3) 더 넓은 맥락에서 수렵, 은신, 은밀한 의사소통이 가능했던 공간인 강과 '틈새'를 지칭한다. 모든 경우에, 노예들은 "'구획'을 훔친 시간으로 사용해 자신들만의 독립적인 자아, 가족, 공동체에 대한 비전을 실현했다." 플로터plotter(플롯, 구획을 활용하는 사람)들은 금지된 언어를 사용하는 방법을 찾아냈다. 예를 들어 라코타족이 미국 독립기념일에 춤을 춘 것처럼 "완전한 통제, 지배, 감시의 환경에서 눈에 띄지 않게 외부인들이 지켜보는 동안에도 이해할 수 없는 사회적, 지리적 문법을 발전시키며, 흑인공동체Black commons의 기반을 다졌다."

론의 설명에서 이 활동이 특히 주목받는 이유는 그것이 상상할 수 있는 가장 착취적이고 감시가 극심한 환경 속에서도 이루어졌다는 점뿐만 아니라 그 활동을 주도한 이들이 자본주의의 객체-주체 관계에서 객체로 여겨졌던 사람들이라는 점 때문이다. 흑인공동체 안에서는 자본주의적 규율과 지배에 정면으로 반하는 가치와 가치관이 자리 잡고 있었다. 공동체를 구축하면서 흑인들은 외부 세계와 양립할 수 없는 자신들만의 우주론comolgy을 살아갔으며, 단순히 '사물화thing-ification'되는 것을 거부했다.

이런 내부 공간은 고유의 중심을 가지고 있다. 2004년 캐슬린 피커링Kathleen Pickering은 파인릿지보호구역Pine Ridge Reservation에서 작업 중심 태도와 임금노동 간의 관계를 살피며, 라코타족의 시간 개념을 단순한 저항으로 보지 말아야 한다고 경고했다. 이 경고는 흑인공동체의 '블랙홀'이라는 혁신에도 쉽게 적용해 볼 수 있다. "라코타족의 시간 개념은 단순히 유럽계 미국인과의 관계에서 그들의 위치에 관한 것이 아니다. 그것은 라코타 사회 전체에 관한 것이다." 예를 들어, 20세기에 일 중심 사회에 익숙했던 일부 라코타족은 '시간은 돈이다.'라는 개념이 오히려 게으름을 암시한다고 생각했다. 그 이유는 이 개념이 하루 8시간만 일하도록 제한해, 일이 끝났는지 여부와 상관없이 작업 시간을 제한했기 때문이다. 피커링은 한 라코타족 장로의 말을 인용한다. "시간은 특정 분 단위가 아니라 아침 일찍, 정오 직후, 자정 직전과 같은 시간의 흐름이었다. 인디언 시간의 진정한 의미는 '어디서든, 언제든 무엇이든 준비되어 있다 nake nula waun yelo.'라는 전통 노래 가사에 있다. 라코타족은 유럽계 미국인의 노동 윤리를 내면화하기는커녕 파리 릿지보호구역에서 임금노동을 필요한 만큼만 수용하고 실천했다. 이를 단순한 저항으로만 보지 않으려면, 서구 관찰자들은 자신이 프레드 모튼의 표현처럼 '어디든 중심을 가져가며, 스스로 중심이 되는 정착민'이 아님을 자각해야 한다. 이를 보여주는 유용한 사례 가운데 하나는 《시간의 식민지화》의 끝에 등장한다. 난니는 1977년 호주 한 외딴 마을의 지역 의회가 마을 한가운데에 전기로 작동하는 거대한 시계를 세운 일화를 썼다. 마을 주민 대부분은 피첸체차레Pitjantjatjara족이었기 때문에 시계가 필요 없었다. 그래서 아무도 시계탑에 주의를 기울이지 않았다. 한 백인 지역사회 활동가는 10년 뒤 이 시계를 두고 이렇게 말했다. "아이러니하게도 이 시계를 세운 것은 그야말로 '시간 낭비'였다. 사실은 아무도 시계를 보지 않았기 때문이다. 이 시계는 몇 달 동안 고장 나 있었는데, 누구도 그 사실조차 몰랐다."

이 일화를 보면 다시 '필리핀 시간'이 떠오른다. 어떤 면에서 필리핀 시간이라는 말은 경멸조로 들린다. 21세기로 들어설 무렵 필리핀 사람들이 시간을 잘 지키지 않는다는 사실을 알아챈 미국인들이 만든 용어이기 때문이다. 하지만 이 말은 흔히 일종의 그들끼리만 아는 농담으로 쓰이거나 적어도 내 지인들 사이에서는 심지어 냉소적인 자부심을 드러내는 의미로도 사용된다. 요전에 엄마가 참석한 추모 예배가 늦게 시작되자 사촌은 "뭘 기대해? 필리핀 교회 잖아."라고 거들었다.

그는 '현대의 시간 기준(차이트게버)'과 생산성 중심의 가치관을 기준으로, 필리핀 시간을 외부 세계에서 어떻게 바라보는지에 대해 이야기한다. 그는 필리핀 시간으로 인해 사람들이 "지각하는 국민"이라는 부정적인 이미지를 갖게 되고, 이것은 "국가적으로 불이익을 초래"할 수 있다고 생각했다." 이런 관점은 이해할 수 있다. 제루바벨은 시간 체계의 준수가 언어와 마찬가지로 우리가 "공유된 세계"에 참여할 수 있게 해준다고 말했다. 그리고 현재 가장 넓게 공유된 세계는 글로벌 자본주의 시스템에 기반한 것이다.

하지만 잠시 "시계 기반의 정시성"이나 "시간은 돈이다."라는 역사적.문화적 개념에서 벗어나면 사실 필리핀 시간은 전혀 문제가 되지 않는다. 당신과 당신이 아는 모든 사람들이 같은 시간 개념을 공유한다면, 그것은 단순히 그들의 시간일 뿐이다.*

우리가 살펴보고 싶은 책과 정기간행물이 테이블 위에 쌓이고 있다. 다른 사람들의 자료 더미 옆에 우리 것도 차곡차곡 쌓이고 있다. 한 사람은 사우스오브마켓 지역 개발을 다룬 거대한 핸드메이드 책을 넘긴다. 이 책은 어떤 지역 주민이 50년 이상 신문 기사를 수집해 붙인 종이를 두꺼운 종이로 된 표지 사이에 끼워 만든 책이다. 또 다른 사람은 1966년 판 〈에보니Ebony〉 지에서 '전형적인 백인 교외 주민'을 민족주의적으로 설명하는 페이지를 읽고 있다. 한 도서관 상주

---

* 필리핀 시간은 다른 비서구적 시간 명칭과 함께 유용하게 고려될 수 있다. 지각이나 게으름이라는 본래의 함축적인 의미를 지닌다는 점과 서구의 시간에 저항하는 무언가로 재전유될 수 있다는 가능성 면에서 그렇다. 2019년 펜실베이니아대학교 현대미술연구소에서 〈유색인의 시간〉이라는 전시를 연 큐레이터 메그 온리(Meg Onli)는 흑인 문학에서 '유색인의 시간(colored people's time, CPT)'을 다룬 로널드 월콧(Ronald Walcott)의 연구를 끌어들인다. 그는 큐레이터 노트 서문에서 "나는 생생한 해방의 문구인 유색인의 시간에 이끌렸다. 이것은 흑인들에게 서구의 시간이라는 구조에 저항하며 그 안에서 자신들만의 시간성을 탐색할 언어 도구를 줬기 때문이다."라고 썼다. 이와 마찬가지로 산카를로스 아파치 부족 일원인 버넬다 그랜트(Vernelda Grant)는 〈인디언컨트리투데이(Indian Country Today)〉 지와의 인터뷰에서 '인디언의 시간', 즉 바깥에서는 게으르다고 해석하는 이 시간을 다음과 같이 해석했다. "외부에서 종종 게으르다고 해석하는 인디언의 시간이라는 개념은, 백인이 원주민들에게 '특정한 시간 안에 일을 끝내라.'고 강요하기 전까지는 존재하지 않았다."고 설명한다. 예를 들어 "아침 7시에 식사를 해야 한다."는 규정된 시간 개념과 "해가 뜨기 직전에 아침을 준비하기 위해 일어나는" 원주민의 자연스러운 시간 개념은 다르다."

작가는 〈디스플레이 월드Display World〉라는 오래된 잡지를 뒤적이며 자신의 포트폴리오에 사용할 이미지를 찾고 있다. 그는 "자칭 권력과 명망으로 세상의 문제를 해결하려는 양복 입은 남성들"의 이미지를 찾고 있다고 했다.** 결국 테이블 위에 쌓인 자료 더미들이 서로 대화를 나누는 것처럼 보이고, 우리도 자연스럽게 그 대화에 끼어들게 된다. 예를 들어 〈피지컬 컬처〉 속 보디빌더가 양복 입은 남성들과 이야기를 나누고, 그들은 신문 기사에 나오는 '슬럼가 청소'와 연결되며, 다시 교외 주민들에 관한 이야기로 이어지는 식이다.

내가 이 사례들을 곱씹는 이유는, 이런 사례가 없다면 역사를 자본주의적 시간이 모든 지역과 삶의 영역을 침범했다는 선형적인 이야기로 이해할 수 있기 때문이다. 이런 이야기는 어느 정도 거리를 두고 보면 사실일 수 있지만, 동시에 '인류세'와 비슷한 문제를 내포하고 있다. 즉, 역사가 매끄럽고, 결정론적이며, 파괴적인 공격으로만 보이게 되고, 다른 어떤 가능성(이를테면 저항)은 필연적인 결과를 잠시 미루는 것처럼 여겨질 뿐 새로운 방향으로 이어질 수 있는 기회로 보이지 않는다는 점이다.

** 이 작품은 현재 작가 사라 텔(Sarah Tell)이 준비 중인 《걱정할 필요 없어(No Reason to Worry)》라는 제목의 작품이다. 이 작품은 텔의 출판사인 디스트레스프레스(인스타그램 계정 @distress_press)에서 출간될 예정이다.

☼ 🌙

언어를 사용하는 것은 세상을 창조하고, 보존하며, 진화시키는 과정에 참여하는 방식이다. 시간을 말하는 가족 방언, 포착되지 않는 언어, 블랙홀, 낡거나 새로운 차이트게버의 가능성은 프레드 모튼이 말한 '공부study'라는 개념을 떠올리게 한다. 그는 자신의 저서 《언더커먼스》의 말미에 실린 인터뷰에서 공부를 이렇게 정의한다.

> 공부란 다른 이들과 함께하는 것입니다. 다른 사람들과 이야기하고 걷는 것이자 일하고 춤추고 괴로워하는 것, 때로 이 세 가지를 더 이상 줄일 수 없을 정도로 수렴한 현상이 사색적인 실천이라는 이름 아래 함께 일어나는 것입니다. …… 이것을 '공부'라 부르는 이유는 되돌릴 수 없고 끊임없이 지성을 발휘하는 이런 활동이 이미 존재했다는 사실을 나타내기 위해서입니다. 우리가 "아, 무언가를 이런 식으로 했다면 공부했다고 할 수 있겠구나."라고 말한다고 해서 이런 활동이 고상해지는 것은 아닙니다. 이런 일은 일종의 공동 지적 실천에 참여하는 것입니다. 이런 일이 계속돼 왔다는 사실을 아는 것이 중요합니다. 그런 사실을 깨달으면 온전하고 다양하며 대안적인 사고의 역사에 접근할 수 있기 때문입니다.

이런 상호작용을 공부로 이해하는 것은 단순히 역사를 다른 시각으로 보는 것에 그치지 않는다. 그것은 개인의 행동력과 구조적 변화라는, 흔히 완전히 분리되어 보이는 두 영역의 경계를 흐리게 한다. 변화를 이끄는 가장 잘 알려진 주체 중 하나인 '노조'는 단어 자체가 "함께 모이고, 서로 이야기하는 사회적 행위"를 암시한다. 그리고 전통적인 노조든 아니든 거대한 권력 불균형이 변화하기 시작하는 대부분의 계기는 단순한 진리에서 비롯된다. "사람들은 이야기를 나누기 시작할 것이다."

2019년 나는 지역 라디오 방송국 KPFA 스튜디오에서 우연히 전단을 보고 '긱 이코노미, 인공지능 로봇공학, 노동자, 디스토피아적 샌프란시스코'라는 행사에 참석했다. 이 행사는 1934년 샌프란시스코 총파업을 기념하는 노동절 행사의 하나로, 나흘간의 파업이 일어났던 바로 그 서부 항만노조의 작은 건물에서 열렸다. 그날 저녁 대담에서는 노동이 분화되고 전통 노조가 약화되며 기업이 새로운 기술적 감시 수단을 갖게 된 세상에서 어떻게 조직을 일굴 것인가에 대한 질문이 이어졌다.

국제노동미디어네트워크International Labor Media Network의 IT 기술자인 메흐메트 바이람Mehmet Bayram은 화이트칼라 노동자들이 자신을 노동 계급의 일원으로 인식하지 못하는 '심리적 장벽'에 대해 이야기했다. 이는 부분적으로 그들이 컴퓨터를 사용한다는 사실 때문이라고 했다. 바이람은 IT 노동자들에게 영향을 미치는 신테일러주의적 관행을 언급하며, "도구는 바뀌어도 이윤을 쫓는 행태는 변하지 않는다."라고 말했다. 그러고 나서 동료에게 조직에 함께 참여하자고 설득하려 했던 경험을 말했다. 그 동료는 어머니가 사무실 청소를 했던 노동계급이었지만, 자신은 그렇지 않다고 답했다. 이에 바이람은 이렇게 지적했다. 이 대화가 벌어지고 있는 시점이 밤 9시였으며, 정규 퇴근 시간이 한참 지난 시간까지 무료로 일을 하고 있다는 사실을 말이다. 이것은 밤늦게 사무실에서 두 사람이 자신들이 어떤 유형의 노동자인지와 그들의 시간이 어떤 가치를 가지는지에 대해 이야기한 단순한 예일 뿐이다.

탁자 위에 놓인 자료들을 보니 내가 가장 좋아하는 간행물 가운데 하나인 〈가공된 세계Processed World〉가 떠올랐다. 나는 이 잡지 가운데 하나를 꺼내 당신에게 표지를 보여준다. 담배꽁초가 널브러진 가운데 지친 표정으로 커피 한 잔을 든 직원에게 터미네이터가 분홍색 전표를 건네는 모습이 그려져 있다. 잡지를 펼치면 나쁜 직장인의 태도를 다룬 에세이가 실려 있고, 한가운데에는 위성방송 수신 안테나 위에 올라서서 독자에게 손가락질하는 사업가를 그린 1950년대풍 그림이 있다. 여기에는 이렇게 적혀 있다. "자, 이제 기술이 무엇을 할 수 있는지 잘 봤는가. 여기서 자연이 당신을 멈추게 할 텐가?"

1980년대 초 샌프란시스코, 소외된 사무직 임시 노동자들은

뱅크오브아메리카, 연방준비은행, 크록커은행Crocker Bank 지점에서
나온 종이를 이용해 익명의 작가들이 쓴 기사, 시, 소설, 만화, 시각
예술 작품을 모은 〈가공된 세계〉를 찍어내기 시작했다. 이들은 집이
나 지하실에 모여 잡지를 만들어 금융지구를 지나가는 이들에게 직
접 나눠주고, 전 세계 급진 단체나 수감자 등 요청하는 사람들에게
는 우편으로 발송했다. 〈가공된 세계〉는 불경스러운 마르크스주의
노동 잡지 같으면서도 〈다리아Daria〉나 〈사무 공간Office Space〉의 유

머가 섞인 듯한 분위기를 풍긴다. 이 잡지는 때로는 진지하면서도 동시에 웃음을 자아내는 부분들이 공존하며, 외로움에 대한 성찰이나 다양한 사무직 파업에 대한 보도와 함께 농담과 풍자가 있는 광고를 발견할 수 있었다. 예를 들어 'BFBBrains for Bosses'라는 광고는 "최신 과학 기술을 활용해 가장 똑똑하면서도 가장 유순한 노동자를 제공"하는 회사라고 홍보한다. 어떤 호에는 〈가공된 세계〉 회원들이 1982년 사무자동화 컨퍼런스에서 단말기를 머리에 쓰고 코스튬을 입은 채 배포한 조작된 학회 프로그램이 포함돼 있다. 표지 이미지에는 '공허한 존재의 영속을 위한 국제 회의'라는 문구가 추가됐고, 프로그램 아이콘에 있는 컴퓨터 앞에 앉은 인물이 모니터를 방망이로 부수는 모습으로 바뀌었다.

　때로 거의 아무런 설명도 달지 않고 기업계의 가공물을 넣기도 했는데 이때는 분명 농담으로 넣은 것이었다. 1982년 사무실 태업을 다룬 기사에서 '기드짓 디짓Gidgit Digit'이라는 가명을 사용하는 한 기고자는 뱅크오브아메리카에서 받은 '팀 스피릿' 인증서를 냉소적으로 기고했다. 4개의 뱅크오브아메리카 로고 사이에서 미소 지은 마스코트 '스피릿'은 흰색 시트로 덮여 있어 마치 귀여운 만화 캐릭터처럼 보이지만, 동시에 KKK 단원처럼 보였다. 다른 호에서는 '샌프란시스코 시간회사Temps, Inc.에서 주관한 타자 시험지 전문'을 그대로 재현했는데, 여기에 그 전문을 옮겨보겠다.

시간은 우리 모두에게 평등한 유일한 요소다. 하루의 시간, 1시간의 분, 1분의 초는 나에게나 당신에게나 똑같이 주어진다. 물론 사람마다 생산 능력이 모두 똑같지는 않지만, 많은 사람은 최대 생산량을 달성하는 방법을 배울 수 있다. 반면 어떤 사람은 하루에 일하는 시간은 똑같이 주어졌지만 생산량을 늘릴 수 있다는 사실을 깨닫지 못한다.

온종일 일하고 하루치 임금을 받는 것이 모든 노동자의 의무라는 사실을 깨달아야 할 때가 왔다. 직장에 다니는 사람 가운데 일하는 사람이 아니라 그저 자리보전만 하는 사람이 너무 많다. 고작 1시간치를 일하고 하루치 임금을 받으려는 사람들이다. 사업이 살아남기를 기대한다면 이들을 놔두고 운영해서는 안 된다. 고용주라면 모두 무언가를 생산하도록 노동자에게 지불한 돈보다 더 많은 것을 생산하기를 기대할 권리가 있다. '더 많은 것'이 기업 생존에 필요한 이윤을 구성한다.

성공success이 일work보다 앞서는 곳은 사전뿐이다. 우리가 바라는 물질적인 것은 하늘에서 뚝 떨어지는 것이 아니라 누군가가 생산해야 한다. 누군가는 일해야 한다는 의미다. 성공하는 가장 빠른 방법은 성공을 위해 일하는 것이요, 우리가 원하는 물질적인 것을 얻는 가장 확실한 방법은 물질을 위해 일하는 것이다. 일은 마법이 아니지만 마법보다 더 훌륭한 결과를 준다. 성취할 수 있는 모든 것을 실현하려면 일을 사랑하는 법

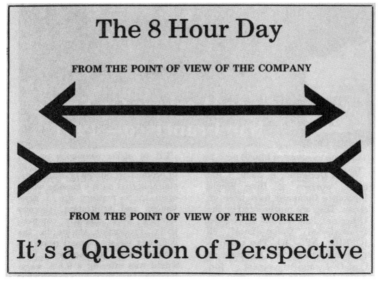

1981년 〈가공된 세계〉 1호에 수록된 그림

을 배워야 한다.

편집자들은 기지를 발휘해 마르크스의 《자본론》을 넌지시 내비치는 비꼬는 듯한 제목을 붙였다. "노동가치론이라고?"

〈가공된 세계〉에서 제시하는 우려 사항들은 여러 면에서 계약직과 긱경제gig economy(산업 현장에서 고용주의 필요에 따라 직원을 정규직이 아닌 단기 계약직, 임시직, 일용직 등으로 고용하는 경제 형태-옮긴이)에 대한 문제점을 예견한 것이었다. 이 잡지 창간자들은 대부분 20대로, 일정한 자유 시간을 보장받기 위해 임시직을 선택했는데, 이는 긱 노동자들이 일정의 유연성을 그들의 선택 동기로 종종 언급하는 것과 유사하다. 임시직 노동자들은 컴퓨터로 업무를 처리하며 사무직 노동에 적용되는 자동화 및 점점 진화하는 감시에 노출된다. 당시 기술에 열광한 사람들과 사업가들이 지금처럼 미래의 노동에 대해 들뜬 기대를 품었을 때, 〈가공된 세계〉는 제조업 노동자들이 테일러주의에 대해 품었던 것과 유사한 회의적인 태도를 유지했다.

'팀 스피릿' 수상자인 기드짓 디짓은 사무실 태업을 다룬 기사에서 언젠가는 컴퓨터 덕분에 재택업무를 할 수 있게 되겠지만 "경영진이 업무 프로세스 통제권을 포기할 가능성은 거의 없다."라고 정확히 예측했다. 덧붙여 그는 스태프캅 같은 소프트웨어를 설명하며 "새로운 여러 체계가 제공하는 관리 통계 프로그램은 직원이 상사의 감시에서 벗어날 수 있게 놔두기보다, 직원들이 어디에서 일하든 모든 직원의 결과물을 자세히 살필 수 있게 할 것이다."라고 예견했다.

〈가공된 세계〉는 어떤 점에서 소셜 미디어와 비슷했다. 독자 투고란에는 흔히 태업의 윤리, 기존 노조의 역할, 잡지가 특정 소수의 관심사로 전락할 위험이 있는지에 대한 논쟁으로 가득했다. 하지만 종종 고립된 노동자들이 다른 편지에 답장하거나 잡지가 존재한다는 사실만으로도 감사하는 내용이 실리기도 했다. 비서 두 명은 "오, 주여! 저쪽에는 지적인 생명체가 있었군요! 당신을 섬기겠나이다."라고 썼다. "누군가는 숨 쉰다는 사실을 알게 돼 기쁘네요! ······

우리는 고귀한 사명에 보탬이 되고 싶어요. 도움이 될지 모르겠지만요. 복사 기능이 제한되지만 고해상도 미놀타 복사기가 있어요." 또 다른 사람은 '사무실 태업에 아주 능숙한' 친구에게 4호와 5호를 받았다며 "자전거를 탄 예수님, 글을 배운 이후 이렇게 감사한 적은 없네요!"라고 덧붙였다. 〈가공된 세계〉의 빈번한 표적이 되는 비디오 단말기 회사에서 일하는 한 노동자는 이렇게 썼다.

> 어느 날 아침 7시, (상사가 출근하기에는 너무 이른 시간이었지만) 일을 시작하려고 제자리에 앉았더니 누군가 제 책상 위에 〈가공된 세계〉 한 부를 두고 갔더군요. 두근거렸지만 무심한 척 서랍에 넣어뒀다가 나중에 기쁜 마음으로 한 페이지씩 읽을 준비를 했습니다. 칸막이로 나뉘고 배선이 즐비한 방음 처리가 되어 있는 기계적이고 무미건조한 사무실 정글에서 상사의 꿈만 믿고 회사의 발전을 위해 애쓴다니, 정말 최악의 운명이네요. 그래도 자신이 고용된 목적을 경멸하는 사람들이 있다는 사실을 알려준 〈가공된 세계〉에 감사드립니다.

파트타임 계약직과 긱 노동으로 전환되는 사람이 늘고 업무가 더욱 세분화되면서, 대화와 연대할 수 있는 물리적 시공간을 공유할 수 있다는 확신이 점점 희미해지는 요즘, 이런 수평적 소통은 더욱 중요하다. 간혹 새로운 만남의 장소가 우연히 발생하기도 한다. 예를 들어 유럽의 음식 배달 긱 노동자들은 대기 장소에서 자연스럽게 대화를 나눈다. 하지만 대화는 대체로 온라인 포럼으로 옮겨간다. 지리적으로 멀리 떨어진 사람들은 정보와 이야기를 주고받으며 서로를 위로하거나 업무와 시간을 지시하는 알고리즘을 이해할 수 있다.*

고립은 착취의 전조다. 따라서 포럼은 긱 노동자 같은 노동자가 서로 정보와 전략을 비교할 기회를 준다. 하지만 일부 노동자들이 특정 수준 이하의 급여를 받지 않기로 일률적으로 합의하더라도 다른 노동자는 경제적 어려움 때문에 낮은 조건에 합의해 버릴 때도 많고 "누군가는 항상 기꺼이 일을 도맡으려 달려간다." 한편 노동 조건에 제한을 두고 주법에 명시하려는 시도가 성공한 적도 있지만, 전 세계에 퍼진 현실에 부딪혀 좌초하기도 한다. 법적으로 전통적인 노조는 국경에 갇혀 있지만, 다국적 기업은 그렇지 않다. 긱 노동자 포럼 긱온라인GigOnline에서 한 케냐 노동자는 노조 설립 가능성에 대해 묻자 단호하게 대답했다. "나이로비 프리랜서 노조가 일정 금액 이하로는 일하지 않겠다고 한다면 기업은 다른 곳으로 일자리를 가져가겠죠. …… 나이지리아나 가봉이나, 필리핀쯤으로요. 어디로든 옮겨갈 거예요. …… 노조는 힘을 충분히 얻지 못할 겁

---

* 2020년 캐나다 우버 드라이버의 '잘못된 행동'을 연구한 노동 연구자들은 온라인 포럼의 역할을 강조하며 특히 "똥(poo)콜 받지 마!"라는 표어를 예로 들었다. 이는 우버 드라이버들 사이에서 인기 없었던 우버의 새로운 서비스 우버풀(UberPool)에서 따온 것이었다. 우버풀의 이 새로운 차량 호출은 실행하기가 훨씬 복잡했을 뿐만 아니라 실제로 일반 우버 콜보다 요금이 더 적었다. 캐나다의 한 도시에서는 우버피플닷넷(UberPeople.net)이라는 하위 모임에 참가한 드라이버들이 휴대전화를 즉시 비행기 모드로 전환하는 등 '똥콜'을 피하는 팁을 공유하기도 했다. "똥콜 받지 마!"라는 말은 승차 콜을 받지 말라는 경고였고 결국 우버는 방침을 바꿔야 했다.

니다. 우리는 세계화가 무슨 짓을 할 수 있는지 잘 봤으니까요."

이런 상황에서는 새로운 언어와 새로운 소통 창구가 필요하다. 2021년 〈네이션〉 지는 최근 노동자들이 착취적인 긱 노동 회사를 상대로 낸 소송에서 승소한 사례를 다뤘다. 한 사례로 각국 우버 노동자들은 금융 뉴스를 연구하고 우버의 IPO(기업 공개) 시기를 예상하고 25개 도시에서 파업을 조율하며 가장 적절한 시기에 언론의 관심을 끌기 위해 애썼다. 이로써 '포럼, 그룹 채팅, 화상 통화를 통한 초국가적 저항 네트워크'를 활용해 활동하는 국제앱기반운송노동자연합International Alliance of App-based Transport Workers, IAATW이라는 새로운 국제 노조가 결성되는 데 토대가 마련됐다. 그리고 2021년 영국독립노동조합Independent Workers' Union of Great Britain, IWGB 소속인 딜리버루Deliveroo 노동자들도 우버 노동자들과 비슷한 승리를 거뒀다.

이런 새로운 언어 가운데 일부는 사무직과 생산직이라는 전통적인 개념을 뛰어넘어 확장되는 글로벌 노동자 계급의 발화다. 긱 노동이 서로 멀리 떨어진 노동자들을 다양한 방식으로 원자화하고 익명화한다는 점에서 이런 소통은 더욱 주목할 만하다. 우버 시위를 조율하는 일을 도운 IAATW 회원 니콜은 이 새로운 저항의 지형을 이렇게 설명했다. "캘리포니아 노동자는 케냐의 우버 기사, 인도나 말레이시아의 기사들과 밀접하게 연관됩니다. …… 우리는 모두 샌프란시스코 억만장자의 4000만 달러(한화로 약 5조 6170억 원)짜리 집을 위해 고통받는 셈이죠."

IAATW의 활동과 100년이 넘는 역사를 지닌 국제운수노동자연맹International Transport Workers' Federation이 이들에게 보낸 지지는 올리 몰드Oli Mould가 자본주의하에서의 '창의성'과 구별된 "진정한 창의적 활동"이라고 부른 것의 사례를 잘 보여준다. 몰드는《창의성에 반대한다Against Creativity》라는 책에서 오늘날 모든 종류의 일자리가 직원들에게 '창의적'일 것을 요구한다고 주장한다. 그러나 여기서 말하는 창의성이란 종종 경쟁적인 유연성, 자기 관리, 개인의 위험 부담으로 번역된다. 한편, 예술, 음악, 슬로건과 같이 명목상 반자본주의적이라고 여겨지는 창의적 작업조차 시장에 의해 쉽게 흡수되고 도용된다. 몰드는 어떤 경우에도 이런 "창의성"이 실제로 창의적이지 않다고 지적한다. 이는 단지 "똑같은 사회 구조를 더 많이 만들어내는 것"에 불과하기 때문이다. 창의성이 진보를 이루는 것처럼 보인다면, 그 진보란 브레이버먼이 말한 "보편적 시장"을 더욱 보편화하는, 즉 우리의 일상 속 더 작은 부분들까지 침투해 들어가는 자본주의 논리의 확장일 뿐이다.*

코로나-19 팬데믹으로 인해 일과 삶의 균형, 그리고 노동일이나 주당 노동 시간 단축 가능성에 대한 논의가 다시 활발해진 지금, 창의성을 이렇게 구분하는 일은 중요하다. 처음에는 창의적

---

* 특히 '보편적 시장'은 개인과 공동체 간의 관계가 소비자 간의 거래로 대체될 때 만들어지는 시장을 말한다.

이고 해방적으로 보였던 변화도 결국 기존의 현실에 다시 고착화될 수 있다. 기업들은 노동 시간이 줄어들면 임금을 줄일 수 있다는 사실을 깨닫는 동시에, "노동자들이 실제로 직장에서 보내는 시간이 가장 생산적이어야 한다."는 점을 강조하게 되었다. 해리 브레이버먼은 1970년대에 이미 IBM 같은 기업들이 노동자의 지위를 개선하기보다는 관리 방식을 바꿔 노동을 "인간적으로" 보이게 만든다는 점을 지적했다. 이는 〈심슨 가족〉 번즈 씨의 우스꽝스러운 모자처럼, "노동자가 '참여'하는 것처럼 보이도록 꾸며낸 위장에 불과합니다. 노동자들이 기계를 조작하고, 전구를 교체하며, 부분적인 업무에서 다른 업무로 이동하게 되면서 스스로 의사결정을 하고 있다고 착각하게 만드는, 일종의 아량을 베푸는 것에 지나지 않습니다." 이는 1950년대 운동장을 환하게 밝히며 "행복한 직원=더 높은 생산성"이라는 통찰을 얻은 기업들의 전략과도 같다. 그리고 회사가 비용을 줄일 수 있다면 더 좋다는 논리도 여전히 유효하다. "성공의 기준"은 여전히 변하지 않았다. 한편으로 기업이 수익성을 기준으로 삼는 것을 비난하기는 어렵다. 하지만 오래된 질문을 던질 수는 있다. 왜 기업은 면제되는데, 개인에게만 '회복력'을 기대하는 걸까?

사무실 태업을 다룬 〈가공된 세계〉의 기사에서 기드짓 디짓은 급진적인 변화가 실제로 의미하는 바를 비슷한 관점에서 생각했다. 그는 1980년대에 제공된 이른바 해방적 편의를 탐탁하지 않게 바라보며 이렇게 썼다.

온라인쇼핑과 홈뱅킹이라는 경이로운 기술이 만들어낸 개인의 '자유'는 환상에 불과하다. 이런 것은 기껏해야 현대 생활을 좀 더 효율적으로 정리할 수 있게 해주는 편의함일 뿐이다. 이러한 혁명은 사회생활의 근본적인 부분에는 전혀 영향을 미치지 않는다. 사무실에서와 마찬가지로 여전히 위계적이다. 실은 자유가 늘었다는 환상 덕분에 통제하는 자들의 권력은 더욱 강화된다. 이 전자 마을에 사는 주민들은 개인 '사용자 ID' 내에서 완전한 자율권을 허용받을 수 있을지 모르지만, 그들은 체계적으로 '운영' 시스템을 '프로그래밍'하는 데 참여하는 것에서 배제된다.

프레드 모튼의 공부, 올리 몰드의 창의성, 기드짓 디짓의 (재)프로그래밍은 서로 상당히 다른 맥락에서 나왔지만 공통점이 있다. 시장이나 제도의 위계질서에 갇히지도 않고, 이런 질서를 지지하지도 않으면서 그 경계 사이 어딘가, 즉 중간 지대의 복잡하고 혼란스러운 곳에 머무르고자 하는 욕망이다. 이는 새로운 또는 금지된 언어(그것이 꼭 문자 그대로의 언어일 필요는 없다.)를 사용해 현재 말할 수 없는 것을 표현하는 것을 의미할 수 있다. 내부 유머가 통하는 공간에서는 아첨하거나 굴복하지 않고, 모턴이 말하는 "거부의 독특한 문

법"을 사용해 기존의 방식을 비틀거나 우회적으로 소통한다.

캐롤 맥그래너핸Carole McGranahan은 이렇게 말한다. "거부는 단순히 '아니요.'라고 말하는 것입니다. 하지만 그것만이 전부는 아닙니다. 거부는 생산적이고 전략적일 수 있으며, 어떤 것, 신념, 관습, 혹은 공동체를 향해 나아가면서 동시에 다른 것을 떠나는 의도적인 행동입니다. 거부는 특히 국가나 다른 제도에서 그 한계와 가능성을 드러냅니다." 그의 말처럼 거부는 당신 안에서 시작될 수 있지만 거기서 끝나서는 안 된다. 반드시 표현해야 한다. 그러기 위해서는 메시지나 잡지, 포럼에 참여하기, 근무 외 시간의 대화 속에서 끊임없이 연습해야 한다. 새로운 세상을 불러오는 과정에서 거부는 당신이 할 수 있는 가장 창의적인 행동이 될 수 있다. 그것은 단순히 부정이 아니라 더 나은 가능성과 새로운 길을 만들어내는 힘이기 때문이다.

사서 한 명이 박하 차를 마시겠냐고 한다. 물이 끓는 동안 우리는 잠시 벽에 걸린 포스터들을 살펴본다. 하나는 천에 인쇄된 것으로 진 샤프Gene Sharp의 《비폭력 행동의 정치학 The Politics of Nonviolent Action》에 등장하는 198가지 비폭력 행동이 담겨 있다. 다른 포스터에는 '기록물에서 백인 우월주의를 식별하고 해체하기: 기록 보관소의 백인 특권의 불완전한 목록과 이를 해체하기 위한 실천 방안'이라는 제목이 붙어 있다. 미셸 캐스웰Michelle Caswell이 UCLA에서 강의하는 '기록 보관소, 기록, 기억'이라는 강좌에서 가져온 것이다. 이 목록 중 일부는 언어와 직접 관련된다. 이런 것도 있다. "기록 보관소에서 우리 공동체의 자료를 찾을 때, 그 자료들은 우리가 우리 자신을 묘사하는 언어로 설명되어 있을 것이다."

모든 언어에는 드러나거나 말할 수 있는 것이 있고 그렇지 않은 것이 있다. 마릴린 와링Marilyn Waring의 1988년 저서 《여성이 승리한다면If Women Counted》에는 바로 이런 생각이 담겨 있다. 국내총생산GDP을 성공의 기준으로 삼는 관념을 맹렬하게 비판해 유명해진 워링은 스물세 살이던 1975년에 뉴질랜드 의회 의원이 됐다. 당시 의회에 여성은 단 세 명이었다. 1978년 공공지출위원회 의장으로 임명될 때 역시 여성은 그를 포함해 단 두 명뿐이었다. 워링은 위원회에서 경제 전문용어가 나올 때마다 그게 무슨 뜻이냐고 묻는 "바보 같은 질문하기 기술"을 썼고, 곧 여성의 무급 노동을 아예 보이지 않게 만들어 적절한 대가를 받지 못하게 한 기준을 찾아냈다.

와링의 이력을 다룬 테르 내시Terre Nash의 1995년 다큐멘터리에서는 개인, 국가, 국제경제의 관계를 종합한 워링의 노력을 볼 수 있다. 워링은 여러 남반구 저개발국을 다니며 농촌 여성들의 끝없는 노동에 관해 이야기를 나눈 끝에 선명한 시간 연구 결과를 얻었다. 이에 따라 저렴한 물 펌프나 새 난로 같은 것이 사실 가장 "생산적인" 개입이 될 수 있다는 사실을 발견했다. 그는 다른 나라의 공공회계위원회, 재무위원회, 예산세출위원회에도 방문해 더 많은 정보를 얻었다. 자신이 속한 위원회에서 발견한 "엄청난 역설과 병리"가 뉴질랜드에만 한정됐다고 생각했던 워링은 "뉴질랜드와는 아무 상관 없다. 이것은 모든 곳에 적용되는 규칙이다."라는 사실을 깨닫게 되었다.

와링은 1990년대 몬트리올에서 열린 강연에서 자신의 연구 대상 중 한 명인 캐시의 사례를 들었다.

캐시는 젊고 중산층 가정주부로, 하루를 이렇게 보낸다. 음식을 준비하고, 식탁을 차리고, 식사를 내놓고, 식탁을 치우고, 설거지를 하고, 다림질을 한다. 아이들을 돌보고 놀아주며, 아이들에게 옷을 입히고, 훈육하며, 어린이집이나 학교에 데려다준다. 쓰레기를 버리고, 먼지를 털고, 빨랫감을 모아 세탁을 하고, 주유소와 슈퍼마켓에 다녀온다. 가정용품을 수리하고, 침대를 정리하며, 요금을 납부하고, 바느질이나 뜨개질을 하거나 옷을 수선한다. 방문 판매원과 이야기를 나누고, 잔디를 깎고, 잡초를 뽑으며, 전화를 하고, 진공청소기로 청소하거나 바닥을 쓸고 닦는다. 눈을 치우고, 욕실과 주방을 청소하며 아이들을 재운다.

그다음 핵심적인 한마디가 나온다. "캐시는 자신이 전혀 생산적이지 않은 방식으로 시간을 보낸다는 사실에 직면해야 합니다. 그 역시 경제적으로 비활동적이며, 경제학자들은 그를 '무직'으로 기록합니다." 이 농담은 언어의 오역, 즉 언어 충돌과 그 언어들이 가치를 부여하거나 혹은 부여하지 않는 방식에 관한 것이다. 글로리아 스타이넘Gloria Steinem은 다큐멘터리에 잠시 등장해 대부분의 경제학자들이 "자신의 일을 이해시키는 능력과는 반비례하게 자신의 일을 가치 있다고 여기는 것처럼 보인다."고 말하며, 경제학이 실제로 무엇인지 상기시켜 준 와링을 칭찬한다. 경제학이란 "우리가 가치 있다고 여기는 것에 어떻게 가치를 부여하는지"에 관한 것이라는 점을 말이다.

와링은《여성이 승리한다면》에서 공식적인 기준을 변경해 생산적인 활동으로 간주해야 할 것을 더 정확하게 반영할 것을 권장한다. 1970년대에 시작된 '가사노동 임금 운동Wages for Housework movement'은 이런 생각을 바탕으로 더욱 노골적으로 반자본주의적 사상을 대표한다.* '가사노동 임금'이라는 표현은 셀마 제임스Selma James가 처음 제안했다. 그는 여성이 무료로 해야 한다고 기대하는 가사, 돌봄 노동, 육아를 지칭하기 위해 지금은 흔히 사용되는 무임금노동unwaged labor이라는 용어를 만들기도 했다. 그는 다른 운동가들과 함께 영국에서 소득 지원을 받는 어머니들과 캠페인을 벌였다. 적정 소득 보장Guaranteed Adequate Income, GAI과 함께 "여성의 노동은 진짜 노동이다."라는 사실을 인식하자고 요구한, 주로 흑인 어머니들이 주도하는 미국 '전국 복지 권리 기구National Welfare Rights Organization'도 함께했다.

'가사노동 임금 운동'은 흑인 복지 활동가들과 이탈리아의 노동자 자치 운동인 노동자주의operaismo에서 얻은 통찰을 바탕으로 만들어졌다. 이런 운동의 관점에서 여성은 임금 노예인 남성의 노예이며, 여성의 노동은 여성과 남성 모두에게 해를 끼치는 착취적인 시스템 전반을 지탱한다. 1975년 제임스와 이탈리아 자립주의자

---

* 1970년대 미국과 영국에서는 '가사노동 임금'과 관련해 서로 다르지만 공통점 있는 운동이 여럿 등장했다. 마거릿 프레스코드(Margaret Prescod)와 윌메트 브라운(Wilmette Brown)이 공동으로 일군 '흑인 여성 가사노동 임금 운동(Black Women for Wages for Housework)', 실비아 페데리치(Silvia Federici)가 공동 설립한 '가사노동임금위원회(Wages for Housework Committee)', 레즈비언 '미지급 임금 운동(Wages Due Lesbians)' 등이다.

인 마리아로사 달라 코스타Mariarosa Dalla Costa는《여성의 힘과 공동체 전복The Power of Women and Subversion of the Community》이라는 책에서 "여성에 관한 한 그들의 노동은 자본 바깥에 놓인 개인적인 봉사로 보인다."라고 주장했다. 제임스는 연구 모임을 결성해 마르크스의《자본론》1권을 함께 읽으며 노동을 상품으로 판매하는 것과 노동의 분업에 대한 개념을 접하게 됐다. 하지만 누가 그 노동력을 만드는지, 무임금노동자는 분업의 어디에 속하는지 알려주는 사람은 만나지 못했다. 제임스는 책 서문에서 임금을 받고 판매할 수 있는 시간을 만드는 데 소요되는 시간에 대해 설명한다.

> 노동할 수 있는 능력은 그 능력을 생산하는 과정에서 삶을 소모하는 인간만 만들 수 있다. 인간은 먼저 배 속에서 9개월 동안 키워야 하고, 먹이고 입히고 훈련 시켜야 하며, 일할 때가 되면 잠자리를 만들어주고 바닥을 쓸고 도시락을 준비하고 성욕을 만족시키기보다 잠재워야 하며, 야간 업무를 마치고 아침 8시에 집에 돌아오더라도 먹을 것을 준비해 둬야 한다. 공장이나 사무실에서 매일 소비되는 노동력은 이렇게 생산된다. 노동력 생산과 재생산의 기반을 설명하는 일은 바로 여성의 노동을 설명하는 일이다.

당시 가사노동 임금에 대한 비판은 그것이 현실적으로 불가능하다는 것부터 여성의 역할을 여성에게 고착할 위험이 있다는 것까지 다양했다. 하지만 이 운동은 그저 가사노동에 대한 임금을 요구하는 것만이 아니었다. 원래의 요구는 다른 여러 요구와 함께 제시됐는데, 그것은 더 짧은 노동 시간, 재생산의 자유, 평등한 임금, 그리고 남성과 여성 모두를 위한 보장된 소득이었다. 더 중요한 것은 하나의 제스처, 즉 핵가족에서 맞벌이하거나 오늘날 린 인 페미니즘으로 남성과 경쟁하는 것 이상의 선택지를 여성들에게 상상하게 하려는 시도였다. '가사노동 임금' 운동은 여성의 가사노동과 돌봄에 가치를 부여함으로써 개인적인 야망과 잔인함이 아닌 돌봄과 집단적 해방이 모든 사람에게 혜택이 되는 사회를 추구했다. 캐시 웍스는 가사노동 임금 운동에 대한 논의에서 이 요구의 전략적 사용을 예리하게 강조했다.

이는 단순히 돈을 요구하는 것이 아니라 당당한 권력의 선언이자 욕망의 표현이었다. 이 요구는 브레이버먼의 표현을 빌리자면 "시간이 무한히 가치 있는 사람들"과 "시간이 거의 가치 없는 사람들"로 나누는 상황을 완전히 거부하며 우리가 더 이상 남성들에 맞춰 제작된 자동차 안에서 죽어가지 않는 세상을 열망하는 간절한 소망이었다.

웍스는 이런 운동의 에너지를 이용해《노동의 문제The Problem with Work》에서 보편적 기본소득과 임금 손실 없는 주당 노동 시간 단축을 요구한다.* 윅스는 책 대부분을 현대 생활에서 노동의 중심적 위치와 의심의 여지 없이 받아들여지는 '노동은 좋은 것.'이라는 명제를 탐구하는 데 할애한다. 그러면서 그는 보편적 기본소득 같은 제도가 현실적인 문제 해결과 도덕적 이상주의적인 차원에서도 작용한다고 본다. 또한 기본소득은 즉각적으로 많은 사람들이 겪고 있는 경제적 문제를 완화할 수 있다. 제임스와 달라 코스타가 책에서 간단히 언급했듯이, "시간을 가진다."는 것은 "일을 덜 한다."는 것을 의미하기 때문이다. 동시에 기본소득은 사람들이 임금노동에 완전히 종속되지 않도록 하는 효과를 가져올 수 있으며, 이를 통해 창의성을 발휘할 수 있는 여유를 갖게 된다. 윅스는 일을 덜하자는 요구가 단순히 우리가 이미 원하는 것, 하고 싶은 것, 되고 싶은 것을 더 많이 하기 위한 것이 아니라고 강조한다. 오히려 그것은 다른 종류의 삶을 고민하고 실험해 볼 수 있는 기회를 제공하기 위한 것이기 때문이다. 즉 새로운 욕망wanting, 새로운 행동doing, 새로운 존재 방식being을 사람들이 스스로 탐구할 수 있게 한다는 것이다.

윅스가 말한 "욕망, 행동, 존재하기" 조합 중에서 내가 가장 주목하는 것도 "욕망"이다. 일상적인 욕망, 직관, 심지어 조용한 절망조차 하루 치의 노동, 일주일의 노동, 생산성 스프레드시트, 수익 보

---

* 셀마 제임스는 2020년 〈인디펜던트〉 지에 기고한 글에서 자신은 보편적 기본소득을 지지하지 않으며 돌봄 노동자에게만 지급되는 돌봄 소득을 선호한다고 주장했다는 사실을 지적해 둬야겠다. 하지만 제임스와 윅스는 지금의 임금 모델이 특정 유형의 노동과 존재에만 협소하게 가치를 부여하는 불공정한 체계에서 나왔다는 사실에는 모두 동의한다.

고서라는 차이트게버 아래에서는 현재적이거나 언어적이지 않으며, 공유되지 않는 것으로 느껴질 때가 많다. 마를린 와링을 다룬 다큐멘터리의 시작 부분에서 한 기자가 무언가 비밀스럽고 미심쩍은 느낌에 이끌려 와링의 강의를 들으러 모여든 사람들에게 질문을 던진다. 한 젊은 남성은 인터뷰어에게 "의심스러워서" 참석했다고 말한다. "뭐가 의심스러워서요?" 인터뷰어가 묻는다. 남성은 이렇게 대답한다. "세상이 좀 의심스러워요. …… 사물이 보이는 그대로가 아닐 거라는 의심이 들어요. 전 홀어머니 밑에서 자랐고 엄청난 불의가 있다는 사실을 알거든요."

의심은 행간에 있다. 때로 부글부글 끓어오르기도 한다. 〈가공된 세계〉를 창간하기 1년 전인 1980년, 잡지를 준비하던 이들은 전국 비서의 날을 맞아 '이너보이스 1호Innervoice #1'라는 냉소적인 전단을 제작했다. 청구서를 본뜬 이 전단에는 비서가 하는 각각의 업무에 소요되는 비용이 적혀 있다. 6시간 쉬지 않고 타자를 치면 '요통 1회, 목 결림 1회'가 찾아오고, 일주일에 70시간 과도하게 혈압이 오르면 '정신력 1점 감점', 주 40시간 지루한 일을 바쁘게 하면 '상상력 1점 감점'이 된다. 물론 '이너보이스 1호'를 만들려면 남아 있는 상상력이라도 짜내야 했다. 이 전단은 자신의 삶을 팔고, 그것을 더 팔 '명예'를 얻기 위해 또다시 파는 이 사기극에 대한 뼈저리게 공감되는 분노를 드러내며 〈가공된 세계〉의 전반적인 유머 감각을 예고했다.

때로 이런 유머 감각은 매우 진정성 있게 드러났다. 만화, 가짜 광고, 날카로운 해설이 난무하는 가운데 〈가공된 세계〉의 두 쪽 펼침면에는 컴퓨터 단말기 속 얼굴, 수갑 채운 손, 전화기, 더 작은 머리 여러 개가 콜라주된 우울한 그림과 함께 "사무실에서의 또 다른 하루, 우리는 무엇을 잃었는가?"라는 문구가 적혀 있다. 토론토에 사는 J. C.는 편지에서 이렇게 묻는다. "일하면서 시간을 때우고 있다는 것을 깨달았을 때 사람은 무엇을 해야 할까요? 사람은 냉소, 무관심, 그리고 분노를 많이 키우게 되는데 이를 해소할 방법이 없어요." 샌프란시스코에 사는 J. 굴레시안Gulesian은 이렇게 생각할 것을 제안했다.

친애하는 〈가공된 세계〉 독자 여러분,
저는 중년 비서의 일상 이야기를 더 보내드리고 싶네요. 정말 힘든 일상이죠. 제가 할 수 있는 것보다 더 많은 것을 요구하고 너무 많은 것을 빼앗아 가는 일이 흔하죠. 그런 탓에 남는 시간은 내가 누구이고 어떤 사람이 돼야 하는지 일관성을 찾느라 다 써버리게 됩니다. 내가 누구인지 안다는 일은 사람들과 관계를 맺고 유지해야 한다는 의미죠. 내가 어떤 사람이 돼야 한다는 의무는 이런 일을 위험하고 고통스럽게 만듭니다. 무슨 뜻인지 잘 아시죠.

누구나 이런 성찰의 시간을 낼 수 있는 건 아니었다. 같은 호에 월리스엔지니어링Wallis Engineering의 사장 월터 월리스Walter Wallis가 편지를 보냈으며, 마치 한 무리의 히피들에게 "일자리나 구해!"라고 소리치는 듯한 태도를 보여줬다. 이는 물리학자들이 책상에 묶여 있어도 상관없다는 세금 납부자 토비 안데르베리Tommy Anderberg와 도 비슷한 맥락이었다. 월리스는 편지에서 "어떻게 하면 회사에 더 가치 있는 사람이 될 수 있는지"에 대한 몇 가지 팁을 제공한 후 이렇게 끝맺었다. "만약 고객이 돈에 걸맞은 최상의 서비스를 받을 수 있도록 당신이 자신의 일에 전념해야 한다는 생각이 마음에 들지 않는다면, 꺼져서 우는 소리나 하고, 불평이나 늘어놓으며, 속이고, 훔치고, 허풍이나 떨며 살아가세요. 왜냐하면 당신은 그런 짓거리나 하는 비겁한 허풍쟁이에 불과할까요." 이에 대해 〈가공된 세계〉의 한 편집자는 월리스의 주장을 차분히 하나씩 논파하며, "이미 이 사회 속에서 잠재적으로 존재하는 새롭고, 자유로운 협력과 공동체적 사회"에 대한 비전을 제시하며 반박을 마무리했다. 그 편집자는 상상력이 부족한 쪽은 오히려 월리스라며 이렇게 지적했다. "이런 가능성을 상상하는 대신 그는 이해할 만하게도 우리가 나락으로 행진하는 세상 속에서 '성공하는 법'에 대한 천박하고 오만한 조언을 늘어놓고 싶어 한다."

〈가공된 세계〉 편집자는 세상의 "가능성을 살피려" 애썼다. 그는 개인적 야망을 이용해 다른 사람을 뛰어넘고, 실패하면 자신을 탓하고, 패자를 비난해야 한다고 보는 월리스의 관점을 다른 무언가로 대체할 세상이 있지 않을까 고민했다. 월리스는 당신 스스로 자신의 시간을 책임져야 하며, 당신의 시간은 지독하고 완고한 구조 안에 있다고 본다. 하지만 편집자는 구조를 해체할 수 있다면 실제로 시간이 다른 무언가를 의미할 수 있다고 봤다. 월리스가 목표로 삼은 것은 개인적인 권력이었지만, 내 생각에 〈가공된 세계〉의 목표는 의미와 깨달음이었다.

2장에서 나는 자신을 혹사하는 성과 주체가 개인적 야망을 내려놓고 자신을 구원해야 한다고 주장했다. 하지만 사다리를 오르려는 야망이 그저 특정 영역에만 존재하며 그 면을 강화하는 여러 욕망의 형태 중 하나일 뿐이듯, 좌절에도 번아웃이라 하찮게 치부되는 것을 넘어 여러 형태가 존재한다. 유리한 처지에 있든 아니든 당신은 좌절을 겪는다. 예를 들어 살기 위해 시간을 팔아야 하고, 두 가지 중 덜 나쁜 것을 선택해야 하고, 그렇지 않다고 믿으면서 그렇다고 말해야 하며, 중요한 관계가 부족한 상태에서도 자신을 건강하게 가꿔야 한다. 바깥 하늘이 산불로 붉게 물들었어도 일해야 하고, 다른 모든 것과 다른 사람을 무시하는 일이 당신을 죽인다는 사실을 마음속으로 잘 알면서도 그것들을 무시해야 한다. 자신을 위해 더 많이 원하는 것과 그냥 더 많이 원하는 것은 전혀 다르다.

셀마 제임스는 현재 '글로벌여성파업Global Women's Strike'으로 더 잘 알려진 '국제가사노동임금캠페인International Wages for

Housework Campaign'에서 여전히 활발하게 활동한다. 2012년 그는 저널리스트 에이미 굿맨Amy Goodman에게 1년 전 런던에서 초국가적 강간 반대 운동인 슬럿워크SlutWalk와 함께 행진했던 이야기를 들려줬다. 제임스는 그곳의 에너지와 반인종주의에서 힘을 얻었다. 그는 다음과 같이 회상했다. "그들과 함께 걸을 때, 야망을 가진 여성들로 둘러싸여 있다는 느낌은 받지 않았습니다." 이 발언은 복지 제도가 쇠퇴하는 동안 사회적 사다리를 오르는 데 초점을 맞췄던 여성운동의 일부를 대조적으로 언급한 것이다. 그는 이어 말했다. "우리가 함께 있어야 하는 이유는 개인적 야망이 아니라 우리의 삶이 처한 진정한 현실이어야 합니다." 여기서 중요한 단어는 바로 '개인적'이다. 〈가공된 세계〉의 관점에서 보면 윌리스가 불쌍해 보이듯, 열정적으로 사다리를 오르는 사람도 어떤 의미에서는 야망이 없는 셈이다. 제임스가 행진에서 느꼈던 요구는 훨씬 더 '야심 찬' 것이었다. "우리는 우리가 원하는 방식으로 삶을 살 자유를 원합니다. 그리고 우리는 이를 위해 함께합니다."

우리는 그 예술가 책들을 보고 싶다고 요청한다. 그것들은 서가 꼭대기에 있어서 나는 커다란 초록색 사다리를 밀고 와 올라가야 한다. 위쪽에는 알파벳순으로 진열된 회색 상자가 놓여 있다. 상자 안에는 천으로 제본된 책부터 잡지, 엽서 모음까지 다양한 물건들이 각각 고유한 크기에 맞게

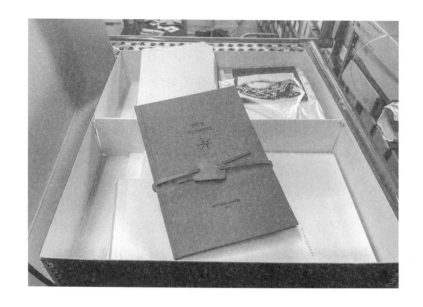

세심하게 잘라낸 황갈색 파일 폴더에 담겨 있다. 이들 중 상당수는 지역 예술가들의 작품으로, 종종 이 도서관에서 연구와 함께 진행한 프로젝트의 결과물이다. 그 책들과 그 안에 있는 물건들은 마치 기록 보관소에서 자란 식물 같아서 이제 우리 자신의 프로젝트에 영감을 줄 씨앗을 제공한다.

　　E-F라고 적힌 박스의 파일 폴더에는 예술가 집단인 퓨처파머스Futurefarmers가 만든 책이 들어 있다. 가죽끈이 달렸고 천으로 제본한 작은 책이다. '유일한 교훈SOLE SERMONS'이라고 적힌 제목의 '유일한SOLE'이라는 단어 위에는 '영혼SOUL'이라는 단어가 겹쳐 인쇄돼 있다. 당신은 조심스럽게

끈을 풀고 책을 펼친다. 안쪽 페이지의 글씨는 활판 인쇄돼 있지만 옅은 잉크로 인쇄돼 있어, 마치 글자가 종이에 단단히 붙어 있으면서도 곧 날아갈 듯하다. 레베카 솔닛이 쓴 걷기에 관한 에세이다. 그가 말하는 걷기는 '보폭을 맞춰 행진하는 것'과는 정반대로 들린다.

걷기는 발걸음으로 이뤄지지만 발걸음은 걷기가 아니다. 걷기는 인내심, 계속 걷기로 이뤄지며, 이 반복되는 과정은 불필요한 것이 아니라 질문의 한 형태다. "우리는 어디로 가는가?"라는 질문은 보편적인 질문이지만 그에 대한 답은 그저 가는 것, 신발이 닳을 때까지 걷는 것, 다시 일어나 계속 걷는 것뿐이다. "신발이 닳을 때까지 걸었어/오 이거 죽이네요/느릿한 이 블루스 말이에요."라고 행크 윌리엄스Hank Williams가 노래했듯, 걷기는 우리를 계속 살아 있게 한다. 계속 걷는다는 것은 계속 사는 것이고, 계속 질문하는 것이며, 계속 희망하는 것이다. 지난 십여 년 동안 희망과 걷기가 나를 사로잡았다. 하지만 계속 움직이는 것이 규칙이고, 예상치 못한 곳에 도착하는 것이 보상이며, 본질적으로 도착과 셀 수 있음에 사로잡힌 평탄한 시간의 흐름과는 대조적인 이 두 가지 길이 결국은 같은 길이라는 사실을 깨달을 때까지 나는 먼 길을 돌아와야 했다. 가능성보다 확실성을 더욱 사랑하는 많은 이들은 미래를 지각할 수

있고 알 수 있는 확실성의 한 형태인 절망을 택한다. 하지만 그
런다고 미래를 지각하거나 알 수 있는 것은 아니다. 절망한다
는 것은 걷기를 멈추는 것이고, 걷기를 멈춘다는 것은 절망 혹
은 절망적인 우울함에 빠지는 것이다. 절망과 우울은 모두 더
깊은 구멍에 빠져 허우적대는 심상과 마음 상태의 특징이다.

올해 초, 나는 70대 친구의 정원에서 그와 함께 콩을 심었다. 그
는 이 콩들이 20년 전에 구한 것에서 시작된 것이라고 했다. 정확히
어디에서 구했는지 기억나지 않지만 아마 홈디포였을 거라고 했다.
그 이후로는 어디에서도 같은 콩을 다시 구할 수 없었다고 한다. 그
당시, 그는 이 콩을 친구들과 나누었고, 친구들 역시 좋아했지만 어
디에서도 같은 품종을 구할 수는 없었다. 다행히 몇몇 친구들이 콩
꼬투리를 익혀 말린 뒤, 씨앗을 보관했다가 그에게 다시 가져다주
었다. 이제 이 콩이 얼마나 많은 사람들에게 퍼져 있는지는 그도 알
지 못했지만 어쩌면 전국적으로 퍼졌을지도 모른다고 말했다. 콩을
심으면서 우리는 이런 생각을 나누었다. 그와 친구들이 콩을 주고
받은 일이 분명 있었지만 그것을 단순히 거래라고 보긴 어려웠다.
그가 나눠준 것을 똑같이 돌려받은 것도 아니었지만 그 주고받음이
서로 연결되어 있다는 점은 분명했다.

그는 상추 밭으로 자리를 옮겨 내게 상추를 좀 가져가라고 했
다. 그냥 예의상 하는 말이라고 생각했지만 그는 실제로 상추의 바

깥쪽 잎을 떼어내야 안쪽 잎이 계속 자랄 수 있다고 설명했다. 식물이 완전히 자라기 전에 이렇게 관리해야 한다고 했다. 그는 늘 양상추를 봉지에 담아 사람들에게 나눠주곤 한다는 말도 덧붙였다. 이 단순한 행동과 앞서 들은 콩 이야기를 통해, 내가 거래 중심으로만 생각하는 방식에 갇혀 있었음을 깨달았다. 내가 정원을 가꿔본 적이 없어서 그런 것일지도 모르지만. 나는 식물이 계속 자라난다는 사실을 잊고 있었다. 그래서 그가 나에게 상추를 나눠주면, 그의 몫이 줄어드는 것이라고만 단순히 생각했던 것이다.

하지만 내가 잊었던 것은 그것뿐만이 아니었다. 철학자 이반 일리치Ivan Illich는 1978년 "사람들이 문제를 해결하고, 놀고, 먹고, 친구를 사귀고, 사랑을 나누던 수많은 사회적 기반 구조가 파괴되었다."라고 우려의 목소리를 높였다. 그 결과, 사회는 "모두가 잃고 얻는 거대한 제로섬 게임과 한 사람의 이익이 다른 사람의 손실이나 짐이 되는 거대하고 획일적인 시스템"으로 변했고, 결국 "진정한 만족은 모두에게 부정"되었다고 했다. 그 순간 나는 뉴욕시에서 팬데믹 동안 불안정한 노동자들이 실업급여를 신청하지 않은 이유를 연구한 한 논문에서 언급된 젊은 긱 노동자가 떠올랐다. 그는 이렇게 말했다. "그냥 신청서에 '나는 직업이 없습니다.'라고 쓰면 정부가 돈을 준다고요? 이게 대체 무슨 말이죠? 그렇게 쉬운 거라면 모두가 하지 않았겠어요? 이해가 안 됩니다." 상추를 받은 건 나에게도, 내 친구에게도 좋은 일이었다. 그런데 나는 그걸 제대로 이해하지 못하고 있었다.

몇 달 뒤 이번에 나는 다른 정원에 앉아 있었다. 이번에는 무료로 입장할 수 있는 식물원이었다. 아이 두 명이 내 옆 잔디밭을 차지하고 빨간 불, 초록 불 놀이를 하고 있었는데, 내가 어릴 때 하던 것보다 훨씬 복잡했다. '빨간 불'은 멈추라는 뜻이고 '초록 불'은 가라는 의미인 것은 같았다. 하지만 아이들에게 '보라 불'은 춤을 추라는 뜻이고 '하늘색 불'은 춤추며 뒤로 가라는 뜻이었다. '황금색 불'은 땅에 엎드리기, '초록나무 불'은 소 울음소리를 내며 기라는 뜻이었다. 그 외에도 '신발 던지기 불'이나 '신발 가지러 가기 불'처럼 구체적인 명령도 있었다. 이 놀이가 어리석어 보일 수도 있었지만 나는 그들이 서로 이 명령의 뜻을 다시 설명할 필요가 없다는 점에 감탄했다. 그들은 함께 이 규칙을 만들어냈고, 모두 정확히 기억하고 있었다.

시간에는 다양한 리듬이 있고, 리듬은 다양한 의미를 지닌다. 사회학자 리처드 세넷Richard Sennett은 테일러화 과정이 노동의 사기를 떨어뜨린다는 점을 지적하며 "일상적인 루틴은 삶의 품위를 떨어뜨릴 수 있지만 보호할 수도 있다. 일상은 노동을 해체할 수도 있지만 삶을 구성할 수도 있다."라고 주장했다. 랍비 아브라함 헤셸Abraham Heschel이 안식일을 "시간 속에 짓는 궁전"이라 불렀던 것처럼, 일상은 의식의 구조물이 될 수 있다. 빨간 불 초록 불 놀이에서 '불'처럼 식물원은 구성되고 연출됐다. 장소마다 분위기가 달랐고 서로 다른 형태와 크기의 식물이 자라며 저마다의 시기에 꽃을 피웠다. 정원사는 어떤 식물을 어떻게 배치해야 전체가 조화롭게 구성될지 염두에 두고 정원을 구성했고, 방문객들은 마음에 드는 부분에 오래 머물렀다. 넓지는 않았지만 밀도 높은 공간이었다. 생물의 다양성뿐만 아니라 시간의 다양성이 펼쳐지는 이 공간은 인간 주체를 다양한 삶의 방식과 속도를 둘러싼 대화로 초대했다. 여기에서는 시간이 돈은 아니라는 사실뿐만 아니라 '돈이 아닌 것'의 범주가 무한히 정교하게 다듬어질 수 있다는 사실도 명확하게 느낄 수 있었다.

시간을 절약하고 소비하는 대신 시간을 가꾸는 것이 가능하지 않을까? 즉 다양한 삶의 리듬을 저장하고, 발명하고, 관리함으로써 말이다. 이것은 이미 우리 모두가 어느 정도 개인적으로나 공동체적으로 경험하는 '시간의 다양성chronodiversity'을 인정하고 활용하는 것일 뿐이지 않을까? 표준화된 경제적 시간에 대해 글을 쓴 바바라 아담은 이러한 시간이 지배적이긴 하지만 직관적이지 않으며, 그 지배력은 완전하지 않다는 것을 안다. 그는 이렇게 말한다. "속도와 강도는 우리 주변 어디에나 존재한다. 내일 있을 생일이 어린아이에게는 영원처럼 느껴질 수 있는 반면, 1년 전 생일은 노인에게 어제 일처럼 느껴질 수 있다. 겨울의 휴면기가 지나면 봄의 성장 폭발이 뒤따른다. …… 우리가 일상에서 만들어내는 사회적 시간은 복잡성이 지배하고 있기 때문에 지구의 리듬과 분리될 수 없다."

시간을 정원처럼 가꿀 수 있다면, 늘리는 방법도 개인적인 축적 이상의 방식으로 상상할 수 있을 것이다. 친구의 정원을 떠나기 전, 그는 더 이상 존재하지 않는 콩밭에서 가져온 주황색 강낭콩을 나에게 줬다. 그 콩들은 지금 우리 집의 금속 선반 위에 놓여 있다. 그 옆에는 조와 내가 팬데믹 동안 다른 사람들처럼 마트에서 사들인 콩들이 있다. 나는 팬데믹 기간 동안 콩을 보며 생각할 시간이 참 많았지만 정작 그것들이 무엇인지 깊게 생각해 본 적은 없었다. 그래서 "마트에서 산 콩을 심을 수 있을까?"를 구글에서 검색해 보니. 그렇다는 대답이 돌아왔다. 봉지 안에 들어 있는 콩들은 단순히 상품이 아니었다. 물론 먹을 수 있는 것이지만, 그것이 그 콩의 최종

종착지는 아니었다. 적어도 일부는 여전히 미래의 콩으로 자라날 가능성을 품고 있었다.

더 많은 친구에게 이 이야기를 들려주며 콩 이야기는 우리끼리 통하는 농담이 됐고 새로운 가족 방언이 됐다. "시간은 돈이 아니다. 시간은 콩이다." 이 농담은 다른 농담들처럼 반쯤은 진지했다. 이 말은 시간이 사용할 수도, 나눠줄 수도 있을 뿐만 아니라 심어 키울 수도 있고, 다양한 형태로 존재할 수도 있다는 의미였다. 또한 모든 시간은 누군가의 시간에서 비롯된 것이고, 어쩌면 오래전에 누군가 심어둔 무언가에서 시작되었을지도 모른다는 뜻이기도 하다. 이 말은 시간이 제로섬 게임의 화폐가 아니라는 것을 의미한다. 그리고 때로 내가 시간을 더 얻는 가장 좋은 방법은 당신에게 시간을 주는 것일 수도 있고, 당신이 시간을 얻는 가장 좋은 방법은 내게 돌려주는 것일 수도 있다는 뜻이다. 만약 시간이 상품이 아니라면 우리의 시간은 조금 전까지 느꼈던 것처럼 희소하지는 않을 것이다. 함께라면 우리는 세상의 모든 시간을 가질 수 있다.

Chapter 7

삶의

연장

Life Extension

납골당과 묘지

이에 반해, 공명은 항상 역동적인 사건으로,
생동감 넘치는 상호 반응적 관계의 표현이다.
이는 아마도 누군가의 눈이 반짝일 때 가장 빛나는 형태로 나타날 수 있다.
공명은 항상 두 명 이상의 주체 사이에서 발생하는 사건을 의미한다.
나는 '인정'받을 수 있지만, 공명은 우리 사이에서만 일어날 수 있는 것이다.
공명적 경험으로써의 사랑은 사랑하거나 사랑받는 사실이 아니라,
서로 간에 영향을 주고받는 변화 가능하고
유동적인 만남의 순간들을 의미한다.
_하르트무트 로자,《공명(Resonance)》

우리는 베이 브리지를 건너 오클랜드 동쪽으로 돌아온다. 인도에 내리자 고급 아파트 1층에 있는 필라테스 스튜디오 문 너머로 〈서명되고, 봉인되고, 전달되다Signed, Sealed, Delivered〉가 들려온다. 강사가 음악 너머로 힘차고 위엄 있는 목소리로 "네, 좋아요."라고 말하며, 구령을 붙인다. "왼발 뒤로, 다섯, 넷, 셋, 둘, 하아아아나. 아주 잘하셨어요, 거의 다 끝나가요. 이제 마지막이에요."

우리 앞에는 묘지로 통하는 문과 스페인 부흥 시대 양식의 건물이 보인다. 건물에는 '장례식장, 화장터, 봉안당'

이라고 적힌 작은 금속 팻말이 붙어 있다. 무거운 금속 문을 밀어젖히자 살아 있는 식물, 젖은 바위, 먼지, 재, 향에서 올라오는 달콤한 죽음의 냄새가 온몸을 감싼다. 희미한 햇빛이 천창과 키 큰 열대식물, 석조 아치 사이를 통해 스며들고, 유일하게 들리는 소리는 가까운 분수에서 떨어지는 애처로운 물방울 소리뿐이다. 벽에는 유리로 된 작은 칸들이 빽빽하게 들어서 있어, 전체적으로는 도서관이 연상된다. 하지만 방금 전에 우리가 있던 곳과는 달리, 유리 뒤에 있는 '책'들은 실제 책이 아니라 유골함이다. 이 유골함은 한 가족의 구성원들을 담고 있는 여러 권의 '책'으로 구성되어 있다. 책 하나하나에는 나름의 무게가 있고, 인생의 시작과 끝

이 담긴 이 책은 '표지'를 열 수 없다.

어릴 때, 나는 시간에 대한 무서운 이야기를 접한 적이 있다. 그것은 엄마가 벼룩시장에서 사 온 《세계 여러 나라의 마법 이야기 Magic Fairy Stories from Many Lands》라는 1970년대 책에 실린 이야기였다. 어느 날, 빨리 어른이 되고 싶어 안달이 난 한 소년이 숲속을 헤매고 있을 때 마녀가 나타나 황금 실이 삐죽 나온 공을 건네며 말했다. "이 실을 당기면 시간이 빨리 흐를 것이야." 하지만 마녀는 소년에게 이 공을 신중히 사용하라고 경고한다. 이 실은 시간이 되돌아 갈 수 없듯, 되감을 수 없기 때문이다. 예상대로 소년은 참지 못했다. 학교가 끝나고 빨리 집에 가고 싶은 마음에 실을 당기고, 좋아하는 여자와 빨리 결혼하고 싶어 실을 당기고, 빨리 아이를 갖고 싶어 실을 당긴다. 그러다 결국, 소년은 인생을 살아냈다고 제대로 느끼지도 못한 채 너무나도 빨리 생의 끝에 도달하고 만다.

이 이야기의 교훈은 '현재를 살아가는 것'과 인생의 힘든 부분을 건너뛰고 좋은 부분만 빨리 맞이하려는 어리석음에 대한 것이다. 하지만 이 책을 읽으며 내가 눈여겨본 것은 시간의 비가역성을 간단히 보여주는 실과 공이었다. 결국 마녀가 노인을 찾아내 인생을 다시 살게 해준다는 해피엔딩으로 끝나지만 나는 오랫동안 이 책을 무서운 이야기라고 기억했다.

시간 관리는 흔히 이런 공포심을 이용한다. 하루에 몇 분이 남아 있는지 잊지 않으려고 사무실에 '1440' 포스터를 붙여 둔 기업가 케빈 크루즈를 기억하는가? 그는 자신의 책에서 이 포스터를 소개하기 직전 독자에게 가슴에 손을 얹고 호흡을 의식해 보라고 요청한다. 하지만 오해하지는 말 것. 이것은 마음챙김 연습이 아니다. 크루즈는 이렇게 말한다. "당신은 그 박동을 다시 돌려받을 수 없습니다. 그 호흡을 다시 가져올 수도 없습니다. 사실, 방금 제가 당신의 생명에서 세 번의 박동과 두 번의 호흡을 빼앗았습니다." 그리고 그는 즉각적인 비유를 덧붙인다. "당신은 지갑을 아무 데나 방치하지 않을 겁니다. 시간도 돈입니다. 그런데 왜 사람들에게 당신의 시간을 '훔치도록' 내버려두고 있습니까?"

시간을 개인적이고 재생 불가능한 자원으로 여기는 개념을 끝까지 밀어붙이면, 이 아이디어는 죽음을 회피하면서도 동시에 그것에 집착하게 만든다. 결국 크루즈의 '1440' 포스터가 무엇인가? 17세기 네덜란드 정물화의 구석에 그려진 해골처럼, 냉혹한 '죽음을 상기시키는 물건memento mori'인 셈이다. 크루즈의 포스터를 볼 때마다 하루에 남아 있는 시간이 1440분보다 적다는 사실이 뼈저리게 다가온다. "시간 관리는 왜 우리 삶을 망치는가"라는 글에서 올리버 버크먼은 시간을 아끼거나 더 현명하게 쓰려는 노력으로 시간 사용을 세세히 기록하는 일이 역설적으로 "시간이 흘러가고 영원히 사라지는 것을 더욱 강렬하게 의식하게 만든다."고 지적했다. 분 단위로 시간을 보든, 인생의 단계와 목표를 기준으로 시간을 바라보든 시간을 응시하면 할수록 그것이 손가락 사이로 잔인하게 빠져나가는 것처럼 느껴진다는 것이다.

요즘에는 수명이 얼마나 남았는지 알려준다고 광고하는 앱도 많다. 호기심에 나도 최근에 '나는 언제 죽게 될까When Will I Die'라는 앱을 내려받았다. 내 생활 방식이나 성향에 대한 몇 가지 질문에 답한 뒤, '위시본Wishbone'이라는 게임 광고를 30초 동안 봐야 했다. 광고에는 '가장 귀여운 걸 골라보세요!'라는 문구와 함께 두 개의 매니큐어 사진이 있었다. 그 다음, 나는 한 만화식 묘비가 화면에 나타나는 걸 봤다. 묘비에는 이렇게 적혀 있었다. "제니 오델, 0세에

사망." 그 후 숫자가 0에서부터 올라가기 시작했다. 마치 '삶'이 상품인 카지노 게임을 하고 있는 것 같은 느낌이었다. 숫자가 더 높아지기를 바라며, 죽고 싶지 않다는 강렬한 감정을 아주 생생하게 느꼈다. 결국 숫자는 95세에 멈췄다.

우스꽝스럽고 비과학적인 앱이었지만, 훨씬 정확한 앱이 등장해 말 그대로 당신이 내린 모든 결정을 기록하고 알고리즘에 통합해 당신에게 남은 시간을 결정한다고 상상해 보자. 일부 보험회사가 추구하는 궁극적인 목표도 이와 크게 다르지 않다.* 이런 방식은 시간이 제기하는 실존적 문제에 맞서는 흔한 대응 가운데 하나다. 개인의 시간 은행에 들어 있는 전체 시간을 늘리려고 시도하는 것이다. 이런 '상승 논리'는 앞서 3장에서 언급한 래리 엘리슨의 리조트가 지닌 매력을 설명해 준다. 이곳에서는 투숙객들의 활력과 구체적인 목표를 향한 진행 상황을 하나하나 모니터링한다. 생산성 전문가들이 파워 스무디를 만드는 이유도 비슷하다. 시간 관리의 자연스러운 짝꿍인 웰니스는 당신이 자동차나 시계라도 되는 양 더 나은 '성과'를 내기 위한 수단이자 전체 수명을 늘리기 위한 수단으로 활용된다.

하지만 생산성 추구와 마찬가지로 강박적으로 변화를 따지며

---

* 일부 자동차 보험사는 1장에서 언급한 것과 비슷한 차량 추적기와 텔레매틱스를 이용해 운전자의 행동 데이터를 수집하고 이에 따라 보험 요율을 결정한다. 빔스 덴탈(Beam Dental)은 자사의 전자칫솔을 이용해 사용자의 칫솔질 데이터를 수집하며 이렇게 약속한다. "빔 퍼크스 웰니스 프로그램(Beam® Perks wellness program) 그룹 참여도가 좋고 그룹 종합 점수 A를 달성하면 보험료를 낮출 수 있습니다."

계산 가능한 최적점을 추구하는 대응 방식은 건강을 위한다는 합리적인 목표를 가뿐히 넘어선다. 수치화된 수명과 이를 구체적으로 보여주는 웰니스는 궁극적인 지표가 돼, 우리가 살고 싶은 건강한 삶이 무엇이며 무엇을 위해 그런 삶을 살고 싶은지에 대한 질문을 피한다. 더욱 건강해지기 위해 애쓰느라 인생이 낭비된다는 아이러니는 말할 것도 없다. 이런 갖가지 문제는 바바라 에런라이크의 책 《건강의 배신》의 부제인 '무병장수의 꿈은 어떻게 우리의 발등을 찍는가'에 간명하게 나타난다. 에런라이크는 웰니스와 안티에이징 산업을 날카롭게 비판하며 날씬하고, 효율적이며, 살아 있는 기계가 되기 위한 집착적 프로젝트에 의문을 제기한다. 그는 자본주의적 웰니스가 제공하는 상품은 "목표를 세우고, 결단력을 갖고, 목표를 향해 순조롭게 나아가며 자신을 교정하는 기계로 스스로를 재구성하는 수단"이라고 본다. 그는 "성공적인 노화"를 다룬 수많은 책을 인용하며 개인의 시간 관리와 자수성가 윤리와의 잔인한 역학 관계를 관찰한다.

성공적인 노화를 다룬 책들은 필요한 원칙을 따르는 사람이라면 누구나 건강하게 장수할 수 있다고 하나같이 주장한다. 과거의 삶에서 남겨진 상처들, 예를 들어 과로나 유전적 결함, 가난 등은 상관없다는 것이다. 또한 노인의 건강에 미치는 중요한 요소들에 대해서는 거의 또는 전혀 신경을 쓰지 않는다. 피트니스 트레이너나 성공적인 노화를 위한 전문가 외에는 결국 모든 것이 개인에게 달렸다는 것이다.

이 분야는 피지컬 컬처Physical Culture 시대(19세기 말부터 20세기 초까지 운동과 신체 건강에 대한 관심이 크게 증가했던 시기-옮긴이)와 크게 달라지지 않았다. 그 당시 건강하고 성공적으로 나이 드는 것은 타인의 도움 없이 남보다 앞서 나가는 것을 의미했다. 나는 고등학교 때 이것이 굉장히 신경 쓰였던 기억이 난다. 빡빡한 수업과 PSATPreliminary Scholastic Aptitude Test(미국에서 고등학생들이 대학 입학을 준비하면서 치르는 시험 중 하나-옮긴이) 준비의 과도한 경쟁 분위기에서 잠시 벗어나 생각할 시간이 있을 때마다 말이다. 고등학교 마지막 해에 나는 수업을 종종 빼먹고 공원에 가서 청둥오리들을 바라보곤 했다. 어느 날 미술 수업이 끝난 뒤 나는 친구 루이즈와 화가이자 미술 과목을 가르치는 윌리엄 러스턴William Rushton 선생님과 함께 이야기를 나눴다. 그는 학생들에게 가정용 라텍스 페인트로 그림을 그리도록 하는 등, 공립학교의 적은 미술 예산으로 기적을 만들어낸 분이었다. 하지만 그때 대화를 돌이켜 보면 나는 오리들을 보면서는 어떤 깨달음도 얻지 못했던 것 같다.

나는 이렇게 말했다. "이해가 안 돼요. 고등학교에서 열심히 공부해서 좋은 대학에 가고, 대학에서 열심히 공부해서 좋은 직장에 취직하고, 직장에서 열심히 일하다 은퇴하고, 그러다 죽는다니. 그게 무슨 의미가 있어요?"

윌리엄 선생님은 놀라움과 안타까움이 섞인 표정으로 나를 바라보며 이렇게 말하셨다. "제니, 꼭 그렇게 돌아가는 건 아니야."

이곳에서는 길을 잃지 않도록 조심해야 한다. 이 미로 같은 건물은 3층짜리고, 수십 개의 방이 있으며, 그 배치가 전혀 논리적으로 보이지 않는다. 거대한 중앙홀에서 왼쪽으로 꺾으면 방들이 넓어지고, 전시물들은 덜 격식 있는 느낌으로 변한다. 액자 속 사진들이 보이기 시작하고, 그 옆에는 더 많은 물건들이 전시되어 있다. 예를 들어 안경(종종 옆에 있는 사진 속의 것과 동일한 안경), 십자가, 미니어처 자동차, 향수, 낚싯바늘, 누군가의 생일 날짜가 수놓아진 작품, 짙은 파란색의 중국 술병, 원더우먼의 껌 통, 도자기 접시 위에 놓인 유리 개구리, 7시 10분에서 멈춘 시계, 초록색 정원 가위 세트(물뿌리개와 모종삽 포함.), 1980년대로 보이는 캘리포니아 산타로사에서 1등 상을 받은 라즈베리와 보이젠베리 잼이 담긴 작은 병 두 개와 1등 상장이 있다.

내가 마지막으로 여기에 왔을 때보다 삶의 흔적이 더 많아졌다. 그리고 '2020'이라는 숫자를 볼 때마다 나는 이 사람이 코로나-19 팬데믹 때문에 사망한 것인지, 아니면 그것과 관련된 상실감과 고립 때문에 사망한 것인지 궁금해지곤 한다. 때때로 유골함 아래 바닥에 해바라기, 장미, 감귤 접시, 쌀에 꽂힌 향, 생수병, 베트남식 설탕절임 생강 같은 소소한 물건이 있다. 이 물건들을 보고 있으면, 마치 살아 있는 자의 갈망이 담긴 파도가 죽음의 벽에 부딪히는 모습을 보는 것 같다. 그 벽은 단순히 한 사람의 끝이라기보다는 관계의 단절처럼 보인다.

고등학교 시절 나눈 대화를 떠올려 보면 선생님은 내가 보지 못한 다른 '의미'가 있다는 사실을 깨닫도록 도와주려 하셨던 것 같다. 하지만 다른 '의미'를 상상하려면 규칙만 조금 바꿔 옛날과 똑같은 게임을 하는 것으로는 부족하다. 전혀 다른 게임을 찾아내고 시도해야 한다. 이 게임에서 말하는 '승리'가 전에는 명확하게 말할 수 없었던 무언가를 의미한다고 해도 말이다.

작가이자 디자인 연구자인 사라 헨드렌Sara Hendren은《다른 몸들을 위한 디자인》에서 자본주의 게임 바깥에 있는 것을 상상할 때 비주류적 시각이 얼마나 유용한지 보여준다. 그는 어빙 졸라Irving Zola와 캐롤 질Carol Gill이 대중화한 개념인 '크립 타임Crip Time'이라는 개념을 설명한다. 이 용어는 장애인의 시간성과 현대 사회의 시계 기반, 산업화된 시간표 사이의 긴장을 설명하기 위해 사용된다. 앨리슨 카퍼Alison Kafer는 크립 타임을 "장애인이 무언가를 해내거나 어딘가에 가는 데는 시간이 더 필요하다는 사실을 깨닫는 것"이라고 설명하며, 이는 궁극적으로 "시간 안에서 일어날 수 있고, 일어나야 하는 것들에 대한 우리의 개념을 재구상"해야 한다고 주장한다.

크립 타임은 장기적·단기적으로 적용될 수 있다. 헨드렌은 이를 "더 큰 시스템적 흐름과 중단, 각종 규범적 시간표에 기반을 둔 미국 초중등 교육 과정을 비교적 엄격하게 진행하는 데 걸릴 수 있는, 들쑥날쑥하고 예측 불가능한 시간"이라고 설명한다. 헨드렌에게 이 개념은 개인적으로도 깊은 의미가 있다. 그는 디자인과 장애 연구의 교차점을 다루는 수업을 가르칠 뿐 아니라 태어날 때부터 다운증후군 진단을 받은 아들 그레이엄의 엄마이기 때문이다. 그레이엄을 키우는 과정에서 헨드렌의 가족은 주변 문화와 산업화된 시간 개념, 즉 너무나 당연하게 여겨지는 사회적 규범에서 벗어나게 됐다. 헨드렌은 "시간에 대한 질문, 아들의 발달 지연에 대한 진단, 더 시급히는 아이의 미래에 대한 불확실성이 다른 어떤 경험보다 더 소외감을 느끼게 했다."라고 설명한다.

하지만 헨드렌은 그레이엄이 자신에게 준 '크립 타임으로의 초대'를 하나의 선물로 여긴다. 이를 통해 시간에 대한 기존의 규범을 바깥에서 바라볼 수 있는 시각을 얻었기 때문이다. 좋은 삶에 대해, 다른 부모들과의 대화든, 학생들과의 토론이든, 혹은 자신의 가족 안에서든, 그는 한 가지 공통된 주제를 발견했다. "시계가 만들어내는 경제적 리듬이 우리의 모든 대화를 형성한다." 반면 학교와 직장은

"건강한 신체를 기준으로 한 생산성, 속도와 효율성을 이상으로 삼고 있다." 이러한 시간의 틀에서 벗어난 헨드렌은 시계를 단순한 도구가 아니라 '경제적 생산성(규범적이고 통제된 시간 안에서 이루어진 삶)을 인간 가치를 측정하는 주요 기준으로 삼는 세상에 적합한 경제적 도구'로 본다. 한편 그레이엄은 시간에 대한 다른 관점과 존재 방식 모두를 보여주며, 이 두 가지가 얼마나 밀접하게 얽혀 있는지를 드러낸다. 헨드렌은 이렇게 말한다. "아이의 성장을 시계에 맞춰 끊임없이 측정하려는 압박은 그레이엄이 아닌 다른 사람들로부터 나옵니다." 이런 과정에서 헨드렌은 아들을 통해 그리고 아들을 통해서만 완전히 다른 무언가를 볼 수 있게 되었다고 말한다.

> 보통 아이들의 발달 지표인 깔끔한 종 모양 곡선에서 선이 모호한 가장자리 구역에 그레이엄을 놓아봐도, 조금 늦든 빠르든 아들을 일반화하거나 예측할 만한 것은 하나도 없었다. 곡선의 지표 대부분은 아들에게 적용되지 않았다. 더 중요한 것은 또래나 두 동생보다 빠르거나 느리다는 점이 지금까지 그레이엄의 자존감에 거의 영향을 미치지 않았다는 사실이다. 아이가 학교 수업이나 춤, 스포츠 같은 과외 활동에 관심을 보인 것은 주로 호기심이나 친구들과의 우정 때문이었다. 뭐랄까, 단순하지는 않았지만 상대적인 비율이나 측정값 따위와는 관계없는 그저 전반적인 즐거움 때문이었다.

헨드렌이 보기에 그레이엄이 준 선물은 어떤 면에서 장애학 전반이 주는 선물과 비슷했다. 이는 '좋은 삶'이란 무엇인지에 대한 질문으로 단지 장애인만을 위한 것이 아니라 기계가 아닌 육체와 단순히 노동자로 정의되지 않는 영혼을 가진 모든 사람에게 해당한다. 장애에 대한 논의는 자연스럽게 '누구를, 그리고 무엇을 우리가 수용하고 조정해야 하는가'라는 질문으로 이어진다. 헨드렌은 이렇게 묻는다. "한 사람이 세상을 살아가고, 주 40시간 이상의 근무를 소화하며, 아픈 부모를 돌보고, 매일 출퇴근하는 데 필요한 시간은 얼마나 걸리는가? 아니면 얼마나 걸려야 하는가? 육체는 시간이 지남에 따라 변화해야 한다. 임신한 몸, 노화하는 몸, 큰 부상 후 회복 중인 몸처럼 말이다. 산업화된 시간의 시계는 과연 이런 몸을 위해 만들어진 것인가?" 샤르마의 표현을 빌리자면, 크립 타임은 시간의 의미를 뒤흔들며 이를 새롭게 정의한다. 크립 타임은 이질적이고, 비표준적이며, 몸에 더 집중한다. 그래서 산업화된 시계보다는 해시계에 더 가까운 느낌을 준다.

크립 타임은 시계와 격자, 경력 사다리 바깥에 있는 모든 시간의 지형학을 바라보는 또 다른 설득력 있는 설명은 다큐멘터리 〈픽스드FIXED: The Science/Fiction of Human Enhancement〉의 맨 마지막에 등장한다. 앞서 제메이스 카시오가 모다피닐이라는 각성제 복용을 걱정했던 바로 그 다큐멘터리다. 이 영상은 트랜스 휴머니스트, 미래학자, 장애학자 및 활동가들이 '좋은 삶'에 대해 나눈 논쟁을 모은 것이다. 세상이 인간을 원활하게 작동하는 기계처럼 본다고 주장하는 에런라이크처럼, 활동가이자 휠체어 사용자인 패티 번Patty Berne은 인간 능력 향상이라는 개념이 항상 '더 나은 삶'을 살 수 있다고 약속하므로 자신도 그 개념이 매력적이라는 점은 인정한다고 말한다. 일과를 마치고 피곤함에 지친 사람이라면 당연히 "더 나은 삶을 살고 싶다. 너무 피곤해……. 항상 더 잘하고 싶어."라고 생각할 수 있다는 것이다. 하지만 번은 이런 생각은 어떤 면에서 생명력이 없다고 말한다. 그가 친구와 함께 휠체어를 타고 동네를 즐겁게 질주하는 영상 위로 결론이 이어진다. "사실, 현실에는 스펙트럼이 있다는 것을 받아들여도 괜찮아요. 때로는 모든 게 더 풍부하게 느껴질 때도 있고, 건조하게 느껴질 때도 있어요. 피곤한 순간도 있고, 에너지가 넘치는 순간도 있죠. 이것이야말로 실제로 살아 있다는 뜻이에요. 바로 그게 '살아 있는 것'이에요."

여기서 잠시 멈춰 번이 말하는 '살아 있다는 것'이라는 개념이 헨드렌이 진단한 문화적 관점과 다르다는 점에 주목해야겠다. 헨드렌이 지적한 관점에서는 '살아 있다.'는 생산성을 의미하며, 그것은 시간을 통제하고 다루는 능력을 보여주는 것으로 간주된다. 반면, 번의 '살아 있다.'는 황금 실이 나오는 공에 관한 이야기가 주는 교훈에 더 가깝다. 그 이야기는 소년이 좋은 시간과 나쁜 시간이 교차하는 패턴이야말로 삶 그 자체를 이루는 경험임을 알려주기 위한 것이다. 경험이라는 풍부한 다양한 삶의 모습을 단지 생산성을 최대로 올리기 위한 도구로 축소하려는 시도는 바다나 자신의 내면을 외면하는 태도와 다를 바 없다. 바다나 내면에서는 항상 새로운 것들이 밀물처럼 들어오기 때문이다.

크립 타임은 일상적인 일정이나 경력 계획에서 통제의 언어를 포기하는 것뿐만 아니라 미래 전반에 대한 접근 방식도 다르게 본다. 에드 용은 2020년 4월 〈애틀랜틱〉 지의 기사에서 코로나-19 팬데믹 때문에 많은 비장애인이 시간과 불편한 관계를 맺고 죽음에 가까워지는 상황에 내몰렸지만, 장애인 공동체는 이런 상황에 아주 익숙하다고 지적했다. 학자 애슐리 슈Ashley Shew는 용에게 크립 타임을 경험하는 일은 그저 부조화나 불편이 아니라 시간의 중심을 현재에 더 가깝게 두는 완전히 다른 시간 감각을 요구하는 것이라고 설명했다. "내가 일정표에 적는 모든 일정은 내 머릿속에서 별표가 붙어 있다. …… 어쩌면 그 일이 일어날 수도 있고, 아닐 수도 있다. 다음 암 검사 결과나 내 몸에서 무슨 일이 일어나느냐에 따라 다르다. 나는 이미 짧은 시간 단위로 삶을 측정하는 세계에 살고 있다. 내 미래는 항상 다른 방식으로 계획되어 왔다."

이런 상황은 장애인에게 표준화된 일정과 기대를 부과하는 일이 얼마나 비인간적인지 보여준다. 하지만 더 전반적인 인간 조건에 대한 진실을 드러내기도 한다. 시애틀에서 활동하는 사진작가인 스티븐 밀러Steven Miller는 희귀암 진단을 받은 뒤 근처 호수 한가운데에서 수영하기 시작했다는 이야기를 내게 들려준 적이 있다. 호수는 수백 미터 깊이였다. 그는 그곳에서 발차기와 몸의 부력만이 자신을 살아 있게 하는 유일한 힘이라는 것을 깨닫고 심연을 응시했다. 그는 "자신에게 시간이 얼마나 남았는지 모르는 상황은 특이하게 보일지도 모릅니다."라고 말했다. 하지만 사실 그것은 모든 사람에게 해당한다. 우리 역시 같은 심연 위에 떠 있는 것과 같다.

스티븐은 호수와 그 깊이에 강렬한 애정을 느꼈다. 호수의 깊이는 통제할 수 없는 영역이었지만 동시에 살아 있다는 짜릿한 경험을 선사했기 때문이다. 《피로사회》에서 한병철은 페터 한트케 Peter Handke의 〈피로에 대한 시론Essay on Tiredness〉에 드러난 것과 비슷한 것을 발견한다. 한트케는 홀로 고립된 채 번아웃으로 소진된 상태를 나타내는 '분열적 피로'와 호수에 뛰어드는 일처럼 더욱 체념적인 '세계를 신뢰하는 피로'를 비교한다. 세상을 파악할 수 없을 정도로 너무 지쳐서 주저앉을 수밖에 없을 정도로 체념한 사람은 무언가 다른 것이 밀려드는 것을 발견한다. 아주 촘촘한 세상, 그속에서 끊임없이 행동하고 무한히 퍼져 있는 세상의 행위자들, 세상에서 시시각각 일어나는 변화다. 한트케는 이렇게 썼다. "피로는 조잡한 지각이라는 평소의 혼란을 명쾌하게 하고 …… 리듬을 부여해 눈으로 볼 수 있는 형태를 부여했다." 요셉 피퍼가 말한 여가와 마찬가지로 이 '피로'는 본질적으로 우리를 흔드는 경험이다. 이는 개인의 힘을 잃는 동시에, 더 큰 무언가 속에서 안식처를 찾게 해준다. 한병철은 한트케의 관찰에 다음과 같은 말을 덧붙인다. "체념적

2013년에 내가 본 새들

인 피로는 정체성의 엄격한 틀을 느슨하게 만든다. 사물들이 가장 자리에서 깜빡이고, 반짝이며, 떨린다."

나는 운 좋게도 지금까지 생명을 위협하는 병을 앓은 적이 없다. 하지만 '체념적인 피로'와 그 분명한 시작은 내가 스물일곱 살에 경험한 인생의 전환점을 설명해 준다. 당시 작품 활동을 하느라 애쓰던 나는 예술 활동과 무관한 풀타임 직장을 다니면서도 다가올 전시회를 완성도 있게 준비하려고 진이 빠질 정도로 강박적으로 밤을 지새웠다. 다음 날 오후 낮잠도 오지 않을 정도로 피곤하고 지친 나는 룸메이트 두 명과 함께 사는 우리 집 소파에 잠시 혼자 꼼짝없이 누워 있었다. 입을 벌리고 멍하니 창밖을 내다보니 우연히 이웃집 뒷마당에 있는 레드우드 꼭대기가 보였다. 처음에는 환각인 줄 알았다. 나무 꼭대기에 작은 배처럼 생긴 것들이 오밀조밀 자라고 있었고, 그것들이 빽빽하게 모여 있었다. 하지만 그것들은 배가 아니었다. 새였다. 적어도 서른 마리쯤 되는 새들이 모두 노을 쪽을 향해 있었고, 깃털은 신비로운 레몬빛 노랑이었다.

그때 나는 새에 대해 아무것도 몰랐다. 하지만 머릿속에서 그 이미지를 지울 수 없었다. 그 뒤 몇 달 동안 서툴게 '샌프란시스코 노란 새' 같은 검색어로 검색해 봤지만 소득은 없었다. 그로부터 약 5년쯤 지나 지역의 새들에 대해 관심을 가지고 알아보기 위해 갖은 노력을 기울인 끝에 그 새가 애기여새Cedar waxwing라는 사실을 알아냈다. 내가 그 새들을 봤을 때 새들은 베이 지역에서 겨울을 나고, 이후 어느 시점에 북쪽으로 이동했겠지만, 애기여새는 일반적인 이동 패턴 안에서도 유목민 같은 생활을 한다. 이 새들은 떠들썩하게 무리 지어 다니며 잘 익은 딸기 열매를 쪼아 먹고 때로 너무 푹 익은 열매를 먹고 취하기도 한다. 많은 조류 종이 줄어들었지만 애기여새는 교외에서 흔히 볼 수 있는 식물의 열매를 먹을 수 있어 개체수가 오히려 늘어나고 있다. 1960년대부터는 흔한 노란색이 아닌 밝은 주황색 꼬리 띠를 갖는 애기여새가 나타나기 시작했다. 교외 정원에 자라는 외래종 인동덩굴 열매를 먹은 애기여새의 깃털에 붉은 색소가 나타났기 때문이다.

내가 소파에 누워 본 그 광경을 또렷이 기억하는 이유는 단지 그것이 새와 그들의 서식지에 대한 내 오랜 관심의 시작이었기 때문만은 아니다. 더 넓은 의미에서, 나는 그것을 '무한함으로 이어지는 하나의 열림'으로 기억한다. 그 열림을 통해 나는 다른 무언가(어쩌면 다른 누군가)를 보았다. 그것은 다른 버전의 시간과 공간에서 나를 부르고 있었다. 그곳에서는 교외 정원, 먼 겨울 서식지, 여름과 겨울이 모두 얽혀 있었다. 그것은 내 외부의 어딘가에서 오는 것이었다. 이와 비슷하게 한트케는 특정한 피로가 '나를 덜어내어 더 많은 것을 받아들이는' 상태가 가능하게 한다고 말한다. 이는 자아가 뒤로 물러날 때 현실이 확장되는 경험을 의미한다. 한병철은 한트케를 인용하며 이렇게 말한다. "신뢰하는 피로는 '나'를 열고, 세계를 '받아들일' 공간을 만든다. …… 사람은 보고, 또 보인다. 사람은 만지고 또 만져진다. …… '적은 나'는 더 많은 세계를 의미한다. '이제 피로가 나의 친구가 되었다. 나는 다시 세상 속에 있었다.'" 여기에는 내 청소년 시절의 불만에 대한 하나의 답이 있을지도 모른다. 어쩌면 '목적'이란 더 오래 살거나 더 생산적인 삶을 사는 것이 아니라 주어진 순간에 더 생생하게 살아 있는 것, 좁고 외로운 길을 빠르게 나아가는 것이 아니라 밖으로 그리고 가로지르는 움직임을 의미하는 것일지도 모른다.

우리 뒤에서 한 여성이 엘리베이터에서 내려 작은 옆방에 들어가 꽃병에 물을 채운다. 그에게는 부드러운 결단력이 느껴지는데, 마치 자주 이곳에 오는 사람처럼 보인다. 유리 진열장을 따라 걷다 보면 사진 속 인물이 혼자인 때가 드물다는 것을 알게 된다. 그들은 아이들, 연인, 반려동물을 안은 채다. 어떤 사람은 바다거북과 함께 스쿠버 다이빙을 하고, 또 다른 사람은 카메라 밖 무언가를 보고 미소 지으며, 머리와 코트에는 눈이 쌓여 있다. 한 사람은 오래된 레드우드 숲에 앉아 그 나무에 비해 아주 작아 보이며, 나무를 올려다보며 완전한 평온과 감사의 표정을 짓는다. 이들은 그저 죽은 사람이 아니라 지구에서 살다 간 사람들이다.

크립 타임은 다른 가치 체계를 제안할 뿐만 아니라 시간을 사회적 구조로 볼 수 있는 직관적인 방식을 제공한다. 크립 타임이 부분적으로는 주류 자유주의 개념인 독립, 자유, 존엄성에 정면으로 반대하기 때문이다. 장애는 우리 모두에게 해당되는 어떤 진실을 부각시킨다. 아무리 독립적이고 건강하다고 느낄지라도 우리는 단순히 살아 있는 것이 아니라 살아가게끔 지탱된다는 사실을, 그리고 이는 일부 사람들에게는 무시할 수 있는 특권임을 상기시킨다. 헨드렌은 자신의 책에서 또 다른 장애 아동의 어머니이자 철학자인 에바 키타이Eva Kittay의 연구를 인용한다. 그는 딸과의 의존 관계가 독특하면서도 한편으로 평범하다고 관찰한 결과에 대해 말한다.

"사람은 버섯처럼 땅에서 저절로 솟아나는 존재가 아니다. 사람은 다른 사람들에게 평생 돌봄과 양육을 받아야 한다."*

살아 있다는 것이 만지고 만져지는 것, 세상 안에 살고 삶을 이어간다는 것을 의미한다면 삶과 죽음 사이의 간격은 필연적으로 사회적일 수밖에 없다. 2020년 12월 완화치료 의사인 브루스 밀러 Bruce Miller는 〈뉴욕타임스〉 지에 실린 사설에서 "우리가 죽는다는 사실을 일깨워 준" 한 해를 보내며 "죽음이란 무엇인가"를 질문했다. 이 글에서는 저마다의 이해에 따라 다른 대답을 보여줬다. 어떤 사람들은 더 이상 섹스하거나 책을 읽거나 피자를 먹을 수 없게 되면 '죽었다.'라고 생각할 수 있다고 대답했다. 밀러가 정의한 살아 있다는 것의 의미는 내 지인인 사진작가가 호수와 맺은 관계, 그리고 한트케가 말한 '피로'와 상당히 비슷하게 들린다. "내게 죽음이란 주변 세상과 더 이상 관계 맺을 수 없는 것이다. 더 이상 아무것도 받아들일 수 없고 더 이상 연결될 수 없는 것이다." 그는 팬데믹 동안 사회적 거리 두기를 하면서 때로 이런 기분이 들기도 했지만 "그것은 소중한 사람들과 접촉하지 못해서 그런 것뿐이었다. ……하지만 나는 하루 종일 지구를 만질 수 있었다."라고 썼다.

관계는 양방향이다. 우리가 서로를 살아 있게 만들 수 있다면

---

* 이와 마찬가지로 미아 버드송은 《우리는 어떻게 드러나는가》에서 데스몬드 투투(Desmond Tutu)가 설명한 남아프리카의 우분투(Ubuntu) 개념을 인용한다. "우리는 어떤 사람을 설명할 때 다른 사람에 빗대 설명한다. 나는 생각하기 때문에 나인 것이 아니다. 오히려 나는 소속되고 참여하고 공유하기 때문에 사람이다."

서로를 죽일 수도 있다. 앞서 4장에서 나는 '약한 마음'이라는 편견과 '시간 바깥'의 사람들이라는 역사적 분류로 이런 사실을 살펴봤다. 장애를 볼 때, 장애인은 가망 없는 실패 또는 정적인 질병을 체화한 상태라고 말할 수 있다. 예를 들어 헨드렌은 아들이 장애 진단을 받은 뒤 자신이나 가까운 사람들이 아들을 바라보는 방식과 다른 사람들이 아들을 바라보는 방식이 고통스러울 정도로 달랐다고 썼다. 사람들이 보기에 아들 그레이엄은 "그 자체로 진단명이었다. 주로 유전적 상태에 따라 영원히 설명되고 이해되고 해석되는 진단명이었다." 멜 배그스가 언어를 다룬 영상에서도 비슷한 차이가 보인다. 그들은 "아이러니하게도 내가 주변에 반응해 움직이는 방식은 '나만의 세계에 사는 일'로 묘사된다."라는 사실을 지적했다. 배그스와 주변 환경은 서로에게 살아 있지만 바깥 사람들은 그들이 완전히 살아 있다고 보지 않는다.

　　우리는 납골당을 나서며 쏟아져 들어오는 햇빛과 바람을 맞으며 왼쪽으로 돌아 철문을 지나 언덕 위에 위치한 공동묘지로 들어선다. 레드우드와 참나무 사이로 말라버린 광활한 묘지에는 크고 작은 묘비들이 점점이 흩어져 있고, 그 위로 거대한 언덕 꼭대기의 기념비가 우뚝 솟아 있다. 그곳은 '백만장자의 길Millionaire's Row'이라 불리는 장소에 자리한 기념비적인 건축물로 자체 계단과 잔디밭이 있다. 대륙 횡

단 철도의 4인방 중 한 명인 찰스 크로커Charles Crocker의 무덤이며 르랜드 스탠퍼드와 함께 이름을 남겼다. 크로커는 중국인 노동자를 고용하자는 아이디어를 처음 제안한 인물이다. 하지만 그는 중국인들의 유일한 자질로 근면함만을 인정했다. 노동자들이 노동 시간을 줄이기 위해 파업에 돌입했을 때, 크로커는 그들이 파업을 주도할 리 없다고 확신했다. 아편 밀매업자나 경쟁 회사가 원인일 것이라고 생각했다.

우리는 크로커의 묘지를 방문하는 대신 오른쪽으로 방향을 틀어, 벽돌보다 조금 더 큰 직사각형의 돌 표식이 있는 들판을 지나간다. 일부는 자라난 풀, 민들레, 떨어진 단풍잎에 완전히 가려졌다. 그 다음 구역은 전혀 무덤처럼 보이지 않는다. 마른 잔디와 레드우드, 아카시아 몇 그루 외에는 아무것도 없다. 이곳이 '이방인의 구역'이라는 사실은 전혀 알 수 없을 것이다. 19세기 후반 대변해 줄 사람 하나 없는 가난한 사람들을 도시가 나서서 매장하던 곳이었다. 이곳에 묻힌 사람 중 일부는 1880년 버클리에서 발생한 대규모 다이너마이트 공장 폭발 사고로 사망한 중국인 노동자들이다. 그 공장은 철도 건설을 위해 '광부의 친구'라 불리던 다이너마이트를 생산하던 곳이었다. 그들은 이 사고로 22명이 매몰되었다고 밝혔다. 하지만 2011년 한 해설사가 이 구역을 조사했을 때, 그는 수백 개의 중국 성씨를 발견했다.

사회적 죽음Social death이라는 용어는 올랜도 패터슨Orlando Patterson이 1982년 세계 역사상 존재했던 노예제도를 조사하면서 처음 사용했다. 그 후 학자들은 인간의 지위를 박탈당한 개인 또는 집단이 인정과 소멸 사이의 경계에 존재하는 수많은 상황을 설명하며 이 용어를 사용했다. 샤론 홀랜드Sharon Holland는《죽은 자의 부활Raising the Dead》에서 죽음을 사건 하나가 아니라 '비유적인 침묵 또는 지워지는 과정'으로 읽을 수 있다고 주장했다. 그는 미국에서는 노예제도가 공식적으로 종식됐지만 "노예에서 해방된 주체로의 전환이 백인의 상상력 속에서는 절대 일어나지 않았기 때문에" 죽었으면서 동시에 살아 있는 상태가 지속된다고 썼다. 홀랜드는 벨 훅스Bell Hooks의 말을 인용한다. "육체적 노동 기계로 전락한 흑인들은 마치 좀비처럼 백인 앞에 나타나는 법을 익혔고, 거만해 보이지 않으려고 시선을 내리까는 습관을 길렀다. 눈을 직접 마주 보는 것은 주체성과 평등을 주장하는 것이었다. 보이지 않는 척해야 안전했다."

사회적 죽음은 신체적 죽음과 관련된다. 사회적 죽음은 한 사람을 신체적 죽음보다 더 많은 위험에 노출시키기도 한다. 또한 '죽음'이라는 더 광범위한 현상과도 연관시킨다. 예를 들어 "어떤 주체가 다른 사람이 보기에 '살아 있는 자'의 지위를 결코 얻지 못한다면" 삶과 죽음의 경계는 더욱 모호해진다. 미국인은 보통 죽음에 대해 생각하거나 이야기하지 않고 그 역사적 과거를 고려하지 않기 때문에 사회적으로 죽은 사람은 금기시된다.

미국에서 사회적 죽음의 가장 뚜렷한 예 중 하나는 대규모 수감이다. 특히 특정 시점에 30대 남성 12명 중 1명이 교도소나 구치소에 갇혀 있는 상황에서 더 두드러진다. 초기의 교도소 역사를 보면, 참회소penitentiary라는 단어 자체에서도 알 수 있듯이, 수감은 재활을 목표로 했다. 그러나 2003년에 앤젤라 데이비스가 《교도소는 더 이상 쓸모 없는가Are Prisons Obsolete》를 쓸 당시에는 교도소가 이런 재활의 목적을 점차 잃어가고 있었다. 데이비스는 교도소 내 교육 프로그램이 점점 사라지고 있다는 점을 지적했으며, 특히 1994년 범죄

법안은 수감자들에게 지급되던 펠 그랜트Pell Grants(미국 연방 정부가 제공하는 무상 학자금 지원 프로그램)를 금지했다. 이로 인해 수감자들이 오랜 시간 노력해 만들어낸 교육 프로그램들이 없어지게 되었다. (이 금지는 2020년 12월에서야 해제되었다.) 데이비스는 다큐멘터리 〈마지막 졸업The Last Graduation〉에 나오는 한 장면을 묘사한다. 뉴욕 스톰빌에 위치한 그린 헤이븐교정시설에서Green Haven Correctional Facility에서 마리스트대학교Marist College와의 교육 프로그램이 종료되면서 책들이 철거되던 장면이다. 오랜 기간 대학 서기로 일했던 한 수감자는 책이 옮겨지는 모습을 보며 "이제 교도소에서는 할 게 없어요. 그나마 할 수 있는 건 보디빌딩일지도 모르죠."라고 슬프게 말했다. 이어 그는 "하지만 마음을 단련하지 못한다면 몸을 단련해서 무슨 소용이 있겠습니까?"라고 반문했다. 아이러니하게도 교육 프로그램이 폐지된 지 얼마 지나지 않아 미국 대부분의 교도소에서 운동기구와 보디빌딩 장비 또한 철거되었다.

교도소가 재활이 아니라면 대체 무엇일까? 교도소-산업 복합체를 정의한 이들이나 데이비스는 교도소를 감옥뿐만 아니라 기업, 미디어, 교도관 노조, 법원의 의제 등을 포함하는 더 큰 정치적·경제적 구조의 일부로 봤다. 수감자는 '죽은 자'일지 모르지만 그들이 수감된 교도소나 수감자 자체에는 여전히 경제적 가치가 있다. 하지만 대중의 상상력, 특히 시간이라는 맥락에서 볼 때 감옥은 그저 더 일반적인 문화에서라면 죽음 자체만큼이나 상상할 수 없는, 블랙박스처럼 차단된 장소다. 조너선 사이먼Jonathan Simon은 《범죄로 통치하기Governing Through Crime》에서 이런 교도소 모델을 '독성 폐기물 처리 감옥'이라 불렀다. "오늘날 교도소가 지닌 새롭고 독특한 형태와 기능은 순수한 구금 공간, 인간 창고, 일종의 사회적 폐기물 관리 시설이다. 사회는 더 넓은 공동체를 보호한다는 명목에 집중하며 사회에 위험하다는 이유만으로 성인이나 일부 청소년을 이곳에 격리 수용한다."*

이 개념은 '추방 계획Project Exile'이라는 장의 기반이 된다. 이 장의 제목은 1990년대 버지니아주 리치먼드에서 시작돼 널리 인정받게 된 연방 사법 프로그램의 이름을 딴 것이다. 완전한 제거라는 전략을 설명하기 위해 이 이름을 차용하면서, 사이먼은 중요한 시간적 요소를 강조한다. 개인이나 집단의 '변치 않는 성향'이라는 정치적으로 유용하게 활용돼 온 개념이다. 이 변치 않는 성향은 누군가를 시간 밖에 존재하는 것으로 보는 또 하나의 방식일 뿐이다. '가망 없는 존재'로 여겨지는 장애인 집단이나 우생학에 따라 멸종될

---

* 교도소에는 지금도 재활 프로그램이 여전히 존재하고, 일부 교도소에서는 프로그램이 늘기도 했다. 캘리포니아의 예를 보면 《교도소는 더 이상 쓸모없는가》라는 글이 나온 지 8년 뒤 미국 대법원은 캘리포니아 교도소의 과밀한 환경은 잔인하고 비정상적인 형벌에 해당한다는 판결을 내렸다. 이에 따라 캘리포니아 주정부는 재활 프로그램 예산을 늘렸다. 2019년 연구에서 재범률로 측정한 재활 프로그램의 결과가 실망스럽다는 사실이 밝혀지자 캘리포니아안전정의협회(Californians for Safety and Justice) 이사인 레노어 앤더슨(Lenore Anderson)은 〈로스앤젤레스 타임스(Los Angeles Times)〉지와의 인터뷰에서 이렇게 밝혔다. "수십 년 동안 거대 교도소 체계가 재활에 초점을 두지 않았다는 사실을 볼 때 놀랍지 않은 결과다." 이 보고서는 최근 출소한 수감자들을 대상으로 하는 지역사회 기반 서비스와 재활 프로그램을 결합하면 더욱 효과적이라는 사실도 발견했다. 교도소 안팎의 특성을 고려할 때 이런 결합은 조너선 사이먼이 《범죄로 통치하기》에서 설명한 분리를 허무는 방법으로 이해할 수 있다.

집단처럼, 범죄로 기소된 사람들은 그들에게 본래 사회에 위험하고 위험 요소를 지녔다는 지울 수 없는 낙인을 찍는 시스템으로 통제한다.

지난 30년 동안 미국에서 종신형은 일반 수감자 증가율을 넘어서는 속도로 늘었다. 비영리 조직인 '선고 프로젝트Sentencing Project'에 따르면 2020년 수감자 일곱 명 중 한 명이 가석방 가능한 종신형, 가석방 불가능한 종신형, 50년 이상의 사실상 종신형을 선고받고 복역 중이었다. 2021년에는 종신형을 선고받은 수감자 가운데 3분의 2가 유색인종이었다. 종신형은 한 사람의 미래를 빼앗아 사회적으로 죽게 만드는 가장 극단적인 사례 중 하나다. 종신형을 선고받은 사람들의 신상을 살핀 애슐리 넬리스Ashley Nellis는 교육 프로그램을 제공받지 못한 복역자의 사례를 들며 "일부 행정부 사람들은 석방되지도 않을 사람에게 프로그램을 제공하는 것이 돈 낭비라고 생각한다."라고 직설적으로 지적한다.

형법이나 가석방 규정이 얼마나 변덕스러운지는 차치하더라도, '복역'이 평생은 아니더라도 일정 기간을 국가에 바치는 것을 넘어 훨씬 복잡한 일이라는 사실을 알 수 있다. 수감자가 사회에서 "독성 폐기물 처리 감옥"으로 사라진 뒤에도, 시간은 모든 인간에게 그러하듯이 수감된 사람에게도 여전히 사회적 맥락 속에서 유연하게 존재한다. 반면 외부의 사회적 세계는 변화하는 관습과 기술과 함께 빠르게 앞으로 나아가고, 이들의 시간은 더디게 흘러가는

457

것처럼 느껴진다.* 그러나 다른 한편으로는 시간이 더 빨리 흐르기도 한다. 연구에 따르면, 수감자 집단에서 "가속화된 노화accelerated aging" 현상이 관찰되었으며, 숫자상으로는 50대인 사람들이 70대에 흔히 나타나는 건강 문제를 겪고 있다는 사실이 밝혀졌다.

이런 확장은 수감자와 관련된 모든 사람에게도 영향을 미친다. 재키 왕Jackie Wang은 《잔혹한 자본주의Carceral Capitalism》 중 '시간의 파문: 업데이트'라는 제목의 감동적인 장에서 자신의 동생이 가석방 없이 소년원 생활을 한 일과 그것이 자기와 가족의 삶에 어떤 영향을 미쳤는지 회상한다. 그는 "감옥이란 대체 무엇인가"라고 자문하며 이렇게 답한다. "감옥이란 움직일 수 없다는 것이다. 하지만 분명 시간 조작이라는 정신적 고문이기도 하다. 시간 통제, 기다림이라는 현상, 합법적인 림보 같은 장애물이 주는 고통, 국가가 삶을 앗아간다는 교도소의 파급 효과다. 사라진 사람과 함께하는 모든 사람의 시간성이 어떻게 뒤틀리는지에 대한 이야기이기도 하다."

재키 왕의 개인적인 회상과 비슷하게 가렛 브래들리Garrett Bradley의 2020년 다큐멘터리 영화 〈시간Time〉은 '기다림이라는 현

* 이에 대한 한 가지 적절한 설명은 펜다비스 하쇼(Pendarvis Harshaw)와 브랜든 타우식(Brandon Tauszik)의 영상 인터뷰 시리즈 〈삶 마주하기(Facing Life)〉에서도 볼 수 있다. 이 영상에서는 이전에 종신형을 선고받았지만 최근 출소한 수감자들을 인터뷰했다. 린 아코스타(Lynn Acosta)는 자신과 같은 사람을 위해 국가가 무엇을 할 수 있겠느냐는 질문에, 길을 안내해 줄 친구나 가족이 없는 출소자들은 신용 회복 같은 정보도 얻지 못하며 기술 발전 때문에 또 다른 장애물을 만나게 된다고 대답했다. "10년 넘게 감옥에 있었다면 제 생각에는 기계에 갇힌 유령 같은 존재가 됩니다. 기본적으로 처음부터 다시 시작해야 하죠."

〈시간〉, 가렛 브래들리(2020)

상'을 감각적으로, 시각적으로 전달한다. 이 다큐멘터리는 여섯 아이를 둔 엄마이자 한때 수감됐던 시빌 리처드슨Sibil Richardson이 강도 혐의로 60년형을 선고받은 남편 로버트Robert의 석방을 위해 고군분투하는 이야기를 다룬다. 서사 속에는 수십 년 전 리처드슨의 비디오 일기에서 나온 영상들이 삽입되는데, 때로는 그 일기가 로버트에게 직접 전해지기도 한다. 영상 속에서 리처드슨과 아이들은 거기에 있으면서도 없는 삶에게 말을 건다. 이 영화는 전부 흑백으로 촬영됐으며, 날짜를 말하는 리처드슨, 날짜가 깜빡이는 자동차 시계, 하늘에서 천천히 떠 가는 구름들, 리처드슨이 법원과의 통화를 기다리는 2분짜리 긴 장면, 그리고 리처드슨이 다시 전화를 받으며 앉아 있는 동안 창밖에서 거대한 드릴 장비가 땅을 내리치는 모습, 나중에 다시 시도해 보라는 말에 리처드슨이 예의를 갖춰 대답하는 장면 등 기다림과 시간을 담은 이미지로 가득하다.

〈시간〉이 분명하게 드러내는 것은 추상적인 시간과 살아낸 시간의 차이다. 후자는 결코 되돌릴 수 없고 멈출 수 없는 행진과도 같다. 브래들리는 아이들이 장난치는 시빌 리처드슨의 옛 비디오와 그들이 어른이 돼 자신의 일에 몰두하는 현재의 모습을 교차시켜 보여주며, 젊고 도전적인 어머니였던 시빌과 20년간의 투쟁으로 나이 든 활동가 시빌을 번갈아 보여준다. 그 이후 리처드슨은 대체 불가능한 시간에 대해 이렇게 묘사한다. "시간이란 당신이 자녀의 어렸을 때 사진을 보고, 시간이 지나 콧수염과 턱수염이 자란 모습을 통해, 그들이 어른이 되기 전에 아버지와 함께할 기회를 가질 수 있기를 가장 간절히 바랐던 때를 떠올리는 것이다."

그동안 정서적·재정적 고갈이 이 가족의 시간선을 형성해 왔다. 리처드슨의 아들 한 명은 "그 상황은 그냥 긴 시간이었어요. 아주 긴 시간이요."라고 담담하게 말했다. 이스마일 무함마드Ismail Muhammad가 이 영화 리뷰에서 지적했듯, 영화는 교도소 내부를 한 번도 보여주지 않고 로버트가 죄수복을 입은 모습도 보여주지 않는다. 그 대신 "우리에게 보이는 유일한 감옥 이미지는 높은 곳에서 찍은 감옥이다. 전경을 보여주는 이 이미지는 이곳이 사회의 나머지 부분에서 어떻게 감춰졌는지 강조한다." 이런 감춤은 감옥을 일종의 블랙홀처럼 보이게 하며, 재키 왕의 표현을 빌리면 감옥 바깥의 시간을 '왜곡'한다.

일단 어떤 사람에게 범죄를 저지르는 "변치 않는 성향"이 있다고 선언하면 그 사람이 공식적으로 출소한 뒤에도 시간 왜곡이 계속된다. 조슈아 프라이스Joshua Price의 《감옥과 사회적 죽음Prison and Social Death》에서 한 출소자는 프라이스에게 이렇게 말한다. "사회에 진 빚을 다 갚고 나면 절대 사회를 생각하거나 믿지 마세요. 그런 건 없습니다. 당신은 더 이상 사회의 일원이 아닙니다. 사회의 일원이라고 생각도 하지 마세요. 당신은 추방자입니다." 프라이스는 이전의 수감 생활이 "영구적으로 이어지는 상태"라고 진단하며 이런 경험을 한 사람들에게 "시간은 기이하게 붕괴되고 수년, 수십 년이 지나도 기존의 유죄 판결이 여전히 그 사람을 정의한다."라고 썼다. 사형 판결을 받은 어떤 사람은 "나는 30년 전에 범죄를 저질렀지만 바로 엊그제 일인 것 같다."라고 말했다. 프라이스는 표준화됐거나, 지역에 따라 다르거나 가석방 담당자의 변덕 때문에 이전에 수감됐던 사람들이 박탈당한 권리를 나열한 포괄적인 목록을 사회적 죽음의 증거로 제시한다. 공간적 감시와 겹치는 이런 사례에는 흔히 시간 통제가 포함된다. 통금 시간이 너무 이른 오후 7시로 정해지거나, 모임에 지각하면 가석방이 취소되거나, 매일 분노 관리 강좌를 듣거나 정신과 진료를 받아야 하는 것 등이다.

프라이스는 형사 처벌이 남기는 낙인이 얼마나 쉽게 '인종차별을 위한 유용한 가면이나 알리바이'로 작용할 수 있는지도 지적하며, 이를 통해 2등 시민이 양산된다고 설명한다. 특히 마약 관련

유죄 판결을 받은 사람들은 중범죄라는 낙인이 가져오는 일상적인 차별뿐만 아니라 공공지원*에 대한 접근이 제한되는 이중의 어려움을 겪는다. 프라이스는 이러한 상황을 설명하기 위해 패트리샤 윌리엄스Patricia Williams의 용어인 '영혼의 살해spirit murder'를 차용한다. 윌리엄스는 이를 "우리의 관심에 질적으로 의존하는 타인에 대한 무관심"이라고 정의한다. 프라이스는 자신의 책에서 연구와 분석뿐만 아니라 수감자와 전과자들과의 사회적 교류에서 얻은 경험을 반영하며 '사회적 죽음'의 대가는 단지 당사자들만이 감당하는 것이 아니라, 사회 전체가 함께 짊어진다고 주장한다. 그는 "영혼의 살해가 초래하는 숨겨진 비용은 우리 주변에 존재하는 풍부한 현실을 놓치는 데 있을 수 있다. 동료 시민이나 동료의 내면적 삶에 대해 가질 수 있었던 호기심을, 적대감과 혐오를 불러일으키는 환영으로 대체하는 것이다."라고 썼다. 다시 말해, '사회적 죽음'을 조장하는 사람들은 마치 세상을 좀비로 가득 찬 곳으로 상상하는 것이다.

프라이스의 현장 노트는 이와 대조적으로 희망과 욕망으로 가득 차 있으며 미래를 향해 나아가는 사람들을 생생하게 보여준다.

---

* 2022년 4월 미국 주택도시개발부는 범죄 전력이 있는 사람들이 공공주택에 지원하지 못하게 가로막는 장벽을 낮출 방법을 모색하기 시작했다. 수감자들에 대한 무상 장학금 지급 금지 조항을 삭제한 2021년 통합 세출법(Consolidated Appropriations Act)은 연방 학자금 지원(FAFSA) 자격을 마약 혐의로 유죄 판결을 받은 지원자까지로 확대했다. 하지만 일부 주에서는 중범죄로 마약 유죄 판결을 받은 사람은 여전히 추가 영양 지원 프로그램(Supplemental Nutrition Assistance Program, SNAP, 구 푸드 스탬프)을 이용하기 어려우며 사우스캐롤라이나주에서는 평생 이용할 수 없다.

2008년 12월, 나는 교도소에서 보호 감금된 그룹에게 교육을 계속하는 것에 대해 이야기한다. 우리는 주립 대학에서 몇 분 거리밖에 떨어져 있지 않아서 교도소에서 시범 프로그램을 구성하려고 노력 중이다. 그들 중 많은 사람들은 출소 후 다시 학교에 다니고 싶다고 말한다. 주된 원 밖에 앉아 있던 두 남성이 오페라를 더 잘 이해하고 싶다고 말한다. 한 젊은이는 약간 수줍게 고대 그리스를 배우고 싶다고 말하고, 몇몇 사람들이 웃는다. 또 다른 남성은 자신이 그림을 그리며, 그래픽 노블을 만드는 법을 배우고 싶다고 말한다. 세션이 끝난 후 그는 자신의 그림 몇 장을 가져와 나에게 보여준다.

수감 경험이 있는 사람들은 다른 이들이 보지 못하는 두 번째 기회와 생명력을 특별히 잘 인식하는 것 같다. 2019년 라이커스 섬의 폐쇄와 그곳의 정원에 관한 기사에서 이 정원이 뉴욕 원예협회가 운영하고 수감자들이 기획하고 관리한 곳이며, 일부 전 수감자들이 유급 인턴으로 일한다는 내용이 포함됐다. 기사에는 한 수감자의 발치에서 먹이를 쪼는 헬멧자고새 무리에 대한 관찰도 담겨 있었다. 이 새들은 롱아일랜드의 한 교도소 농장에서 기증한 것이었으며, 그중 한 마리가 눈에 띄었다. 림피Limpy라는 이름의 그 새는 철조망 울타리에 날아들다 다쳐서 다리를 절뚝거렸다. 정원 책임자인 힐다 크루스Hilda Krus는 수감자들이 림피에게 특별한 애정을 가졌다며 이렇게 말한다. "이 새는 저와 닮았어요. 저도 상처 입은 사람입니다. 그들은 저를 없애려고 할지도 모르지만 성공할 순 없겠죠." 크루스는 그들이 손상되거나 보기 흉한 식물들에게도 같은 태도를 보인다고 덧붙였다. "학생들은 제게 이렇게 말합니다. '우리는 불완전한 것들을 버리고 싶지 않아요.' 그들은 그것들을 살리기 위해 할 수 있는 모든 것을 합니다."

프라이스의 책에 나오는 이 이야기와 다른 이야기들은 사회적으로 '죽은' 사람들이 사회적 삶을 만들어내는 방식을 보여준다.* 이는 종종 수감 생활이 파괴하려고 하는 다른 이들과의 연결로 이뤄진다. 프라이스는 무시와 폭력의 공간에서 서로를 존중하고 자신을 존중하는 마음이 자라나는 과정을 '은총grace'이라고 부른다. 프라이스는 은총이 수감 생활 덕분이 아니라 수감 생활 중임에도 존재한다고 지적하며 "폭력은 은총을 얻기 위해 필요하거나 바람직한 것이 아니다."라고 말한다. 나에게 은총은 《죽음의 수용소에서》의 저자인 빅터 프랭클Viktor Frankl이 말한 자기 초월의 필요성과 연결된다. 프랭클은 〈인간 현상으로써의 자기 초월Self Transcendence as a Human Phenomenon〉에서 '변치 않는 성향'과는 정반대인 개념을 설명한다. "인간 존재의 본질적인 특징은 항상 자기 자신 이외의 무언가를 지향하고, 그것을 목표로 삼는다는 것이다. 따라서 인간을 하

---

* 프라이스가 제시한 한 가지 사례는 출소자 지원 단체인 '우리 모두 아니면 아무도(All of Us or None)'이다.

나의 폐쇄된 시스템으로 다루는 것은 심각하고 중대한 오해다. 사실 인간으로 존재한다는 것은 본질적으로 세상에 열려 있는 것을 의미한다. 그 세상은 다른 존재들과 만날 수 있는 기회로 가득 차 있고, 이루어야 할 의미로 가득 찬 세계다."

감옥은 '폐쇄된 시스템에 속한 사람들'이라는 환상을 기반으로 한 논리적 대응이다. 하지만 동시에 감옥은 제도적으로 규정된 극단적인 형태의 사회적 폭력으로, 프라이스가 말했듯 "사회적 죽음을 명확한 사회적 사실로 만드는 것"이기도 하다. 이는 미묘하지만 여전히 중요한 사회적 폭력의 스펙트럼 안에 존재한다. 2021년 〈워싱턴포스트〉 지의 '선고 프로젝트' 보고서를 다룬 기사 댓글에 한 사람이 '일상적인 인종차별'과 '사회적 죽음' 사이의 관계를 완벽하게 보여주는 말을 남겼다. "보고서에 유색인종들이 종신형에 해당하는 범죄를 저지를 경향이 있다는 점이 언급되어 있나요?" 이 발언은 우생학적 사고를 반영하며, 유색인종들이 위험, 피해, 그리고 세대를 거쳐 이어진 트라우마 같은 복잡한 환경에서 살아가는 개인이라는 점을 무시하고, 마치 범죄 성향을 가진 '폐쇄된 시스템'으로 간주될 수 있음을 암시한다. 이처럼 '폐쇄된 시스템 속에 속한 사람들'이라는 고정관념을 쉽게 받아들이는 사람들에게 '회복적 정의'라는 개념은 실현 가능하지도, 매력적이지도 않다. 이는 그들에게 회복적 정의의 필요성을 이해하거나 이를 실행할 동기를 제공하지 않는다는 뜻이다.

나는 2장에서 타네히시 코츠가 "피할 수 없는 시간 강탈"이라고 한 말을 인용했다. 코츠가 이 글을 아들에게 보내면서 의도한 것은 교도소라는 사회적 폐기물 처리장에 버려진 세월 같은 진부한 무언가가 아니었다. 오히려 그는 정체성과 일상적 상호작용 차원에서 백인이 지배하는 세계에서 일어나는 일종의 "영혼 살해"에 대해 설명한다. 가넷 캐더건이 말한 "경찰의 의심을 피하기 위한 옷차림"이나 거리에서의 신중한 몸짓처럼, 이러한 시간 강탈은 "서서히 닳아 없어지는 소모"를 의미한다. 이것은 "측정할 수 없는 에너지의 소비와 본질이 천천히 소모되는 과정"이며, 결국 "우리 몸이 더 빠르게 쇠약해지게 만든다." 이는 "두 배로 잘해야 한다."는 요구를 받으면서도 "절반만 받아들여라."라는 말을 강요받는 삶에서 빼앗긴 시간과 경험의 대가다.

나는 흑인 인종에 속한다는 것을 정의하는 특징 중 하나가 피할 수 없는 시간의 강탈일지도 모른다는 생각이 들었다. 우리가 가면을 준비하거나 절반만 받아들일 준비를 하며 보낸 순간들은 결코 되돌릴 수 없다. 시간의 강탈은 수명으로 측정되는 것이 아니라 순간들로 측정된다. 그것은 당신이 막 코르크를 뽑았지만 마실 시간이 없는 마지막 와인이다. 그가 당신의 인생에서 떠나기 전에 나눌 시간이 없는 마지막 키스다. 그들에게는 두 번째 기회가 넘쳐나지만 우리에게는 하루 23시간으로 제한된 삶이다.

법제화됐든 아니든 무시의 형태는 인종, 성별, 능력, 계층 등 어떤 사회적 계층 구조에서든 느낄 수 있다. 예를 들어 캐더건이 뉴올리언스에서 겪은 충격과 자메이카를 다시 방문했을 때 느낀 편안함을 떠올려보자. 10년 넘게 다양한 사이비 종교와 카리스마적 집단에 대해 연구한 정신과 의사 마크 갈란터Marc Galanter는 자신이 아주 짧은 시간 안에 '내부자'에서 '외부자'로, 다시 '내부자'로 전환된 초현실적인 순간을 설명한 적이 있다. 갈란터와 그의 동료는 플로리다의 올랜도 외곽에서 열린 디바인라이트선교회Divine Light Mission가 주최한 전국 축제를 방문했는데, 존경받는 인물이 그들을 추천해 준 덕분에 환대를 받았다. 그러나 한 의심스러운 구성원이 갈란터의 프로젝트가 선교회 상부의 승인을 받았는지 물었을 때, 그들은 명확히 답하지 못했다. 선교회의 상부로 확인 요청이 올라갔고 부정적인 답변이 돌아오자 갈란터는 이렇게 말했다. "나는 곧 비인간처럼 느껴졌고, 정중한 대우는 받았지만 냉담한 태도를 경험했다. 내부자로 받아들여진 만큼이나 빠르게 외부인이 된 것이다. 우리 계획을 도우려고 하던 사람들이 이제는 우리와 대화하는 것조차 불편해 보였고, 우리를 똑바로 보는 것이 아니라 마치 우리를 통과해 보는 듯했다." 그러나 상부의 결정이 뒤집히자, 그들의 지위도 즉시 회복되었다. "마치 자동으로 작동하는 것처럼, 다시 친밀한 분위기가 우리 대화에 스며들었다." 갈란터와 그의 동료는 다시 실제 존재하는, 입체적인 사람으로 돌아온 것이다. 즉, 사회적으로 죽었다가 다시 부활한 셈이다.

이 장을 시작하며 나는 숫자로 수명을 연장해 인생을 늘리고자 하는 충동에 관해 이야기했다. 에런라이크가 설명한 대로 이런 충동이 병리적으로 변할 때, 즉 삶이 제로섬 게임 속에서 대체 가능한 시간을 비축하는 상상의 창고처럼 여겨질 때 나는 왜 운동하지 않느냐는 질문에 대한 도널드 트럼프Donald Trump의 논리가 떠올랐다. 트럼프는 인체를 한정된 에너지를 가진 배터리처럼 여겼고, 운동은 그저 그의 '에너지 은행'에서 영원히 에너지를 빼내는 것이라고 상상했다. 이런 비축 중심의 사고방식과 대조적으로 나는 삶을 '확장'하는 또 다른 방식을 제안하고 싶다. 그것은 사회적 죽음에서 결여된 존중과 관련된 것이다. 이 방식은 앞으로만 나아가는 것이 아니라 바깥으로 뻗어나가는 생명 연장으로, 상호 존중에서 시작해 모두의 생동감을 높이는 것이다. 그것은 좀비가 아닌 살아 있는 존재들이 함께하는 세상을 만드는 것이다.

사회적 위계질서에서 특권을 가진 이들이 그저 관심을 보이는 것만으로는 충분하지 않다. 그 위계질서가 그대로 유지되는 한, 사회적 죽음을 겪는 사람들은 진정으로 되살아날 수 없다. 다시 말하지만, 연결은 쌍방향이다. 프라이스가 "영혼의 살해에 숨겨진 비용"에 대해 쓸 때 암시하듯, 죽은 세상 속에서 살아가는 사람들 역시 자신이 충분히 살아 있을 수 있는 만큼 살아 있지 못하다. 사람과 사물은 우리가 서로를 살아 있는 존재로 느낄 때 비로소 진정으로 살아난다. 누군가를 존중한다는 것은 권력의 균형을 맞추는 것이며, 이는 단순히 자신의 중심을 이동시키는 것이 아니라 두 개의 중심이 존재함을 인정하는 합의다. 헨드런은 그레이엄이 온전한 인간성을 인정받을 수 있는 세상을 상상하면서 비슷한 전복적 사고를 제안한다. 그 세상은 단순히 그를 현재의 경제적 인간관에 더 부드럽게 통합하는 것을 넘어야 하며, 이는 모두에게 영향을 미칠 것이다. "내 아들에게 필요한 것은 '포용'이라는 온건하고 달래는 듯한 형태가 아닙니다. 포용은 필요하지만, 결코 충분하지는 않을 것입니다. 그에게 필요한 것은 기여와 공동체에 대한 강력한 대안적 이해가 있는 세상, 즉 시장 논리와 그 끊임없는 시간 계산 바깥에서 살아 있고 작동하는 인간적 가치들이 있는 세상입니다. 그것은 내 아들에게 필요하고, 우리 모두에게도 필요합니다."

우리가 서로에게 보이는 존중에는 추상적인 것이 없다. 존중은 매일 생명을 만들고 생명력을 준다. 구속이 사회적 죽음을 '사회적 사실'로 고착화하며, 이를 구체적인 정책으로 제도화하고, 그 과정에서 시간과 상관없는 비인간을 만들어내는 것처럼 보이듯 그 반대 방향으로 나아간다면 우리는 많은 것을 얻을 수 있을 것이다. 2016년 69번째 생일에 출소할 때까지 43년간 독방에서 지낸 감옥 운동가이자 전 블랙팬서 당원인 알버트 우드폭스Albert Woodfox는 자서

전 끝에서 이렇게 썼다. "나는 인류에게 희망을 품는다. 나는 새로운 인류가 진화해 불필요한 고통과 빈곤, 착취, 인종차별, 불의가 지나간 일이 되기를 바란다." 우드폭스는 독방 감금을 폐지하고 교도소-산업 복합체를 해체하려는 단체와 운동을 열거하며, 독자들에게 수감자들을 외면하지 말아달라고 간곡히 요청한다.* 그리고 그는 "우월감? 열등감? 그보다 다른 사람을 만나고 느끼고 발견하려 애쓰는 것이 어떨까?"라는 프란츠 파농Frantz Fanon의 말을 인용한다. 파농의 말은 얼마나 많은 것이 가능한지 떠올리게 한다. 감옥의 논리를 종식하려는 노력은 아름다운 발견으로 나아가는 길을 열어준다. 영혼 살해가 아닌 정신적 삶으로 가득한, 더 생생한 세상이다. 시간이 생명력을 의미한다면 이런 노력은 시간을 만드는 가장 확실한 방법이다.

우리는 연못 몇 개를 지나, 시냇물이 만으로 흘러가는 도중 잠시 멈추는 곳에 다다른다. 미식축구공 모양의 왜가리들이 연못 가장자리 무성한 나뭇가지에 앉아 꼼짝도 하지 않은 채 물속의 물고기를 찾는다. 반대편에서 세 사람이 무언가를 보고 웃음을 터뜨린다. 거위들도 꽥꽥거리며 풀밭 위

---

* 우드폭스는 흑인의 생명도 소중하다(Black Lives Matter), 안전한 분리 대안 이니셔티브(Safe Alternatives to Segregation Initiative), 독방 중지(Stop Solitary), 경험자의 목소리 운동(Voice of the Experienced, VOTE), 독방 감시(Solitary Watch), 〈감옥법 뉴스(Prison Legal News)〉, 비판적 저항(Critical Resistance), 맬컴 엑스 풀뿌리 운동(Malcolm X Grassroots Movement) 등을 언급했다.

를 돌아다닌다. 참나무들 사이로 바람이 부서지는 듯한 소리가 들리고, 시더 나무 줄기에 옆으로 붙어 있는 (지금 막 발견한) 갈색나무발바리가 보인다.

우리는 묘지의 경계에 도착한다. 고개를 돌리자 언덕과 하늘을 배경으로 만이 하얗게 빛나고 있다. 모두 저 멀리 보인다. 컨테이너를 밀어 넣는 오클랜드 항구의 크레인, 거북이 걸음하는 자동차로 꽉 막힌 고속도로, 안개 드리운 산타크루즈 산맥, 도서관이 숨어 있는 사우스오브마켓, 햇살을 받아들이는 납골당의 옥상까지. 우리의 하루가 우리의 시야 속 공간에 펼쳐져 있다. 내 삶의 대부분은 지금 보이는 이 시야 안에서 이뤄졌고, 어린 시절은 바로 남쪽 보이지 않는 곳에 있다. 나는 여기 펼쳐진 태피스트리 이곳저곳을 가리키며 내가 기억하는 모든 것을 당신에게 말해 줄 수 있을 것 같다. 우리가 여기에 조금 더 앉아 있다면, 내가 잘할 수 있다면, 당신은 나에 대해 진정으로 알게 될 것이다. 내가 누구였는지, 지금은 어떤 사람인지, 어떤 사람이 되고 싶은지 말이다.

4장에서 언급한 약한 마음 문제를 다룬 보고서 끝부분에서, 저자들은 비인간화하는 편견이 '개인 내'에도 존재할 수 있다는 놀라운 통찰을 제시한다. 즉, 우리는 다른 사람뿐만 아니라 미래의 나와 과거의 나 역시 약한 마음을 지녔거나 덜 생생하게 살아 있다고 볼 수 있다는 것이다. 더 나아가, 우리는 같은 이유로 과거와 미래의 자아를 폐쇄된 시스템으로 바라보는 경향이 있다. 우리는 그 시점의 정신 상태를 직접 경험할 수 없기 때문에 과거와 미래의 자아가 진화하는 내면의 삶을 지녔다고 인식하지 못한다.

나는 아주 어렸을 때부터 일기를 써왔다. 시간이 나에게 가혹하게 느껴지거나, 내가 아직 충분히 '제대로 된 사람이 되지 못했다.'거나 '성취하지 못했다.'는 이유로 스스로 책망할 때면, 나는 종종 그 일기들을 다시 찾아보곤 했다. 그 속에서 나는 폐쇄된 시스템으로써 한 인간을 보여주는 스냅숏이 아니라, 항상 질문하고 '마음을 다스리려' 노력하며 미래를 향해 글을 쓰고, 과거를 재구성하는 살아 있는 자아를 발견한다.

지난해 4장을 쓰며 나는 고향집 차고를 뒤져 고등학교 시절 일기에서 '그것'에 대해 언급했던 부분을 찾아냈다. 나는 그 일기장을 가져와 무심코 책상 위 지금 쓰는 일기장 옆에 올려두었다. 30년 가까운 세월이 흘렀는데도 같은 손으로 쓴 일기장이 나란히 놓여 있다니 초현실적으로 느껴졌다. 어렸을 때는 일기를 쓰는 것이 일종의 불멸에 대한 갈망이자, 나비를 수집하듯 순간을 애써 박제하려는 시도라고 생각했다. 하지만 지금의 나는 일기를 쓰는 일이 완성된 자아라는 신화를 깨는 과정이었다고 여기며, 그 과정을 소중히 여긴다. 두 일기를 비교하며 나는 '서른다섯 살이 된 지금도 여전히 그것을 찾고 있네.'라고 생각했다. 그 순간 마치 내 시간의 그릇이 넘쳐흐르는 듯한 기분이 들었다. 비록 선형적이지는 않지만 조화에 가까운 순간을 산다는 느낌이었다.

그때 나는 영국 다큐멘터리 시리즈 〈업Up〉을 막 다 본 참이었다. 1964년 시작된 이 시리즈는 다양한 배경을 지닌 일곱 살 영국 어린이 몇 명에게 각자의 생각과 꿈에 대해 질문하며 '2000년 영국의 모습'을 보여주려 했다. 이 영화의 전제는 일곱 살이면 기본적인 성격이 형성된다는 것이었다. 감독을 맡은 마이클 앱티드Michael Apted는 1964년 이후 2019년에 제작된 〈63 업63 Up〉에 이르기까지 7년마다 같은 아이들을 다시 찾아가 이들이 학업, 직업, 결혼, 이혼을 거치며 자녀와 손주를 얻는 모습을 기록했다.

각 시리즈에는 이전 회차의 영상이 몇 개 포함돼 있어 시청자들은 지금까지 출연자들의 삶을 빠르게 삶을 따라잡을 수 있다. 따라서 특정 시점에 이 시리즈를 시청하는 가장 합리적인 방법은 가장 최근 회차를 보는 것이다. 하지만 조와 나는 1964년 방영분부터 한 편도 빠짐없이 모두 시청했기 때문에 마지막 회차에 도달했을 즈음에는 출연자들의 어린 시절 모습을 너무 많이 봐서 그들의 대회를 거의 외울 정도였다. 예를 들어 나중에 물리학자가 된 니컬러스 히촌Nicholas Hitchon은 커서 무엇이 되고 싶으냐는 질문에 "달이랑 다른 모든 것에 대해 알아보고 싶어요."라고 대답했다.

어떤 다큐멘터리나 표현물도 한 사람이나 장소를 완벽하게 묘사할 수는 없으며, 이 〈업〉 시리즈도 예외는 아니다. 실제로 많은 출연자들은 자신들이 부정확하게 묘사되었다고 불만을 표했고, 특히 초기 영화들이 계급적 배경의 영향에 지나치게 초점을 맞췄다고 비판했다. 하지만 과거의 영상이 차곡차곡 쌓이는 과정을 지켜보면, 마치 새봄에 연한 새싹이 돋듯 이후 영상에는 부정할 수 없는 깊이가 더해진다. 이런 중첩된 편집 과정은 감독 본인에게도 영향을 미친 듯하다. 시리즈의 후반부에서 앱티드는 인터뷰어에서 대화의 상대자로 변모하기 시작하며, 출연자들과 그의 질문 방식이 그들에게 어떤 영향을 미쳤는지에 대한 대화를 나눈다. 그의 목소리에는 이제 객관적인 '관찰자'의 차가움이 아니라 친숙함과 관심이 묻어난다. 그가 점차 출연자들을 실험 대상이 아닌 진짜 사람으로 바라보기 시작했음을 느낄 수 있다. 그에 대해 비판적이었던 출연자들조차 자신들이 앱티드와 함께 삶의 끝을 향해 여정을 함께하고 있음을 깨닫고 점차 마음을 연다. 〈63 업)〉에서는 한 출연자가 세상을 떠났고, 물리학자였던 또 다른 출연자는 암 진단을 받았으며, 앱티드 본인도 2021년에 세상을 떠났다.

조는 〈63 업〉을 다 보고 나서 로저 이버트Roger Ebert가 영화의 본질에 대해 이야기하며 사용한 '공감 기계empathy machine'라는 용어를 언급하며 이 시리즈가 공감 기계로 얼마나 효과적이었는지 이야기했다. 아마도 조가 그렇게 말한 이유는 다음과 같을 것이다. 이 다큐멘터리는 어떤 사람의 핵심적인 성격이 일곱 살이면 이미 형성된다는 사실을 전제로 삼았지만, 개인을 시공간에 고정된 존재로 묘사하는 경향을 거부했다. 〈업〉의 일부 출연자들은 처음부터 성격적인 특징을 분명히 드러냈다. 그러나 그들의 삶에서 일어난 사건들이나 그에 대한 반응 중 어떤 것도 예측 가능하다고 증명된 것은 없었다. 이 두 가지가 모두 진실이라는 사실은 이 세상에서 살아가는 모든 것이 시간이라는 존재 방식의 표현임을 보여준다.

나는 이들의 정체성이 소셜 미디어 같은 영역에서 느껴지는 정체성과 얼마나 다른지 생각했다. 소셜 미디어에서 한 사람의 정체성은 완전히 형성돼 있고 독특하며 즉시 식별할 수 있는 게임 플레이어처럼 묘사된다. 그곳에서 우리를 나타내는 아이콘은 추상적인 공간에서 서로 부딪히지만 충격을 받아도 변하지 않는 영원한 '뉴턴의 당구공 우주(뉴턴의 고전역학적 세계관을 설명하는 데 사용되는 철학 개념-옮긴이)' 속에 있는 것처럼 상호작용한다. 이와 달리 〈63 업〉에서 보이는 고요한 웅장함은 가렛 브래들리의 〈시간〉과 일맥상통한다. 이런 웅장함은 발전하고 쇠퇴하고 경험한다는 의미에서 사람뿐만 아니라 시간과 연관된 차원에서 나온다. 로빈 월 키머러가 오래된 이끼를 돈으로는 살 수 없다는 사실을 잘 알았듯, 56년이라는 시간 동안 이뤄진 변화를 영화로 기록하려면 적어도 56년이 필요하다. 62년, 61년, 60년의 시간 없이는, 심지어 자신의 출생이나 조상들의 역사로까지 거슬러 올라가지 않고는 63세인 사람이 있을 수 없는 것과 같다.

475

자아를 누그러뜨리는 '피로'를 묘사한 작가 피터 한트케가 자아를 변화하는 하나의 음이 아닌 화음으로 완벽하게 묘사한 것은 당연하다. 〈유년의 노래〉로 번역되는 이 시는 '아이가 아이였을 때'로 시작하는 여러 연으로 구성된다.* 시의 시작 부분에는 애처로운 대조가 나열된다. 아이가 아이였을 때 "아름다운 사람들을 많이 보았지만, 지금 그런 일은 뜻밖의 행운이다." 아이는 한때 "천국을 아주 선명하게 떠올릴 수 있었지만" 이제는 "그저 추측할 뿐이다." 한때 "신나게 놀았던" 아이는 이제 "일할 때만/힘을 낼 수 있다." 여기까지는 선형적인 궤적처럼 들린다. 하지만 시의 마지막 부분은 아직 열린 무언가를 보여준다.

> 아이가 아이였을 때,
> 오직 딸기만이 채울 수 있다는 듯 손에 가득 쥐었고,
> 지금도 여전히 그렇다.
> 갓 딴 호두가 혀끝을 아리게 했고,
> 지금도 여전히 그렇다.
> 산꼭대기에 오르면 늘 더 높은 산을 바라봤고,
> 도시에 들어서면 언제나 더 큰 도시를 그리워했다.
> 지금도 여전히 그렇다.

---

* 한트케는 빔 벤더스(Wim Wenders)의 영화 〈베를린 천사의 시(Wings of Desire)〉(1987)를 위해 〈유년의 노래〉를 썼다. 영화에서 이 시는 여러 지점에서 낭독된다. 이 번역과 행 바꿈은 영어 자막을 기준으로 했다.

나무 꼭대기 체리를 향해 손을 뻗으면

그때처럼 설렘으로 가득하다.

낯선 이 앞에 서면 수줍어했고,

지금도 여전히 그렇다.

첫눈을 기다리며 가슴이 뛰었고,

지금도 그 기다림은 여전하다.

아이가 아이였을 때

나무를 향해 창처럼 막대기를 던졌고,

그 막대기는 지금도 그곳에서 떨린다.

When the child was a child,

Berries filled its hand as only berries do,

and it's still the same today.

Fresh walnuts made its tongue raw

and they still do now.

Atop every mountain it longed

for yet a higher mountain.

And in every city it longed

for a larger city.

And it still does.

It reached up into the treetop for cherries

as excitedly as it still does today.

It was shy around strangers

and it still is.

It waited for the first snow

and it still waits that way.

When the child was a child

it hurled a stick at a tree like a lance,

and it still quivers there today.

이 시는 인간이 된다는 것이 자신과 다른 무언가를 향하는 것이라는 프랭클의 개념, 시간 속에서 긴장을 경험하는 것 자체가 바로 인생이라는 패티 번의 관찰을 보여준다. 나와 무언가, 다른 사람과의 경계를 허무는 진정한 만남의 순간, 시간이 일순간 멈췄다가 확장되는 듯 보이는 순간이 나타나는 이유도 설명한다. 나 역시 때로 이런 기이한 현상을 경험했다. 어린 시절, 대학 시절, 젊은 시절의 이미지나 마음 상태처럼 오랫동안 묻혀 있던 기억이 파도가 넘실거리듯 수면 위로 떠오른다. 보통 이런 기억은 비슷한 만남의 순간에 대한 기억이다. 달력 격자나 경력 이정표 아래에는 다른 차원이 있다는 듯, 모든 만남은 서로에게 넘쳐흘러 들어간다. 베르그송은 이를 '깊이 자리 잡은 자아the deep-seated self'라는 차원으로 정의하며 가장 진실하고 의도적인 행동은 바로 여기에서 나온다고 주장했다. 우리가 "감동했다."라고 할 때 감동하는 것은 오늘의 자아가 아니라 바로 이 깊이 자리 잡은 자아다.

이런 열린 가능성은 내가 생명 연장을 앞으로 나가는 것이 아니라 바깥을 향해 움직이는 것으로 생각하는 궁극적인 이유다. 2장에서 언급했듯 상승 논리를 부정한다는 것은 한계라는 개념을 받아들이는 것이며, 여기에는 우리 생명의 한계도 포함된다. 아무리 최적화되고, 건강하고, 생산적이라 해도 나는 무한히 더 나아지거나 완벽해질 수 없다. 이는 내가 결코 할 수 없는 것과 결코 될 수 없는 것이 있다는 뜻이다. 처음 이 책을 쓰기 시작할 때, 이 책은 무엇이든 될 수 있었다. 그러나 내 인생도 이 책과 마찬가지로 어떤 길은 선택되고, 어떤 길은 선택되지 않으며, 결국 실이 공에서 뽑히듯 끝나게 될 것이다. 이때 실을 다시 공으로 되돌려줄 마녀는 없다. 내가 모든 것이 될 수 없다는 사실을 깨닫는 것은 어떤 면에서 무척 자유롭게 느껴진다. 그것은 내가 모든 것이 될 책임을 지지 않아도 된다는 뜻이기 때문이다. 하지만 삶이 끝난다는 사실은, 이 세상에서 살아 있는 것을 즐기는 사람에게 본질적으로 슬픈 일이기도 하다.

역사를 기반으로 한 종교와 문화의 유서 깊은 통찰은 개인의 경계를 해체하고, 죽음을 성스럽게 세상으로 다시 돌아가는 과정으로 여김으로써 이런 상황에 대처하려는 방식이었다. 사람들은 죽은 자를 땅에 묻고, 불태워 바다나 언덕에 재를 뿌리고, 나무의 속 빈 곳에 껍질로 덮어 봉인하거나, 높은 곳에 두어 새의 먹이가 되거나,

바다에 떠내려 보내기도 했다. 〈죽음이란 무엇인가〉에서 밀러는 이러한 경계 없음에 대해 유사한 인식을 드러내며, 물리적인 관점에서 당신의 몸을 이루는 원자들과 이를 움직이게 했던 에너지가 단순히 사라질 수 없음을 지적한다. 이는 마치 그것들이 갑작스럽게 생겨날 수 없는 것과 같은 이치다. 인간은 땅의 존재로서 돌아갈 곳이 있으며, 그 에너지는 다른 형태로 변환되는 토대 안에서 새롭게 전환된다.

나는 이런 물리적 설명이 마찬가지로 사회적으로도 적용될 수 있다고 생각한다. 시민권 운동가인 유리 코치야마Yuri Kochiyama의 말처럼 인생은 당신 혼자만의 것이 아니라 '내 삶에 영향을 준 모든 사람과 그 안에 들어온 모든 경험의 산물'이기도 하다. 이는 지금도 그렇고, 당신이 떠난 후에도 마찬가지다. 나는 내가 평생 존경해 왔지만 팬데믹 동안 돌아가신 의붓할머니를 떠올린다. 내가 마지막으로 할머니를 뵌 건 봉쇄령이 내려지기 몇 주 전 남자친구와 부모님과 함께 점심을 먹을 때였다. 할머니는 식탁에서 내 손을 따스하게 꼭 쥐고 《아무것도 하지 않는 법》이 출간된 것을 축하해 주셨다. 주차장에서 우리를 떠나며 어깨 위로 손을 흔들며 활기차게 걸어가던 할머니의 밝은 미소를 봤다. 할머니가 떠나가신 지금, 나는 나 자신에게서 특정한 웃음소리, 어떤 자세 혹은 머리에 핀을 꽂는 방식까지 뜻밖에 할머니를 떠올리게 하는 작은 특징들을 발견한다. 비록 이러한 기억이 할머니의 존재를 대신할 수 없고 여전히 상실의 아품을 동반하지만 나는 그것을 기꺼이 받아들인다. 그의 삶은 내 삶 속으로 확장됐다.

에런라이크는 《건강의 배신》에서 비인간적 작용을 강조하며, 이러한 정체성의 경계가 흐려짐에 주목한다. 세포 수준에서든 사회적 수준에서든, 자기Self의 경계는 환영에 불과하며, '나Me'라는 연합체는 때로는 무질서해질 수 있다. 예를 들어 그레고리력으로 36년 동안 나를 이루는 특정한 패턴과 영향을 가진 요소들이 내 안에서 알아볼 수 있을 정도로 지속되어 왔다. 그것들은 알지 못하는 어떤 힘에 의해 생명을 얻고 움직여 왔다. 하지만 '나' 이후에도 그것들은 계속해서 새로운 일을 하거나 다른 모습으로 존재하게 될 것이다. 이런 관점에서 보면, 자신의 죽음이라는 전망은 다소 덜 고독하게 느껴질 수 있다. 《건강의 배신》을 집필할 당시 70대였던 에런라이크는 "나는 이제 죽을 만큼 충분히 나이를 먹었다."고 재치 있게 농담하며, 책의 마지막에서 다음과 같은 성찰을 덧붙인다.

죽어서 죽은 세상으로 들어가는 것, 비유하자면 희미해지는 별빛만 비추는 사막에 하얗게 빛나는 뼈만 남기는 것과 죽어서 인간 이외의 다른 주체성을 지닌 생명이 가득하고 적어도 무한한 가능성이 소용돌이치는 진짜 세상으로 들어가는 것은 완전히 다른 문제다. 약물에 의지하든 종교가 있든 없든, 이 생명력 넘치는 우주의 한 순간을 엿본 경험이 있을 것이다. 그런 사람들에게 죽음은 공포스러운 심연으로 뛰어드는 일이 아니라 계속되는 생명을 받아들이는 따뜻한 포옹과도 같다.

그런 포옹 역시 계속될 수 있다. 하지만 곁에 없는 사랑하는 사람들을 떠올릴 때, 우리는 그들을 더 많이 포옹했더라면 좋았을 것이라고, 문자 그대로든 비유적으로든 더 많이 안아줬더라면 좋았을 텐데 하고 아쉬워하곤 한다. 그리고 자신의 삶을 되돌아보는 나이 든 사람들 역시, 만약 다시 살 기회가 주어진다면 삶을 더 온전히 끌어안았을 것이라고 말하곤 한다. 밀러가 생명력을 '지구를 만지는 것.'이라 정의했듯, 한트케가 서로를 만지고 만져지는 것이라 설명했듯, 그리고 이 장의 첫 부분에서 하르트무트 로자가 '공명'에 대해 말했듯, 내가 정의하는 살아 있음은 바로 이 '포옹'이다. 나는 허공에 홀로 떠 있는 것이 아니라 안겨 있을 때 살아 있다고 느낀다. 누군가의 눈이 반짝이고 내 눈도 반짝일 때 살아 있다고 느낀다. 사슴을 바라보고 사슴도 나를 돌아볼 때 살아 있다고 느낀다. 거위가 말한다면 그 소리가 언어처럼 들리고, 땅을 걷는다면 땅이 나를 밀어낸다고 느껴질 때 나는 살아 있다고 느낀다. 나는 감동하는 만큼 살아 있다.

하지만 이런 일이 일어나려면, '나를 덜어냄으로써 더 많이 느끼기' 위해서는 시간을 붙잡으려 애쓰며, 앞서가는 자아가 적어도 그 순간만큼은 죽어야 한다. 이러한 죽음은 마치 시간과 유한성 그 자체에 대한 믿음으로 몸을 던지는 것처럼 느껴질 수 있다. 철학자 지두 크리슈나무르티Jiddu Krishnamurti는 완전한 주의 집중 상태에서는 "생각하는 사람, 중심, '나'는 끝난다."라고 썼다. 이러한 비어 있음이 훨씬 더 많은 것들을 가능하게 한다. 그는 "완전히 자신을 잊은 채 나무나 별, 반짝이는 강물을 바라볼 때 진정한 아름다움이 무엇인지 알 수 있다. 그리고 우리가 실제로 보고 있을 때, 우리는 사랑의 상태에 있다."고 말한다. 이 상태는 "어제도 없고, 내일도 없는" 상태를 말한다. 물론 말은 쉽지만 이것을 실천하는 것은 참으로 어렵다. 지금까지의 내 삶은 이 깨달음을 잊었다가 다시 떠올리는 과정의 반복으로 이루어진 것처럼 느껴질 정도다. 그러나 그것을 기억할 때마다 나는 잊었던 자신을 용서하게 된다. 그리고 이제는 진정으로 살아 있는 상

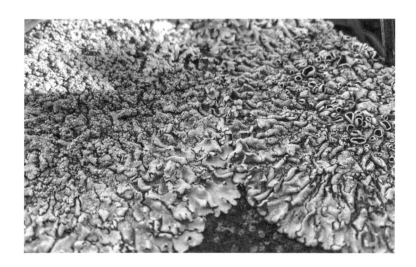

태, 즉 자아가 해체되는 상태를 어떤 도달해야 할 목표라기보다는 비 rain처럼 여긴다. 그건 잠시 왔다가 가고, 왔을 때에는 그 순간을 활용하며 감사하면 되기 때문이다.

이상하게도 꿈에도 비가 내렸다. 한 달에 한 번쯤 서둘러 공항에 가거나 버스를 놓치고 수업에 늦거나 강의 준비를 하지 못하는 스트레스 가득한 일상적인 꿈 중간에 자각몽이 튀어나오곤 한다. 처음에는 아무것도 달라진 것이 없었다. 갑자기 멈춰 서서 진짜 내가 잠을 자는 것인지 의심해 볼 뿐이었다. 꿈의 배경과 소품들은 여전히 그 자리에 있지만 그것들은 마치 중립화된 듯이 그동안 불안감을 자아내던 이야기의 흐름에서 분리된 상태가 된다. 그러자 그것들이 시간에서 해방된 채, 흥미로운 대상으로 눈앞에 떠오른다. 그리고 나 또한 해방된 느낌을 받는다. 마치 처음으로 내 팔과 다리를 통제할 수 있게 된 것처럼 자유롭게 움직일 수 있다는 사실을 깨닫는다.

자각몽은 수면과 각성 사이의 경계 상태다. 꿈속에서 나는 오늘이 며칠이고 내가 무슨 옷을 입고 다른 자각몽에서는 무엇을 했는지 안다. 꿈이 금방 끝나리라는 사실도 알기 때문에 질문은 그동안 무엇을 할지로 바뀐다. 하지만 바로 조금 전까지 나를 몰고 갔던 것과 상당히 다른 것은 바로 이 '의미'다. 대체로 자각몽을 꿀 때 나는 내 목적이 그저 '주변을 둘러보는 것'이라는 사실을 안다. 나는 금방 꿈에서 깨어나리라는 사실을 알기 때문에 꿈을 연장하고 싶다. 하지만 깨어나는 것이 두렵지는 않다. 나는 이 찰나의 요행에 감사할 뿐이며 주변 환경을 둘러보고 시험하면서 그 시간을 최대한 활용한다. 손을 뻗으면 무언가 손에 잡히는 느낌이 들 때도 있지만 확고한 두려움은 아니다. 그게 아니라 필연적으로 세상을 표류하게 되기 전 '지구를 만지는' 듯 단단히 세상을 붙드는 느낌이다.

언덕에 오르자 자동차, 파랑새, 사람들, 유지보수 차량, 바람 소리가 우리를 감싼다. 귓가에 맴도는 바람 소리, 몇 미터 떨어진 곳에서 작은 매자나무 이파리가 바스락거리는 소리, 우리 아래 무덤 사이로 나무가 흔들리는 소리가 들린다. 우리 옆에는 한때 용암이 고대 바다로 솟구쳐 오르며 형성된 초록색 변성암이 있다. 지금 이 바위에는 이끼가 자라서 작은 문명을 이뤘다. 당신은 손가락으로 이끼를 더듬어볼 수 있다. 갈팡질팡 날아다니는 무해한 꿀벌 한 마리가 점점 가까이 다가왔다 멀어진다. 벌의 활동이다.

태양은 지평선 아래로 곧 사라질 것이다. 하지만 당신이 시선을 위로 둔다면 그사이 보여주고 싶은 다른 풍경이 있다. 고등학교 때 미술 선생님은 내게 한 가지 조언을 더 해주셨다. 캘리포니아의 푸른 하늘을 정확하게 표현하려면 진홍색 물감을 눈에 띄지 않을 정도로 살짝 더하는 것이 요령이라는 말이었다. 우리와 우주 사이 푸른 하늘에는 진홍색이 흘러넘치고, 선회하는 매, 이제 서쪽으로 향하는 독수리, 공기 분자처럼 예측할 수 없이 머리 위를 쉼 없이 날아다니는 작은 제비 떼처럼 무수히 많은 것들로 가득하다. 아직 눈에 띄지는 않지만 지구는 천천히 시야 주위를 돌며 푸른빛을 바꾸고 우리의 그림자를 길게 늘인다. 지구는 우리를 단단히 붙들고 내일로 인도한다.

나가며

시간을 이등분하기

꒰

과학자들은 미래가 원래 예측했던 것보다
훨씬 더 미래지향적일 것이라고 말해요.
_〈사우스랜드 테일즈(Southland Tales)〉(2006)

어떤 출현도 특정 개인의 책임이 아니며,
누구도 그것을 자신의 공으로 삼을 수 없다.
왜냐하면 그것은 항상 틈새에서 발생하기 때문이다.
_미셸 푸코(Michel Foucault), 〈니체, 계보학, 역사(Nietzsche, Genealogy, History)〉

2010년 겨울 캘리포니아주 정부기관 및 비영리단체 협약은
'해안을 찍고 미래를 보자!'라는 표어를 내걸고 캘리포니아 킹타이
드 프로젝트California King Tides Project(기후변화로 인한 해수면 상승을 관찰
하고 연구하는 프로젝트-옮긴이)라는 시민 주도로 결성된 과학모임을 시
작했다. 주민들은 해안을 따라 늘어선 지역을 추천받고 찾아가 그
곳에서 한 해 동안 일어나는 킹타이드를 사진으로 찍었다. 킹 타이
드는 해와 달이 주기적으로 특정 방향으로 정렬하며 밀물이 몇 미
터나 높게 밀려오는 현상이다. 사실 캘리포니아해안위원회는 향후
수십 년 동안 인간이 유발한 해수면 상승이 일어날 것으로 예상하

고, 이에 대응해 자연스럽고 일시적으로 일어나는 킹타이드 같은 해수면 상승 현상을 이용하려 했다. 위원회는 사람들에게 킹타이드를 관찰하면서 "이런 밀물이 도로, 해변, 습지를 거의 매일 침수시킨다고 상상해 보라."고 제안했다. 이렇게 상상하면 앞으로 다가올 해수면 상승을 더욱 실감할 수 있고 이상적으로는 '화석연료 사용을 중단하도록 이끌' 수 있다. 과거에서 타임머신을 타고 와 경고를 보내는 사람처럼, 킹타이드는 미래가 현재를 향해 폭발하듯 밀려들어오는 듯이 보인다.

11년이 지난 지금도 캘리포니아 킹타이드 프로젝트는 여전히 진행 중이다. 나는 이 프로젝트의 웹사이트에서 캘리포니아 위성 지도 위 파란색 점을 클릭하며 사람들이 성실하게 제공한 2020년 킹타이드 사진을 살펴봤다. 익숙한 장소가 낯설게 보였다. 내 작업실 근처 사람들이 자주 모이는 잭 런던 광장 계단은 완전히 물에 잠겨 난간이 물속으로 사라졌다. 미들하버 쇼어라인 공원에 있는 '수영 및 물놀이 금지' 표지판은 목까지 물이 찼다. 샌프란시스코 베이커 해변은 현저히 좁아졌다. 실제로 지도 위 해변 어느 지점을 클릭해도 사진 속 모래는 위성 지도에 보이는 모래사장의 일부에 불과했기 때문에 일시적으로 기이한 불협이 발생했다.

가장 강렬한 인상을 남긴 사진은 퍼시피카의 한 절벽에 사는 앨런 그린버그Alan Grinberg가 찍은 사진이었다. '내가 찍은 가장 비싼 사진'이라는 제목이 붙은 이 사진에서 그는 자기 집 뒷마당에 있

는 불상을 찍었다. 사진의 배경에는 온통 하얀 파도가 부서진다. 나는 그린버그의 플리커Flickr 계정에서 그가 찍은 사진 다섯 점을 통해 그런 제목이 붙은 이유를 찾아냈다. 사진들을 연속적으로 보니 밀물이 점점 가까워지며 불상을 넘어 마당을 덮친 다음 카메라를 향해 넘쳐 들어왔다. 이어지는 이야기도 흥미로웠지만, 처음 본 사진은 상반된 이미지 때문에 인상적이었다. 눈을 감고 차분하게 두 손을 모은 불상과 몹시 폭력적으로 다가오는 미래는 극명한 대조를 이뤘다.

혼돈 속에서 조용히 앉아 있는 불상을 보니 태국의 명상 대가인 아잔 차Ajahn Chah의 일화가 떠올랐다. "이 유리잔이 보이십니까? 저는 이 잔을 좋아합니다. 물을 담으면 멋지거든요. 햇빛이 비치면 빛이 아름답게 반사됩니다. 두드리면 좋은 울림을 내고요. 하지만 제게 이 유리잔은 이미 깨진 것이나 마찬가지입니다. 바람에 잔이 넘어지거나 내가 팔꿈치로 선반을 쳐서 잔이 떨어져 깨지면 저는 '당연한 일이지.'라고 말할 것입니다. 이 잔이 이미 깨졌다고 생각하면 모든 순간이 소중해지죠."

해안 보호구역 지도 속 사진을 열었다 닫으며 나 역시 '당연한 일이지.'라고 생각해 봤지만 그런 평정심을 느낄 수는 없었다. 대신 날씨가 좋은 날 바다를 바라보면 지금과 지금 아닌 시간 사이의 압박 때문에 폭발할 것 같았다. 언제나 그랬듯 2020년에도 킹타이드는 물러갔다. 하지만 사진 속에서 킹타이드는 영원히 무언가를 남겼다. 카메라 셔터로 정지된 파도처럼, 장막처럼 현재에 드리워진 미래에 대한 기억이다.

'그 사이'라는 말은 기다림, 어떤 두 시간대 사이에 놓인 덜 중요한 영역을 의미한다. 두려워하거나 실제로 미래의 어떤 시점을 너무 강조하면 그 사이는 공허해 보인다. '그 사이'란 그저 목적지로 가는 거리에 지나지 않는다는 점에서 미래의 일은 벌써 일어난 것이나 다름없다. 아주 가까이 보이는 놀라운 쌍안경이 있어 실제로 목적지에 갈 필요가 없는 셈이다. 상심한 주체는 이미 깨진 잔을 음미하지 못하고 그냥 빨리 해치워 버리자고 말한다.

어느 정도의 변화가 정해져 있다 해도 베르그송은 '그 사이'를 이런 식으로 바라보는 관점에 대해 불평할 것이다. 베르그송은 당신이 시간을 공간으로 바꿔본다고 말한다. 텅 빈 시간이라는 덩어리가 눈앞에 펼쳐져 있다고 상상하며, 마음속에서 이미 일어났다고 가정하는 사건을 향해 나아간다는 것이다. 매 순간 현재의 지각을 뚫고 미래로 나아가며 세상과 당신을 들썩거리는, 끊임없이 진화하고 변화하는 시간의 창조적인 속성을 인정하지 않은 채 말이다.* 하지만 이 '거리'는 비요르네루드의 물리적 '시간 인식'과는 정반대로 오히려 지도 제작자의 추상적인 격자 공간과 비슷하다는 점을 기억하자. 나는 추상적인 공간을 시간에 대한 은유로 보는 데 한계가 있다는 점을 인정한다. 하지만 서구적 주체가 '그 사이' 안에서 구체적인 무언가를 파악하는 데 도움이 될 만한 다른 방식의 공간 이해, 또는 적어도 처음에는 공간적으로 보이는 어떤 이해 방식이 있을 수 있다고 생각한다.

나는 《아무것도 하지 않는 법》에서 생태지역주의bioregionalism라는 개념, 즉 특정 장소에 대한 친숙함과 책임감이 개인의 정체성을 형성한다는 점을 다룬다. 용어 자체는 1970년대에서야 대중화됐지만 이 용어의 핵심 개념은 새로운 것이 아니다. 잘 들여다보면 생태지역주의는 원주민이 각 장소에 고유한 생명체, 수로, 여러 행위자가 이루는 관계망에 관심을 보이고 받아들이며 땅과 관계 맺는 방식을 나타낸다. 생태 지역은 서로 다르지만 그 경계는 구멍이 숭숭 나 있어 서로 흡수하며 네트워크로 작용하고, 크든(기상 체계나 해류)

* 베르그송은 《시간과 자유 의지》에서 다음과 같이 말했다. "미래의 일부를 미리 그려보기 위해 미래의 지속을 짧게 해봤자 효력이 없다. 지속이 펼쳐지는 동안에는 우리는 그 지속을 살아가는 수밖에 없다."

작든(미시 기후나 종들의 공생 복합체) 모두와 연결된다. 이전에 나는 생태지역주의가 흐름과 상호의존성을 보여주고, 혼혈인 내게 특히 유용하다고 생각하는 경계 없는 차이의 양식을 연구할 수 있게 해준다는 점에서 정체성 모델로 사용했다.

결국 생태지역주의는 시간을 사고하는 유용한 방법이 될 수도 있다. 6장에서 나는 시간 다양성, 시간 '가꾸기' 그리고 바바라 아담의 심리적 시간 경험에 대한 관찰, 즉 "복잡성이 지배한다."는 생각을 보이며 이를 암시했다. 내 친구이자 멘토인 시인 존 샵토John Shoptaw는 〈시계Timepiece〉라는 시를 썼다. 나는 그 시가 지닌 지형학적인 언어 때문에 그 시를 자주 떠올린다. "가파른 밤, 뒤얽힌 한 주, 재빠른 꿈을 향해/미끄러져 가는 8월." 평평한 공간을 쌍안경으로 선명하게 바라보는 것과는 정반대인 이런 관점은 산길을 올라갈 때와 비슷할까? 내가 어디에 있는지는 알지만 굽이친 길을 돌 때마다 주변이 다르게 보이는 관점 말이다.

생태지역주의는 여기에서 비유이자 구체적인 사례로 유용하게 사용된다. 이유는 그 시간 척도들이 인간의 관점과 겹치기도 하고, 때로는 그 밖에 존재하기도 하기 때문이다. 단순히 변화를 표현하자면, 생태적 시간과 지질학적 시간은 차이로 가득하다. 사건들은 빠르게도 느리게도 일어나며, 매우 작은 규모에서부터 상상할 수 없을 만큼 거대한 규모에 이르기까지 다양하다. 예를 들어 사암 같은 암석은 서서히 형성되는 반면 흑요석 같은 화산암은 격렬한 작용으로 형성된다. 서로 다른 산맥들은 각각 다른 속도로 솟아오르며, 어떤 산맥은 상대적으로 '아이스크림 막대처럼' 솟아올랐다고 추정되기도 한다. 나는 이 결론을 레이니어산(토코부드)을 바라보며 썼다. 약 5700년 전 이 산에서 일어난 거대한 산사태는 산 정상의 높이를 약 800미터 줄였으며, 이는 니스퀄리Nisqually 원주민들에게 전해 내려오는 구전설화에 보존됐을 가능성이 있다.* 앞으로 수억 년 안에 내가 있는 이 대륙은 아시아와 충돌할 것이라는 것이 지질학자들의 예측이다. 그동안에는 지진이 일어나는데, 이 지진의 파열은 건조한 공기 속에서 소리 속도의 열 배로 발생할 수 있다.

　내가 이 글을 쓴 해에는 17년 주기로 출현하는 매미 떼인 브루드 XBrood X가 미국 동부 해안과 중서부를 휩쓰는 바람에, 한때 조 바이든Joe Biden 대통령이 첫 외국 순방 때 탄 비행기의 보조 동력 장치가 막히기도 했다. 미시간주 로열 오크의 한 수목 관리사는 사람들이 나무에서 갑자기 도토리가 너무 많이 떨어져 걱정된다는 전화를 자주 받았고, 그들에게 나무들이 한꺼번에 열매를 떨어뜨리도록 조정하는 일시적 현상인 풍흉년mast year(특정 나무들이 일정한 주기로 열매를 한꺼번에 대량으로 맺는 현상을 가르키는 생태학 용어-옮긴이) 때문이라고 설명해야 했다. 키머러는 호두나무에서 일어나는 풍흉년 현상을 설

---

* 니스퀄리 구전설화에는 레이니어산이 괴물이던 시절의 이야기가 있다. 이 괴물이 가는 곳곳에서 모든 것을 집어삼키는 바람에, 결국 여우 모습을 한 개혁가가 나타나 산의 혈관을 터뜨렸다는 이야기다. 바인 딜로리아 주니어는 이런 이야기가 같은 지역 네 부족 사이에서 비슷한 모습으로 반복된다는 점을 지적했다. 일부 부족의 설화에서는 터진 혈관이 거대한 산사태를 의미한다고 추정한다.

명하며 나무들이 지하의 균근 네트워크를 사용해, 다시 말해 서로 소통하며 이러한 '목적의 일치'를 이룰 수 있다는 연구들을 언급했다. 시에라 산맥 서쪽에서는 5000년 전 자라기 시작한 강모소나무가 고대 석회암 때문에 하얗게 변한 땅에서 계속 광합성을 한다. 오리건주 틸라무크 카운티에서는 사람들이 1700년 발생한 지진으로 갑자기 진흙이 범람하면서 죽은 시트카 가문비나무Sitka spruce 그루터기가 무덤을 이룬 네스코윈 유령 숲을 계속 방문했다. 그리고 이 숲은 오직 간조 때만 볼 수 있다는 사실이 발견됐다.

　여기서 내가 생물학적 사례와 지질학적 사례를 의도적으로 뒤섞은 것은 서로 다른 주기가 겹친다는 특성을 강조하기 위함이기도 하지만, 실제로 암석은 오늘날 우리가 흔히 살아 있다고 여기는 것과 동떨어졌다고 보기 어렵기 때문이다. 석탄기 석회암은 해양 생물의 껍질과 딱딱한 부분으로 형성된다. 산타크루즈 산맥에는 토양에 사문암이 포함된 곳마다 특정한 식물 군집이 나타난다. 사문암은 태평양판이 북미판 아래로 미끄러져 들어가는 과정에서 변형된 철과 마그네슘이 풍부한 맨틀 암석이다. 다큐멘터리 시리즈 〈대륙의 융기Rise of the Continents〉에서 이언 스튜어트Iain Stewart는 이와 유사한 사례를 제시한다. 고층 빌딩은 흔히 지표면 가까이에 단단한 암석이 있는 곳에 짓는 경향이 있기 때문에, 맨해튼 스카이라인의 형태는 지하에 맨해튼 편마암이 존재한다는 것을 반증한다. 사문석처럼 편마암의 성분도 그 형성 과정을 떼어놓고 생각할 수 없다. 편

뉴욕시 베넷가에 있는 편암 노출부

마암이 그렇게 단단한 이유는 3억 년 전, 히말라야 산맥과 비슷한 높이의 산맥 아래에서 엄청난 압력을 받아 형성됐기 때문이다. 그 산맥은 판게아가 형성될 때 두 대륙이 충돌하면서 만들어졌다.

맨해튼 스카이라인과 지금 센트럴파크에서 지상으로 드러나 있는 편마암은 모두 과거와 현재의 경계가 모호함을 보여주는 사례다. 이처럼 모호한 경계는 무엇을 개체로 여기는지, 무엇을 생명 주기나 사건으로 간주하는지와도 관련된다. 이는 결국 깊이 연관된 질문들이다. 〈사이언티픽아메리칸Scientific American〉 지의 한 기사에 따르면, 오리건주 블루 마운틴에 걸쳐 수천 제곱미터의 토양을 차

판도의 경계선

지했으며, 나이가 2400년에서 8650년에 이르는 거대한 곰팡이 네트워크는 "개체 생물의 정의에 대한 논쟁에 다시 불을 붙였다."고 한다. 한 과학자는 유기체를 "서로 소통하는 유전적으로 동일한 세포의 집합체로 일종의 공동 목표를 가지고 있거나 적어도 스스로 조정하여 어떤 일을 할 수 있는 것"이라고 정의했다. 유타주의 사시나무 군락인 판도Pando를 보자. 판도는 항상 단수형으로 언급되며, 라틴어로 '나는 퍼진다.'라는 의미의 라틴어에서 이름이 유래됐다. 이 군락의 개별 나무들의 수명은 100년 이상이지만 연결된 뿌리 시스템은 수천 년 된 것이다. 판도의 한 이미지는 위성 사진 위에 그려진 경계선으로 볼 수 있는데, 이것이 없다면 그저 나무로 덮인 언덕으로 보일 수 있는 지역을 구분한다.

곰팡이 네트워크에서 피어나는 버섯이나 판도의 나무는 모두 다른 몸에 완전히 내재한 몸들을 보여주는 사례다. 다른 사건들도 이처럼 모호하다. 존 맥피의 책에서 봤듯, 산 가브리엘 산맥의 토사가 6분 만에 집 안에 가득 들어찬 사건을 바위를 깨뜨린 지진이나 지난해 여름에 일어난 산불 같은 전제 조건과 따로 보기는 어렵다. 실제로 맥피는 1977년 히든 스프링스 공무원들이 주민들에게 여름에 발생한 산불 때문에 겨울에 토사가 흘러내릴 수 있다고 경고했다고 설명한다. 물론 그들의 경고는 옳았다. 토사의 흐름은 바위가 움직였을 때 이미 시작됐을까? 아니면 참나무 덤불에서 화재가 일어났을 때 시작됐을까?

〈사이언티픽아메리칸〉에 실린 다른 기사에서도 이런 긴장이 보인다. 기사의 제목인 "32년 동안 이어진 가장 긴 지진"은 '1861년 최소 8.5 규모의 강진이 수마트라에서 발생하기 전 느린 산사태가 이어졌다.'라는 부제와 상충하는 듯 보인다. 기사의 첫 문단에서 사건 속에 또 다른 사건을 드러내며 마치 천천히 익어가던 과일이 갑자기 가지에서 떨어지는 것과 같다고 묘사한다. "1861년 인도네시아 수마트라섬을 뒤흔든 거대한 지진은 조용하던 단층이 갑자기 파열돼 일어난 것으로 오랫동안 여겨졌다. 하지만 새로운 연구에 따르면 섬 아래 지각들은 대격변이 일어나기 32년 전부터 천천히 조용하게 서로 부딪혀왔다."*

어떤 경계나 주체성 모델에 관심을 보이지 않는 비서구적 관점에서는 사물을 어떤 맥락에서 떼어내 보는 일이 그다지 중요하지 않을 수 있다. 하지만 베르그송은 달랐다. 그는 《창조적 진화》에서 지속이란 존재가 돼가는 과정이며, 어떤 상태는 항상 다른 상태로 돌파해 나간다고 봤다. 그리고 개체성이 절대적 범주가 아니라 연속 스펙트럼상에 존재한다고 봤다. "개체성이 완벽하기 위해 유기체의 어떤 분리된 부분도 독립적으로 살아남을 수 없어야 한다. 그러나 그렇게 되면 생식은 불가능하다. 생식이란 낡은 유기체에서 떼어낸 조각으로 새로운 유기체를 만드는 것이 아닐까?" 모든 생명체에게는 자신의 경계를 뛰어넘을 수단이 있다. 그런 점에서 베르그송은 개체성이란 사실 "집 안에 적을 들이는 일"이라고 적었다.

나를 둘러싼 주변을 경계 짓다 보면 이렇게 질문할 수밖에 없다. 나는 제니인가 아니면 엄마의 딸인가 아니면 할머니의 손녀인가? 질문은 계속 이어진다. 내가 사건이라면 나는 언제 시작됐을까? 35년 전? 수백 년 전? 수천 년 전일까? '나'란 내가 이해하기 힘들고 아예 불가능해 보이는 외부의 기질에서 자라난 눈에 보이는 버섯 같은 것이 아닐까? 내 일화적인 기억은 어느 정도까지만 거슬

---

* 베르그송은 《시간과 자유 의지》에서 개인적인 숙고 과정과 선택에 도달하는 과정을 설명하며 비슷한 역학관계를 떠올린다. 우리는 보통 숙고를 '공간에서의 진동'(두 가지 이상의 결과 사이의 진동)이라고 생각하지만 베르그송은 그게 아니라 숙고는 "역동적인 과정이다. 이 과정에서 자아와 그 동기는 마치 실로 살아 있는 존재들처럼 끊임없이 무언가가 돼가는 상태다."라고 봤다. 이런 과정은 "자유행동이 …… 푹 익은 과일처럼 뚝 떨어지는" 과정이다.

러 올라갈 수 있지만, 내 존재는 엄마의 이민, 전쟁, 조부모님이 함께 겪은 전쟁 같은 긴급 상황, 일로일로 동쪽 끝에 있는 에스탄시아 해안에서 노니는 물고기 같은 더 오래된 것들로도 설명할 수 있다. 나는 그곳에서 낚시하던 사람들과 계속 연관되고, 그들도 나와 무언가 연관된다.

윤카포르타는 이렇게 말한다. "전화로 증조할머니와 대화를 나누고 있었는데, 그녀가 동시에 내 조카이기도 하고, 그녀의 언어에 시간과 공간을 구분하는 단어가 없을 때, 영어로 글을 쓰는 건 정말 어렵다. 그는 증조할머니이자 조카인 그녀의 친족 세계에서, 3세대마다 한 번씩 관계가 다시 설정된다고 설명한다. 이때 조부모의 부모가 자녀로 분류되는데, 이는 '할머니의 어머니가 중심으로 돌아가 아이가 되기 때문"이라고 한다. 또한, 영어로는 "어디?"로 번역할 수 있는 질문이 실제로는 "언제?"라는 의미를 갖는다고 한다. 그녀가 사용하는 관점에서는 시간과 공간이 자연스럽게 얽혀 있다. "친족 관계는 순환적으로 움직이고, 땅은 계절에 따라 움직이며, 하늘은 별의 순환 속에서 움직인다. 시간은 이 모든 것과 밀접하게 연결되어 있어, 공간과 따로 떼어 생각할 수 없다. 우리는 시간을 직선적으로 흐르는 것이 아니라, 우리가 발을 딛고 있는 땅처럼 만질 수 있을 만큼 구체적으로 경험한다."

'우리가 발 딛은 땅'이 추상적인 공간과 얼마나 다른지에 주목하자. 윤카포르타가 말하는 '땅'은 비유가 아니라 실제 땅이다. 어느 모로 보나 텅 비고 추상적이며 '평평한' 뉴턴식 상상의 공간 격자만큼이나 아주 견고한 땅이다.

우리가 시간을 무엇이라고 생각하는지, 시간이 어떻게 형성됐다고 생각하는지는 우리가 시간을 어떻게 경유하는지에 영향을 미친다. 평면적인 시간에는 선택지만 넘쳐날 뿐이다. 보기와 움직임의 관계를 곰곰이 생각하다 보니 1986년 개봉한 짐 헨슨Jim Henson의 영화 〈미궁Labyrinth〉의 한 장면이 떠올랐다. 30년이 지났는데도 리즈Liz라는 보모가 집에 이 영화 비디오테이프를 가져온 것이 지금도 기억난다. 어린 시절의 제니퍼 코넬리Jennifer Connelly가 연기한 사라는 환상적인 머리 모양을 한 데이비드 보위David Bowie가 연기한 고블린 왕이 기다리는 성에 있는 거대한 미궁에 막 발을 들인 참이다. 미로가 앞뒤로 길게 뻗었을 뿐, 끊긴 구간이 없다는 사실을 발견한 사라는 "이게 무슨 '미궁'이야? 갈림길이나 모퉁이 하나 없는데. 그냥 쭉 이어져 있는걸."이라고 불평한다. 그러다 갑자기 사실 뭔가 있을지도 모른다고 의심스러워진 사라는 내달리기 시작하지만 결국 지쳐서 주먹으로 벽돌을 내리치다 바닥에 쓰러진다.

사라는 눈치채지 못했지만 끝에 눈이 달린 이끼처럼 생긴 식물이 사라를 지켜봤다. 그러다 튀어나온 벽돌에서 파란 머리에 빨간 목도리를 한 작은 벌레가 나타나 "안녕!" 하고 외친다. 충격에서 간신히 벗어난 사라는 벌레에게 미로를 나가는 법을 아는지 묻는다. 벌레는 그건 모르지만 "들어가서 부인을 만나 보자."라고 초대한다.

사라는 미로를 풀어야 한다고 말하며 미로에 모퉁이나 구멍이 없다고 계속 말한다. 벌레는 이렇게 말한다. "흠, 너는 제대로 못 보는구나. 구멍이 여기저기 엄청 많은데. 너만 못 볼 뿐이지." 그러고는 벽돌로 쌓은 벽처럼 보이는 곳을 가리킨다. 사라는 벽으로 다가가 미심쩍다는 듯 벌레를 돌아본다. 사라 눈에는 아무것도 보이지 않는다. "여기선 보이는 게 항상 다는 아니야. 아무것도 당연하게 받아들이면 안 돼." 벌레는 이렇게 말한다.

어릴 때 인상 깊었던 순간은 사라가 몹시 망설이며 손을 뻗어 벽을 기적적으로 통과하는 장면이었다. 사실 그 벽은 착시였다. 1980년대식 특수효과로 사라는 왼쪽으로 사라지기 시작한다. 벌레가 소리친다. "그쪽으로 가지 마! 그쪽은 절대 안 돼." 사라가 방향을 틀어 오른쪽으로 사라지자 벌레가 중요한 말을 한다. "계속 그 길로 갔더라면 저 성으로 곧장 이어졌을 거야." 이 마지막 반전은 윤카포르타가 비선형성이라는 말이 기본적으로 선형성을 내포한다고 불평한 다음에 했던 말을 떠올리게 한다. 그는 "수천 년 전에 직진으로 가려고 했다가 미친놈 소리를 들으며 천벌을 받은" 사람 이야기를 하며 "이것은 아주 오래된 이야기이자, 우리가 어떻게 자유로운 패턴으로 여행하고 생각해야 하는지 알려주며, 앞으로만 미친 듯 돌진하지 말라고 경고하는 수많은 이야기 가운데 하나다."라고 덧붙였다.

사라가 벽을 통과해 사라지는 장면은 크로노스와 카이로스의 차이점을 보여주기도 한다. 이 책의 첫 부분에서 언급했듯, 동질적인 시간인 크로노스와 달리 좀 더 이질적인 시간인 카이로스는 결정적인 행동의 순간을 암시한다. 이 책에서 내가 던지는 질문 하나하나에 근본적인 영향을 준 에세이 〈시간 바깥에서Out of Time: Listening to the Climate Clock〉를 쓴 아스트라 테일러Astra Taylor는 현대 그리스어로 카이로스는 이제 '날씨'를 의미한다고 지적하며, 생태학적 면에서 이 용어의 유용함을 설명한다. "우리가 개입할 적절한 시기는 지나가는 천둥이나 봄의 절정처럼 찰나에 지나지 않을지도 모른다. 너무 늦게 개입하면 실패할지도 모른다." 이 문장을 읽으며 나는 그 뜻이 '시간을 잡아라.'가 아니라 '바로 그 시간을 잡아라.'가 아닐까 하는 생각이 떠올랐다.

크로노스에 비해 카이로스는 시간이 공간과 분리될 수 없으며 기회를 놓치지 않으려면 매 시공간에 세심한 주의를 기울여야 한다는 사실을 아는 방랑자의 영역처럼 보인다. 계획을 세울 수 없다는 말이 아니라, 계획 속 시간이 평면적이거나 죽어 있거나 무력해 보이지 않는다는 의미다. 우리는 다시 찾아오지 않을 진동하는 패턴에 귀 기울이며 '그 사이'에서 기다린다. 우리는 평면을 마주하고 구멍을 찾는다. 기회가 오면 잡고 뒤돌아보지 않는다.

나는 이 결론을 퓨젯사운드에 있는 바숀 섬과 연결된 모리 섬의 한 숙소에서 썼다. 그 섬에는 페리를 타야만 들어갈 수 있었다.

내가 머물던 집은 큰 만인 쿼터마스터 항구를 따라 난 넓고 한적한 길가에 있었다. 나는 일과를 마친 후 그 길을 따라 걷는 것을 즐겼는데, 그 시간이면 땅거미가 질 무렵이었다. 어느 날 저녁 저 멀리서 이상한 모양의 형체가 천천히 움직이다가 멈춰 섰다 다시 움직이는 모습이 보였다. 날이 금세 어두워진 탓에서 동물인지 사람인지 도저히 구분할 수 없었다. 내 뇌가 이 형체를 어떻게 받아들여야 할지 망설이는 것을 느꼈고, 그래서 평소보다 훨씬 주의 깊게 그 모습을 지켜봐야 했다. 결국 그 형체는 큰 망토를 두른 사람이었고, 그는 덤불 모퉁이를 돌아 금세 사라졌다.

짧은 순간 나는 그 형상을 의심했고 의심은 모든 것에 더욱 민감해지게 만들었다. 의심doubt이라는 단어의 어근에는 원시 인도유럽어의 어근에서 '둘'을 뜻하는 두dwo가 포함된다. 이 말은 나중에 라틴어 두비우스dubius가 되는데, 이는 '둘 사이에서 결정하지 못한 두 마음'이라는 뜻이다. 알 수 없는 존재가 내 발걸음을 멈춰 나아가지 못하게 만든 것은 잠깐이었지만, 의심은 멈춰 있지 않다. 곧바로 무너져 내린다 해도 그 틈새에서는 무언가가 자란다.

베르그송은 《시간과 자유 의지》에서 인간의 사고나 활동의 상당 부분이 습관의 제약을 받는다는 점을 기꺼이 인정했다. 자동으로 이뤄지는 제한된 과정처럼 우리는 습관을 그저 내버려둔다. 베르그송은 시간이 지나며 이런 습관이 '두꺼운 껍질'을 형성해 진정한 주체성을 알아볼 수 없게 된다고 썼다. 하지만 그 껍질이 계속 유지되지는 않는다. 그는 우리가 어떤 문제를 겪을 때를 사례로 들었다. 그럴 때 우리는 친구들에게 조언을 구하고, 친구들은 합리적인 조언을 해준다. 우리는 이런 조언을 바탕으로 논리적인 결론을 도출하려고 하지만 그 과정에서 전혀 다른 상황이 발생하기도 한다.

> 하지만 행동을 실행하려는 바로 그때 무언가가 반발할 수도 있다. 바로 깊이 파고들어 있다가 표면으로 돌진하는 자아다. 저항할 수 없는 추진력에 못 이겨 갑자기 터져 나오는 겉껍질이다. 따라서 자아의 가장 깊은 곳, 가장 합리적인 조언을 고려한 가장 합리적인 숙고 아래에서는 무언가 다른 것이 진행된다. 인식하지 못한 것이 아니라 눈치채지 못했던 감정과 생각이 점차 가열되다가 갑자기 끓어오른다.

이런 '터져 나온 것'은 그 후 점차 식은 용암이나 굳어버린 역사처럼 보이며 그 사건이 일어났던 순간의 우연성을 잊게 만든다. 우리는 미래에도 그런 의심의 순간이 많으리라는 사실을 잊거나 심지어 그런 순간이 닥쳤을 때 알아차리지 못하며 반대 방향으로 같은 실수를 되풀이한다.

내 친구인 예술가 소피아 코르도바Sofía Córdova는 임신하자 출산 후 40일 동안 산모와 아기가 함께 집에 머무는 라틴아메리카 전통인 쿠아렌텐cuarentena을 따르기로 했다고 말했다.* 소피아는 예술 작업으로 "역사 바깥의 시간이나 여성의 시간, 퀴어의 시간, 흑인이나 원주민의 시간을 오랫동안 생각해 왔다. …… 백인 남성이 자신들과 진보를 이용해 우리 종의 '위대한 기록 보관소'에 기록하지 않은 시간 말이다." 하지만 소피아는 쿠아렌테나로 이런 시간을 생각하는 데 그치지 않고 경험하는 데까지 나아갔다. 물론 출산은 "우리가 공유하는 시간 개념의 흐름에서 벗어날 수 있는 문이나 탈출구 가운데 하나일 뿐"이며 굳이 출산이 아니더라도 이런 시간을 경험할 수 있다. 소피아는 문 반대편에 무엇이 있는지를 이렇게 설명했다.

내가 아기와 막 겪어낸 일은 몸 안에서, 몸의 일부로 일어난 매우 본질적인 일이었다. 그러면서 내 생각과 경험의 규모는 몸의 공간, 가장 멀리는 우리 집이라는 경계 안으로 축소됐다(경멸적인 의미는 아니다). …… 온 우주가 여기에 있고 우주는 내 몸이라는 벽 안에서 계속됐다. 다시 말하면 내 내부와 제한된 외부가 하나가 된 것처럼 느껴졌다. 더 나아가 이런 경험은 시간을 알려주는 유일한 방법이었다. 몸이 재조립되는 신체적 경험, 내 몸에서 시작된 급격한 호르몬 감소가 이어지며 계속 환각제를

* 중국, 한국, 인도, 이란, 이스라엘 같은 다른 나라에도 비슷한 풍습이 있다. 중국계 미국인 작가 페이 루(Fei Lu)는 저서 《대기(Atmos)》에서 대개 출산 후 회복을 위한 산후조리 풍습인 쭈어위에쯔(坐月子, 달 보며 앉아 있기)에 대해 썼다.

☼　　　　　　　　　　　　　　　　　　　　　　　　　　　　　　☽

조금씩 맞는 듯한 느낌, 아기와 몸을 공유하는 경험, 새로운 방식으로 경계하는 일, 곤히 잠든 사이에도 수면 자체가 재구성되는 일 등, 모든 것이 항상 치유, 수유, 수면이라는 임무와 시간 경험에 나를 단단히 고정했다. 지극히 세포적인 일이었다.

당신과 새로운 존재가 자아와 세계를 재빨리 새로 이해하게 되면서 이런 패턴이 지닌 주기적 특성은 찰나적 순간의 특수성, 방향감각 상실, 기묘한 특성과 결합된다. 그러면서 이런 특성은 그 순간의 전후에 일어난 모든 사건에 맞서 이런 시간을 정의할 때 상당히 단단한 경계가 돼준다. 물론 다른 방법으로도 이런 시간을 엿볼 수 있지만, 바다 표면으로 떨어지는 석양을 바라보거나 물속에 뛰어들거나 사랑하는 사람들과 노래하고 악기를 연주하며 내가 겪은 이런 시간은 더 짧고 찰나적이었다.

소피아가 쿠아렌텐을 치른 경험은 팬데믹 이후 우리가 처음으로 직접 만나 나눈 이야기였다. 2021년 9월, 전 세계가 정도는 다르지만 다양한 방식으로 일상적인 시간성이 혼란에 빠지는 일을 겪던 시기였다. 낮잠부 장관인 트리샤 허시처럼 소피아도 모든 일이 '정상으로 돌아가는' 모습을 보고 싶지 않았던 많은 이들 가운데 한 명이었다. 봉쇄와 중단의 경험에서 얻은 교훈이 있지 않았을까? 비록 불확실하더라도 이 의심의 순간에 무언가 성장하지 않았을까?

〈물속의 달빛(피와 모유의 날들)Underwater Moonlight(days of blood+milk)〉, 소피아 코르도바 (2019)

당신이 계속 앞서 나가야 한다는 필요와 속도를 우선순위에 둔다면, 의심은 다니엘 하틀리가 〈인류세, 자본세, 문화의 문제 Anthropocene, Capitalocene, and the Problem of Culture〉라는 글에서 지적했듯 피할 수 없고 당연한 '지연'이나 '중단'처럼 마땅히 치러야 할 희생처럼 보일 것이다. 하지만 진보가 죽음으로 이어지는 하나의 길일 뿐이라고 생각하는 사람에게 의심은 생명줄이며, 베르그송의 '껍질'을 뚫고 터져 나오는 행위자에게 주어지는 작은 틈이자, 이상하게도 붕괴하지 않는 카이로스일 것이다. 이 구멍은 한나 아렌트가 《과거와 미래 사이》에서 언급한 '비시간'의 씨앗을 담아낸 틈이기도 하다.

> 이 틈은 정신의 영역, 차라리 사유로 닦은 길이라고 보는 것이 더 적절할지도 모른다. 필멸할 인간이 놓인 시공간에서 사유 활동이 펄떡이고, 일련의 사유와 기억과 기대가 역사적·전기적 시간의 폐허에서 만난 모든 것을 구하는 비시간의 작은 궤도일 수도 있다. 우리가 태어나는 세계나 문화와 달리, 시간의 한가운데서 이 작은 비시간·비공간은 그저 암시될 뿐이다. 우리는 이것을 과거에서 물려받거나 미래로 전수할 수 없다. 모든 새로운 세대, 완전히 새로운 인류는 실로 무한한 과거와 무한한 미래 사이에 자신을 끼워넣음으로써 이 작은 비시간·비공간을 발견하고 꾸준히 새롭게 개척해 나아가야 한다.

이 문단은 아렌트가 1940년 프랑스가 예기치 않게 나치에 패망한 직후를 묘사하는 서문에 등장한다. "당연히 3공화국의 공식 국정 업무에 참여한 적이 없던" 유럽 작가와 지식인들은 갑자기 "진공청소기가 빨아들이기라도 한 듯 정치에 빨려 들어가" 말과 행위가 분리되지 않는 세계로 들어갔다. 아렌트는 이런 상황 때문에 일종의 지적인 공공 영역public realm이 형성됐지만 불과 몇 년 뒤 모두 각자의 개인적인 일로 돌아간 탓에 이 영역이 붕괴했다고 지적했다. 하지만 여기에 참여했던 이들은 이 영역을 '보물'이었다고 기억한다. 그곳에서 이들은 "'레지스탕스에 참여해 자아를 발견'했다."는 것이다. 그 보물은 다름 아닌 별 볼일 없는 직업적 삶을 방해하는 마찰감, 한 사람의 행동이 전혀 다른 의미를 지니게 되는 시간이었다. 아렌트는 이 시기 작가와 지식인들에게 "난생처음 자유라는 유령이 방문했다. …… 그들 스스로 '도전자'가 돼 주도권을 쥐고 결국 자기도 모르고 심지어 눈치채지도 못한 채 자유가 나타날 수 있는 공적 공간을 자기들 가운데 형성하기 시작했기 때문이다."라고 썼다.

아렌트는 이 비시간에 일어날 수 있는 '사고 활동'을 습관과 비슷한 프로그램화된 사고방식이나 "규칙을 …… 단번에 학습할 수 있고 적용하기만 하면 되는" 연역적·귀납적 추론 방식과 구별했다. 아렌트가 염두에 둔 것은 이와 달리 자유로운 행위자들이 대화를 통해 새로운 무언가를 만들어내는 것이다. 그런 점에서 이 사고 활동은 올리 몰드가 말하는 창의성과 닮았다. 공식적으로 고립돼 있던 주부들이 대화하고 공부하고 조직을 만들기 시작하면서 어떤 일이 일어났는지 묘사한 셀마 제임스와 마리아로사 달라 코스타의 설명과도 비슷하다. 이들은 "여성들이 투쟁이라는 사회성 속에서 스스로에게 새로운 정체성을 효과적으로 부여하는 힘을 발견하고 행

사했다."라고 썼다. 자칭 활동가든 아니든, 많은 이들이 여러 방식
으로 '각본에서 벗어난' 느낌을 잘 안다. 다른 사람들과 함께 새로운
무언가를 진정으로 만들어나간다고 생각할 때 느끼는 감정이다. 비
록 그 방식이 사소해 보이고 아주 찰나적이더라도, 자신도 예측할
수 없던 새로운 생각, 언어, 행동 영역을 만든다는 사실을 알 수 있
다. 이런 순간은 짜릿하기도 하지만 익숙한 것을 뒤로하고 떠나야
한다는 불편함도 있다. 이런 순간에는 의심이 가득하다.

이런 맥락에서 의심은 사실 우리가 붙들고 싶어 하는 소중한
것이다. 하지만 아렌트는 이렇게 신선함과 주체성을 만나려면 "과
거 또는 미래와 충돌하는 물결 사이에서" 자신의 태도를 견지해야
한다고 썼다. 그렇지 않으면 확실성에 짓눌릴 수 있다. 과거는 전통
으로, 미래는 결정론으로 당신을 짓누를 것이다. 아렌트가 쓴 서문
의 제목인 '과거와 미래 사이의 틈'에서 '비시간'의 다른 용어인 '틈'
이 중요하면서도 취약한 것은 이런 이유에서다.

과거와 미래 사이의 간극에서 사는 것은 아주 단순하게 보면
인간의 조건이다. 비록 시간, 역사, 미래에 대한 문화적으로 지배적
이고 정치적으로 편리한 관점들이 그것을 우리에게서 모호하게 하
더라도 말이다. 우리는 미래를 슬프게 바라보며, 새로운 것이 결코
일어날 수 없을 것이라고 생각하고, 자신이 그 간극에 서 있다는 사
실을 보지 못한다. 그 간극이야말로 새로운 것이 일어날 수 있는 유
일한 장소인데 말이다. 나는 '시간을 가진다.'의 의미 중 하나는 시

간을 반으로 가르는 것, 크로노스를 절개하고 희망이 허락하는 만큼 과거와 미래를 분리해 두는 것은 아닐까 생각하게 된다.*

　　모든 글은 일종의 타임캡슐이다. 글쓰기는 자신의 세계에서 온 조각들을 모아, 공간뿐만 아니라 시간적으로도 다른 세계에 존재하는 독자에게 보내는 것이기 때문이다. 심지어 일기장에 개인적인 글을 쓰는 것조차 미래의 나를 전제하며, 더 나아가 미래 자체를 가정한다. 이 글을 쓰는 순간과 여러분이 이 글을 접하는 순간 사이에 무슨 일이 일어났는지 알 수 없다. 하지만 내가 의심의 순간을 산다는 것은 말할 수 있다. 어쩌면 아마 여러분도 그럴 것이다.

　　알아볼 수 없는 형체를 목격한 그날 저녁, 나는 도로 끝 랍스석호Raab's Lagoon라 불리는 '자연 구역'으로 향했다. 포장도로가 끝나고 잔디로 바뀌는 곳에 이르러 오리나무와 전나무를 지나면 2016년에 사망한 한 남자를 기리는 벤치가 나온다. 여기서 계속 가면 물속에서 통로가 튀어나와 있다. 쿼터마스터 항구와 작은 석호에서 흘러온 물을 가르는 인공 방벽의 일부다. 항구에서 오는 물이 작은 틈새를 지나 석호 반대편에 다다를 때까지 통로는 계속 이어진다. 처음 이곳에 왔을 때만 해도 물이 틈새를 따라 특정 방향으로 흐르는 것 같지는 않았다. 당시에는 몰랐지만 밀물이었고 나는 이곳에 온 지

---

*　이와 마찬가지로 바인 딜로리아 주니어는 문화와 문명의 변화를 모자이크에 비유했다. 이 모자이크에서는 오래된 패턴과 다가올 새로운 패턴을 구분할 수 없다. 그 역시 이런 상태를 취약하다고 봤으며, 우리가 "두려운 중간 지대를 탐색하지 못한다면 …… 모두 무의미한 조각을 계속해서 대체하는 이 영역을 탐색하지 못한다면 새롭고 더 정교한 야만에 빠질" 위험이 있다고 말한다.

얼마 되지 않았던 탓에 그 구역은 항상 그런 모습인 줄 알았다.

몇 주가 지나며 나는 조수에 익숙해질 수밖에 없었다. 숙소 문 바로 앞이 쿼터마스터 항구였기 때문이다. 밀물 때면 찰랑거리는 물소리와 플라스틱 카누가 나무 기둥에 부딪히는 소리가 들렸다. 나는 이 소리를 '부두의 노래'라 부르기 시작했다. 썰물 때면 눈 밑에 흰 깃털이 초현실적일 만큼 풍성하게 난 흰날개검둥오리가 느슨한 무리를 지어 나타나 잠수해서 바닥에 붙은 홍합을 잡아먹었다. 밀물이 완전히 빠져나가 홍합 껍데기가 모두 드러나면 사람들과 수리갈매기가 드러난 바위 해변을 걸어가곤 했다.

사실 나는 조수에 대해 아무것도 몰랐다. 몇 날 며칠을 구글에서 검색했지만 초등학교 과학 시간에 배웠던 것에서 크게 나아가지 못했다. 검색하면서 '높은 밀물'과 '낮은 밀물'이 있고, 이 장의 서두에서 설명한 킹타이드처럼 가장 높은 밀물은 달이 지구와 가장 가까운 근지점(近地點)에 있고 지구는 태양과 가장 가까운 근일점(近日點)에 있는 초승달이나 보름달 때 일어난다는 사실을 알았다.* 이 같은 힘이 실제로 단단한 땅을 조금씩 움직이는 '지구 조수' 같은 것이 있다는 사실도 알게 되었다. 달이 지구의 물을 끌어당기면서 물이 후퇴하고 달의 공전이 빨라지면서 달이 지구에서 멀어진다는 사

---

* 이를 다룬 매우 유용하고 직관적인 애니메이션이 있다. 유튜브에서 익스플로라토리움(Ex_ploratorium)의 동영상 '킹타이드(King Tides), 풀 스펙트럼 과학 단편(Full Spectrum Science-Shorts), 론 힙시먼(Ron Hipschman)'을 검색해 보자. 덧붙이자면 이 영상에는 앨런 그린버그가 찍은 멋진 태평양 사진도 나온다.

실도 배웠다. 나는 지역 조수표를 살펴봤는데, 이 곡선에는 나름의 주기성과 논리가 있었지만 달력의 칸이나 그 칸에서 보이는 격자 시간 표시와는 일치하지 않았다. 며칠 밤이 지나자 이런 사실을 알려주기라도 하듯 맑고 환한 보름달이 떠올랐다.

어느 날 중간 썰물 때 우연히 랍스 석호에 갔다. 그제야 나는 장벽이 있는 이유를 알게 되었다. 그 장벽은 내가 무심코 걷던 길의 일부였고 작은 공원의 전체 모습을 형성했다. 도로는 원래 근처 제재소로 향하는 길이었고 중간에 다리 놓은 둑길을 따라 석호를 가로질렀다. 지금 이 석호에서는 가끔 기러기나 왜가리가 보일 뿐이지만 원래는 이곳에 통나무를 저장했다. 그러다 1950년대에 들어 적어도 밀물 때라도 항구에 배가 들어올 수 있도록 다리를 불태워 버렸다. 그렇게 옛길은 끊어졌다. 나는 풀이 무성한 둑에 서서 이제 더 이상 길이 아니게 된 곳을 내려다봤다.

만조 때를 제외하고, 남아 있는 좁은 수로는 물의 움직임을 과장해 화살표처럼 작용하는 지표가 됐다. 간조일 때는 물이 석호에서 남쪽으로 흘러 항구로 다시 돌아갔다. 그 상태는 물이 다시 2미터 이상 차오를 때까지 지속됐고, 내가 자주 포착하려 했지만 한 번도 잡아낼 수 없었던 정확한 순간에 물이 방향을 바꿔 항구에서 석호로 흐르기 시작했다. 물이 갑자기 빠르게 흐르기 시작하는데, 현지인들은 이를 '바손 급류'라고 불렀다. 그 급류는 수위가 일정해지면서 서서히 느려졌고, 물이 다시 내려갈 때 이 모든 과정은 다시 시작됐다.

나는 샌프란시스코 베이 지역 출신이라서 급류 소리를 들으면 비가 내려 계곡과 개울을 따라 산을 타고 흐르는 모습을 떠올리게 된다. 하지만 이 항구에서는 앞뒤로 흐르는 급류가 중력의 표시이자, 우주 공간에 있는 물체들의 위치에 대한 메시지였다.

그날 수로에서 물이 여러 개의 조수 웅덩이를 거쳐 석호로 흘러 들어갔다. 근처에 드러난 땅에서 작은 물줄기가 솟아오를 때 나는 콘크리트와 나무 잔해를 넘어 내려가 살펴봤다. 몸을 웅크리고 살펴보니, '조약돌' 하나가 마치 영화 〈미궁〉에 나오는 눈 달린 식물처럼 갑자기 활짝 열리며 내 얼굴에 물을 쏘았다. 진흙 속에 묻혀 있던 거친 뻘조개의 관이었다. 이 작은 물줄기들 사이에서, 과거의 그리고 곧 다시 석호 바닥이 될 곳에서 공기 방울들이 빠져나오면서 온 땅이 들끓고 쉭쉭거렸다.

북쪽으로 흐르는 물 아래, 바위 밑에 부분적으로 숨겨져 있던 것은 마치 케이크에 설탕을 뿌린 듯 하얀 무언가가 점점이 박힌 희한하고 거대한 보라색 덩어리였다. 그것은 불가사리 감소 증후군으로 멸종 위기를 겪고 있는 여러 불가사리 종 가운데 하나인 황토불가사리였다. 이 끔찍한 질병은 2013년 이후 서태평양 연안은 물론 심지어 수족관 수조 안의 불가사리까지 멸종시켰다. 사진 속 불가사리들은 말 그대로 부서져 녹아내렸다. 황토불가사리는 야생 해양 동물에서 발견된 질병 가운데 규모가 가장 큰 전염병인 이 질병으로 큰 타격을 입은 종 가운데 하나다. 이 석호에서도 과거에 이 질병

이 발견돼 기록된 적이 있다. 그럼에도 내가 본 불가사리는 건강해 보였다. 불가사리는 바닷물을 몸에 순환시키며 홍합을 먹느라 바빴고, 그 주위로 천천히 물이 차올랐다.

불가사리 감소 증후군의 원인은 아직 완전히 밝혀지지 않았지만 이 질병을 일으키는 바이러스는 오랫동안 불가사리에게 있던 것이라고 한다. 이 바이러스가 새로운 파괴력을 지니게 된 것은 수온 상승과 관련 있어 보인다. 수온이 상승해 불가사리가 스트레스를 받고 질병에 더 취약해졌을 수 있다. 물론 온난화의 원인은 명백하다. 섬의 자연관리센터 책임자는 랍스 석호의 건강한 불가사리에 대해, 현재로서는 고이지 않고 흐르는 시원한 석호의 바닷물이 불가사리에게 유리할 것이라 추측했다. 아니면 내가 보고 있던 불가사리가 2018년 연구에서 과학자들이 기록한 증후군에 대한 면역력을 물려받았을지도 모른다. 당시에는 고무적인 결과였지만 이 연구의 저자 가운데 한 명은 저항성이 "큰 폭풍이 몰아치는 바다에 먼 곳에서 온 작은 빛이 어른거리는 것일 뿐"이라고 경고했다. 그리고 내가 도착하기 한 달 전 퓨젯사운드에서는 이 질병이 더 많이 발생했다.

이 모든 사실을 알고 나니 황토불가사리의 3차원적이고 육체적인 존재가 작은 기적처럼 느껴졌고, 이미 존재하는 불가사리보다 더 큰 기적으로 느껴졌다. 이 불가사리가 사라질 가능성을 떠올리지 않고는 불가사리를 볼 수 없게 되었다. 나는 과거와 미래 사이의 틈에서 글을 쓰며 다른 많은 것처럼 이 동물이 우리 세상에서 희귀해지거나 아예 사라질 가능성이 높다는 사실을 받아들여야 한다. 이와 동시에 나는 그런 결과를 당연하게 받아들일 수 없다. 내가 그렇게 한다면 당신이 이 동물들을 볼 기회가 더 줄어들 것이기 때문이다.

이것이 결정론의 역설이다. 그것은 어느 정도 선택을 포함한다. 테드 창의 또 다른 이야기에서는 미래에서 온 화자가 과거에 경고하기로 결심한다. 그 경고는 '예측기Predictor'라는 기술에 관한 것으로, "부정 시간 지연negative time delay"을 사용해 버튼을 눌러 섬광을 일으키는 순간, 그 섬광을 미리 보여주는 장치다. 예측기는 절대 속일 수 없다. 자유 의지가 존재하지 않는다는 것을 증명하기 위해 만들어졌지만, 결국 그것은 독특한 형태의 소모 증후군을 일으킨다. 사람들은 모두 동기를 잃고 "깨어 있는 혼수상태"로 살아가게 된다. 의사들이 그런 환자들에게 "지난달 당신이 했던 어떤 행동도 오늘 하는 행동보다 더 자유롭게 선택된 것이 아니었다."라고 설득하려 해도 환자들은 이렇게 대답한다. "하지만 이제 나는 알아요." 그리고 어떤 환자들은 그 후로 아무 말도 하지 않게 된다.

이 이야기에서 화자는 결국 자신이 부정 시간 지연을 이용해 메시지를 보내고 있었음을 드러낸다. 그는 자유 의지가 존재하지 않는다는 사실을 알고 있다고 말한다. 하지만 그가 실제로 전달하려는 메시지에서는 스스로를 모순되게 만든다. 그는 과거의 사람들에게 이렇게 촉구한다. "자유 의지가 있는 것처럼 행동하세요. 당신의 결정이 중요하지 않다는 것을 알더라도, 그것이 중요하다고 행동하는 것이 필수적입니다. 진실은 중요하지 않습니다. 중요한 것은 당신의 믿음입니다. 그리고 그 거짓을 믿는 것이 깨어 있는 혼수상태를 피할 수 있는 유일한 방법입니다. 이제 문명은 자기기만에 의존하고 있습니다. 어쩌면 항상 그랬을지도 모릅니다." 화자는 또한 자신의 메시지가 어느 정도는 말이 되지 않는다는 것을 인정한다. "예측기가 당신에게 미치는 영향을 누구도 어떻게 할 수 없습니다. 그것은 선택의 문제가 아니니까요. 어떤 사람들은 굴복하고,

어떤 사람들은 그렇지 않을 것입니다. 내가 이 경고를 보낸다고 해도 그 비율이 바뀌지는 않을 거예요. 그렇다면 나는 왜 이렇게 했을까요?" 그의 답은 역설적이다. "왜냐하면, 선택의 여지가 없었으니까요."

창의 이야기는 시간, 의지, 생명력, 욕망이 이루는 불가분의 관계를 보여준다. 마지막에 화자가 "선택의 여지가 없었다."라고 말한다는 점은 모호하지만 이 말을 베르그송이 말한 대로 모든 논리와 확률을 거스르고 "표면을 뚫고 터져 나오는 깊이 파고든 자아"로 읽을 수도 있다. 무언가를 원하고, 사랑하고, 그것이 사라지는 것을 두려워하는 일은 과거와 미래 사이의 틈에 머무르며 '감정과 생각이 갑자기 끓어오르도록' 놓아두는 것이다. 그날 나는 옛길 사이의 틈에서 사라지지 않고 살아 있는 황토불가사리를 봤다. 나는 황토불가사리가 있는 미래를 절실하게 상상했다.

여기서 내가 말하는 것은 구체적인 어떤 동물 이상이다. 동물학자 로버트 페인은 1969년에 조간대 환경에 사는 황토불가사리가 미치는 영향을 관찰해 '핵심 종'이라는 개념을 도입했다. 홍합을 먹고 특정 높이의 바위에서 일정 공간을 청소하는 황토불가사리의 역할은 전체 조간대 환경의 생물 다양성에 매우 중요하다. 이 불가사리가 없다면 생물 다양성이 붕괴되고 그 영향이 다른 생태계로도 퍼져나갈 수 있다. 불가사리 감소 증후군이 발생한 뒤 몇 해 동안 페인의 실험 결과는 자연계에서도 실제로 널리 일어났다. 달갑지 않은 일이었다. 그는 황토불가사리가 없어지면 무슨 일이 일어나는지 살폈다. 상호 연결성을 깨닫게 하는 핵심 종이라는 개념은 인간, 공간, 시간의 경계를 보는 방법을 가르는 공동 생사의 갈림길을 보여줬다.

　나나 바위처럼 불가사리는 가깝고 먼 시간 속에서 일어난 사건의 흔적을 간직한다. 과학자들은 오랫동안 불가사리가 어떻게 팔을 진화시켰는지 확실히 알지 못했다. 화석 기록에서는 팔이 '완전히 형성'된 것처럼 보였기 때문이다. 2003년이 돼서야 모로코의 한 연구팀이 '고생물학의 폼페이'로 불리는 페조아타 지층에서 그 실마리를 발견했다. 이 화석에는 불가사리의 부드러운 몸체까지 보존돼 있었다. 칸타브리지아스터 페조아타엔시스Cantabrigiaster fezouataensis 라고 불리는 이 조상은 화석 기록상 가장 오래된 불가사리류 동물이었다. 그러다 2021년에는 하버드대학교와 케임브리지대학교 연구진이 칸타브리지아스터가 '줄기'로 해저에 붙어 있고 '꽃잎'으로 물속 플랑크톤 입자를 잡아먹는 꽃 모양 여과섭식 동물인 바다나리와 공통점이 있다는 사실을 발견했다.

　오르도비스 생물 다양화 대격변이 일어나던 어느 시점, 즉 어떤 장소의 조건 때문에 생물 다양성이 폭발적으로 늘어나던 시기에 칸타브리지아스터는 이상하고 예상치 못한 어떤 일을 했을지도 모른다. 이들은 방향을 바꾼 것이다. 어떤 연구자는 이렇게 썼다. "불가사리의 팔 다섯 개는 바다나리 조상에서 온 유물이다. 칸타브리지아스터와 그 불가사리 후손은 거꾸로 뒤집는 방식으로 진화해 팔이 퇴적물 쪽으로 향하도록 해서 먹이를 먹는다." 지금 내 앞에 있는 불가사리는 당신이 어떤 시간 틀로 이들을 보는지에 따라 위쪽이 위로 오거나 아래로 향하도록 해서 바위를 껴안는다. 하지만 불가사리는 그런 것은 별로 신경 쓰지 않는다. 불가사리는 자신만의 시공간 안에 있었고, 아마도 자기 팔 끝에 달린 복합눈(주로 곤충과 일부 갑각류에서 발견되는 눈의 구조-옮긴이)으로 어두운 덩어리인 나를 감지했던 것 같다.

고개를 들었을 때, 물이 더 들어와 내가 서 있던 땅에 가까워졌다. 나는 곧 오래된 길로 다시 올라가야 했고, 그곳에서 항구의 나머지 부분을 볼 수 있었다. 항구는 불타는 듯한 노란 잎들로 둘러싸여 있었다. 지역 신문에서는 코스트살라시Cost Salish 부족의 소마미시S'Homamish가 이 지역을 그들의 동료 거주자들, 즉 지금은 큰잎단풍나무라고 불리는 나무들을 기리며 투칠라위Tutcila'wi라고 불렀다고 보도한 바 있다. 내가 사는 곳보다 이 지역에 훨씬 더 흔한 나무들이다. 내가 이곳에 도착한 이후로 나무들은 하루가 다르게 눈에 띌 정도로 색이 변했고, 그 변화 속도는 점점 더 빨라지는 듯했다.

아래쪽에서 물이 바위로 차오르기 시작했다. 나는 가만히 서 있었지만 내 몸의 일부가 죽고 다른 일부가 살아나며 나도 차오르는 것 같았다. 조개껍데기에는 해마다 자라는 성장 고리가 있다. 그 것을 보니 팬데믹 동안 내 이마에 생긴 주름이 떠올랐다. 분명 많은 사람들이 더 빨리 노화하던 시기였고, 우리의 생물학적 시계가 집단적으로 압축된 상태였다.

바닷물이 차올랐다. 영원히 그곳에 서서 불가사리를 바라볼 수 없다는 사실을 알았지만, 나는 가능한 한 오래 그 자리에 서 있었다. 그동안 내게 밀려온 느낌은 정확히 기쁨은 아니었지만 절망도 아니었다. 조수 같은 것, 밀려났다 밀려오는 파도 같은 것이었다. 뭐라 규정할 수는 없지만, 다시 멀리 날아가는 오리들, 다시 푸르게 변하는 나무들, 다시 물에 잠기는 홍합들, 다시 흘러나오는 물 같은 내 주변의 모든 것은 이것을 알아볼 수 있으리라. 내 몸 역시 알아볼 수 있었다. 내 한가운데에서는 근육이 뛰고, 내가 아직 시작하지도 멈추지도 않은 생성의 사건들이 연이어 계속됐다. 밀려오는 물 아래에서 내 심장 박동이 말하는 것처럼 느껴졌다. 박동은 항상 해오던 말을 들려줬다. 다시, 한 번 더, 또다시.

책은 내 미천한 경험에
수많은 타인의 경험이 더해져
완성된다

이 책은 리스잔 올로니 부족의 미반환 영토에서 썼다. 독자분들은 소고리아 테 토지신탁Sogorea Te' Land Trust(홈페이지 sogoreatelandtrust.org)에 대해 알아보고 주변에서 계속되는 토지반환Landback 운동에 대해 알아보셨으면 한다.

이 책을 쓰려던 계획은 애초부터 다른 사람들이 관심을 준 덕에 힘을 얻었다. 아직 엉성한 개요만 있을 때였지만 나는 우리 에이전트인 캐롤라인 아이젠만Caroline Eisenmann에게 맡기면 안심이라고 생각했다. 베이션 아티스트 레지던시Vashon Artist Residency와 리틀 조슈아 트리Little Joshua Tree는 시간과 공간에 대해 깊이 생각할 수 있는 시간을 제공해 줬다. 내 담당 편집자 힐러리 레드몬Hilary Redmon은 분명히 큰 질문들에 대한 내 열정을 공유했고, 그 질문들이 어디로 가든지 따라올 의지가 있었다. 그의 인내심과 정확성, 그리고 내 글을 좀 더 알기 쉽게 풀어주신 능력에 감사한다. 내게 시간을 내준 랜덤하우스의 모든 분들, 아낌없이 조언해 주신 지아 톨렌티노Jia Tolentino, 사실을 하나하나 확인하는 엄청난 노고를 베풀어주신 댄 그린Dan Greene에게 감사드린다.

나는 프렐링거 도서관(6장에서 방문한 곳)의 릭Rick과 메건 프렐링거Megan Prelinger에게 깊이 감사드린다. 그들은 나에게 방향을 제시해 준 것뿐만 아니라 가장 따뜻한 격려를 아끼지 않았다. 프렐링거 도서관의 사서인 데빈 스미스Devin Smith는 프로젝트를 염두에 두고 레어드의 《개인 효율성 향상》 같은 보물을 발굴해 줬다. 과거가 미해결된 질문과 이루지 못한 욕망의 형태로 현재에 말을 걸려고 한다는 내 믿음이 맞는다면, 프렐링거 도서관 같은 아카이브 프로젝트는 이를 실현할 수 있는 몇 안 되는 통로들 중 하나다. 이 도서관은 진정 계속해서 선물을 주는 곳이며, 미래를 변화시킬 준비가 된 씨앗(콩?)들로 가득한 장소다.

나는 2019년 스탠퍼드 디지털 미학 워크숍Stanford's Digital Aesthetics Workshop에서 이 책의 초기 생각들을 발표할 기회가 있었다. 나를 초대해 주신 셰인 덴슨Shane Denson과 탐구로 이어지는 새로운 길을 아낌없이 열어주신 워크숍 참가자분들께도 감사드린다.

이 책을 쓰면서 운 좋게도 리베카 솔닛, 제시카 노델, 헬렌 맥도날드Helen Macdonald, 안젤라 가르베스Angela Garbes와도 그들의 신간에 관해 대화를 나눌 수 있었다. 그러는 사이 리즈 권Reese Kwon, 인디라 알레그라Indira Allegra, 바하르 베흐바하니Bahar Behbahani, 잉그리드 콘트레라스Ingrid Contreras, 레이철 콩Rachel Khong, 레이븐 릴라니Raven Leilani, 앙투아네트 은완두Antoinette Nwandu, 캐밀 랭킨Camille Rankin과도 이메일로 긴 이야기를 이어 나갔다.

이 책에 자신의 작품을 포함할 수 있도록 허락해 주신 예술가들과 작가들, 나에게 자신들의 경험과 전문 지식을 나눠주신 분들께 감사드린다. 하지만 여기 다 담을 수 없는 큰 공헌을 해주신 분들도 있다. 이 책에서는 내 친구 조슈아 배트슨Joshua Batson이 나뭇잎을 들여다보라며 준 보석 감별용 돋보기, 함께 이곳저곳을 들여다 봤던 이스트 베이 산책로가 떠오른다. 시를 이용해 시계를 해체하는 방법을 아셨던 친구이자 인생의 스승인 존 샵토와 함께 앉았던 레드우드 숲도 보인다. '조류 관찰자'인 동료 조 와이너Joe Winer와 함께 그가 보는 베이 쪽에서 함께 살펴보던 메리트 호수의 철새들도 보인다. 이 책에는 친구들과 공통된 사상가들과의 많은 대화들이 반영됐다. 헬렌 청Helen Tseng, 로라 킴Laura Kim, 라넬 타우로Raenelle Tauro, 카라 드파비오Cara DeFabio, 니라즈 바티아Neeraj Bhatia, 크리스티나 코필드Christina Corfield, 캣 퍼거슨Cat Ferguson, 게리 마오Gary Mao, 안쉬 슈클라Ansh Shukla 등이다.

☼ ────────────────────────────── ☽

무엇보다 시간이 기이하고 아무것도 결정되지 않은 듯했던 팬데믹 동안 매일 파트너 조 벡스Joe Veix와 함께 산책하며 나눈 수백 번의 대화가 떠오른다. 조는 나와 지내며 함께 모든 질문을 여러 번 곱씹으며 새로운 아이디어가 떠오를 때까지 창의적으로 거듭 고민해 줬다. 어려운 주제에 대해 글을 쓰는 것이 '독을 마시는' 것처럼 괴로울 때 조는 어떤 상황에서도 나를 웃게 만드는 능력으로 자주 해독제 역할을 해줬다.

부모님께도 감사드린다. 신뢰, 감시받지 않는 시간, 호기심을 키울 안전한 안식처를 선물해 주신 데 감사한다. 위탁 가정들을 위한 단기 보호 서비스를 제공하는 일을 하시면서, 사랑과 경청의 관계를 여전히 내게 보여주신다. 철학적 질문을 하도록 격려하며 이 책으로 이어지도록 도와주신 아버지께도 감사드린다. 플라톤의 《국가》를 읽기에 열네 살은 너무 어렸지만 말이다.

마지막으로 이 책에서 종합하려 했던 많은 내용은 우리 동네와 산타크루즈 산맥의 인간 및 비인간 스승들에게 직접 얻은 것이다. 상추를 나눠준 데보라, '전체를 꿰뚫어 보는 눈'을 가진 톰, 내 기억을 기록해 준 월계수, 시간을 현실로 만들어준 바위, 아무것도 보이지 않을 때 희망을 보여준 새들에게도 감사한다. 활기를 준 모든 것들에 감사를 전한다.

들어가며_사이의 시간에 전하는 말

11.   관다발 식물에 비해, Robin Wall Kimmerer, Gathering Moss: A Natural and Cultural History of Mosses (Corvallis: Oregon State University Press, 2003), 97.

11.   남극, Wynne Parry, "Antarctic Mosses Record Conditions on the Icy Continent," Live Science, December 30, 2011, livescience. com/17686- antarctic - mosses climate change. html.

11.   이끼가 언제 자라는지에 대한 논쟁, J. M. Glime, Bryophyte Ecology (Houghton: Michigan Technological University, 2022), vol. 1, chap. 5- 2, 4. Glime writes that "there is no general agreement on the definition of spore germination," and that furthermore, some species exhibit an intermediate phase between swell-ing and distension, called the protrusion phase.

12.   최초 이끼들이 진화했다, Kimmerer, Gathering Moss, 23.

12.   수억 년, In Gathering Moss, written in 2003, Kimmerer puts this development at 350 million years ago (23). A 2018 study of new evi-dence suggested that land plants may have arisen 400 to 500 million years ago. Elizabeth Pennisi, "Land plants arose earlier than thought— and may have had a bigger impact on the evolution of animals," Science, February 19, 2018, science .org/content/article/

land- plants arose earlier thought and may have had - bigger impact evolution animals.

12. 1500년 된 남극 이끼, 다시 살아나다, Becky Oskin, "1,500- Year Old Antarctic Moss Brought Back to Life," Scientific American, March 17, 2014, scientificamerican.com/article /1500- year old antarctic moss brought back to life/.

13. 어떤 이끼는, Glime, Bryophyte Ecology, vol. 1, chap. 7- 3, 2- 3. Glime cites a 1982 observation of an Anoectangium compactum that revived after nine-teen years. See also Kimmerer, Gathering Moss, 35- 43.

13. 바로 이런 이유, Janice Lee, "An Interview with Robin Wall Kim- merer," The Believer, November 3, 2020, culture.org/an- interview with robin - wall kimmerer/.

13. 그 오랜 시간을 거쳐왔다, Svante Björk et al., "Stratigraphic and Paleoclimatic Studies of a 5500- Year Old Moss Bank on Elephant Island, Antarctica," Arctic and Alpine Research 23, no. 4 (November 1991): 361.

14. 시간은 수평적이다, Josef Pieper, Leisure, the Basis of Culture (San Francisco: Ignatius, 2015), 49- 50. This book was first published in German in 1948, with an En glish translation in 1952.

16. 고용주와 직원 모두에게 이익이 된다, Carl Honoré, In Praise of Slow-ness: Challenging the Cult of Speed (New York: HarperOne, 2009), chap. 8.

16. 취직한 마지, The Simpsons, season 4, episode 7, "Marge Gets a Job," directed by Jeff Lynch, aired November 5, 1992, on Fox.

18. "증거를 기다리는 여자", Justine Jung, "Woman Waiting for Evi- dence That World Will Still Exist in 2050 Before She Starts Working

Toward Goals," Reductress, March 23, 2022, reductress.com/post/ woman- waiting for - evidence that world will still exist in 2050- before she starts working toward - goals/.

18. "시계는 내게 알려줄 수 있다", Michelle Bastian, "Fatally Confused: Telling the Time in the Midst of Ecological Crises," Environmental Philosophy 9, no. 1 (2012): 25.

19 몸에서, 나는 해부학과 마사지 과정을 수료한 친구 조슈아 뱃슨에게서 이 사실을 배웠다.

20. 자기 관리가 필수적이라는 점, Minna Salami, at Is There Time for Self- Care in a Climate Emergency? (online event), Climate Emergence— Emotional and Ecological Wellbeing Strategies, July 12, 2021, climateemergence.co.uk /time- for selfcare event recording.

21. "심연을 향해 일사불란하게 행진하는", Louis Michaelson, letter from the editors, Processed World 5 (July 1982): 8.

21. 가장 작은 행동, Hannah Arendt, The Human Condition (Chicago: Univer-sity of Chicago Press, 1998), 190.

22. 이 생각이 등장했을 때, 식민지화된 사람들은 격하되었다, Giordano Nanni, The Colonisation of Time: Ritual, Routine and Resistance in the British Empire (Manchester, UK: Manchester University Press, 2012), 10.

24. In 2021, Tropicfeel, Jack Morris, "Say Yes to Climbing an Active Volcano!" YouTube video, July 1, 2021, youtube.com/ watch?v=OpUb_k_LP98.

26. 모리스가 본 광산은, Megan Lane, "Sulphur Mining in an Active Volcano," BBC News, February 9, 2011, bbc.com/news/world- asia pacific 12301421. Lane refers to the filming of sulfur mining

for the BBC series Human Planet: "During filming, the BBC crew was enveloped in a toxic cloud 40 times the UK's safe breathing level (no limits exist for the miners). Corrosive air- borne particles ate into the cameras, which promptly broke down." Mari LeGagnoux, "Sulfur Mining in Indonesia," Borgen Magazine, July 7, 2014, borgenmagazine.com /sulfur- mining indonesia/; Martha Henriques, "The Men Who Mine the 'Dev-il's Gold,'" BBC Future, February 21, 2019, bbc.com/future/article/20190109 - sulphur mining at kawah ijen volcano in indonesia; Coburn Dukehart, "The Struggle and Strain of Mining 'Devil's Gold,' " National Geographic, Novem-ber 16, 2015, nationalgeographic.com/ photography/article/the- struggle and - strain of mining devils gold; Where Heaven Meets Hell, directed by Sasha Fried-lander (ITVS, 2013), pbs.org/video/global- voices where heaven meets hell/; Andrew Nunes, "Stark Photos Document the Dangerous Lives of Ijen's Sul-fur Miners," Vice, May 21, 2017, vice.com/en/ article/vb48y4/stark-photos -document-the-dangerous-lives-of-ijens-sulfur-miners.

27.   잠을 청하려 애쓰던 남자, Abby Narishkin and Mark Adam Miller, "VIDEO: Why Miners in Indonesia Risk Their Lives to Get Sulfur from Inside an Active Volcano," Business Insider, January 21, 2022, businessinsider.com/sulfur-miners-active volcano indonesia dangerous jobs 2022-1. This video depicts a day's work for Mistar, a sulfur miner at Ijen, and also shows the mining company's associated sulfur-refining plant.

27.   우리가 스프레드시트라고 부르는, Caitlin Rosenthal, Accounting for Slavery: Masters and Management (Cambridge, Mass.: Harvard

531   University Press, 2018).

27.   대부분의 황, Ivan Watson et al., "Volcano Mining: The Toughest Job in the World?" CNN, July 7, 2016.

28.   이런 현상을, Allen C. Bluedorn, The Human Organization of Time: Temporal Realities and Experience (Stanford, Calif.: Stanford University Press, 2002), 147– 49; Sarah Sharma, "Speed Traps and the Temporal: Of Taxis, Truck Stops and TaskRabbits," in The Sociology of Speed: Digital, Organizational, and Social Temporalities, eds. Judy Wajcman and Nigel Dodd (Oxford, UK: Oxford University Press, 2017), 133.

28.   경험경제, B. Joseph Pine II and James H. Gilmore, "Welcome to the Experience Economy," Harvard Business Review (July– August 1998), 97– 105.

29.   트로픽필 웹사이트에는, Jack Morris, "Volcano Adventure in Ijen," Tropic-feel, tropicfeel.com/journeys/volcano- adventure in ijen/.

29.   화산의 역사는 시작됐다, Corentin Caudron et al., "Kawah Ijen Volcanic Activity: A Review," Bulletin of Volcanology 77, no. 16 (2015): 15– 16, link.springer.com/article /10.1007/s00445- 014- 0885- 8; H. K. Handley et al., "Constraining Fluid and Sedi-ment Contributions to Subduction- Related Magmatism in Indonesia: Ijen Vol-canic Complex," Journal of Petrology 48, no. 6 (2007): 1155, academic.oup.com /petrology/article/48/6/1155/1564285; Hobart M. King, "Kawah Ijen Volcano," Geology.com, geology. com/volcanoes/kawah- ijen/; Brian Clark Howard, "Stunning Electric- Blue Flames Erupt from Volcanoes," National Geographic, Jan-uary 30, 2014, nationalgeographic.com/science/article/140130- kawah ijen blue - flame volcanoes sulfur indonesia pictures.

30. "우리는 ~와 있다", Bill McKibben, "The End of Nature: The Rise of Greenhouse Gases and Our Warming Earth," The New Yorker, September 11, 1989, newyorker.com/magazine/1989/09/11/the-end of nature.

31. "번역할 수 있을까", Natalie Diaz, "The First Water Is the Body," in New Poets of Native Nations, ed. Heid E. Erdrich (Minneapolis, Minn.: Graywolf Press, 2018), 101.

31. 다니엘 도이슐레의 곡, "Daniel Deuschle," Musicbed.com, musicbed.com/artists/daniel- deuschle/ 43856.

32. 인스타그램 초창기에, Charlotte Cowles, " 'We Built a House with Our Influencer Money,' " The Cut, November 15, 2019, thecut.com/2019/11 /travel- influencers built a house with their instagram money. html; "Travel Blog-ger Couple Lauren Bullen and Jack Morris Split," News.com.au, April 8, 2021, news.com.au/travel/travel- updates/ travel- stories/ travel- blogger couple lauren - bullen and jack morris split/ news- story/ e08140753d5e89612887ca 742d442e4a.

32. 인스타그램 초창기에, Jack Morris (@jackmorris), "Touch down in Egypt!" Instagram, April 7, 2021, instagram.com/p/CNXG7bjhFi5/.

33. "무언가를 소유하려는 태도", Susan Sontag, On Photography (New York: Farrar, Straus and Giroux, 2011), 4.

36. 과거 카마에후아카날로아는 로히해산으로 알려졌다, Bobby Camara, "A Change of Name," Ka Wai Ola, October 1, 2021, kawaiola.news/aina/a- change of name/.

37. 사회이론가들이 탐구해 온, Some social theorists who have explored the rela-tionship of agency to structure include Anthony Giddens (in The Constitution of Society: Outline of the Theory of

Structuration) and Margaret Archer (in Realist Social Theory: The Morphogenetic Approach). For example, Archer writes in Realist Social Theory, "Society is that which nobody wants, in the form in which they encounter it, for it is an unintended consequence. Its constitution could be expressed as a riddle: what is it that depends on human intentionality but never conforms to their intentions?" (165).

37. 개인의 편견과 제도적 편견, Jessica Nordell, The End of Bias: A Begin-ning (New York: Metropolitan, 2021), 111, 250.

38. 노동 시간의 유연성, Robert E. Goodin et al., Discretionary Time: A New Measure of Freedom (Cambridge, UK: Cambridge University Press, 2008), 390– 93.

39. 아메리칸드림이 우리의 두려움을 악용해, Mia Birdsong, How We Show Up: Reclaiming Family, Friendship, and Community (New York: Hachette, 2020), chap. 1.

40. 이런 작업을 해방적이고 유토피아적인 것으로 볼 수도 있고, As an example of this tension, Annie Lowrey recog-nized in The Atlantic that mutual aid during the Covid- 19 pandemic might "point to a better way of envisioning community," while Joanna Wuest wor-ried in The Nation that reliance on and romanticization of mutual aid would mean an abandonment of efforts for more structural change. This would simply uphold what Wuest called a "libertarian fantasy, with only atomized acts of compassion for those left out." Annie Lowrey, "The Americans Who Knitted Their Own Safety Net," The Atlantic, March 24, 2021, theatlantic.com / ideas/archive/2021/03/americans- who knitted their own safety net/ 618377/; Joanna Wuest, "Mutual Aid Can't Do It Alone," The

Nation, December 16, 2020, thenation.com/article/society/mutual-aid pandemic covid/.

41.   "파노라마식 공격", David Hockney, That's the Way I See It (San Francisco: Chronicle Books, 1993), 112.

41.   미래를 바라보는 두려움, Naomi Klein, This Changes Everything: Capi-talism vs. the Climate (New York: Simon and Schuster, 2014), 465.

41.   "코로나-19 팬데믹이라는 느린 시간", Herman Gray, "The Fire This Time," at Race at Boiling Point (online event), University of California Humanities Research Institute, June 5, 2020, youtube.com/watch?v=3I22E2Sezi8.

42.   팬데믹이, Mia Birdsong, interview with Carrie Fox and Natalie S. Burke, Mission Forward, podcast audio, July 6, 2021, trustory .fm/mission- forward/ mf307/.

Chapter 1. 누구의 시간이고 누구의 자본인가

47.   "시간은 수명에 관한 것이다", Barbara Adam, Timewatch: The Social Analysis of Time (Cambridge, UK: Polity, 1995), coda.

47.   "순간은 이윤의 요소다", Karl Marx, Capital (New York: Penguin, 1990), 1:352.

48.   1998년 7월, Quoted in Mario Macrì et al., "Clocking and Scientific Research: The Opinion of the Scientific Community," November 13, 1998, openaccessrepository .it/record/21217?ln=en.

51.   영화에서 가장 먼저 등장하는 이미지, Modern Times, directed by Charlie Chaplin (United Artists, 1936), criterionchannel.com/

535   modern- times.

53.   시간은 돈이 든다, Advertisement for International Time Recording Com-pany of New York, Factory: The Magazine of Management 16– 17 (February 1916): 194.

54.   "당신은 그들에게 현금을 지급합니다", Advertisement for Calculagraph, Industrial Manage-ment, August 1927, 65.

54.   급여에서 공제되는 사항, Quoted in E. P. Thompson, "Time, Work- Discipline, and Industrial Capitalism," Past and Present 38 (December 1967): 81.

55.   "아마존 창고에서 일하면서", Emily Guendelsberger, On the Clock: What Low- Wage Work Did to Me and How It Drives America Insane (New York: Lit-tle, Brown, 2019), 11.

55.   "스캐너가", Guendelsberger, On the Clock, 79.

56.   "직원의 시간을 최대한 활용하세요", Workpuls, "Employee Monitor-ing Software," Insightful (Workpuls), workpuls.com/employee-monitoring.

57.   직원 추적 시스템, Sara Morrison, "Just Because You're Working from Home Doesn't Mean Your Boss Isn't Watching You," Vox, April 2, 2020, vox.com/recode/2020/4/2/21195584/coronavirus-remote work from home - employee monitoring; Aaron Holmes, " 'Bossware' Companies That Track Work-ers Say the Tech Is Booming and Here to Stay— but Employees and Privacy Advocates Are Ringing Alarm Bells," Business Insider, June 20, 2021.

57.   번역 에이전시 계약직 직원, Quoted in Morrison, "Just Because You're Working from Home."

57.   이 시스템의 기능이 생산성을 촉진한다, Gadjo Sevilla, "The Best Em-ployee Tracking Software for 2020," PC Mag, October

29, 2020 (since updated). See original at web.archive.org/ web/20201103091025/pcmag.com/picks/the - best employee monitoring software.

57.　“직원들이 아는 것만으로도”, Workpuls, “Employee Monitoring Software.”

57.　스태프캅은~나타내며, “Filters,” Staffcop Enterprise, 4.10 User Manual, docs.staffcop.ru/en/work_with_data/filters.html; StaffCop, Employee Moni-toring Software, “StaffCop Enterprise: Time Tracking Report,” YouTube video, February 20, 2019, youtube. com/watch?v=2uh7- wO3D_k&t=61s.

58.　생산성 접수팩을, Jared Spataro, “Our commitment to privacy in Microsoft Productivity Score,” Microsoft 365, December 1, 2020, microsoft.com/en- us/ microsoft- 365/ blog/2020/12/01/our-commitment to - privacy in microsoft productivity score/.

58.　“저열한 기술 수용 곡선”, Cory Doctorow, Twitter thread, November 25,2020, twitter.com/doctorow/status/1331633102762831873.

60.　크기와 모양이 같은 컨테이너들, Barnaby Lewis, “Boxing Clever—How Standard-ization Built a Global Economy,” International Organization for Standardization, September 11, 2017, iso.org/ news/ref2215.html; Craig Martin, “The Shipping Container,” The Atlantic, December 2, 2013, theatlantic.com/technology / archive/2013/12/the- shipping container/ 281888/. For a history of container-ization specifically in the Oakland context, see episode 1 of Alexis Madrigal’s 2017 podcast series, Containers, podcasts. apple.com/us/podcast/containers /id1209559177.

60.　교환 가능한 시간, Bluedorn, The Human Organization of Time, 28. Bluedorn con-trasts fungible time with epochal time: unique events or durations.

61. 어떻게 발명됐는지 이해하려면, David Landes, Revolution in Time: Clocks and the Making of the Modern World (Cambridge, Mass.: Belknap Press/Harvard Univer-sity Press, 2000), 13.

62. "단순히 복잡하면서도 기묘한", Landes, Revolution in Time, 39–40. While Landes goes on to say that this is "clearly a defensive statement" in what was seen as a game of technological one-upmanship— the Europeans similarly disdained Chinese clocks— it is still true that the clock may have appeared uniquely irrel-evant. Before this statement, Landes quotes Carlo Cipolla: "Foreign machinery could not be properly appreciated because it was not the expression of a Chinese response to the problems set by a Chinese environment" (39).

62. 정해진 기도 시간은 균등하지 않았고, Landes, Revolution in Time, 74– 82. Tech-nically, the ancient Greeks used twenty- four equal hours for their theoretical calculations as early as the second century b.c., but laypeople continued to use variable hours. Michael A. Lombardi, "Why Is a Minute Divided into 60 Sec-onds, an Hour into 60 Minutes, Yet There Are Only 24 Hours in a Day?" Scientific American, March 5, 2007, scientificamerican.com/article/experts-time division - days hours minutes.

62. 중요한 전환점, Landes, Revolution in Time, 54– 56.

62. 이 규칙은 이후 퍼져 나갔으며, Columba Stewart, "Prayer Among the Benedictines," in A History of Prayer: The First to the Fifteenth Century, ed. Roy Hammerling (Leiden, Netherlands: Brill, 2008), 210.

62. "게으름은 영혼의 적", Saint Benedict of Nursia, Saint Benedict's

Rule for Monasteries, or, Rule of Saint Benedict (Collegeville, Minn: The Liturgical Press, 1948), chap. 48, Project Gutenberg eBook, gutenberg.org/files/50040/50040 - h/ 50040- h. htm.

62. 처벌, Saint Benedict of Nursia, Saint Bene-dict's Rule for Monasteries, or, Rule of Saint Benedict, chap. 43.

62. 5세기가 지나 시토회 수도사들은, Landes, Revolution in Time, 58, 73.

63. "의도하지 않은 새로운 맥락", Landes, Revolution in Time, 82.

64. "시계가 가리키는 시간", John Durham Peters, The Marvelous Clouds: Toward a Philosophy of Elemental Media (Chicago: University of Chicago Press, 2015), 220.

64   해양 크로노미터, Landes, Revolution in Time, 155- 66. Landes also relates further developments in chronometer design to competition between the colo-nial powers of En gland and France, at a time when colonial trade was growing quickly (167- 68).

65. 조정할 필요도 없었다, Eviatar Zerubavel, "The Standardization of Time: A Sociohistorical Perspective," American Journal of Sociology 88, no. 1 (July 1982): 6.

65. "주시계", Nanni, The Colonisation of Time, 51- 52; see also Jay Grif-fiths, "The Tyranny of Clocks and Calendars," The Guardian, August 28, 1999, the guardian.com/comment/story/0,,266761,00. html.

65. "표준 철도 시간이 없다", Travelers Official Railway Guide of the United States and Canada, June 1868: 100th Anniversary Facsimile Edition (New York: National Railway Publication Company, 1968), 13.

65. 샌포드 플레밍은 정반대의 개념을 상상했다, Sandford Fleming,

"Time Reckoning for the Twentieth Century," in the Annual Report of the Board of Regents of the Smithsonian Institution, Showing the Operations, Expenditures, and Condition of the Institution for the Year Ending June 30, 1886 (Washington, D.C.: Smithsonian Institution Press, 1889), 350– 57.

66. "위원회는 이것이", Fleming, "Time-Reckoning for the Twentieth Cen-tury," 355n.

66. 24개의 국제 표준시간대, W. Ellis, "The Prime Meridian Confer-ence," Nature 31 (1884): 7– 10, nature.com/articles/031007c0.

66. 시간에 대한 표준화된 접근 방식, 이 장에서 제시된 예들 외에도 비슷한 일이 더 가까운 곳인 캘리포니아의 스페인 선교지에서 발생했다. "신부들이 교회 종소리로 발표되는 엄격한 일정으로 하루를 규제하고, 규칙을 어길 경우 처벌해 이를 강화한 것은 원주민들의 전통과 완전히 배치됐다." Fred Glass, From Mis-sion to Microchip: A History of the California Labor Movement (Berkeley: University of California Press, 2016), 42.

66. "지구를 통합하려는 프로젝트", Nanni, The Colonisation of Time, 2.

68 "오늘에서야 짐 속에서 시계를", Quoted in Nanni, The Colonisation of Time, 25.

68. 남아프리카의 일부 마을에서, Nanni, The Colonisation of Time, 162– 65.

69. 필리핀과 멕시코, Peters, The Marvelous Clouds, 228.

69. 코란데르크에서 나눈 삐걱대는 대화, Nanni, The Colonisation of Time, 101.

70. 식민지 선교가 사람들을 "단순히 일을 하게 하려는 것", Nanni, The Colonisation of Time, 96.

70. 청교도주의는 "편의에 의한 결혼"을 했으며, Thompson, "Time,

Work-Discipline, and Industrial Capitalism," 95.

70. "분명 세심함이 부족한" 구절, Nanni, The Colonisation of Time, 198.

72. 1860년대 중국인 철도 노동자들은, Gordon H. Chang, "Op-Ed: Remember the Chinese Immigrants Who Built America's First Transcontinental Railroad," Los Angeles Times, May 10, 2019, latimes.com/opinion/op-ed/ la-oe chang trans continental-railroad anniversary chinese workers 20190510-story. html.

72 1866년에서 1867년으로 이어지는 혹독한 겨울, "Tunneling in the Sierra Nevada," American Expe-rience, PBS, pbs.org/wgbh/americanexperience/features/tcrr- tunneling sierra - nevada/; Abby Stevens, "Dynamite, Snow Storms, and a Ticking Clock," Moon-shine Ink, January 14, 2017, moonshineink.com/tahoe-news/ dynamite- snow - storms and a ticking clock/.

73. 숙식비까지 부담시킨 것, "Workers of the Central and Union Pacific Railroad," American Experience, PBS, pbs.org/wgbh/americanexperience/features /tcrr- workers central union pacific railroad/. Irish workers were provided with free room and board.

73. 1867년 6월 중국인 노동자들은, "Op-Ed: Remember the Chinese Immigrants."

73. 식량 공급을 차단했지만, "The Chinese Workers' Strike," American Experi-ence, PBS, pbs.org/wgbh/americanexperience/features/ tcrr- chinese workers - strike/; Nadja Sayej, " 'Forgotten by Society': How Chinese Migrants Built the Transcontinental Railroad," The Guardian, July 18, 2019, theguardian.com /artanddesign/2019/ jul/18/forgotten- by society how chinese migrants built - the transcontinental railroad.

73. 이후 조용히 인상했다, "Railroad— Chinese Labor Strike, June 24th,

541　　　1867," Museum of Chinese in America (MOCA), June 24, 2019, mocanyc.org/collections /stories/railroad- chinese labor strike june 24th 1867/.

73.　"인격화된 노동 시간", Marx, Capital, 1:352- 53.

73.　자본주의적 관행은 고대 군사 조직에 뿌리를 둔다, Harry Braverman, Labor and Monopoly Capital: The Degradation of Work in the Twentieth Century (New York: Monthly Review, 1998), 44- 45. 브레이버먼이 마르크스가 엥겔스에게 보낸 편지를 인용한 각주 참조: "일반적으로 군대는 경제 발전에 중요합니다. 예를 들어 고대인들이 최초로 완전한 임금 제도를 발전시킨 곳이 바로 군대였습니다. …… 하나의 분야 내에서 노동의 분업 또한 처음으로 군대에서 이뤄졌습니다."

74.　"발명가들이 엔진을 만들기 전에", Lewis Mumford, Technics and Civilization (London: G. Routledge, 1934), 41.

74.　체계적으로 관리하는 방식은, Caitlin Rosenthal, Accounting for Slavery: Masters and Management (Cambridge, Mass.: Harvard University Press, 2018), introduction.

75.　바베이도스농장주협회, Justin Roberts, Slavery and the Enlightenment in the British Atlantic, 1750- 1807 (Cambridge, UK: Cambridge University Press, 2013), 74.

75.　최대한 일해야 한다, Letter from George Washington to John Fair-fax, January 1, 1789, founders.archives.gov/documents/Washington/05- 01- 02 - 0160.

76.　일을 잘 하는 인부 4명, Quoted in Mark M. Smith, Mastered by the Clock: Time, Slav-ery, and Freedom in the American South (Chapel Hill: University of North Carolina Press, 2000), chap. 3 endnotes.

76.　플랜테이션 회계 시스템, Roberts, Slavery and the Enlightenment,

76.

76. 일부 서인도 사탕수수 플랜테이션 농장주들, Roberts, Slavery and the Enlightenment, 125–26.

76. 플랜테이션에 도입한 시계는, Smith, Mastered by the Clock, introduc-tion.

76. 노예들은 일을 그만둘 수 없었고, Rosenthal, Accounting for Slavery, introduc-tion.

77. 19세기 초 미국, Amy Dru Stanley, From Bondage to Con-tract: Wage Labor, Marriage, and the Market in the Age of Slave Emancipation (Cam-bridge, UK: Cambridge University Press, 1998), 62.

77. 임금노동이 매춘과 비교되었다, Lawrence B. Glickman, A Living Wage: Ameri-can Workers and the Making of Consumer Society (Ithaca, N.Y.: Cornell University Press, 2015), 15. "Nineteenth-century workers frequently spoke of 'wage slavery' or 'prostitution,' invoking the most degraded states the race-conscious, patriar-chal white male American workers could imagine."

77. 우리 중 누구도 자유롭지 않다, Quoted in Glickman, A Living Wage, 22.

77. "노예 상태는 무엇인가?", Quoted in Glickman, A Living Wage, 43.

77. 임금노동, 즉 "자유롭게 자신을 판매할 수 있는 능력", Glickman, A Living Wage, 44, 49. From Bondage to Contract의 "노동 문제와 자기 판매"라는 장에서 에이미 드루 스탠리(Amy Dru Stanley)는 노동을 하나의 상품으로 구매하는 것이 노예제와 비교될 수 있는지에 대한 논쟁을 설명한다. 일부 지도자들은 노동 문제를 '노예제 문제의 논리적 결과'로 여길 수 있다고까지 생각했다(61쪽). 이 도덕적 논쟁에 대해 스탠리는 "농업 중심의 남부에서는 노동과 자기 권리가 토지 소유 문제

와 결부돼 있었던 반면, 산업 중심의 북부에서는 이 문제가 주로 시간의 판매에 관한 것으로 변했다."고 제안한다(62쪽).

78. 임금노동 현장에는 준법적 구조가, Braverman, Labor and Monopoly Capital, 45- 46.

78. 노동자들이 노동조합을 조직화하기 시작했을 때, Alex Vitale, The End of Policing (London: Verso, 2017), 77- 80.

78. "미국인들은 생각하게 됐지만", Philip Dray, There Is Power in a Union: The Epic Story of Labor in America (New York: Anchor, 2011), 119.

79. 특정 정책을 도입하는 데 합의했다, Dray, There Is Power in a Union, 49.

79. 노동자들을 전면적으로 블랙리스트에 올리기로 합의했다, Dray, There Is Power in a Union, 43, 46.

79. 이러한 행태는, Joey La Neve DeFrancesco, "Pawtucket, America's First Factory Strike," Jacobin, June 2018, jacobinmag.com/2018/06/factory- workers - strike textile mill women.

80. "나는 끊임없이 서둘러야 하는 이 상황이 정말 싫다.", Quoted in Dray, There Is Power in a Union, 26.

80. "시계가 울린 지 2분이나 3분만 지나도", John Brown, A Memoir of Robert Blincoe, 런던 세인트 팽크라스 작업장에 일곱 살의 나이에 보내져 어린 시절과 청소년기에 걸쳐 방적 공장의 공포를 견뎌야 했던 고아 소년의 고난에 대한 세세한 기록, 이러한 종류의 최초로 출판된 회고록(Manchester, UK: J. Doherty, 1832), 59.

80. "교사가 다시 종을 울린다", "Time, Work- Discipline, and Industrial Capitalism," 85.

81. "건전한 공장 생활의 규율", Dray, There Is Power in a Union, 54.

81. "5. 당신에게 할당된 일에 성실히 임해야 하며", Quoted in Dario

Melossi and Massimo Pavarini, The Prison and the Factory: Origins of the Penitentiary System, trans. Glynis Cousin (Totowa, N.J. : Barnes and Noble Books, 1981), 153.

81. 제러미 벤담의 판옵티콘, Janet Semple, Bentham's Prison: A Study of the Panopticon Penitentiary (Oxford, UK: Clarendon, 1993), 123- 24.

83. "우리가 단순 유통이나 즉 상품 교환의 영역을 떠나는 순간", Marx, Capital, 1:280.

84. 끈질긴 노력 덕분에, Marx, Capital, 1:389- 416.

84. "몇 분씩 몰래 훔치기", Marx, Capital, 1:352.

84. 공장 감독관들은 노골적인 속임수를 쓰는 경우도 있었다, Thompson, "Time, Work- Discipline, and Industrial Capitalism," 86.

84. "더 촘촘히 채우는", Marx, Capital, 1:534.

85. 고대 그리스인들이 상상했던 것과 달리, William James Booth, "Economies of Time: On the Idea of Time in Marx's Political Economy," Political Theory 19, no. 1 (February 1991): 16.

86. 공급망 문제로 최근 헤드라인에, Paul Berger, "Why Container Ships Can't Sail Around the California Ports Bottleneck," The Wall Street Journal, Sep-tember 21, 2021, wsj.com/articles/why-container ships cant sail around the - california ports bottleneck 11632216603; Lisa M. Krieger, "As Cargo Waits and Costs Climb, Port of Oakland Seeks Shipping Solutions," Mercury News, July 25, 2021, mercurynews.com/2021/07/25/as- cargo waits and costs climb - port of oakland seeks shipping solutions/.

86. 몸길이의 절반 이상을 차지하는 부리, Hugh Jennings, "Bird of the Month: Long- billed Curlew," Eastside Audubon, April 3, 2018, eastsideaudubon.org/corvid - crier/ 2019/8/26/long- billled

curlew.

86. 이동했다가 돌아온 새들, Megan Prelinger, email to author, July 14, 2022; Lia Keener, "Catching Up to Curlews," Bay Nature, January 18, 2022. baynature .org/article/catching- up to curlews/.

87. "시간을 절약하는 데 대한 강한 집착" Michael O'Malley, "Time, Work, and Task Orientation: A Critique of American Historiography," Time and Society 1, no. 3 (1992): 346.

88. 19세기 미국에서 시계가 갖는 '모호한 위치', O'Malley, "Time, Work, and Task Orientation," 351.

88. 시간을 절약하는 시스템, Catharine Beecher, Treatise on Domestic Economy (Boston, Mass.: Thomas H. Webb, 1843), 258; Ivan Paris, "Between Efficiency and Com-fort: The Organization of Domestic Work and Space from Home Economics to Scientific Management, 1841- 1913," History and Technology 35, no. 1 (2019): 81- 104.

89. 이는 단지 자본의 명령에 따르는, Marx, Capital, 1:381. "자유 경쟁 아래에서 자본주의 생산의 내재된 법칙은 개별 자본가에게 외부의 강압적인 힘으로 다가온다."

90. "그들에게 부족한 것은", Braverman, Labor and Monopoly Capital, 232.

91. 비용 절감을 실현하는 방법, C. Bertrand Thompson, "The Stop Watch as Inven-tor," Factory: The Magazine of Management 16- 17 (February 1916): 224.

91. "시간 연구의 대표주자", Braverman, Labor and Monopoly Capital, 63- 68.

94. "미터법 시간은 처음에", D. T. Nguyen, "The Spatialization of Metric Time: The Conquest of Land and Labour in Europe and the United States," Time and Society 1, no. 1 (1992): 46.

95. 가사노동이 임금노동으로 인정되었을 때, Nina Banks, "Black Women's Labor Market History Reveals Deep- Seated Race and Gender Discrimination," Work-ing Economics Blog, Economic Policy Institute, February 19, 2019, epi.org /blog/black- womens labor market history reveals deep seated race and gender - discrimination/.

95. 가사노동은 이윤을 창출하지 않기 때문에, Angela Y. Davis, Women, Race, and Class (New York: Vintage, 1983), 228; Barbara Adam, Timewatch (Cambridge, UK: Polity, 1995), chap. 4.

95. 20세기까지 줄곧, Jacqueline Jones, "Black Workers Remember," The American Prospect, November 30, 2000, prospect.org/ features/black- workers - remember/.

96. 킬로걸, Claire L. Evans, Broad Band: The Untold Story of the Women Who Made the Internet (New York: Portfolio/Penguin, 2018), 24.

96. 2014년에 아마존이 데이터를 공개했을 때, Jay Greene, "Amazon Far More Diverse at Warehouses Than in Professional Ranks," The Seattle Times, August 14, 2015, seattletimes.com/business/ amazon/amazon- more diverse at its warehouses - than among white collar ranks/. (2015년 기사에서는 2014년에 공개된 데이터를 언급하고 있다.) Katherine Anne Long, "Amazon's Workforce Split Sharply Along the Lines of Race and Gender, New Data Indicates," The Seattle Times, September 22, 2021, seattletimes.com/business/ amazon/amazons- workforce split sharply along - the lines of race gender and pay new data indicates/.

96. "자동 장치", Karl Marx, Grundrisse: Foundations of the Critique of Political Economy (London: Penguin, 1993), 739. 마르크스는 노동

547 의 변화에 대해 "그 정점은 기계이며, 정확히 말하면 자동화된 기계 시스템이다. 이는 스스로 움직이는 동력, 즉 자동 장치에 의해 작동된다. 이 자동 장치는 수많은 기계적 및 지적 기관들로 구성되며, 노동자들은 그저 이 시스템의 의식적인 연결고리로 전락한다."라고 썼다.

96. "모든 움직임이 통제된다", Quoted in Emily Reid- Musson, Ellen MacEachen, and Emma Bartel, " 'Don't Take a Poo!': Worker Misbehaviour in On- Demand Ride- Hail Carpooling," New Technology, Work, and Employment 35, no. 2 (July 2020): 151.

96. "(센서들은) 보고했다", Jessica Bruder, "These Workers Have a New Demand: Stop Watching Us," The Nation, May 27, 2015, thenation. com/article/these - workers have new demand stop watching us/.

97. 텔레매틱스 시스템에서 수집된 데이터, Joseph Carino, "Uber Driver Tracking and Telematics," Geotab, January 15, 2018, geotab.com/ blog/uber- driver tracking/.

97. 아마존 물류창고, Secrets of the Superfactories, season 1, episode 2, directed by Paul O'Connor, aired October 14, 2019, on Channel 4.

97. "무인 공장", Andrew Wheeler, "Lights- Out Manufacturing: Future Fantasy or Good Business?" Redshift by Autodesk, December 3, 2015. Accessed December 3, 2020. Archived: web.archive. org/web/20210616205134 /redshift.autodesk.com/lights- out manufacturing/.

98. 인간은 더 경쟁해야 한다, Guendelsberger, On the Clock, 54.

98. 성장률 대 임금 그래프, Guendelsberger, On the Clock, 77- 78.

99. "API 위에 있다", Peter Reinhardt, "Replacing Middle Management with APIs," personal blog, February 3, 2015, rein.pk/replacing- middle management with - apis. Thanks to Nick Pinkston for making me aware of this term.

100. 아웃플렉스 직원 로라 모랄레스, "How Bots Will Automate Call Cen-ter Jobs," Bloomberg, August 15, 2019, bloomberg.com/news/videos/2019- 08- 15 /how- bots will automate call center jobs video.

100. 《과학적 사무실 관리》같은 책을 읽으며, Braverman, Labor and Monopoly Capital, 223.

101. 이런 일은 여전히 수행되지만, Braverman, Labor and Monopoly Capital, 220.

102. '크로노파지, Seymour, The Twitter-ing Machine (London: Verso, 2020), 195.

102. "얼마나 오랫동안 보는가", 이 게시물은 이후 Askwonder.com에서 '게시자에 의해 제한됐지만', 인터넷 아카이브의 웨이백을 통해 여전히 접근할 수 있다. Ashley N. and Carrie S., "What Is the Average Time Someone Spends Looking at an Instagram Post?" Askwonder.com, April 14, 2017, web .archive.org/web/20200814110334/https://askwonder.com/research/average - time someone spends looking instagram post o1oyu31rb.

102. "저는 원더를 사랑합니다", Danielle Narveson, review of Wonder Research, Askwonder .com, askwonder.com/.

102. 2018년 원더 리서치 한 직원은, "Good in theory, awful in execution" [employee review of Wonder Research], Glassdoor, April 23, 2018, glass door.com/Reviews/Employee- Review Wonder Research RVW20272240 .htm; "Very Difficult but Rewarding" [employee review of Wonder Research], Glassdoor, May 20, 2019, glassdoor.com/Reviews/Employee- Review Wonder - Research RVW26220924. htm.

103. "포템킨 AI", Quoted in Gavin Mueller, Breaking Things at Work:

The Luddites Were Right About Why You Hate Your Job (London: Verso, 2021), 118.

104. 검열자는 해야 했는데, Casey Newton, "Bodies in Seats," The Verge, June 19, 2019, theverge.com/2019/6/19/18681845/facebook-moderator interviews - video trauma ptsd cognizant tampa.

105. "하물며 인간조차 구분하지 못하는데", Quoted in Drew Harwell, "AI Will Solve Facebook's Most Vexing Problems, Mark Zuckerberg Says. Just Don't Ask When or How," The Washington Post, April 11, 2018, washingtonpost.com/news /the-switch/ wp/2018/04/11/ai-will solve facebooks most vexing problems-mark zuckerberg says just dont ask when or how/.

106. "공장에서 일하고 싶었다면", Mueller, Breaking Things at Work, 114.

106. "스피니파이에 오신 것을 환영합니다", "Spinify," spinify.com. The website has since changed; the closest version to the one referenced here is the Internet Archive Wayback Machine's June 5, 2021, snapshot: web.archive.org/web/20210605141235/spinify .com/.

109. 이름 없는 한 여성이, Merger, directed by Keiichi Matsuda (2019), km.cx /projects/merger.

Chapter 2. 자기 시간 조절자

115. "새해 결심보다 더 중요한 것은", P. K. Thomajan, "Annual Report to Yourself," Good Business, January 1966, 12. Good Business was one of several publications by the Unity School of Christianity (now known as Unity). 1936년에 출간된 Prosperity라는 책(2008년에 Prosperity: The Pioneering Guide to Unlocking Your Mental Power

라는 제목으로 재출간됨.)에서, 유니티의 공동 창립자 찰스 필모어는 '수정된' 시편 23편을 포함시켰다.

주님은 나의 은행가이시니, 나의 신용은 좋도다.

그는 나를 만연한 풍요 속에서 눕게 하시며,

그의 금고 열쇠를 내게 주시도다.

그는 나의 신념을 그의 부유함 속에서 회복시키시며,

그의 이름을 위하여 나를 번영의 길로 인도하시도다.

내가 빚의 그림자 속을 걸을지라도,

나는 어떤 악도 두려워하지 않으리니, 주께서 나와 함께 하심이라.

주의 은과 금이 나를 안전하게 하시도다.

주는 수금원 앞에서 나를 위하여 길을 마련하시며,

내 지갑을 풍성함으로 채우시니, 나의 잔이 넘치도다.

분명 선함과 풍요가 내 평생에 따르리니,

나는 영원히 주의 이름으로 사업을 하리라.

Charles Fillmore, Prosperity: The Pioneering Guide to Unlocking your Mental Power (New York: TarcherPerigree, 2008), 77–78.

115. 당신이 앞으로 나아간다고 해서, Billy Bragg, "To Have and Have Not," on Life's a Riot with Spy vs Spy (30th Anniversary Edition), Cooking Vinyl, 2013, streaming audio, open.spotify.com/track/5OL 8fXk5wyeB7g2eg5B9Xh?si=5ce1b 2fdbdf647fa.

117. 끊임없이 우리의 유용성을 입증해야 한다, Oliver Burkeman, "Why Time Management Is Ruining Our Lives," The Guardian, December 22, 2016, theguardian.com/technology/2016/dec/22/ why-time-management-is-ruining -our-lives; see also Burkeman, 4,000 Weeks: Time Management for Mortals (New York: Farrar, Straus and Giroux, 2021).

117. 헤도니즘봇, Futurama, season 4, episode 18, "The Devil's Hands

551

Are Idle Play-things," directed by Bret Halaand, aired August 10, 2003, on Fox; Futurama, sea-son 6, episode 12, "The Mutants Are Revolting," directed by Raymie Muzquiz, aired September 2, 2010, on Comedy Central. Futurama, season 4, episode 8, "Crimes of the Hot," directed by Peter Avanzino, aired November 10, 2002, on Fox.

118. 개신교에 크게 기인한다, Jon D. Wisman and Matthew E. Davis, "Degraded Work, Declining Community, Rising Inequality, and the Transformation of the Protes-tant Ethic in America: 1870–1930," The American Journal of Economics and Sociology 72, no. 5 (November 2013): 1078–79. 저자들은 데이비드 랜더스를 인용하며 프로테스탄트 노동 윤리와 상업 부르주아지 간의 밀접한 관계가 17세기 일본에서 상인의 부상과 함께 나타난 '강력한 칼뱅주의적 노동 윤리(strong Calvin- like work ethic)'로 입증된다고 제안한다.

118. 개신교의 한 종파인, Charles Taylor, Sources of the Self: The Making of the Modern Identity (Cambridge, Mass.: Harvard University Press, 1989), 184.

119. 자신을 설교자로 꾸민다, Margo Todd, "Puritan Self- Fashioning: The Diary of Samuel Ward," Journal of British Studies 31, no. 3 (July 1992): 260.

119. 조립 라인 작업이 의미를 찾기 어려웠던 탓에, Robert Eisenberger, Blue Monday: The Loss of the Work Ethic in America (New York: Paragon House, 1989), 10.

119. 더 높은 생산성 덕분, Frederick Winslow Taylor, Principles of Scien-tific Management (Norwood, Mass.: Plimpton, 1911), 141.

120. 실용적이고 상세한 매뉴얼, Donald Laird, Increasing Personal Efficiency (New York: Harper and Brothers, 1925), front cover.

120.   "공학자들이 이 세상을 놀랍게 발전시켰다", Laird, Increasing Personal Efficiency, 179.

120.   "개인적인 질문", Laird, Increasing Personal Efficiency, 6.

121.   "과도하게 눈을 움직이지 마시오", Laird, Increasing Personal Efficiency, 67.

122.   "효율적 사고", Laird, Increasing Personal Efficiency, 123.

123.   "단단한 노동으로 향하며", Samuel Haber, Efficiency and Uplift: Scientific Man-agement in the Progressive Era, 1890– 1920 (Chicago: University of Chicago Press, 1964), ix.

123.   "더 많은 시간을 쓰고 있는가", Laird, Increasing Personal Efficiency, 136.

125.   "흔히 시간이", Roy Alexander and Michael S. Dobson, Real-World Time Man-agement (New York: American Management Association, 2009), 4.

125.   "직접 해보길", Kevin Kruse, 15 Secrets Successful People Know About Time Management: The Productivity Habits of 7 Billionaires, 13 Olympic Athletes, 29 Straight- A Students, and 293 Entrepreneurs (Philadelphia: Kruse Group, 2015), chap. 1.

126.   "시간을 더 만들 수 없지만", Kruse, 15 Secrets Successful People Know About Time Management, chap. 16.

127.   "자립해서 일어선다", "Bootstrap (n.)," Online Etymology Dictionary, etymonline.com/word/bootstrap; J. Dorman Steele, Popular Physics (New York: American Book Company, 1888), 37.

128.   이를 위해 개인은 위험을 계산해야 한다, 프리랜서와 긱 일자리는 아마도 자수성가의 더 구체적인 예 중 하나일 것이다. 캘리포니아 AB5 법안(우버와 같은 회사들이 긱 근로자를 직원으로 분류하도록 요구하는 법안)을 둘러싼 논쟁에서 볼 수 있듯이, 이러한 유형의 일이 얼마

나 착취적이며, 사람들이 왜 이를 선택하는지 그리고 그 조건을 어떻게 개선할 것인지에 대해 미국 내에서 이견이 있다. 그러나 양측이 동의하는 한 가지는 프리랜서 일이 정규 풀타임 일자리보다 더 불안정하다는 점이다. 이는 개인에게 재정적 위험을 비롯한 다양한 위험을 감수할 것을 요구하기 때문이다. AB5에 반대하는 프리랜서들의 의견을 집중 조사한 프리랜싱 플랫폼 Contently의 설문 조사에 따르면, 참가자들은 사실 정부의 의료 지원, 저렴한 보험, 미지급 임금 지원, 그리고 자영업 세금 인하를 환영할 것이라고 언급했다. 이와 마찬가지로 세계 15개국 4900명의 긱 근로자를 대상으로 한 Rest of World 설문 조사에 따르면, 긱 근로자의 60퍼센트는 재정적으로 만족한다고 답했지만 62퍼센트는 "직장에서 사고, 폭행, 질병, 혹은 단순히 비용을 충당하기에 충분한 돈을 벌지 못할까 봐 자주 불안하고 두려움을 느꼈다."고 밝혔다. 한편 자율성에서의 유의미한 진전은 종종 노동 보호를 우회하거나 약화시키고 있으며 특히 프리랜서 경제가 여섯 번째로 빠르게 성장하고 있는 프리랜서 근로자 보호법을 통과시켰다.) The Failure to Regulate," IRLE Working Paper No. 106- 17, September 2017, irle.berkeley.edu/files/2017/Labor- Platforms and - Gig Work. pdf; Philip Garrity, "We Polled 573 Freelancers About AB5. They're Not Happy," The Freelance Creative, January 30, 2020, contently.net/2020/01/30 /resources/we- polled 573- freelancers about ab5- theyre not happy/; Peter Guest, " 'We're All Fighting the Giant': Gig Workers Around the World Are Finally Organizing," Rest of World, September 21, 2021, restofworld.org/2021/gig- workers - around the world are finally organizing/; Seha Yatim, "Unique Gig Economic Situation in PH Calls for Nuanced Approach," The Manila Times, May 30, 2021, manilatimes. net/2021/05/30/opinion/unique- gig economic situation in ph -

calls for nuanced approach/ 1801152.

128. 미국 응답자의 62퍼센트, "The American–Western European Values Gap," Pew Research Center, November 17, 2011, updated February 29, 2012, pew research.org/global/2011/11/17/the- american western european values - gap/.

128. 평균 53퍼센트, Laura Silver, "Where Americans and Europeans Agree— and Differ— in the Values They See as Important," Pew Research Cen-ter, October 16, 2019, pewresearch.org/fact- tank/2019/10/16/where- americans - and europeans agree and differ in the values they see as important/.

128. 민주당 당원보다, Samantha Smith, "Why People Are Rich and Poor: Republicans and Democrats Have Very Different Views," Pew Research Center, May 2, 2017, pewresearch.org/fact- tank/2017/05/02/why- people are rich and - poor republicans and democrats have very different views/.

128. "통제를 벗어난 상황", Pierre Bourdieu, Practical Reason: On the Theory of Action (Stanford, Calif.: Stanford University Press, 1998); Harry Frankfurt, "Free-dom of the Will and the Concept of a Person," The Journal of Philosophy 68, no. 1 (January 1971): 5–20.

129. "대통령", "쓰레기", "자본주의", John McLeod, "President," pagat.com /climbing/president.html. 이는 저명한 영국의 카드게임 연구자인 존 맥레오드의 개인 웹사이트로, 데이비드 팔렛이 The Penguin Book of Card Games에서 이 게임을 설명할 때 그를 인용한다. 이와 유사한 게임은 일본, 호주, 그리고 몇몇 유럽 국가들에서도 존재한다.

129. 멍청이 게임, Mario D. Molina et al., "It's Not Just How the Game Is Played, It's Whether You Win or Lose," Science Advances 5, no. 7 (

555   July 17, 2019).

131. 2016년 뒤마는 킥스타터 캠페인을 시작했다, " 'The Freedom Journal': Accom-plish Your #1 Goal in 100 Days," Kickstarter, kickstarter.com/projects/eofire /the- freedom journal accomplish your 1- goal in 100/ posts/1459370; John Lee Dumas, The Freedom Journal (self- published, 2016).

131. "2017년 성공 패키지", "The Mastery Journal by John Lee Dumas," Kickstarter, kickstarter.com/projects/eofire/the- mastery journal master productivity - discipline; "Master Productivity!" themasteryjournal.com/.

132. "세상에서 제일 규칙적인 사람", Craig Ballantyne, "Time Management Hacks From the World's Most Disciplined Man," YouTube video, July 18, 2022, youtube.com/watch?v=jnCdIYvbcEg; Craig Ballantyne, "This Morning Rou-tine Will Increase Your Productivity and Income," YouTube video, June 3, 2020, youtube. com/watch?v=114Q gvn_wD8&ab_channel=TurbulenceTraining.

132. 정복하거나 지배하라는 조언, Steve Costello, "How to Overcome Entrepreneurial Anxiety, Banish Stress, and Crush Your Goals: 'Unstoppable' author Craig Ballantyne outlines 12 habits that will help you beat anxiety, refo-cus, and excel," Entrepreneur, April 16, 2019, entrepreneur.com/article/332049; JayWongTV, "Dominate Your Competition, Be Unstoppable & Live Your Best Life | Craig Ballantyne Interview," YouTube video, January 24, 2019, youtube .com/watch?v=FYN6dAsY774; Craig Ballantyne, "5 Skills for Crushing It in Sales," YouTube video, April 15, 2020, youtube. com/watch?v=O_HRks1xD6I; JasonCapital, "High Status Summit: Craig Ballantyne Teaches You How to Overcome Shyness & Crush

It on Social Media," YouTube video, April 23, 2020, youtube. com/watch?v=x- 3ZB2r9GTY; Craig Ballantyne, "How to Dominate Your Life with 4- Quadrants," YouTube video, June 18, 2018, youtube .com/watch?v=hjVut7yzQq4; Optimal Living Daily, "441: Follow Your Own Rules to Crush Life by Craig Ballantyne with Roman Fitness Systems (The Jack LaLanne Story— A Hero)," YouTube video, March 26, 2018, youtube.com /watch?v=g3VY9U-yD8.

133.   80/20 법칙, Ari Meisel, The Art of Less Doing: One Entrepreneur's Formula for a Beautiful Life (Austin, Tex.: Lioncrest, 2016), back cover.

133.   수익을 창출하는 비결, 2022년 초 어느 시점에 screwtheninetofive. com은 wealthycoursecreator.com으로 리디렉션되기 시작했으며, 동일한 사람들이 운영하고 있지만 이제는 37달러짜리 온라인 마케팅 속성 과정을 제공한다. Screw the Nine to Five, web.archive.org/ web/20220128034955/www.screwtheninetofive.com/; Wealthy Course Creator, wealthycoursecreator.com/.

134.   고발당한 회사, XPO Global Union Family, XPO: Delivering Injustice, February 2021, xpoexposed.org/the- report.

135.   저렴한 주택을 찾아, Richard Schenin, "Bay Area Commuting Nightmares: Jobs in City, Affordable Homes in Exurbia," Mercury News, Septem-ber 30, 2015, mercurynews.com/2015/09/30/bay-area commuting nightmares - jobs in city affordable homes in exurbia/. 이 기사에서는 다음과 같은 통근 거리를 예로 든다: "맨티카에서 마운틴 뷰까지 (왕복 225킬로미터); 로스바노스에서 샌프란시스코까지 (385킬로미터); 아메리칸 캐니언에서 산타클라라까지 (240킬로미터); 디스커버리 베이에서 남부 산호세까지 (210킬로미너); 패

터슨에서 팔로알토까지 (275킬로미터); 트레이시에서 월넛 크릭까지 (145킬로미터); 모데스토에서 캠벨까지 (275킬로미터); 홀리스터에서 마운틴 뷰까지 (195킬로미터); 뉴먼에서 산호세 시내까지 (305킬로미터)."

135. "아침에 눈을 뜨면, 짜잔!", Arnold Bennett, How to Live on 24 Hours a Day (Garden City, N.Y.: Doubleday, Doran & Company, 1933), 23.

136. 헨리 포드는 500부를 선물했다, John Adair, Effective Time Management (London: Pan, 1988), 9.

136. 시간 관리 책들을 던져버렸다, May Anderson in discussion with the author, August 11, 2021.

137. 컴퓨터 칩이 우리를 자유롭게 하지 않았다, Marc Mancini, Time Management, The Busi-ness Skills Express Series (New York: Business One Irwin/Mirror, 1994), v.

137. 당신들은 일하라고 하지만, Alexander and Dobson, Real- World Time Management, 5.

138. 시간 조절자, Allen C. Bluedorn, The Human Organization of Time: Temporal Realities and Experience (Stanford, Calif.: Stanford University Press, 2002), 150.

139. 사라 샤르마는 방법을 설명한다, Sarah Sharma, "Speed Traps and the Temporal: Of Taxis, Truck Stops and TaskRabbits," in The Sociology of Speed: Dig-ital, Organizational, and Social Temporalities, eds. Judy Wajcman and Nigel Dodd (Oxford, UK: Oxford University Press, 2017), 132.

140. "권력 관계를 구조화", Sharma, "Speed Traps and the Temporal," 133.

138. "단순해졌다고 생각해 봐요", Sarah K.'s review of Do Less: The

Unexpected Strategy for Women to Get More of What They Want in Work and Life, Goodreads, November 15, 2019, goodreads.com/review/show/3049904518. 이와 유사하게 엘리자베스 스피어스는 원격 근무 방식으로 인해 일과 가정생활의 경계가 모호해지면서 일이 점점 더 캐주얼해질수록 젊은 원격 근무자들이 더 자주 대기 상태에 있어야 한다고 관찰했다. 그러나 동시에 이러한 근로자들은 상사들이 더 자주가 아닌 오히려 덜 접근 가능하다는 사실을 알게 됐는데, 이는 "24/7 근무 가능성은 위에서 아래로만 작동한다."는 증거다. Elizabeth Spiers, "What We Lose When Work Gets Too Casual," The New York Times, February 7, 2022, nytimes.com/2022/02/07/opinion/culture /casual- workplace remote office. html.

141.   "남성과 여성 모두", Linda Babcock et al., "Gender Differences in Accepting and Receiving Requests for Tasks with Low Promotability," Ameri-can Economic Review 107, no. 3 (2017): 724.

141.   "우리는 모두 사회화됐죠", Charlotte Palermino, "For Years I Said Yes to Everything. Saying 'No' Finally Got Me Ahead at Work," Elle, February 28, 2018, elle.com /culture/career- politics/ a18754342/ saying- no at work/. 이 이야기에서는 유사한 연구 결과를 도출한 캐서린 오브라이언(Katharine O'Brien)을 인용한다. 그는 "여성은 일반적으로 양육자이자 돕는 자로 여겨지기 때문에 '싫다'고 말하는 것은 그들에게 기대되는 역할에 어긋난다."고 말했다. 더 나아가 여러 연구에서 일을 거절하는 것이 여성의 업무 평가에 부정적인 영향을 미치지만, 남성에게는 그렇지 않다는 결과를 보여줬다. M. E. Heilman and J. J. Chen, "Same Behavior, Different Consequences: Reactions to Men's and Women's Altruistic Citizenship Behavior," Journal of Applied Psychol-ogy 90, no. 3 (2005): 431- 41.

142.   "떠맡지 않으면", Ruchika Tulshyan, "Women of Color Get Asked

to Do More 'Office Housework.' Here's How They Can Say No,"
Harvard Busi-ness Review, April 6, 2018, hbr.org/2018/04/
women- of color get asked to do - more office housework heres
how they can say no.

142. 자동차 충돌 테스트, 특히 현재 표준 충돌 테스트 더미인 하이브리드
Ⅲ는 1970년대 남성의 50번째 백분위수를 기준으로 만들어졌다. 미국
고속도로 교통안전국(NHTSA)은 2003년부터 여성형 더미를 사용하
기 시작했지만, 이들 역시 기본적으로 남성형 더미의 축소 버전일 뿐
이며, 때로는 단지 조수석에서만 테스트된다. Riley Beggin, "Female
Crash Dum-mies Need to Be Updated for Accuracy, Rep. Lawrence
Tells Feds," The Detroit News, February 15, 2022, detroitnews.
com/story/business/autos/2022/02/15 /female- crash dummies
need updated rep lawrence tells feds/ 6797643001/; Caroline
Criado Perez, "The Deadly Truth About a World Built for Men—
from Stab Vests to Car Crashes," The Guardian, February 23, 2019,
theguardian.com /lifeandstyle/2019/feb/23/truth- world built for
men car crashes; Alisha Hari-dasani Gupta, "Crash Test Dummies
Made Cars Safer (for Average- Size Men)," The New York Times,
December 27, 2021, nytimes.com/2021/12/27/business/car - safety
women. html.

143. 꿈의 직업 찾기, Laura Vanderkam, 168 Hours: You Have More Time
Than You Think (New York: Portfolio/Penguin, 2011), chap. 3.

143. 아웃소싱하기, Vanderkam, 168 Hours, chap. 6.

143. "핵심 역량", Vanderkam, 168 Hours, chap. 2.

143. "인생에서 소소한 삶의 재미를 빼앗길", Review of Laura Vanderkam's
book 168 Hours: You Have More Time Than You Think, Publishers
Weekly, March 29, 2010, publishers weekly.com/978- 1-59184-331-3.

144. "사용자를 대신해 생각하는 인지 도구", Kevin K. Birth, Time Blind: Problems in Perceiving Other Temporalities (Cham, Switzerland: Palgrave Macmillan, 2017), 99.

144. "매혹적인 관심사다", Sharma, "Speed Traps and the Temporal," 134.

145. "육아는 사회화돼야 하고", Angela Y. Davis, Women, Race, and Class (New York: Vintage, 1983), 232.

146. "공정한 주당 노동 시간법", Stephanie Wykstra, "The Movement to Make Workers' Schedules More Humane," Vox, November 5, 2019, vox.com/future - perfect/ 2019/10/15/20910297/fair- workweek laws unpredictable scheduling - retail restaurants.

146. 보편적 기본소득(UBI) 시범 사업, "Health and Well- Being," Stockton Economic Em-powerment Demonstration (SEED), stocktondemonstration.org/health- and - wellbeing; "Front and Center: For Tia, Guaranteed Income Provided 'a Little Push,' " Ms. magazine, April 15, 2021, msmagazine.com/2021/04/15/front- and - center 1- tia guaranteed income black mothers women ms magazine magnolia - mothers trust/.

146. 시간세, Annie Lowrey, "The Time Tax," The Atlantic, July 27, 2021, theatlantic .com/politics/archive/2021/07/how- government learned waste your time-tax/ 619568/.

147. "백인이 시간을 소유한다", Brittney Cooper, "The Racial Politics of Time," TEDWomen 2016, October 2, 2016, ted.com/talks/ brittney_cooper_the_racial _politics_of_time?language=en.

151. 린다라는 가상의 인물을 묘사한다, Hartmut Rosa, "De-synchronization, Dynamic Stabilization, Dispositional Squeeze," The Sociology of Speed, eds. Wajcman and Dodd, 27.

151. 린다는 피에라벤트를 결코 경험할 수 없다, Rosa, "De-synchronization, Dynamic Stabilization, Dispositional Squeeze," 29.

152. "여피들의 투덜거림", Elizabeth Kolbert, "No Time," The New Yorker, May 19, 2014, newyorker.com/magazine/2014/05/26/no-time.

152. 로자는 린다의 상황을 비교한다, Rosa, "De- synchronization, Dynamic Stabiliza-tion, Dispositional Squeeze," 30.

152. "재량 시간", R. E. Goodin et al., "The Time- Pressure Illusion: Discre-tionary Time vs. Free Time," Social Indicators Research 73, no. 1 (2005): 45.

153. 비정규직 교수 중 4분의 1, American Federation of Teachers, An Army of Temps: AFT 2020 Adjunct Faculty Quality of Work/Life Report, 2020, aft.org/sites/default /files/adjuncts_qualityworklife2020.pdf.

154. 사람들의 속도를 늦추는 약물, Rosa, "De- synchronization, Dynamic Stabiliza-tion, Dispositional Squeeze," 39.

154. 합법적으로 처방받았는데, Quoted in Fixed: The Science/Fiction of Human Enhancement, directed by Regan Brashear (New Day Films, 2014), fixed.vhx.tv/.

155. "일에 대한 집착은 유일한 방법이다", Vanderkam, 168 Hours, chap. 3.

155. "생산을 극대화하려는 욕구", Byung- Chul Han, The Burnout Society (Stanford, Calif.: Stanford University Press, 2015), 9.

155. 성과 주체는 "셀프 경영자"다, Han, The Burnout Society, 8.

155. "자신과의 경쟁 속에서 지쳐간다", Han, The Burnout Society, 42.

155. "지배가 사라진다고", Han, The Burnout Society, 11.

156. "할 수 있다"라는 긍정적 동기, Han, The Burnout Society, 9.

156. 자기 공격, Han, The Burnout Society, 47.

156. 자신의 한계를 뛰어넘으려, Han, The Burnout Society, 46.

156. 자본주의적 "증대의 논리", Rosa, "De- synchronization, Dynamic Stabili-zation, Dispositional Squeeze," 34.

157. 성적표의 '수우미양가' 등급, J. Schneider and E. Hutt, "Making the Grade: A History of the A- F Marking Scheme," Journal of Curriculum Studies 46, no. 2 (2013): 15.

158. 20세기 초, 사회 효율성 운동, Jonghun Kim, "School Accountability and Standard- Based Education Reform: The Recall of Social Effi-ciency Movement and Scientific Management," International Journal of Educa-tional Development 60 (2018): 81.

158. 사회적으로 효율적인 커리큘럼, Schneider and Hutt, "Making the Grade," 13- 14.

159. 미국 학교들은 이미 순위와 등급제를 사용했다, Franklin Bobbitt, Some General Principles of Management Applied to the Problems of City-School Systems (Chicago: University of Chicago Press, 1913), 15; Schneider and Hutt, "Making the Grade," 11- 13; Kim, "School Accountability and Standard-Based Education Reform," 82- 86.

159. 미의 지도를 만들기 위해 애쓴, Francis Galton, Memories of My Life (New York: E. P. Dutton, 1909), 315.

160. A부터 G까지 구분된 지능 척도, Francis Galton, Hereditary Genius: An Inquiry into Its Laws and Consequences (New York: D. Appleton, 1870), 338.

160. "미래 세대의 신체 구조는", Galton, Memories of My Life, 312.

161. 골턴이 더 많은 시간을 할애하는 것, Galton, Memories of My Life, 154- 60.

161. 지능은 본질적으로 속도와 관련된다, Galton, Memories of My Life,

563   248.

161. "인간에게 부과된 새로운 조건", Galton, Hereditary Genius, 345.

162. 유목주의를 배제하는, Galton, Hereditary Genius, 347.

162. "그때그때 적당히 일하는 사람은", Galton, Heredtiary Genius, 347–48.

162. 다윈 역시, Galton, Memories of My Life, 290– 91.

163. 2021년 캘리포니아주는 배상안을 제시했다, "캘리포니아 주정부 주도 불임 수술 생존자들에 대한 보상 프로그램 시작", 가빈 뉴섬 주지사실, 2021년 12월 31일; 에린 맥코믹, "캘리포니아 강제 불임 수술 생존자들: '내 삶은 아무런 가치가 없었던 것 같아." The Guard-ian, July 19, 2021, theguardian.com/us- news/ 2021/jul/19/california- forced - sterilization prison survivors reparations.

161. 이 잡지는 우승자에게 1000달러를 내건 적도 있는데, "$1,000.00 for the Most Beautiful Woman— One of Two Personal Beauty Prize Contests, the Other Being for the Most Handsome Man Based upon Perfection of Both Face and Figure— An Announce-ment," Physical Culture 45, no. 2 (February 1921): 54.

164. 보디빌딩을 지지, Robert Ernst, Weakness Is a Crime: The Life of Bernarr Macfadden (Syracuse, N.Y.: Syracuse University Press, 1991), 18.

164. 맥페이든이 쓴 기사, Bernarr Macfadden, "Vitalize with the Mono-Diet," Physi-cal Culture 63, no. 6 (June 1930): 17; Bernarr Macfadden, "Make Your Vacation Pay Health Dividends," Physical Culture 59, no. 6 (June 1928): 27; Bernarr Macfad-den, "Mountain Climbing in Your Own Home," Physical Culture 57, no. 5 (May 1927): 30; Bernarr Macfadden, "Are You Wasting Your Life?" Physical Culture 58, no. 3 (September 1927): 25.

164. 정신적 활력이 중요하다, Bernarr Macfadden, "Bernarr Macfadden's Viewpoint," Physical Culture 45, no. 2 (February 1921): 14.

165. 인종 개선, Amram Scheinfeld, "What You Can Do to Improve the Human Race," Physical Culture 78, no. 4 (October 1937): 20.

166. "눈에 띄는 바쁨(conspicuous busyness)", Michelle Shir- Wise, "Disciplined Freedom: The Pro-ductive Self and Conspicuous Busyness in 'Free' Time," Time and Society 28, no. 4 (2019): 1686.

168. "특권층이라 주장하는 사람들", Stefano Harney and Fred Moten, The Undercom-mons: Fugitive Planning and Black Study (New York: Minor Compositions, 2013), 140- 41.

169. 정책 변화를 위해, Burkeman, "Why Time Management Is Ruining Our Lives."

170. "더블 치즈버거 주세요.", Beavis and Butt- Head, season 5, episode 15, "Tainted Meat," directed by Mike Judge, aired December 29, 1994, on MTV.

171. 2016년 중국의 젊은 공장 노동자, David Bandurski, "The 'Lying Flat' Move-ment Standing in the Way of China's Innovation Drive," Brookings Tech Stream, July 8, 2021, brookings.edu/techstream/ the- lying flat movement standing in the - way of chinas innovation drive/.

172. 미국 눕기 운동 지지자들을 일축했다, Allison Schrager, " 'Lie Flat' If You Want, but Be Ready to Pay the Price," Bloomberg, September 13, 2021, bloomberg .com/opinion/articles/2021- 09- 13/- lie flat if you want but be ready to pay the - price? sref=2o0rZsF1.

173. "정말 황당하다", @slowdrawok, Twitter post, September 16, 2021, twitter .com/SlowdrawOK/status/1438568129320325122.

173. "억만장자가 말씀하시길, '우리 신문사, 기사 좀 써보라고", @w3dges,

Twitter post, Septem-ber 16, 2021; twitter.com/w3dges/status/143
8556517297496069?s=20.

173. "왜 열심히 일해?", @JackJackington, Twitter post, September 16,
2021, twitter .com/JackJackington/status/1438615108402438146.

Chapter 3. 여가란 가능할까

177. 일이 모든 것을 지배한다, Michael Dunlop Young and Tom Schuller,
Life After Work: The Arrival of the Ageless Society (New York:
HarperCollins, 1991), 93.

178. 이 시간은 사용되는데, Michael Zhang, "Why Photographs of
Watches and Clocks Show the Time 10:10," PetaPixel, June 27,
1013, petapixel.com/2013/06/27/why - photographs of watches
and clocks show the time 1010/.

179. "우리에게는 지금뿐", Lauren Bullen (@gypsea_lust), "All we
have is now," Instagram, March 23, 2020, instagram.com/p/B-
GJWpBJvX0/; Lauren Bullen (@gypsea_lust), "This too shall pass,"
Instagram, March 28, 2020, instagram .com/p/B- RgsTzJjFo/;
Lauren Bullen (@gypsea_lust), "Currently stuck in para-dise,"
Instagram, April 3, 2020, instagram.com/p/B- jH8NTp9hB/;
Lauren Bul-len (@gypsea_lust), "Face mask on, hair mask on;
ready to soak," Instagram, April 4, 2020, instagram.com/p/B-
lHUMLp1zM/. Because Instagram adjusts timestamps to your local
time zone, viewers on Eastern Daylight Time will see the last two
of these posts as having occurred on the same day, whereas they
were posted on different days in Bali.

181. 느림이 동일하지는 않다, Filip Vostal, "Slowing Down Modernity: A Critique," Time and Society 28, no. 3 (2019): 1042.

181. "역설적으로 필수 요소", Vostal, "Slowing Down Modernity: a Critique," 1048.

181. "느림 브랜드의 상품화", Vostal, "Slowing Down Modernity: A Critique," 1046.

182. "경험경제", B. Joseph Pine II and James H. Gilmore, "Welcome to the Experience Economy," Harvard Business Review, July– August 1998.

184. "경험을 포착해 두려는 심리", Susan Sontag, On Photography (New York: Farrar, Straus and Giroux, 2011), 4.

184. 2022년 3월 인스타그램은 발표했다, Aisha Malik, "Instagram Expands Its Product Tagging Feature to All US Users," TechCrunch, March 22, 2022, techcrunch.com/2022/03/22/instagram- product tagging feature/.

184. 인스타배, Isabella Steger, "The Japanese Words That Perfectly Sum Up How the Country Felt This Year," Quartz, December 1, 2017, qz.com/1144046/sontaku - japans word of the year reflects its deep political unease/. The term is also some-times spelled "insuta-bae."

184. 미국 밀레니얼 세대의 5분의 2, Rachel Hosie, " 'Instagrammability': Most Important Factor for Millennials on Choosing Holiday Destination," The Indepen-dent, March 24, 2017, independent. co.uk/travel/instagrammability- holiday factor - millenials holiday destination choosing travel social media photos a7648706 .html.

184. 인스타그램은 제품을 태그할 수 있도록 허용했다, "Instagram Stories Ads— Now Available for All Busi-nesses Globally," Instagram blog,

567   March 1, 2017, business.instagram.com/blog /instagram- stories available globally.

185.   "외부 세계, 비디지털 세계", Inside, directed by Bo Burnham (Netflix, 2021).

185.   라벤더 밭 한가운데서 포즈를 취하며, Lauren Bullen (@gypsealust), "Ful-filling my lavender field dreams," Instagram, July 3, 2021, instagram.com/p /CQ3k2zOBJea/.

185.   "소셜 미디어를 보면서 느끼는 부러움", B. Marder et al., "Vacation Posts on Face-book: A Model for Incidental Vicarious Travel Consumption," Journal of Travel Research 58, no. 6 (2019): 1027; H. Liu et al., "Social Media Envy: How Experi-ence Sharing on Social Networking Sites Drives Millennials' Aspirational Tour-ism Consumption," Journal of Travel Research 58, no. 3 (2019): 365. The latter paper suggests that "the low self- esteem segment is a potentially large yet under-explored market."

185.   침대에서 일어나 커피 한 잔을 들고, Lauren Bullen (@gypsealust), "The one time we got up for sunrise," Instagram, September 15, 2021, instagram.com/p /CT1YY6Zr9Ij/.

186.   사진들, Anna Seregina, "Found a prison that has been converted to an influencer hotel," Twitter post, September 20, 2021, twitter. com/touching cheeses/status/1440052093788721155.

186.   가끔 영화 〈쇼생크 탈출〉을 상영하는, Lucy Dodsworth, "A Night Behind Bars: The Malmaison Oxford Hotel Reviewed," On the Luce Travel Blog, March 3, 2021, ontheluce.com/reviewed- a night behind bars at the malmaison - oxford/.

186.   "평화라는 새로운 사치", "Forestis Dolomites | Boutique Wellness Hotel in Brixen," forestis.it/en.

☼ ── ☽

187. 그가 손님들이 도착하는 모습을 지켜보며, The White Lotus, season 1, episode 1, "Arrivals," directed by Mike White, premiered July 11, 2021, on HBO.

190. 유럽 어딘가의 오래된 도심지, 어딘가 막연히 유럽스러운 곳으로 산타나 로우의 초기 웹사이트는 '유럽과 미국의 웅장한 대로에서 영감을 받은' 장소로 홍보했으며, 이후 웹사이트에서는 보행자 친화적인 거리와 '유럽적 분위기'를 언급했다. "Santana Row [About]," archived February 5, 2004, web.archive.org/web/20040205185023 /www. santanarow.com/about.shtml; "Santana Row," archived August 3, 2005, web.archive.org/web/20050803081549/www.santanarow. com/.

191. 가장 강력한 통찰, Josh Allan Dykstra, "Why Millennials Don't Want to Buy Stuff," Fast Company, July 13, 2012.

192. 네슬레가 공공자원인 수돗물을 병에 담아 파는 것, Tom Perkins, "The Fight to Stop Nestlé from Taking America's Water to Sell in Plastic Bottles," The Guardian, Octo-ber 29, 2019, theguardian. com/environment/2019/oct/29/the- fight over water - how nestle dries up us creeks to sell water in plastic bottles. Fulvia Serra, in "Reproducing the Struggle: A New Feminist Perspective on the Concept of Social Reproduction," Viewpoint Magazine, October 31, 2015, suggests something similar when she writes that the private enclosure of the public commons— a process that began in twelfth-century En gland— applies to the social and infor-mational sphere as well. She writes that "intimacy, together with other social and intellectual practices that are necessary for the reproduction of our collectivity, is being appropriated today by the capitalist machine and, in the same movement, transferred from the collective sphere

to that of the nuclear unit and from the sphere of reproduction to that of the market economy."

192. 보상 소비, 이 용어는 1960년대에 처음 만들어졌으며, 이는 '직접적으로 충족될 수 없는 결핍, 욕구 및 바람에 의해 촉발된 소비자의 의도와 행동적 반응을 포괄하는 용어'로 설명된다. 이는 소비자가 자신이 느끼는 심리적 결핍을 메우기 위한 소비 활동을 의미하며, 버더넷 콜레스와 빅토리아 웰스, 그리고 마크 타다예브스키의 연구에서도 이러한 개념이 논의됐다. State- of the Art Review," Journal of Marketing and Management 34, nos. 1– 2 (2018): 5.

192. '인스타배'라는 용어에 대해 질문하자, Leo Lewis and Emma Jacobs, "How Business Is Capitalizing on the Millennial Instagram Obsession," Financial Times, July 12, 2018, ft.com/content/ ad84c9d0- 8492- 11e8- 96dd fa565ec55929.

193. 내적 모순, Kathi Weeks, The Problem with Work: Feminism, Marxism, Antiwork Politics, and Postwork Imaginaries (Durham, N.C.: Duke University Press, 2011), 49.

193. 조립 라인 작업, Jon D. Wisman and Matthew E. Davis, "Degraded Work, Declining Community, Rising Inequality, and the Transformation of the Protestant Ethic in America: 1870–1930," The American Journal of Economics and Sociology 72, no. 5 (November 2013): 1088. The authors quote Thorstein Veblen in his Theory of the Leisure Class: "The only practicable means of impressing one's pecuniary ability on . . . unsympathetic observers of one's everyday life is an unremitting demonstration of ability to pay."

194. "소유가 위험을 수반하기 때문에", Quoted in Weeks, The Problem with Work, 50.

☼ ───────────────────────────────── ☽

194. "아무도 그렇게 의도하지 않았지만", Tony Blackshaw, "The Man from Lei-sure: An Interview with Chris Rojek," Cultural Sociology 6, no. 3 (2012): 333.

194. 래리 엘리슨이 대부분을 사들인 섬, Adam Nagourney, "Tiny Hawaiian Island Will See If New Owner Tilts at Windmills," The New York Times, August 22, 2012, nytimes.com/2012/08/23/us/ lanai- a hawaiian island faces uncertain future - with new owner. html.

194. "증거 기반" 리조트, John Chan, "Larry Ellison's $300m Hawaii Island Will Transform Wellness," Billionaire, May 14, 2020, bllnr. com/travel/larry- ellison - s us$ 300m- startup will transform wellness; Avery Hartmans, "See Inside Larry Ellison's Hawaiian Island Wellness Retreat, a $1,200- Per Night Luxury Spa Where Guests Track Their Health Data and Learn How to Live Longer Lives," Business Insider, February 21, 2021, businessinsider.com/ larry- ellison hawaii wellness spa - sensei lanai photos 2021- 2.

194. 그중 하나인 해빗쉐어, Patrick Lucas Austin, "Need Some Help Reaching Your Goals? Try These 5 Habit- Tracking Apps," Time, July 8, 2019, time.com/5621109 /best- habit tracking apps/.

195. 수업 전체에 걸쳐, Rachel Reichenbach, "Why Your Instagram Engagement Kinda Sucks Right Now," Rainylune, December 20, 2020, rainylune .com/blogs/blog/why- your instagram engagement kinda sucks right now.

195. "더 이상 사진 공유 앱이 아니다", Amelia Talt, "Why Instagram's Creatives Are Angry About Its Move to Video," The Guardian, August 8, 2021, theguardian .com/technology/2021/aug/08/ instagram- artists leaving social media tiktok - shopping; Rebecca

Jennings, "Nobody Wants More Crappy Videos on Insta-gram. Too Bad," Vox, March 29, 2022, vox.com/the- goods/ 23000352/ instagram - algorithm reels video following favorites.

198. 피퍼의 《여가와 갱신》, Josef Pieper, Leisure, the Basis of Culture (San Francisco: Ignatius, 2015), 46- 47.

199. "마음의 태도"로, Pieper, Leisure, 46.

201. "자기 자신을 위한 공원과 도서관이", Jenny Odell, How to Do Nothing: Resisting the Attention Economy (Brooklyn, N.Y.: Melville House, 2019), 13- 14.

201. 오클랜드 시립 장미정원, "Morcom Amphitheatre of Roses— Oakland CA," The Living New Deal, livingnewdeal.org/projects/ morcom- amphitheater - of roses oakland ca/.

202. 여가 자원을 제공하는 것이 국가의 책임, Ida Craven, " 'Leisure,' According to the Encyclopedia of the Social Sciences," in Mass Leisure, eds. Eric Larrabee and Rolf Meyersohn (Glencoe, Ill.: Free Press, 1958), 8. Craven notes that con-cerns about the "leisure problem" arose with eight- hour work laws being dis-cussed in 1916 and 1917.

202. "현대화가 진행되면 주당 15시간만 일하게 될 것이라고", John Maynard Keynes, "Economic Possibilities for our Grandchildren," Essays in Persuasion (London: Macmillan, 1933), 368.

202. "일괄 규약", Workers' Rights and Labor Compliance in Global Supply Chains, eds. Doug Miller, Jennifer Bair, and Marsha Dickson (New York: Routledge, 2014), 9.

202. "현대 여가의 탄생은", Chris Rojek, The Labour of Leisure: The Culture of Free Time (London: SAGE, 2010), chap. 4.

203. "미국인들이 여가 시간에", Statement quoted in National Recreation

Association, The Leisure Hours of 5,000 People: A Report of a Study of Leisure Time Activities and Desires (New York: National Recreation Association, 1934). This report begins its section "Purpose, Method, and Scope of the Study" by stating, "Everyone knows that during the last few years there has been a rapid increase in the amount of time available to most people outside their working hours" (4).

203. 여가의 중요한 기능, Gilbert Wrenn and D. L. Harvey, Time on Their Hands: A Report on Leisure, Recreation, and Young People (Washington, D.C.: Ameri-can Council on Education, 1941), xx.

203. 1950년대에 제작된 공익 영화, A Chance to Play (General Electric Company, in cooperation with the National Recreation Association, 1950), archive.org /details/Chanceto1950.

204. 〈여가 잘 활용하기〉, Better Use of Leisure Time, directed by Ted Peshak (Coro-net Instructional Films, 1950), archive.org/ details/0034_Better_Use_of_Leisure_Time_10_22_15_00.

206. 작년까지, Narrative interludes in this book are set in the summer of 2021; the change in park accessibility occurred in 2020.

206. 주민들에게만 독점적으로 개방된, Amanda Bartlett, "No Access: ACLU Sues Palo Alto over Decades- Long Ban of Non- residents from City Park," SFGate, September 16, 2020, sfgate.com/ california- parks/ article/ACLU- sues Palo Alto - Foothills Park nonresidents 15573266. php.

206. 사람들에게 즐거운 여가 경험에 대해 질문했다, George A. Lundberg, Mirra Komarovsky, and Mary Alice McInerny, Leisure: A Suburban Study (New York: Columbia University Press, 1934), 118.

207. 다양하고 마음 들떴던 산책은, Garnette Cadogan, "Walking While

573   Black," Literary Hub, July 8, 2016, lithub.com/walking- while black/.

209.   "이중 의식", W.E.B. Du Bois, The Souls of Black Folk (New York: Cosimo Classics, 2007), 2.

209.   고향을 방문해서야 비로소, Barbara May Cameron, "Gee, You Don't Seem Like an Indian from the Reservation," in This Bridge Called My Back, 3rd ed., eds. Gloria Anzaldúa and Cheríe Moraga (Berkeley, Calif.: Third Woman Press, 2002), 54.

210.   필리핀계 미국 여성, Nicole Hong et al., "Brutal Attack on Filipino Woman Sparks Outrage: 'Everybody Is on Edge,' " The New York Times, March 30, 2021, nytimes.com/2021/03/30/nyregion/asian- attack nyc. html.

211.   1930년대 지도에서는, Denzel Tongue, "My Grandparents' Redlining Story Shows Why We Must Do Better," Yes! magazine, November 13, 2020, yesmagazine .org/opinion/2020/11/13/ redlining- racial inequity covid.

211.   성문화되기 전에도, Victoria W. Wolcott, Race, Riots, and Roller Coast-ers: The Struggle over Segregated Recreation in America (Philadelphia: University of Pennsylvania Press, 2012), 16.

212.   일부 놀이공원 소유주, Wolcott, Race, Riots, and Roller Coasters, 16- 18, 70- 71, 118- 19, 122.

212.   "수영장에 갈 수 있었고", Jackie Robinson, I Never Had It Made: An Autobiog-raphy (New York: HarperCollins, 2013), 7.

212.   한국계 미국인 다이빙 선수 샘미 리, 그 수영장은 브룩사이드 플른지 (Brookside Plunge)였고, 1929년부터 1945년 사이에 유색인종들에게 화요일 오후 2시부터 5시까지 개방되었다. 결국 1947년 NAACP가 금지 명령을 받아내면서 제한 없이 재개장할 수밖에 없었다. Rick

Thomas, "Throwback Thursday— Revisiting Our Racist Past," South Pasadenan, June 14, 2018, southpasa denan .com/throwback-thursday revisiting our racist past/.

213. 윌콧은 2005년, Wolcott, Race, Riots, and Roller Coasters, 14, 232.

214. 건전한 활동이, Quoted in Jason Bittel, "People Called the Police on This Black Birdwatcher So Many Times That He Posted Custom Signs to Explain His Hobby," The Washington Post, June 5, 2020, washingtonpost.com/science /2020/06/05/people- called police this black birdwatcher so many times that - he posted custom signs explain his hobby/.

214. 해시태그 흑인탐조회라는 내용, Deborah Wang, "The Tale of the Black Birders and Ruffled Feathers on Facebook," KUOW, July 5, 2020, kuow.org/stories /black- birders ruffle feathers on facebook; "Seattle Audubon Statement on Face-book Group Censorship and 'No Politics' Policies," Seattle Audubon, July 1, 2020, seattleaudubon.org/2020/07/01/seattle- audubon statement on facebook group - censorship and no politics policies/.

214 〈워싱턴포스트〉의 기사를 포함해, Walter Kitundu, email to author, July 18, 2022.

214. "주의! 이 남자를 보신 적 있습니까?", Walter Kitundu (@birdturn-ntable), Twit-ter post, July 24, 2020, twitter.com/birdturntable/status/1286662401685893123.

214. 매디슨 그랜트는 레드우드를 연관 짓고, Sam Hodder, "Reckoning with the League Founders' Eugenics Past," Save the Redwoods League, September 15, 2020, savetheredwoods.org/blog/reckoning- with the league founders eugenics past/.

216. 야생권을 빼앗다, Mark David Spence, Dispossessing the

Wilderness: Indian Removal and the Making of the National Parks (Oxford, UK: Oxford University Press, 2000), 5. In his book The Metaphysics of Modern Existence (Golden, Colo.: Fulcrum, 2012), Standing Rock Sioux writer Vine Deloria, Jr., gives a sense of the social function that the National Parks played after World War II: "The interest in recreational activities in a natural surrounding was not a profound philosophical or religious movement that recognized a value in natu-ral entities themselves, but it did indicate that the aesthetic values of American society could be expressed as a function of nature as well as an appreciation of paintings, music, and other forms of art." He adds that the conservation move-ment saw nature "as a means of providing an emotional outlet for human frus-trations," though, for him, the conservationist Aldo Leopold— with his emphasis on a land ethic that would see nature as something more than property or an amenity— proves an exception (181).

218.   아마 무춘, Matt Dolkas, "A Tribal Band Reconnects with Ancestral Lands," Peninsula Open Space Trust, March 3, 2020, openspacetrust.org/blog /amah- mutsun/. The Amah Mutsun Tribal Band is chaired by Valentin Lopez, whose teachings on fire I return to in chapter 5.

221.   "내게는 전혀 이상한 일이 아닙니다", Mark Hehir, email to author, March 5, 2021.

221.   활동가 모임, 공공 여가가 유행하던 같은 시기의 한 예를 들자면, 담배 산업에서 일하는 흑인 여성 노동자들은 영성, 여가, 교육, 그리고 활동가 정신을 결합한 공간을 창출했다 1910년부터 1940년까지 새로운 남부 산업시대의 여성 노동자들을 연구한 M. 데보라 비알레스키

와 캐서린 린 월버트에 따르면 백인 여성 노동자들과 비교할 때 흑인 여성 노동자들은 남부 담배 산업을 통해 확산되던 노동조합주의를 더 환영하며, 종종 스스로 노동조합 지도자 역할을 맡기도 했다. 대부분의 여가 시설이 비백인 방문객에게는 폐쇄됐거나 흑인 지역에는 아예 건설되지 않았던 시대에 전 흑인 노동조합 회관은 흑인 교회의 역할을 차용하고 보완하며, 공동체의 확언, 교육, 그리고 활동의 공간이 됐다. 여성들은 마치 교회에 가는 것처럼 노동조합 행사에 차려입고 춤과 공연을 기획하며, 자신들이 박탈당한 여가를 제공하기 위해 힘썼다. M. Deborah Bialeschki and Kathryn Lynn Walbert, " 'You Have to Have Some Fun to Go Along with Your Work': The Interplay of Race, Class, Gender, and Leisure in the Industrial New South," Journal of Leisure Research 30, no. 1 (1998): 94-96.

222. "흔히 사람들은 돌봄을", Thora Siemsen, "On Working with Archives: An Interview with Saidiya Hartman," The Creative Independent, April 18, 2018, the creativeindependent.com/people/saidiya- hartman on working with - archives/.

222. "휴식은 기계처럼", The Nap Ministry (@TheNapMinistry), Twitter post, Octo-ber 10, 2020, twitter.com/TheNapMinistry/status/1314921775864651777. See also Tricia Hersey's book, forthcoming at the time of writing, Rest Is Resistance: A Manifesto (New York: Hachette, 2022).

222. "여러분이 매 순간 뭔가를 만들어내는 걸", The Nap Ministry (@TheNapMinistry), Twitter post, Sep-tember 21, 2021. twitter.com/TheNapMinistry/status/1440296107527979028.

223. 허시가 보기에 휴식은, Tricia Hersey, "Our work has a frame-work: REST IS RESISTANCE!" January 11, 2021, thenapministry.wordpress .com/2021/01/11/our- work is has a framework/.

223. "사람들에게 뭐라고 말씀하실 건가요?", "Atlanta- Based Organization Advocates for Rest as a Form of Social Justice," All Things Considered, NPR, June 4, 2020, npr .org/2020/06/04/869952476/atlanta- based organization advocates for rest as a - form of social justice.

225. 노동과 여가의 세계 구분은, Rojek, Labor of Leisure, chap. 4.

225. 이런 특성이 있다고 봤다, Aristotle's Politics, Second Edition, trans. Carnes Lord (Chicago: University of Chicago Press, 2013), book 3, chap. 14. "야만인들은 그들의 성격이 그리스인들보다 더 노예적이기 때문에 (아시아에 있는 사람들이 유럽에 있는 사람들보다 더 그렇다.) 주인의 지배를 아무런 문제없이 받아들인다." 제7권 제7장에서 아리스토텔레스는 이러한 차이를 그리스와 비교했을 때 북유럽과 아시아의 기후에 기인한다고 설명한다. 비록 이러한 구절들은 대부분의 노예가 아테네로 온 지역보다 더 먼 지역의 사람들을 지칭하지만 카네스 로드 번역의 자연적 노예제에 대한 아리스토텔레스의 초기 논의(제1권 제6장)에 대한 각주는 "발칸 반도와 페르시아제국의 '야만인'에 대한 폴리스에 거주하는 그리스인들 사이에 널리 퍼진 인종적 우월감을 염두에 두라."고 제안하며, 이들은 그리스 노예의 매우 큰 배율을 차지했다.

225. 노예로 타고난, Aristotle's Politics, book 1, chap. 4. "소유물은 삶의 목적을 위한 도구이며, 재산은 이러한 도구들의 총합이다. 그리고 노예는 살아 있는 형태의 소유물이다. 더 나아가, 모든 하위 존재는 많은 도구를 다루는 도구인데, 만약 각 도구가 명령에 따라 혹은 미리 알아서 자신의 기능을 수행할 수 있다면, 다이달로스의 도구들이나 헤파이토스의 삼각대들이 그랬던 것처럼 배틀의 북이 스스로 움직여 직조하고, 피크가 스스로 리라를 연주한다면 숙련된 장인들은 더 이상 하위 존재가 필요 없을 것이고 주인들은 노예가 필요 없을 것이다." Aristotle's Politics, book 7, chap. 9. "행복이 덕 없이 존재할 수 없다고 앞서 언급

했으므로, 가장 훌륭하게 통치되는 도시에서는 시민들이 노동자나 상인의 삶을 살아서는 안 된다는 것이 분명하다. 이러한 삶은 비천하고 덕에 반하기 때문이다. 또한 그러한 체제에서 시민이 될 사람들은 농부여서도 안 된다. 덕의 창조와 정치적 활동을 위해서는 여가가 필요하기 때문이다."

225. 사실은 좋은 일이라고 생각했다, Zeyad el Nabolsy, "Aristotle on Natural Slavery: An Analysis Using the Marxist Concept of Ideology," Science and Society 83, no. 2 (April 2019): 250.

225. 노예는 독립적으로 숙고할 수 없으므로, William Fortenbaugh, Aristotle's Practi-cal Side: On his Psychology, Ethics, Politics and Rhetoric (Leiden, Netherlands: Brill, 2006), 249; Malcolm Heath, "Aristotle on Natural Slavery," Phronesis 53, no. 3 (2008): 266.

225. 타고난 열등함, Sylvia Wynter, "Unsettling the Coloniality of Being/Power/Truth/Freedom: Towards the Human, After Man, Its Overrepre-sentation— An Argument," The New Centennial Review 3, no. 3 (Fall 2003): 265- 67, 296; Simone de Beauvoir, The Second Sex (New York: Vintage, 1989), xxii.

226. 따라서 본질적으로 대부분의 사물은, Aristotle's Politics, book 1, chap. 13; Frederick A. Ross, "Sermon Delivered in the General Assembly, New York, 1856," Slavery Ordained of God (Philadelphia: J. B. Lippincott, 1857), 47.

226. 사회적 위계질서, El Nabolsy, "Aristotle on Natural Slavery: An Analysis Using the Marxist Concept of Ideology." 제야드 엘 나볼시(Zeyad el Nabolsy)는 이 위계질서가 그가 '원형 인종화(proto-racialization)라고 부르는 현상을 보여준다고 말했다. 그는 현대의 인종 개념이 나중에 등장했다는 점을 인정하면서도, 아리스토텔레스의 위계질서가 단순한 외국인 혐오보다 현대적 인종차별에 더 가까운 것

579 이라고 본다. 이는 비그리스인들을 노예로 삼는 제도를 정당화하고 안 정시키는 데 편리하게 기여했기 때문이다.

227. 노동계급의 독학이 급증하던, David R. Roediger and Philip S. Foner, Our Own Time: A History of American Labor and the Working Day (New York: Verso, 1989), 21.

227. 수렵 채집인이나, Joan-Lluís Marfany, "The Invention of Leisure in Early Modern Europe (Debate)," Past and Present 156, no. 1 (August 1997): 190– 91. "Draughts" is another name for checkers; Bagà is a medieval town in Catalo-nia, Spain.

229. 노동 지도자들 사이에서 유명해진, Robert H. Zieger, For Jobs and Freedom: Race and Labor in America since 1865 (Lexington: University Press of Kentucky, 2014), 25.

229. "아무것도 없는 공백", Quoted in Roediger and Foner, Our Own Time, 99.

229. "필수적인 첫걸음", Quoted in David Roediger, "Ira Steward and the Anti- Slavery Origins of American Eight- Hour Theory," Labor History 27, no. 3 (1986): 425.

229. "연합하는", Roediger and Foner, Our Own Time, 95.

229. "포드주의적 타협", Peter Frase, "Beyond the Welfare State," December 10, 2014, peterfrase.com/2014/12/beyond- the welfare state/.

230. "집, 냉장고, 식기세척기, 세탁기", Blue Collar, directed by Paul Schrader (Universal Pictures, 1978).

230. "우리가 놓친 것은", Barbara Luck, "The Thing That Is Missed," Processed World 6 (November 1982): 49.

233. 강압적인 경찰의 단속, Niki Franco in discussion with the author, March 12, 2021.

239. "그러나 아래쪽 가장자리에서", Helen Macdonald, "Eclipse," in Vesper Flights (New York: Grove, 2020), 80.

242. "혹시라도 헷갈리는 사람이 있을까 봐", James Holzhauer (@James_Holzhauer), Twitter post, March 17, 2020, twitter.com/James_Holzhauer/status/1239980923526889473; jello (@JelloMariello), Twitter post, March 28, 2020, twitter.com/JelloMariello /status/1244120759162687490 [user no longer on Twitter]; Seinfeld Current Day (@Seinfeld2000), Twitter post, April 7, 2020, twitter.com/Seinfeld2000 /status/1247772104520421377; Mauroy (@_mxuroy), Twitter post, April 9, 2020, twitter.com/_mxuroy/status/1248228948686897152.

248. 추상적 시간과 추상적 공간, Henri Bergson, Creative Evolution, trans. Arthur Mitchell (Lanham, Md.: University Press of America, 1983), 156; Henri Bergson, Matter and Memory, trans. N. M. Paul and W. S. Palmer (Brooklyn, N.Y.: Zone, 1991), 210–11.

248. 특이한 것 우리 경험의 본질적인 이질성에 대한 일종의 반작용, Henri Bergson, Time and Free Will: An Essay on the Immediate Data of Consciousness, trans. F. L. Pogson (Mineola, N.Y.: Dover Publications, 2001), 97–101.

249. 엘랑 비탈, Bergson, Creative Evolution, 87–97. The authors translate élan vital as "life force." Bergson's use of the kaleidoscope analogy is from Bergson, Matter and Memory, 197.

250. "해시계는 자연현상을 직접적으로 모델링해", John Durham Peters, The Marvelous Clouds: Toward a Philosophy of Elemental Media (Chicago: University of Chicago Press, 2015), 220.

251. "시계 자체는 어떤 보편적인 시간관념을 구체화한 것", Carol J. Greenhouse, A Moment's Notice: Time Politics Across Cultures (Ithaca, N.Y.: Cornell University Press, 2018), 47.

251. 언어 장벽, Kevin K. Birth, Time Blind: Problems in Perceiving Other Tem-poralities (Cham, Switzerland: Palgrave Macmillan, 2017), 21.

252. "원주민의 시간 개념을 설명하는 것은", Tyson Yunkaporta, Sand Talk: How Indigenous Thinking Can Save the World (New York: HarperCollins, 2020), chap. 1.

254. 시간을 균일하게, Birth, Time Blind, 31.

255. 그중에는 규질암, Andrew Alden, emails to author on April 6 and 9 and May 29, 2022. Most of the geological details about this beach are thanks to our correspondence and to his coverage for KQED. See Andrew Alden, "Geologi-cal Outings Around the Bay: Pebble Beach," KQED, March 3, 2011, kqed.org /quest/19198/geological-outings around the bay pebble beach.

256. 검치호랑이와 늑대, Daniel Potter, "The Bay Area During the Ice Age (Think Saber- Tooth Cats and Mammoths)," KQED, September 24, 2020, kqed.org/news/11839198/the- bay area during the ice age think saber tooth - cats and mammoths.

259. "나는 과거의 사건이", Marcia Bjornerud, Timefulness: How Thinking Like a Geol-ogist Can Help Save the World (Princeton, N.J.: Princeton University Press, 2018), prologue.

260. 앨프리드 화이트헤드는 그 개념을 해체하기 시작했다, 앨런 블루돈 (Allen C. Bluedorn)은 The Human Organization of Time에서 화이트헤드의 의견을 인용해 "절대적 시간은 절대적 공간만큼이나 형이상학적인 괴물이다."라고 말한다. Bluedorn, The Human Organization

of Time, 28; see also W. Mays, "Whitehead and the Philosophy of Time," in The Study of Time, eds. J. T. Fraser, F. C. Haber, and G. H. Müller (Ber-lin: Springer, 1972), 358.

260. "서구 사회의 대부분은 뉴턴적 세계관을 유지하고 있으며", Vine Deloria, Jr., The Meta-physics of Modern Existence (Golden, Colo.: Fulcrum, 2012), 52.

260. 상대성이론이 어떻게 맞닿는지, Vine Deloria, Jr., "Relativity, Relatedness and Reality," Winds of Change, Autumn 1992.

261. 시간의 추상화를 통해, Giordano Nanni, The Colonisation of Time: Ritual, Routine and Resistance in the British Empire (Manchester, UK: Manchester University Press, 2012), 61.

261. 비교적 최근까지, "Season (n.)," Online Etymology Dictionary, etym online .com/word/season.

262. "비단참나무를", Yunkaporta, Sand Talk, chap. 10.

262. 살던 부족, Deloria, "Relativity, Relatedness and Reality."

263. 각 장소가 '개성'을 가지고 있으며, Vine Deloria, Jr., and Daniel Wildcat, Power and Place: Indian Education in America (Golden, Colo.: American Indian Graduate Center and Fulcrum Resources, 2001), 23. "힘과 장소는 개성을 만들어낸다. 이 공식은 단순히 우주가 살아 있다는 것을 의미하지만 동시에 우주가 개인적인 성격을 지니고 있다는 중요한 암시를 포함하며, 따라서 우주를 대할 때에도 개인적인 방식으로 접근해야 한다는 것을 의미한다."

264. "다시 한번 본질적인 것으로 여긴다면 어떤 일이 일어날까?", Daniel R. Wildcat, "Indigenizing the Future: Why We Must Think Spatially in the Twenty- first Century," American Studies 46, nos. 3/4 (Fall/ Winter 2005): 430.

265. 하부 일상이라는 용어를 만들었다, Georges Perec, Species of

583   Spaces and Other Pieces, trans. John Sturrock (New York: Penguin Classics, 2008), 210.

265. e를 하나도 사용하지 않고 소설을 쓴, Georges Perec, La Disparition (Paris: Éditions Denoël, 1969).

266. 우체국 배송차, Georges Perec, An Attempt at Exhausting a Place in Paris, trans. Marc Lowenthal (Cambridge, Mass.: Wakefield Press, 2010), 3.

268. "시간, 포착 불가능성", Marc Lowenthal, "Translator's Afterword," in Perec, An Attempt at Exhausting a Place in Paris, 49–50.

269. "평온과 안정을 줄 수 있을 것", Quoted in Jacey Fortin, "The Birds Are Not on Lock-down, and More People Are Watching Them," The New York Times, May 29, 2020, nytimes.com/2020/05/29/science/bird- watching coronavirus. html.

269. 사용자가 37퍼센트 늘었다, "Birdwatching Surges in Popularity During Covid 19 Pandemic," CBS Pittsburgh, March 3, 2021; Team eBird, "2020 Year in Review: eBird, Macaulay Library, BirdCast, Merlin, and Birds of the World," eBird blog, December 22, 2020, ebird.org/news/2020-year in review.

269. 쌍안경 판매액, Jacob Swanson, "Backyard Birds See a Popularity Surge During COVID- 19 Pandemic," The Herald- Independent and McFarland This-tle, February 12, 2021, hngnews.com/mcfarland_thistle/article_be9d26f9- 8d90 - 58a8- b7c4- 087c1579d473. html.

269. 한 달 동안 사상 최대의 다운로드 수, Marc Devokaitis, "Lots of People Are Discovering the Joy of Birding from Home During Lockdown," All About Birds, June 6, 2020, allaboutbirds.org/news/lots- of people are discovering the - joy of birding from home during lockdown/.

☼ ──────────────────────────────────── ☽

269. 라이브 버드캠 방문자 수, Gillian Flaccus, "Bird- watching Soars amid COVID- 19 as Americans Head Outdoors," Associated Press News, May 2, 2020, apnews.com/article/us- news ap top news ca state wire or state wire virus - outbreak 94a1ea5938943d8a70fe794e 9f629b13.

270. 교외 지역에 서식하는 종에 대한 이버드 관찰 비율이, Team eBird, "Pandemic- Related Changes in Birding May Have Consequences for eBird Research," eBird blog, February 19, 2021, ebird.org/news/ pandemic- related changes in birding may - have consequences for ebird research; Devokaitis, "Lots of People Are Discov-ering the Joy of Birding."

271. "움직임을 놓치지 않고 주의 깊게 관찰", "Brown Creeper," All About Birds, all aboutbirds.org/guide/Brown_Creeper/.

271. 기억하는 까마귀, Kat McGowan, "Meet the Bird Brainiacs: American Crow," Audubon, April 2016, audubon.org/magazine/ march- april 2016/ meet - bird brainiacs american crow.

271. 검은마나킨 수컷, Jennifer Ackerman, The Bird Way: A New Look at How Birds Talk, Work, Play, Parent, and Think (New York: Penguin, 2021), 219.

271. 버드노트에서 느리게 녹음한 것, "What the Pacific Wren Hears," BirdNote, October 24, 2021, birdnote.org/listen/shows/what- pacific wren hears.

271. 수개월 전에 허리케인을 예측하고, Ackerman, The Bird Way, 322.

272. 조류 전문가에게 보여주면, Megan Prelinger, email to author, May 11, 2022.

272. 아비새가 속한 아비목, Megan Prelinger, "Loons, Space, Time, and Aquatic Adaptability," in These Birds of Temptation, eds. Anna-

585 Sophie Springer and Etienne Turpin (Berlin: K. Verlag, 2022), 258.

272. 이버드에서 '마당에 사는 종' 목록은, A yard list is a list of species you have observed in your own yard.

272. "패치 목록", "Patch and Yard Lists in eBird," eBird Help Center, support.ebird .org/en/support/solutions/articles/48001049078-patch and yard lists in ebird.

273. 참새로 가득한 패치, J. Drew Lanham, "The United State of Birding," Audu-bon, December 19, 2017, audubon.org/news/the- united state birding.

273. 칠엽수는, Laura Lukes, "The Buckeye," The Real Dirt Blog (University of California Agriculture and Natural Resources), March 22, 2019, ucanr .edu/blogs/blogcore/postdetail.cfm?postnum=29729.

275. 동물에 의존하는 다른 종과 달리, Joe Eaton, "Fall of the Buckeye Ball," Bay Nature, October 1, 2008, baynature.org/article/fall- of the buckeye - ball/.

278. 빙하기가 어떻게 진행되느냐에 따라, "앤드루 올든(Andrew Alden)은 만약 빙하기 동안 바다가 충분히 오랫동안 물러나고, 융기 작용으로 인해 상승 중인 지대가 따뜻한 시기에 바다가 다시 돌아올 때 파도의 영향권에서 벗어나 있게 된다면, 이런 일이 발생할 것이라고 말했다. (빙하기 동안에는 빙하에 물이 갇히면서 해수면이 낮아진다.) 그는 '인간 활동이 자연적인 빙하기 순환을 단절시켰는지'에 대한 질문은 여전히 열린 문제라고 덧붙였다." 해양 단구 형성에 대한 더 자세한 내용은 Doris Sloan, Geology of the San Francisco Bay Region (Berke-ley: University of California Press, 2006), 18- 19. 참고.

279. 키머러는 자문을 요청받았다, Robin Wall Kimmerer, "The Owner," Gathering Moss: A Natural and Cultural History of Mosses (Corvallis: Oregon State University Press, 2003), 125- 40.

282. 베르그송의 직관 개념, Mark William Westmoreland, "Bergson, Colo-nialism, and Race," in Beyond Bergson: Examining Race and Colonialism Through the Writings of Henri Bergson, eds. Andrea J. Pitts and Mark William Westmoreland, (Albany: State University of New York Press, 2019), 174–78, 192.

283. 세포의 의사 결정, Barbara Ehrenreich, Natural Causes: An Epidemic of Wellness, the Certainty of Dying, and Killing Ourselves to Live Longer (New York: Twelve, 2018), 159.

284. 학교에서 배운 '생물학적' 관점, Leticia Gallegos Cázares et al., "Models of Living and Non- Living Beings Among Indigenous Community Children," Review of Science, Mathematics, and ICT Education 10, no. 2 (2016): 10, resmicte.library.upatras.gr/index.php/review/article/viewFile/2710/3052.

285. 응답자들은 이 질문의 한계에 대해 고민했다, "Are Rocks Dead or Alive?" Quora, quora.com/Are - rocks dead or alive; some of the answers have since been taken down.

285. 돌이 말을 할 수 있다고 주장, George "Tink" Tinker, "The Stones Shall Cry Out: Consciousness, Rocks, and Indians," Wicazo Sa Review 19, no. 2 (January 2004): 106.

286. 살아온 경험에 뿌리를 두었다, Tinker, "The Stones Shall Cry Out," 106–7.

287. 마치 비활성화된 것처럼, 'inert'라는 단어는 '미숙한'을 의미하는 라틴어에서 유래했다.

288. 원주민 문화가 이 관계를 어떻게 활용해 왔는지, Keith H. Basso, Wisdom Sits in Places: Landscape and Language Among the Western Apache (Albuquerque: University of New Mexico Press, 1996).

288. 모든 새를 '숭배'한다, J. Drew Lanham, interview with Krista Tippett, On Being, podcast audio, January 28, 2021, onbeing.org/programs/drew -lanham-pathfinding-through-the-improbable/.

288. 열등한 지성의 문제, Juliana Schroeder, Adam Waytz, and Nicholas Epley, "The Lesser Minds Problem," in Humanness and Dehumanization, eds. P. G. Bain, Jeroen Vaes, and Jacques-Philippe Leyens (New York: Psychology Press, 2013), 49–67.

289. 참가자들은 요청, Schroeder, Waytz, and Epley, "The Lesser Minds Problem," 61.

289. 매력적인 캐릭터에는 희망이 형성돼 있다, Shonda Rhimes, "Creating Memorable Characters: Part 1," MasterClass, masterclass.com/classes/shonda - rhimes teaches writing for television.

290. 제작진은 경량 카메라를 사용해, Winged Migration, directed by Jacques Perrin, Jacques Cluzaud, and Michel Debats (BAC Films, 2001), tv.apple .com/us/movie/winged- migration/ umc.cmc.6rcayre0fg8ioo1todmagrshm.

290. 이상적인 세상에서는, Nicole R. Pallotta, "Winged Migration (2001) Sony Picture Classics," Journal for Critical Animal Studies 7, no. 2 (2009): 143– 50; S. Plous, "Psy-chological Mechanisms in the Human Use of Animals," Journal of Social Issues 49, no. 1 (1993): 36.

291. 기러기들의 비행경로는 이 장소들을 하나의 거대한 달력으로 연결하고 있었다. 새들의 내비게이션은 내가 베르그송의 한 관찰을 떠올리게 한다; '동물들이 특별한 방향 감각을 가지고 있다고 말하기보다는, 인간이 특별한 능력을 지녀 공간을 특정한 속성이나 특질이 없는 것으로 인식하거나 개념화한다고 말하는 것이 더 나을 것이다.' Bergson, Time and Free Will, 97.

292. 소금에 의한, 2013년, 타포니(Tafoni, 암석 표면에 형성되는 벌집 모양의 작은 구멍) 형성에 영향을 미치는 요인에 대한 연구에서 지형학자 토머스 패러다이스(Thomas R. Paradise)는 '염분, 광물의 용해성, 암석의 특성, 그리고 미세 기후 요인의 영향이 여전히 중요한 것으로 간주되지만', 타포니 형성은 여전히 연구자들을 '당혹스럽게 한다.'고 썼다. 그는 '타포니의 발생과 진행에 영향을 미치는 여러 과정 간의 계층적 연관성을 조사할.'을 제안하며, 각 장소마다 이러한 요인들의 조합이 다를 수 있음을 인정했다. 패러다이스는 또한 이러한 형성이 화성의 암석에서도 관찰됐다고 언급했다. Thomas R. Paradise, "Tafoni and Other Rock Basins," in Treatise on Geomorphology, Volume 4, ed. John F. Shroder (San Diego, Calif.: Academic Press, 2013), 125.

292. 실험과 어원이 같다, Experience stems from the Old French esperi-ence ("experiment, proof, experience") and, further back, from the Latin ex ("out of ") + peritus ("experienced, tested"). "Experience (n.)," Online Etymology Dic-tionary, etymonline.com/word/experience.

292. 자신만의 경험을 보여준다, Mel Baggs, "In My Language," YouTube video, 8:36, January 14, 2007, youtube.com/watch?v=JnylM1hI2jc. I am indebted to Indira Allegra for sharing this piece with me.

294. 원래 동물사육사였던 애나, Ted Chiang, "The Lifecycle of Software Objects," Exhalation (New York: Knopf Doubleday, 2019), 62– 172. Special thanks to Joshua Batson for recommending and lending this book to me.

296. "원주민 사상가들은 인정할 뿐 아니라", Wildcat, "Indigenizing the Future," 422– 23.

297. 검증할 실험을 했다, Francis Galton, Memories of My Life (New York: E. P. Dut-ton, 1909), 296.

298.   익숙한 마을을 걷다가, Bergson, Time and Free Will, 129– 30.

298.   학습과 '창조라는 사건', Yunkaporta, Sand Talk, chap. 8.

Chapter 5. 주제 전환

303.   혼자서는 인류에게 미래가 없다, Achille Mbembe, "The Universal Right to Breathe," trans. Carolyn Shread, Critical Inquiry 47 (Winter 2021): S58–S62.

304.   오래된 집의 흔적, Cornell Barnard, "Pacifica Home on Edge of Cliff Being Demolished," ABC 7 News, January 10, 2018, abc7news. com/pacifica- house - demolition cliff home red tagged esplanade avenue/ 2925264/.

305.   태양광 패널로, Kevin Levey (@DrStorminSF), "Zero solar radiation get-ting the surface," Twitter post, September 9, 2020, twitter.com/DrStorminSF /status/1303763688310992896; Lori A. Carter (@loricarter), "Just checked my Tesla solar app," Twitter post, September 9, 2020, twitter.com/loriacarter/status /1303768636268527616.

308.   훨씬 일찍 시작된 시즌 속에서, Elliott Almond, "Red Flag Warning in May? Fire Season Arrives Early in Northern California," The Mercury News, May 2, 2021, mercurynews.com/2021/05/02/ red- f lag- warning in may fire season arrives - early in northern california/.

309.   캘리포니아는 물론, Chad T. Hanson, Smokescreen: Debunking Wildfire Myths to Save Our Forests and Our Climate (Lexington: University Press of Kentucky, 2021), 55– 56.

310. 이곳 환경은 매우 건조해서, John McPhee, The Control of Nature (New York: Farrar, Straus and Giroux, 1989), 208. McPhee notes that "in a sense, chap-arral consumes fire no less than fire consumes chaparral."

310. 로지폴소나무 같은 종, National Park Service, "Wildland Fire in Lodge-pole Pine," nps.gov/articles/wildland- fire lodgepole pine. htm; Hanson, Smoke-screen, 28. A "snag" is a dead tree that is left upright to decompose naturally, providing an important nesting habitat for many species.

311. 산불이 나고 몇 년이 지나면, Berkeley Center for New Media, "A Conversation on Wildfire Ecologies [with Margo Robbins and Valentin Lopez]," April 21, 2021, bcnm.berkeley.edu/news-research/ 4485/video- now online margo robbins - valentin lopez.

312. 지속적으로 불태워진 초원, Stephen Pyne, Fire in America: A Cultural History of Wildland and Rural Fire (Seattle: University of Washington Press, 1997), 79- 80. 파인은 '유럽인이 가는 곳마다 숲이 뒤따랐다.'고 쓰기 전에, 인디언들이 신대륙에 정착하면서 일반적으로 숲을 초원이나 사바나로 대체하거나 숲이 남아 있는 곳에서는 하층 식생을 제거하여 숲을 더 개방적인 형태로 만들었다고 설명한다.

312. 공원 같은 환경, William G. Robbins and Donald W. Wolf, "Landscape and the Intermontane Northwest: An Environmental History," United States Department of Agriculture, Forest Service, Pacific Northwest Research Station, February 1994.

312. "우리의 풍경은", Berkeley Center for New Media, "A Conversation on Wildfire Ecologies."

313. 18세기 스페인, Susie Cagle, " 'Fire Is Medicine': The Tribes Burning California Forests to Save Them," The Guardian, November

591

21, 2019, theguardian.com/us- news/ 2019/nov/21/wildfire-prescribed burns california native americans.

313. 19세기 캘리포니아, Kimberly Johnston-Dodds, "Early California Laws and Policies Related to California Indians," CRB- 02-014, September 2002, courts .ca.gov/documents/IB.pdf.

313. 1850년 캘리포니아 주법 및 보호법 제10조, "An Act for the Government and Protection of Indians," California State Legislature, §10 (1850), calindianhistory.org/wp- content/ uploads /2015/09/04_22_1850_Law.pdf.

313. 배운 일부 개척민들, Pyne, Fire in America, 100- 101.

313. 신설된 미국 산림청, Martha Henderson et al., "Fire and Society: A Comparative Analysis of Wildfire in Greece and the United States," Human Ecol-ogy Review 12, no. 2 (2005): 175.

314. 뉴저지에 발생한 산불로 불평했고, Franklin Hough, Report upon Forestry (Wash-ington, D.C.: Government Printing Office, 1878), 156.

314. "우리 민족의 역사는", Char Miller, "Amateur Hour: Nathaniel H. Egleston and Professional Forestry in Post- Civil War America," Forest History Today (Spring/Fall 2005): 20- 26. Miller's piece includes the full text of Egleston's "What We Owe to the Trees," originally published in Harper's New Monthly Magazine 46, no. 383 (April 1882): 675.

314. "모든 불은 위험하다."는 생각을 퍼뜨리고, Rebecca Miller, "Prescribed Burns in California: A Historical Case Study of the Integration of Scientific Research and Policy," Fire 3, no. 3 (2020): 44, mdpi.com/2571- 6255/ 3/3/44/htm#B25- fire 03- 00044.

314. 파이우트식 산림 관리, Pyne, Fire in America, 102.

314. 1939년 한 포스터, James Montgomery Flagg, "Your Forests— Your Fault— Your Loss!" (Washington, D.C.: U.S. Government Printing Office, 1939), archive.org /details/CAT31359639/page/n1/ mode/2up.

315. "산불은 적을 돕는다", U.S. Department of Agriculture, Forest Ser-vice, "Forest Fires Aid the Enemy: Use the Ash Tray," U.S. Government Printing Office, 1943.

315. 1953년 한 포스터, "This Shameful Waste Weakens America!" (Washington, D.C.: U.S. Government Printing Office, 1953), commons.wikimedia.org/wiki/File: SmokeyBearShamefulWaste 1953.jpg.

315. 캘리포니아는 선두에 서게 됐다, "California and the Postwar Suburban Home," Calisphere, University of California Press, calisphere.org/exhibitions /40/california- and the postwar suburban home/# overview.

315. 천편일률적인 주택단지, 내 부모님이 임대한 집은 1852년에 지어졌으며, 조립식 '기적의 집'을 대중화한 건축가 클리프 메이의 작품을 대표하는 집이었다. 이 주택단지의 집들은 건축 당시 최저 8950달러(약 1163만 5000원) 가격으로 판매되었다.

315. 이런 교외 지역은 대부분, Miller, "Prescribed Burns in California."

315. 산림청은 1905년, Jan W. van Wagtendonk, "The History and Evo-lution of Wildland Fire Use," Fire Ecology 3 (2007): 3, fireecology. springeropen .com/articles/10.4996/fireecology.0302003; Bruce M. Kilgore, "Wildland Fire History— The History of National Park Service Fire Policy," Interpretation, Spring 1989, nps.gov/articles/ the- history of national park service fire policy. htm; Andrew Avitt, "Tribal and Indigenous Fire Tradition," U.S. Forest Service, Novem-

593

ber 16, 2021, fs.usda.gov/features/tribal- and indigenous heritage; Hilary Beau-mont, "New California Law Affirms Indigenous Right to Controlled Burns," Al Jazeera, December 3, 2021, aljazeera.com/news/2021/12/3/new- california law - affirms indigenous right to controlled burns.

316. 2021년 처음에는, Lauren Sommer, "As California Megafires Burn, Forest Service Ditches 'Good Fire' Under Political Pressure," KQED, August 10, 2021, kqed.org/science/1976195/as- california megafires burn forest service ditches - good fire under political pressure.

316. "문제를 잠시 미뤄두는 것", Quoted in Sommer, "As California Megafires Burn, Forest Service Ditches 'Good Fire' Under Political Pressure."

316. "자금 투자 방식을 해결하지 않고", Quoted in Sophie Quinton, "To Control Forest Fires, Western States Light More of Their Own," Pew Stateline, May 16, 2019, pewtrusts .org/en/research- and analysis/ blogs/stateline/2019/05/16/to- control forest - fires western states light more of their own.

319. "계속해서 수리가 필요하고", Doris Sloan, Geology of the San Francisco Bay Region (Berkeley: University of California Press, 2006), 260- 61.

319. 2021년 1월에는 50미터 길이의 도로가, Christopher Reynolds and Erin B. Logan, "23 Miles of Highway 1 near Big Sur Are Closed. Repairs Will Take Months," Los Angeles Times, February 1, 2021, latimes.com/travel/story/2021- 02- 01/ 23- miles - highway 1- near big sur close require repairs.

319. 최소 53회나 폐쇄된 적이 있었고, Lisa M. Krieger, "Is Big Sur's

Highway 1 Worth Saving?" The Mercury News, June 3, 2017. 빅서 주민이자 지역 블로그 운영자인 캐서린 우즈 노보아(Kathleen Woods Novoa)는 2017년 KQED와의 인터뷰에서 "우리가 늘 갖는 유일한 질문은 어디에서, 언제, 얼마나 오랫동안 폐쇄될지에 대한 것이다. 매년 겨울마다 어딘가에서 폐쇄될 거라는 것은 의심하지 않는다. 그리고 실제로 그렇게 된다."라고 말했다.

320.   산 가브리엘 산맥, McPhee, The Control of Nature, 184.

320.   평야를 형성한, "'로스앤젤레스는 매립돼야 한다.'에서 저스틴 노벨(Justin Nobel)은 존 맥피의 《자연의 통제(The Control of Nature)》를 인용하면서 이 도시가 '헐리우드나 감귤 농장, 석유 위에 세워진 것이 아니라 진흙과 모래, 자갈 위에 세워졌으며, 이는 약 100만~200만 년 동안의 토사 유출이 겹겹이 쌓여 형성된 거대한 퇴적물 층으로, 산맥을 둘러싸고 도시의 기초를 이룬다.'고 말한다. 문제는 산맥이 여전히 무너지고, 도시는 여전히 그 길목에 있다는 것이다." Justin Nobel, "Los Angeles Should Be Buried," Nautilus, June 14, 2019, nautil.us /los-angeles should be buried 2- 11054/.

320.   한 가족이 겪은 이야기, McPhee, The Control of Nature, 186.

321.   1980년대 후반, McPhee, The Control of Nature, 203.

321.   집을 사는 사람들, Quoted in McPhee, The Control of Nature, 255.

321.   흐름을 유도하기 위해, McPhee, The Control of Nature, 189.

322.   "산의 침식 방지 프로젝트", McPhee, The Control of Nature, 258.

322.   "대중은", Henderson et al., "Fire and Society," 169- 82.

323.   "장소마다", Victor Steffensen, Fire Country (Richmond, Victoria: Har-die Grant Explore, 2020), 38- 41.

324.   "땅은 인간과 분리되거나", Paula Gunn Allen, "IYANI: It Goes This Way," in The Remembered Earth: An Anthology of Contemporary Native American Literature, ed. Geary Hobson (Albuquerque:

595 University of New Mexico Press, 1989), 191.

324. 독일의 과학적 임업, James C. Scott, Seeing Like a State (1998; repr. New Haven, Conn.: Yale University Press, 2020), 11– 21.

326. "육체와 사물", Zoe Todd, "Indigenizing the Anthropocene," in Art in the Anthropocene: Encounters Among Aesthetics, Politics, Environments, and Epistemolo-gies, eds. Heather Davis and Etienne Turpin (London: Open Humanities Press, 2015), 246. Todd names other scholars pursuing related critiques: Juanita Sund-berg, Sarah Hunt, Zakkiyah Iman Jackson, and Vanessa Watts.

327. "인류세 담론에는~내재돼 있다", Daniel Hartley, "Anthropocene, Capitalocene, and the Problem of Culture," in Anthropocene or Capitalocene? Nature, History, and the Crisis of Capitalism, ed. Jason W. Moore (Oakland, Calif.: PM Press, 2016), 156.

327. "도시로의 이주", Hartley, "Anthropocene, Capitalocene, and the Problem of Culture," 157.

329. "누군가 경찰 좀 불러요!", I Think You Should Leave, season 1, episode 5, "I'm Wearing One of Their Belts Right Now," directed by Alice Mathias and Akiva Schaffer, released April 23, 2019, on Netflix.

330. 종교적 관념, Sylvia Wynter, "Unsettling the Colonial-ity of Being/ Power/Truth/Freedom: Towards the Human, After Man, Its Overrepresentation— An Argument," The New Centennial Review 3, no. 3 (Fall 2003): 265– 67.

330. 애덤 스미스 같은 사상가들이 기여했다, serynada, "Real Human Being," The New Inquiry, March 12, 2015, thenewinquiry.com/real-human being/. The view that serynada refers to could be described as social Darwinism, which, despite the name, is often used to refer

to thinkers from before Darwin's time, such as Thomas Malthus, who wrote An Essay on the Principle of Population in 1798. Mal-thus, Adam Smith, and others would come to influence Darwin in turn, particu-larly in their emphasis on competition. In his study of Darwin's historical milieu, Loren Eiseley observed that "Darwin incorporated into the Origin of Species a powerful expression of the utilitarian philosophy of his time." Loren Eiseley, Darwin's Century (Garden City, N.Y.: Anchor Books, 1961), 348.

331. "비상호적이며, 지배 기반의 관계", Naomi Klein, This Changes Everything: Capitalism vs. The Climate (New York: Simon and Schuster, 2014), 169.

332. 주민들에 대해 의견이 갈렸다, "Summary: City of Pacifica Beach Blvd. Infrastruc-ture Resiliency Project Public Workshop," Beach Boulevard Infrastructure Resil-iency Project, December 3, 2020. Archived: web.archive.org/web/20211111141854 /cityofpacifica. org/civicax/filebank/blobdload.aspx?t=66412.89&BlobID=18000.

333. 이 논쟁의 근본은, Pyne, Fire in America, 101.

334. 1960년대, Kate Aronoff, Overheated: How Capitalism Broke the Planet— and How We Fight Back (New York: Bold Type, 2021), 133.

335. 시나리오 계획이 과대평가된, Aronoff, Overheated, 135.

335. 셸은 방법을 찾아야 했다, Aronoff, Overheated, 136.

335. 셸은 "구조적 장애물을 지녔다", Aronoff, Overheated, 140.

335. 자금을 지원하다가 방향을 전환, Aronoff, Overheated, 136-3 7; Rebecca Leber, "ExxonMobil Wants You to Feel Responsible for Climate Change so It Doesn't Have To," Vox, May 13, 2021, vox. com/22429551/climate- change crisis exxonmobil - harvard study.

336. 2008년 엑손모빌의 기사형 광고에 따르면, Naomi Oreskes and

Geoffrey Supran, "Rhetoric and Frame Analysis of ExxonMobil's Climate Change Communica-tions," One Earth 4, no. 5 (May 2021): 706– 8.

337. BP는 2004년, Rebecca Solnit, "Big Oil Coined 'Carbon Foot- prints' to Blame Us for Their Greed. Keep Them on the Hook," The Guardian, August 23, 2021, theguardian.com/commentisfree/2021/ aug/23/big- oil coined - carbon footprints to blame us for their greed keep them on the hook.

337. 클라인은 인구 상위 20퍼센트, Klein, This Changes Everything, 91.

337. "만약 저탄소 사회라는", Aronoff, Overheated, 8; Douglas Rushkoff, Survival of the Richest: Escape Fantasies of the Tech Billionaires (New York: W. W. Norton, 2022), chap. 10.

338. 이런 수사는 거대 담배회사들이, Oreskes and Supran, "Rhetoric and Frame Analysis of ExxonMobil's Climate Change Communications."

338. 웰스파고, Banking on Climate Change: Fossil Fuel Finance Report 2020, bankingon climatechaos.org/bankingonclimatechange2020/.

339. 분명히 해야 한다, Klein, This Changes Everything, 119.

339. "인류 모두가", Aronoff, Overheated, 141.

342. 암 거리, Thom Davies, "Slow Violence and Toxic Geographies: 'Out of Sight' to Whom?" Environment and Planning C: Politics and Space 40, no. 2 (April 2019): 409– 27.

344. 필리핀에서도 1970년대 이후, William N. Holden and Shawn J. Marshall, "Climate Change and Typhoons in the Philippines: Extreme Weather Events in the Anthropocene," in Integrating Disaster Science and Management: Global Case Studies in Mitigation and Recovery, ed. Pijush Samui, Dookie Kim, and

Saving time

Chandan Ghosh (Amsterdam, Netherlands: Elsevier, 2018), 413. "1977년에서 2014년 사이, 동남아시아에 상륙한 열대성 사이클론의 강도는 12퍼센트 증가했으며, 이 기간 동안 4~5 강도의 태풍 수는 두 배가 됐다." 저자들은 기후변화로 인해 태풍이 더 많은 수분을 포함하게 되고, 경로 또한 달라질 것이라고 지적한다.

344. 시티오 나봉, Desmond Ng, "Why Manila Is at Risk of Becoming an Under water City," Channel News Asia, March 14, 2020, channelnewsasia.com /cnainsider/why- manila risks becoming underwater city climate change 772141.

344. 캘리포니아를 상징하는 아름다운 날씨, Farhad Manjoo, "Lovely Weather Defined California. What Happens When It's Gone?" The New York Times, August 11, 2021, nytimes.com/2021/08/11/ opinion/california- climate change fires heat. html.

344. 캘리포니아 농장 노동자 마사 푸엔테스, Brian Osgood, " 'What Choice Do We Have?' US Farm Workers Battle Deadly Heatwave," Al Jazeera, July 15, 2021, aljazeera.com/economy/2021/7/15/what-choice do we have us farm workers - battle deadly heat wave.

344. 미래 시제로 구성, Kathryn Yusoff, A Billion Black Anthropocenes or None (Minneapolis: University of Minnesota Press, 2019), 53.

345. 부정하지는 않지만, Quoted in Nadine Anne Hura, "How to Centre Indig enous People in Climate Conversations," The Spinoff, November 1, 2019, thespinoff.co.nz/atea/01- 11- 2019/ how- to centre indigenous people in climate - conversations.

345. 종말 이후의 세계, Elissa Washuta, "Apocalypse Logic," The Offing, Novem-ber 21, 2016, theoffingmag.com/insight/apocalypse- logic/.

347. 석회, 건초, 목재를 실어 날랐는지, "Channel Islands National Marine Sanctuary Ship-wreck Database" (archived), web.archive.

org/web/20090120163755/channelislands .noaa.gov/shipwreck/ dbase/mbnms/jamesrolph.html.

347. 노동 조건에 항의하고, Imani Altemus-Williams and Marie Eriel Hobro, "Hawaiʻi Is Not the Multicultural Paradise Some Say It Is," National Geographic, May 17, 2021, nationalgeographic.com/ culture/article/hawaii-not multicultural aradise some say it is.

347. 외국에서 들어온 질병에 시달린 탓에, Takaki, Pau Hana, 22.

348. 하와이 원주민 노동자들, Ronald T. Takaki, in Pau Hana: Plantation Life and Labor in Hawaii, 1835~1920 (Honolulu: University of Hawaiʻi Press, 1984), 11–12.

348. 중국, 일본, 노르웨이, Takaki, Pau Hana, 21.

348. 노동자들을 체포했다, Takaki, Pau Hana, 129.

348. 설탕을 운반하기 위해, Noel J. Kent, Hawaii: Islands Under the Influence (Hono lulu: University of Hawaiʻi Press), 80.

348. "땅은 주인이고", oʻokuaʻaina, "He aliʻi ka ʻaina, he kauwā ke kanaka," hookuaaina.org/he-alii ka aina he kauwa ke kanak. 이 설명과 함께 제공된 비디오에서 하와이 원주민 교육자인 다니엘 에스피리투는 이 문구가 책임과 상호 건강과 어떻게 관련 있는지 설명한다. "우리가 현재 살아가는 공동체에서 우리는 우리 하천의 건강 상태를 아는가? 그것들이 잘 유지되는가? …… 혹은 하천이 인위적으로 조정되고 시멘트로 덮였는가? 우리는 실제로 하천과 산지, 계곡과의 활발한 관계를 유지하는가? 아니면 물이 땅으로 스며들지 못하도록 시멘트로 덮여 있는가?"

348. 하와이의 상업적 이익을 쫓다가, Deborah Woodcock, "To Restore the Water-sheds: Early Twentieth- Century Tree Planting in Hawaiʻi," Annals of the Associa-tion of American Geographers 93, no. 3 (2003): 624– 26; The Nature Conservancy, The Last Stand: The

Vanishing Hawaiian Forest, nature.org/media/hawaii/the-last stand hawaiian forest. pdf. "The rain follows the forest" is also a Hawaiian proverb.

348. 똑같은 장소에서 사고를 당했다, "Channel Islands National Marine Sanctuary Shipwreck Database"; Paul Slavin, "A Reminder of the Schooner of James Rolph," Pacifica, April 2016, 6.

349. "계속 퍼지며 가차 없이 빽빽하게 자라며", McPhee, The Control of Nature, 208.

349. "카노는 추측하고 있었다", McPhee, The Control of Nature, 24.

350. 단절과 시간을 지배하려는 특성, Lewis Mumford, Technics and Civilization (New York: Harcourt, Brace and Company, 1934), 157.

350. "장기적인 순환 변화", Mumford, Technics and Civilization, 59.

351. 석탄을 상업적으로 이용한 지 수 세기가 지난 지금, Paul Meier, The Changing Energy Mix: A Systematic Compari-son of Renewable and Nonrenewable Energy (New York: Oxford University Press, 2020), 102.

351. 비인간적 세계를 법적으로 인정하자는 움직임도 있다, Elizabeth Kolbert, "A Lake in Florida Suing to Protect Itself," The New Yorker, April 11, 2022, new yorker.com /magazine/2022/04/18/ a-lake in florida suing to protect itself. See also Ashley Wester man, "Should Rivers Have Same Legal Rights as Humans? A Growing Number of Voices Say Yes," NPR, August 3, 2019, npr. org/2019/08/03/740604142 /should-rivers have same legal rights as humans a growing number of voices-say yes.

352. "자연은 독자적인 권리를 갖지 않는다", Vine Deloria, Jr., The Metaphy-sics of Modern Existence (Golden, Colo.: Fulcrum 2012), 180–81; Tiffany Challe, "The Rights of Nature— Can an Ecosystem

Bear Legal Rights?" State of the Planet, Columbia Climate School, April 22, 2021, news.climate.columbia.edu/2021/04/22/rights- of nature - lawsuits/; "Tribe Gives Personhood to Klamath River" (interview), Weekend Edition, NPR, September 29, 2019, npr. org/2019/09/29/765480451/tribe- gives - personhood to klamath river.

352. "우리가 아픈 이유는", Nadine Anne Hura, "Those Riding Shotgun," PEN Transmissions, May 6, 2021, pentransmissions. com/2021/05/06/those- riding shotgun/.

353. 기후 적응과 회복력에 대해, Seth Heald, "Climate Silence, Moral Dis- engagement, and Self- Efficacy: How Albert Bandura's Theories Inform Our Climate- Change Predicament," Science and Policy for Sustainable Development 59, no. 6 (October 18, 2017): 4- 15.

355. 움벨트는 독일어다, Ed Yong, An Immense World: How Animal Senses Reveal the Hidden Realms Around Us (New York: Random House, 2022), 5- 6.

356. 노예 인구의 "점진적인 개선", S. D. Smith, Slavery, Family, and Gentry Capitalism in the British Atlantic: The World of the Lascelles, 1648- 1834 (Cambridge, UK: Cambridge University Press, 2006), 315.

357. 그리스어 아포칼립스, Washuta, "Apocalypse Logic."

358. 우리는 세상을 잃어야 한다, Hélène Cixous, Three Steps on the Ladder of Writing (New York: Columbia University Press, 1990), 10.

358. "행성의/하나의 계절", Chen Chen, "When I Grow Up I Want to Be a List of Further Possibilities," from When I Grow Up I Want to Be a List of Further Pos-sibilities (Rochester, N.Y.: BOA Editions,

2017).

360. "짜증스럽게 '신체'라는 단어를 사용", "SPN Bookworthy: 'How to Do Nothing: Resisting the Attention Economy' by Jenny Odell," Silicon Prairie News, August 19, 2021, siliconprairienews.com/2021/08/spn- bookworthy how - to do nothing resisting the attention economy by jenny odell/.

Chapter 6. 비범한 시간

363. "우리는 태양에 따라 살아간다", "Spain Considers Time Zone Change to Boost Productivity," BBC, September 27, 2013, bbc.com/news/world- europe 24294157. The woman, Lola Hidalgo Calle, was a reader responding to the prompt, "Should Spain change time zones?"

366. 시간 공유, Allen C. Bluedorn, The Human Organization of Time: Tem-poral Realities and Experience (Stanford, Calif.: Stanford University Press, 2002), 255. 191 "The idea is not" Bluedorn, The Human Organization of Time, 249.

367. "그 아이디어는 시간 관리의", Press, 2002), 255. 191 "The idea is not"

367. "조용한 시간은 저절로 생기지 않는다", Bluedorn, The Human Organization of Time, 232- 34.

368. 분명한 핵심 요소, Bluedorn, The Human Organization of Time, 234.

368. 독일어 차이트게버, Bluedorn, The Human Organization of Time, 150.

368. NAFTA 같은 국제무역협정, Naomi Klein, This Changes Every-

thing: Capitalism vs. The Climate (New York: Simon and Schuster, 2014), 71.

369. "네, 제 질문을 받아주셔서 감사합니다", "BP 3Q 2020 Results Webcast: Q&A Transcript," bp.com, 17, bp.com/content/dam/bp/ business- sites/ en/global /corporate/pdfs/investors/bp- third quarter 2020- results qa transcript. pdf.

370. (자본가의) 관심사는, Karl Marx, Capital (New York: Penguin, 1990), 1:376.

373. "상응", William Grossin, "Evolution Technologique, Temps de Travail et Rémunérations [Technological Evolution, Working Time, and Remu-neration]," Information sur les Sciences Sociales 29 (June 1990): 357, quoted and trans. in Gabriella Paolucci, "The Changing Dynamics of Working Time," Time and Society 5, no. 2 (1996): 150.

374. 방언이나 줄임말을 의미하는 '가족 방언', Kathryn Hymes, "Why We Speak More Weirdly at Home," The Atlantic, May 13, 2021, theatlantic.com/family/archive /2021/05/family- secret language familect/ 618871/. Thanks to Helen Shewolfe Tseng for mentioning this to me.

375. 제칠일안식일 예수재림교, George R. Knight, A Brief History of Seventh- day Adven-tists (Hagerstown, Md.: Review and Herald Association, 1999), 14- 19.

375. 토요일에 안식일을 지킨다, Other Christian denominations observe a seventh- day Sabbath, but Seventh- day Adventism is one of the better- known examples.

375. 뿌리를 내렸고, Michael W. Campbell, "Adventist Growth and Change in Asia," Adventist Review, March 1, 2018, adventistreview.

org/magazine- article/ adventist - growth and change in asia/.

375. "신성하고 자연스러운 질서를 모독하는 간섭" Eviatar Zerubavel, "The Standardization of Time: A Sociohistorical Perspective," American Journal of Sociology 88, no. 1 (July 1982): 18.

376. 1960년대 공동체 가운데 하나인 트윈 오크스, John R. Hall, The Ways Out: Utopian Communal Groups in an Age of Babylon (London: Routledge, 1978), 55.

376. 1911년까지 프랑스는 고집스럽게 사용하지 않았다, Michael O'Malley, Keeping Watch: A History of American Time (New York: Viking, 1990), 109.

376. 마오쩌둥, Matt Schiavenza, "China Only Has One Time Zone— And That's a Problem," The Atlantic, November 5, 2013 theatlantic. com/china/archive/ 2013/11/ china-only has one time zone and thats a problem/ 281136/.

376. 제2차 세계대전 중 독일은 서머타임제를, Ralf Bosen, "Opinion: Hitler Changed the Clocks—Let's Change Them Back," Deutsche Welle, October 27, 2018, dw.com /en/opinion-hitler changed the clocks lets change them back/ a-46060185.

376. 히틀러와 연대한다는 신호, Lauren Frayer, "Spain Has Been in the 'Wrong' Time Zone for 7 Decades," Weekend Edition, NPR, November 24, 2013, npr.org /sections/ parallels/2013/11/30/244995264/spains- been in the wrong time - zone for seven decades.

376. 이런 이유만으로, Feargus O'Sullivan, "Why Europe Couldn't Stop Day-light Saving Time," Bloomberg CityLab, March 10, 2021, bloomberg.com/news /articles/2021-03-11/will-daylight-saving-time-ever-end; Zoe Chevalier, "Debate over Daylight Saving Time

605

Drags on in Europe," ABC News, November 6, 2021, abcnews. go.com/International/debate-daylight-saving-time-drags-europe / story?id=80925773.

377. 미국이 도입한 직후, Michael Downing, Spring Forward: The Annual Mad-ness of Daylight Saving (Berkeley, Calif.: Counterpoint, 2005), 10-11.

377. "1965년 18개 주에서는", Downing, Spring Forward, 13.

378. "사막에 살면", Quoted in Scott Craven and Weldon B. Johnson, "Exchange: Arizonans Have No Use for Daylight Saving Time," U.S. News & World Report, March 13, 2021, usnews.com/news/best-states/ arizona /articles/2021- 03- 13/ exchange- arizonans have no use for daylight saving time.

378. 조각보처럼 나뉘어져 있기 때문에, See, for example, the section of Interstate 40 that passes through Chambers, Arizona, on Google Maps or on the Navajo Land Department's Navajo Nation Boundary Map: nnld.org/Home/Maps.

379. 중국에서 유일하게 버티는 곳은, Barbara Demick, "Clocks Square Off in China's Far West," Los Angeles Times, March 31, 2009, latimes.com/archives/la- xpm 2009 - mar 31- fg china timezone31-story. html; Gardner Bovingdon, "The Not- So Silent Majority: Uyghur Resistance to Han Rule in Xinjiang," Modern China 28, no. 10 (2002): 58.

379. 우루무치의 한 환경미화원은, Javier C. Hernández, "Rise at 11? China's Sin-gle Time Zone Means Keeping Odd Hours," The New York Times, June 16, 2016, nytimes.com/2016/06/17/world/asia/china- single time zone. html.

380. 지역 TV 네트워크, Gary Mao, personal communication, April 4,

2022.

380. 위구르족은 탄압을 받고 있다, "Who Are the Uyghurs and Why Is China Being Accused of Genocide?" BBC News, June 21, 2021, bbc. com/news/world- asia - china 22278037.

380. 다우닝은 시간에 대해 농담조로 늘어놓는다, Downing, Spring Forward, xviii.

380. 과거 위구르족 정치범이었던, Maya Wang, " 'Eradicating Ideological Viruses': China's Campaign of Repression Against Xinjiang's Muslims," Human Rights Watch, September 9, 2018, hrw.org/ report/2018/09/09/eradicating - ideological viruses/ chinas- campaign repression against xinjiangs.

381. "도시에는 도시의 질서가 있고, 마을에는 마을의 관습이 있다."라는 자 바 속담, Scott, Seeing Like a State, 25.

381. 프랑스어가 강요되면서, Scott, Seeing Like a State, 72.

382. 두 가지 사고 체계, Quoted in Giordano Nanni, The Colonisation of Time: Ritual, Routine and Resistance in the British Empire (Manchester, UK: Manchester University Press, 2012), 179.

382. 한 소사족 무리는 식민주의자들의 선교관을 불태운 뒤, Robert Godlonton, A Narrative of the Irruption of the Kafir Hordes into the Eastern Province of the Cape of Good Hope, 1834- 35, Com-piled from Official Documents and Other Authentic Sources (Grahamstown, South Africa: 1836), 140.

382. 한 소사족은 거부했다, Nanni, The Colonisation of Time, 174- 77.

383. 전통춤은 대체로 금지되었다, John W. Troutman, Indian Blues: Ameri-can Indians and the Politics of Music, 1879- 1934 (Norman: University of Oklahoma Press, 2009), 51- 53.

384. 중국 시민들이, See the section "Emergence of New Linguistic

Forms" in The Routledge Encyclopedia of the Chinese Language, ed. Sin- Wai Chan (London: Rout-ledge, 2016), 126- 27.

384. "풀흙말", Xiao Qiang, "The Grass- Mud Horse, Online Censorship, and China's National Identity," Berkeley School of Information, December 5, 2012, ischool.berkeley.edu/news/2012/grass- mud horse online censorship and - chinas national identity.

384. "공적 전사", James C. Scott, Domination and the Arts of Resistance (New Haven, Conn.: Yale University Press, 2008), 27.

384. 제임스 론은 '구획화'라는 용어를 사용했다, J. T. Roane, "Plotting the Black Commons," Souls 20, no. 3 (2018): 242- 44. 공유지와 공유에 관한 BIPOC 작가들에 대해 질문하는 내 트윗에 응답해 준 제임스 론에게 감사드린다.

385. "노예들은 '구획'을 사용해", Roane, "Plotting the Black Commons," 252.

385. "눈에 띄지 않게", Roane, "Plotting the Black Commons," 244.

386. "라코타족의 시간 개념", Kathleen Pickering, "Decolonizing Time Regimes: Lakota Conceptions of Work, Economy, and Society," American Anthro-pologist 106, no. 1 (March 2004): 87.

386. '시간은 돈이다.'라는 개념이 오히려 게으름을 암시한다고 생각, Pickering, "Decolonizing Time Regimes," 93.

386. 스스로 중심이 되는 정착민, Fred Moten, "Come On, Get It!" The New Inquiry, February 19, 2018, thenewinquiry.com/come_on_get_it/.

386. 지역 의회가 세운, Nanni, The Colonisation of Time, 226.

386. 필리핀 시간, Miguel A. Bernad, "Filipino Time," Budhi: A Journal of Ideas and Culture 3, nos. 2- 3 (2002): 211- 12. 필리핀 시간을 좋아하지 않는 버나드는 그럼에도 "일부 필리핀 사람들은 정시에 맞추지 못

하는 것을 자랑스럽게 여기며, '필리핀 시간'을 마치 자랑거리인 양 기꺼이 언급한다."고 지적한다.

387. "필리핀 시간"으로 인해 부정적 이미지를 갖게 되고, Brian Tan, "Why Filipinos Follow Filipino Time," Medium, March 23, 2016, medium.com/@btantheman/why - filipinos follow filipino time d38e2c162927.

388. "유색인의 시간에 이끌렸다", Colored People Time: Mundane Futures, Quotidian Pasts, Banal Presents (curatorial text), Institute of Contemporary Art University of Penn-sylvania, 2019, icaphila. org/wp- content/ uploads/2018/10/Mundane- Futures - No Bleed. pdf; John Hopkins, "A Look at Indian Time," Indian Country Today, Sep-tember 13, 2018, indiancountrytoday.com/archive/a-look at indian time.

390. "공부란 다른 이들과 함께하는 것입니다", Stefano Harney and Fred Moten, The Undercommons: Fugitive Planning and Black Study (New York: Minor Compositions, 2013), 110.

391. "심리적 장벽", Mehmet Bayram at "The Gig Economy, AI, Robotics, Workers, and Dystopia San Francisco," ILWU Local 24 Hall, San Francisco, July 10, 2019.

393. 지점에서 나온 종이, Chris Carlsson (former editor of Processed World), emails to author, February 4 and July 2, 2022. Those interested can find the entire archive of Processed World on the Internet Archive at archive.org /details/processedworld.

394. "최신 과학 기술", "BFB: Can Modern Technology Improve the Human Brain?" Processed World 6 (November 1982): 34.

394. 조작된 학회 프로그램, "Not Just Words, Disinformation," Processed World 5 (July 1982): 34.

394. "팀 스피릿" 인증서, "Awarded to Gidgit Digit for Outstanding Ser-vice to the Bank— 1982," Processed Word 5 (July 1982): 18. Elswhere in the issue, the name is spelled "Gidget Digit." Both spellings are pseudonyms for Stephanie Klein.

394. 시간은 유일한 요소다, "Labor Theory of Value?" Processed World 2 (July 1981): 34.

396. 잡지 창간자들은, Bad Attitude: The Processed World Anthology, eds. Chris Carlsson and Mark Leger (New York: Verso, 1990), 7.

397. 가능성은 거의 없다, Gidgit Digit, "Sabotage! The Ultimate Video Game," Processed World 5 (July 1982): 25.

397. 특정 소수의 관심사, One reader notably implored Processed World to pay "special attention ⋯⋯ to not 'ghetto- izing' your concerns, to only addressing the young, the white, and the 'hip.' " Processed World 6 (November 1982): 6.

397. "오, 주여!", Letter to the editor, Processed World 2 (July 1981): 5.

398. 4호와 5호를 받았다, Letter to the editor, Processed World 6 (November 1982): 10.

398. "어느 날 아침 7시", Letter to the editor, Processed World 11 (August 1984): 6- 7.

398. 음식 배달 긱 노동자들, Arianna Tassinari and Vincenzo Maccarrone, "Riders on the Storm: Workplace Solidarity Among Gig Economy Couriers in Italy and the UK," Work, Employment and Society 34, no. 1 (February 2020): 45.

399. "똥콜 받지 마!",Emily Reid- Musson, Ellen MacEachen, and Emma Bartel, " 'Don't Take a Poo!': Worker Misbehaviour in On- Demand Ride- Hail Carpool-ing," New Technology, Work and Employment 35, no. 2 (July 2020): 153, 156.

☼ _____ ☽

399. "누군가는 항상 기꺼이", Russell Brandom, "The Human Cost of Insta-cart's Grocery Delivery," The Verge, May 26, 2020, theverge.com/21267669 /instacart-shoppers-sick-extended-pay-quarantine-leave-coronavirus.

399. "다른 곳으로 일자리를 가져가겠죠", A. J. Wood, V. Lehdonvirta, and M. Graham, "Workers of the Internet Unite? Online Freelancer Organisation Among Remote Gig Economy Workers in Six Asian and African Countries," New Technology, Work and Employment 33 (2018): 105.

400. 각국 우버 노동자들, Wilfred Chan, "Gig Workers of the World Are Uniting," The Nation, June 1, 2021, thenation.com/article/activism/global - gig worker organizing/.

401. 진정한 창의적 활동, Oli Mould, Against Creativity (London: Verso, 2018), 50.

401. "보편적 시장", Harry Braverman, Labor and Monopoly Capital: The Degra-dation of Work in the Twentieth Century (New York: Monthly Review, 1998), 188– 96.

402. "노동자들이 일하는 시간", Louron Pratt, "Awin to Introduce Four-Day Working Week," Employee Benefits, December 15, 2020, employeebenefits.co.uk/awin - four day working week/. See also Perpetual Guardian, "We Are Taking the 4 Day Week Global," 4dayweek.com/; and Carolyn Fairbairn quoted in Larry Elliott, "John McDonnell Pledges Shorter Working Week and No Loss of Pay," The Guardian, September 23, 2019, theguardian.com/politics/2019/sep/23/john - mcdonnell pledges shorter working week and no loss of pay.

402. "노동을 인간적으로 보이게 만든다", Braverman, Labor and Monopoly

611   Capital, 26– 27.

403.   "만들어낸 개인의 자유", Digit, "Sabotage! The Ultimate Video
       Game," 25.

403.   "거부의 독특한 문법", Harney and Moten, The Undercommons, 52.

404.   "거부는 단순히 '아니요'라고 말하는 것입니다", Carole McGranahan,
       "Theorizing Refusal: An Intro-duction," Cultural Anthropology 31,
       no. 3 (2016): 319.

405.   마릴린 와링의 1988년 저서에는 Counting for Nothing: What Men
       Value and What Women Are Worth라는 제목으로 출간됐다.

406.   "바보 같은 질문하기 기술", Who's Counting? Marilyn Waring on
       Sex, Lies and Global Economics, directed by Terre Nash (National
       Film Board of Canada, 1995), available to stream for free at nf b.ca/
       film/whos_counting/.

408.   그는 다른 운동가들과 함께, Camila Valle and Selma James, "Real
       Theory Is in What You Do and How You Do It," Verso Blog, January
       11, 2021, verso books .com/blogs/4962- real theory is in what you
       do and how you do it.

408.   적정 소득 보장(GAI), Johnnie Tillmon, "Welfare as a Women's
       Issue," in Major Problems in American Urban History, ed. Howard
       P. Chudacoff, (Lexington, Mass.: D.C. Heath, 1994), 426– 29.
       Tillmon was the chairperson of the National Welfare Rights
       Organization when she wrote this essay in 1972.

408.   여성은 임금 노예인 남성의 노예, Mariarosa Dalla Costa and Selma
       James, The Power of Women and Subversion of the Community
       (London: Falling Wall Press, 1972), 41.

409.   "여성에 관한 한", Dalla Costa and James, The Power of Women
       and Subversion of the Community, 28.

409. 제임스는 1권을 읽으며, "Video: 'Sex, Race and Class'— Extended Interview with Selma James on Her Six Decades of Activism," Democracy Now!, April 18, 2012, democracynow.org/2012/4/18/ video_sex_race_and_class _extended_interview_with_selma_james_ on_her_six_decades_of_activism.

409. "노동할 수 있는 능력은", Dalla Costa and James, The Power of Women and Subversion of the Community, 11; emphasis in the original.

410. 다른 여러 요구, In her 1972 talk at the National Women's Liberation Movement Conference in Manchester, James's coinage of "wages for housework" appears under a demand for guaranteed income "for women and for men working or not working, married or not." Selma James, Women, the Unions, and Work— Or . . . What Is Not to Be Done, and the Perspective of Winning (London: Falling Wall Press, 1976), 67– 69.

410. 여성의 노동에 가치를 부여함으로써, Dalla Costa and James, The Power of Women and Subversion of the Community, 40.

410. 이 요구의 전략적 사용을 강조했다, Kathi Weeks, The Problem with Work: Femi-nism, Marxism, Antiwork Politics, and Postwork Imaginaries (Durham, N.C.: Duke University Press, 2011), 131– 36.

410. 셀마 제임스는 지지하지 않으며, Selma James, "I Founded the Wages for Housework Campaign in 1972— and Women Are Still Working for Free," The Independent, March 8, 2020, independent.co.uk/ voices/international- womens - day wages housework care selma james a9385351. html.

411. "시간을 가진다", Dalla Costa and James, The Power of Women and Subversion of the Community, 40.

411. 일을 덜한다는 것을 의미, Weeks, The Problem with Work, 145.

412. 1년 전인 1980년, Chris Carlsson, "What Do San Franciscans Do All Day? Information Work," FoundSF, foundsf.org/index. php?title=WHAT_DO_SAN_FRANCISCANS_DO_ALL_DAY%3F_ Information_Work; Chris Carlsson and Mark Leger, eds., Bad Attitude: The Processed World Anthology, 8.

412. 콜라주된 우울한 그림, "Another Day at the Office: What Have We Lost?" Pro-cessed World 6 (November 1982): 32–33.

413. "사람은 무엇을 해야 할까요?", J. C., letter to the editor, Processed World 7 (Spring 1983): 10.

413. "친애하는 〈가공된 세계〉 독자 여러분", J. Gulesian, letter to the editor, Processed World 5 (July 1982): 8.

414. "더 가치 있는 사람이 될 수 있는지", Walter E. Wallis, letter to the editor, Processed World 5 (July 1982): 5–8. Michaelson's response to this letter is the source of the expression "marching in lockstep toward the abyss," which I used in the intro-duction and in this chapter.

415. 글로벌 여성 파업, 최근 활동 중 일부는 유럽의 그린 뉴딜의 일환으로 제안된 돌봄 소득(Care Income)을 지지하고, 2020년 미국 대선 기간 동안 돌봄 제공자를 위한 선거 행동을 조직하며 빈민 운동(Poor People's Campaign)과 협력하는 것을 포함한다.

416. 그들과 함께 걸을 때, "Video: 'Sex, Race and Class.'"

420. "수많은 사회적 기반 구조", Ivan Illich, The Right to Useful Unemploy-ment and Its Professional Enemies (London: Marion Boyars, 1978), 26.

420. 실업급여, A. J. Ravenelle, K. C. Kowalski, and E. Janko, "The Side Hus-tle Safety Net: Precarious Workers and Gig Work During

Covid- 19," Sociological Perspectives (June 2021): 10.

421. "루틴은 떨어뜨릴 수 있지만", Richard Sennett, The Corrosion of Character: The Personal Consequences of Work in the New Capitalism (New York: W. W. Norton, 1998), 43.

421. "시간 속에 짓는 궁전", Abraham Joshua Heschel, The Sabbath: Its Meaning for Modern Man (New York: Farrar, Straus and Giroux, 2005), 14- 15.

422. "속도와 강도는 우리 주변 어디에나 존재한다", Barbara Adam, Timewatch (Cambridge, UK: Polity, 1995), chap. 1.

Chapter 7. 삶의 연장

429. "이에 반해, 공명은", Hartmut Rosa, Resonance: A Sociology of Our Relation-ship to the World, trans. James C. Wagner (Cambridge, UK: Polity, 2019), chap. 6.

431. 어른이 되고 싶어 안달이 난 한 소년, "The Magic Thread," in Magic Fairy Stories from Many Lands, ed. Susan Taylor (New York: Gallery, 1974), 123- 38. Special thanks to my mom for digging up this book.

432. 호흡을 의식해 보라고 요청한다, Kevin Kruse, 15 Secrets Successful People Know About Time Man-agement: The Productivity Habits of 7 Billionaires, 13 Olympic Athletes, 29 Straight- A Students, and 293 Entrepreneurs (Philadelphia: Kruse Group, 2015), chap. 1.

432. 세세히 기록하는 일, Oliver Burkeman, "Why Time Management Is Ruining Our Lives," The Guardian, December 22, 2016, theguardian.com/technology /2016/dec/22/why- time

management is ruining our lives.

433. 내 생활 방식에 대한 몇 가지 질문, "When Will I Die?— Calculator," apps.apple.com /us/app/when- will i die calculator/ id1236569653.

434. 일부 자동차 보험사는 텔레매틱스를 이용해, Alex Galley, "Your Auto Insurer Wants to Ride Shotgun With You. Are the Savings Worth It?" Time, April 26, 2021, time.com/nextadvisor/insurance/car/ telematics- monitor driving insurance - discount/; "Beam Dental Blog: Group- Life Benefits," blog.beam.dental/tag/group - life benefits. "Beam Perks" are described at the bottom of the page in fine print.

435. 제공하는 상품, Barbara Ehrenreich, Natural Causes: An Epidemic of Well-ness, The Certainty of Dying, and Killing Ourselves to Live Longer (New York: Twelve, 2019), 111.

435. "성공적인 노화", Ehrenreich, Natural Causes, 164- 65.

436. "크립 타임", Alison Kafer, Feminist, Queer, Crip (Bloomington: Indiana University Press, 2013), 26- 27. See also Ellen Samuels's "Six Ways of Looking at Crip Time," in Disability Visibility (New York: Vintage, 2020), 189- 96.

439. 더 큰 시스템적 흐름과 중단, Sara Hendren, What Can a Body Do? How We Meet the Built Environment (New York: Riverhead, 2020), 117.

439. "시간에 대한 질문", Hendren, What Can a Body Do?, 173.

439. "크립 타임으로의 초대", Hendren, What Can a Body Do?, 181.

439. "시계가 만들어내는 경제적 리듬", Hendren, What Can a Body Do?, 180.

440. "건강한 신체를 기준으로 한 생산성", Hendren, What Can a Body Do?, 167.

440. "경제적 생산성", Hendren, What Can a Body Do?, 180.

440. "아이의 성장을 시계에 맞춰 끊임없이 측정하려는 압박", Hendren, What Can a Body Do?, 172.

441. "얼마나 걸려야 하는가?", Hendren, What Can a Body Do?, 167.

442. 인간 능력 향상, Fixed: The Science/Fiction of Human Enhancement, directed by Regan Brashear (New Day Films, 2014), fixed. vhx.tv/.

443. 코로나-19 팬데믹 때문에, Ed Yong, "Our Pandemic Summer," The Atlan-tic, April 14, 2020, theatlantic.com/health/archive/2020/04/pandemic- summer - coronavirus reopening back normal/609940/.

443. 표준화된 일정과 기대, The disabled organizer, writer, and social worker K. Agbebiyi has called for unlimited paid time off for disabled workers. See prismreports.org/2022/02/08/unlimited-paid time off is a disability justice - issue that needs to be taken seriously/.

443. 스티븐 밀러는 수영하기 시작했다, 스티븐이 이 이야기를 공유하도록 허락해 준 것에 감사한다.

444. "분열적 피로", Byung-Chul Han, The Burnout Society (Stanford, Calif.: Stanford University Press, 2015), 31– 33.

446. 새들은 겨울을 나고, "Cedar Waxwing," All About Birds, allaboutbirds.org/guide/Cedar_Waxwing/overview.

449. "사람은 저절로 솟아나는 존재가 아니다", Quoted in Hendren, What Can a Body Do?, 127.

449. 데스몬드 투투가 설명한 것, Mia Birdsong, How We Show Up (New York: Hachette, 2020), chap. 1.

449. "일깨워 준 한 해", B. J. Miller, "What Is Death?" The New York

Times, December 18, 2020, nytimes.com/2020/12/18/opinion/ sunday/coronavirus - death. html.

451. 크로커는 확신했다, "The Chinese Workers' Strike," American Experience, PBS, pbs.org/wgbh/americanexperience/features/tcrr- chinese workers strike/.

452. 이방인의 구역, Carolyn Jones, "Oakland Strangers' Plot Full of Mysteries," SFGate, January 24, 2011, sfgate.com/bayarea/ article/Oakland- Strangers Plot - full of mysteries 2478631. php. This article notes that twenty- two of the bodies were from an 1880 explosion at a dynamite plant (Giant Powder) in Berkeley. Marketing their dynamite as "Miner's Friend," Giant Powder also recommended it for blasting railroad tunnels. Andrew Mangravite, "Meeting the Miner's Friend," Science History Institute, May 1, 2013, sciencehistory.org/distillations /meeting- the miners friend.

452. "비유적인 침묵", Sharon P. Holland, Raising the Dead: Readings of Death and (Black) Subjectivity (Durham, N.C.: Duke University Press, 2000), 18.

453. "기계로 전락한", Quoted in Holland, Raising the Dead, 28.

453. 삶과 죽음의 경계, Holland, Raising the Dead, 29.

453. 30대 남성 12명 중 1명, "Trends in U.S. Corrections," The Sentencing Proj-ect, May 2021, sentencingproject.org/wp- content/ uploads/2021/07/Trends- in - US Corrections. pdf.

453. 교도소 내 교육 프로그램이 점점 사라지고 있다는 점, Angela Y. Davis, Are Prisons Obsolete? (New York: Seven Stories Press, 2011), 38– 39.

454. 해제되었다, Lilah Burke, "After the Pell Ban," Inside Higher Ed, Janu-ary 27, 2021, insidehighered.com/news/2021/01/27/pell-

grants restored people - prison eyes turn assuring quality. 이 기사에서 메리 굴드(교도소 고등교육 연합 이사)는 교도소 내에서 제공하는 고등교육의 질을 보장하고, 수감자들이 단순히 수익원으로 착취되지 않도록 하는 것의 어려움에 대해 설명한다. 또한 그는 교도소 교육을 단순히 교정적인 목적으로만 다루는 것에 대해 경고하는데, 이는 다른 문제들과 더불어 석방이 보장된 사람들에게만 기회가 제한적으로 제공될 수 있기 때문이었다.

454. 교도소-산업 복합체, Angela Y. Davis, Are Prisons Obsolete?, 84-104.

455. "독성 폐기물 처리 감옥", Jonathan Simon, Governing Through Crime: How the War on Crime Transformed American Democracy and Created a Culture of Fear (Oxford, UK: Oxford University Press, 2007), 142.

455. 재활 프로그램이 여전히 존재하고, Nina Totenberg, "High Court Rules Calif. Must Cut Prison Population," All Things Considered, NPR, May 23, 2011, npr .org/2011/05/23/136579580/california-is ordered to cut its prison population; Jazmin Ulloa, "Despite an Emphasis on Inmate Rehab, California Recidivism Rate Is 'Stubbornly High,' " Los Angeles Times, January 31, 2019, latimes.com/politics /la- pol ca prison rehabilitation programs audit 20190131- story. html.

455. "추방 계획", Simon, Governing Through Crime, 141- 76.

455. 지난 30년 동안, Ashley Nellis, "No End in Sight: America's Enduring Reliance on Life Imprisonment," The Sentencing Project, February 17, 2021, sentencingproject.org/publications/no- end in sight americas enduring reliance - on life imprisonment/.

456. 교육 프로그램을 제공받지 못한 복역자, Ashley Nellis, "A New Lease

on Life," The Sentencing Project, June 30, 2021, sentencingproject. org/publications/a - new lease on life/.

457. "10년 넘게 감옥에 있었다면", Pendarvis Harshaw and Brandon Tauszik, "Lynn Acosta," in Facing Life: Eight Stories of Life After Life in California's Prisons, facing.life.

457. 수감자 집단에서 '가속화된 노화', Maurice Chammah, "Do You Age Faster in Prison?" The Marshall Project, August 24, 2015, themarshallproject .org/2015/08/24/do- you age faster in prison.

457. "감옥이란 대체 무엇인가", Jackie Wang, Carceral Capitalism (South Pasadena, Calif.: Semiotext(e), 2018), 218.

458. 한때 수감됐던 시빌 리처드슨, Time, directed by Garrett Bradley (Amazon Studios, 2020), amazon.com/Time- Fox Rich/ dp/ B08J7DDGJY.

459. 교도소 내부, Ismail Muhammad, "A Filmmaker Who Sees Prison Life with Love and Complexity," The New York Times, October 6, 2020, nytimes .com/2020/10/06/magazine/time- prison documentary garrett bradley. html.

460. "절대 사회를 생각하거나 믿지 마세요.", Joshua M. Price, Prison and Social Death (New Bruns-wick, N.J.: Rutgers University Press, 2015), chap. 8.

460. 박탈당한 권리를 나열한 포괄적인 목록, Price, Prison and Social Death, chap. 8.

461. 2022년 4월, Romina Ruiz- Goiriena, "Exclusive: HUD Unveils Plan to Help People with a Criminal Record Find a Place to Live," USA Today, April 12, 2022, usatoday.com/story/news/ nation/2022/04/12/can- get housing felony hud - says yes/ 9510564002/; "Federal Financial Aid for College Students with

Crimi-nal Convictions: A Timeline," Center for American Progress, December 17, 2020, americanprogress.org/article/federal- financial aid college students criminal - convictions/; Claire Child and Stephanie Clark, "Op- ed: End the Lifetime Ban on SNAP for Felony Drug Convictions," Civil Eats, March 18, 2022, civileats. com/2022/03/18/op- ed end the lifetime ban on snap for felony drug - convictions/.

461. 영혼의 살해, Patricia Williams, The Alchemy of Race and Rights: Diary of a Law Professor (Cambridge, Mass.: Harvard University Press, 1991), 73.

461. "영혼의 살해가 초래하는 숨겨진 비용", Price, Prison and Social Death, chap. 8.

462. 라이커스 섬의 폐쇄, Richard Schiffman, "The Secret Jailhouse Garden of Rikers Island," The New York Times, October 4, 2019, nytimes.com/2019/10/04 /nyregion/garden- rikers island. html.

463. "본질적인 특징", Viktor Frankl, "Self- Transcendence as a Human Phenom-enon," Journal of Humanistic Psychology 6, no. 2 (1966): 97.

464. "보고서에 언급되어 있나요?", Comment by "The Dodger" on Tom Jack-man, "Study: 1 in 7 U.S. Prisoners Is Serving Life, and Two-thirds of Those Are People of Color," The Washington Post, March 2, 2021, washingtonpost.com /nation/2021/03/02/life- sentences growing/.

465. 측정할 수 없는 에너지의 소비, Ta- Nehisi Coates, Between the World and Me (New York: Spiegel and Grau, 2015), 91.

466. 갈란터와 그의 동료는, Marc Galanter, Cults: Faith, Healing, and Coercion (Oxford, UK: Oxford University Press, 1999), 25- 26.

621   467.   인체를 여겼고, Michael Kranish and Marc Fisher, Trump Revealed: The Definitive Biography of the 45th President (New York: Scribner, 2017), 181.

468.   "내 아들에게 필요한 것은", Hendren, What Can a Body Do?, 245.

469.   "나는 인류에게 희망을 품는다", Albert Woodfox, Solitary: Unbroken by Four Decades in Solitary Confinement, My Story of Transformation and Hope (New York: Grove Atlantic, 2019), 408.

469.   우드폭스, Woodfox, Solitary, 409.

469.   "우월감? 열등감?", Quoted in Woodfox, Solitary, 407.

470.   비인간화하는 편견이, Juliana Schroeder, Adam Waytz, and Nicholas Epley, "The Lesser Minds Problem," in Humanness and Dehumanization, eds. P. G. Bain, J. Vaes and J.- P. Leyens (New York: Psychology Press, 2014), 59– 60.

472.   "영국의 모습", Seven Up! directed by Paul Almond (ITV [Granada Television], 1964); 7 Plus Seven, directed by Michael Apted (ITV [Granada Television], 1970); 21 Up, directed by Michael Apted (ITV [Granada Television], 1977); 28 Up, directed by Michael Apted (ITV [Granada Televi-sion], 1984); 35 Up, directed by Michael Apted (ITV [Granada Television], 1991); 42 Up, directed by Michael Apted (BBC, 1998); 49 Up, directed by Michael Apted (ITV, 2005); 56 Up, directed by Michael Apted (ITV, 2012); 63 Up, directed by Michael Apted (ITV, 2019).

473.   앱티드는 인터뷰어에서 대화 상대자로, Gideon Lewis- Kraus, "Does Who You Are at 7 Deter-mine Who You Are at 63?" The New York Times, November 27, 2019, nytimes .com/2019/11/27/ magazine/63- up michael apted. html.

473.   앱티드 본인도 세상을 떠났다, Joe Coscarelli, "What Happens Now

to Michael Apted's Lifelong Project 'Up'?" The New York Times, January 14, 2021, nytimes .com/2021/01/14/movies/michael-apted up series future. html.

473. 공감 기계, Roger Ebert, "Ebert's Walk of Fame Remarks," June 24, 2005, rogerebert.com/roger- ebert/ eberts- walk of fame remarks.

477. "깊이 자리 잡은 자아", Henri Bergson, Time and Free Will: An Essay on the Immediate Data of Consciousness, trans. F. L. Pogson (Mineola, N.Y.: Dover Publications, 2001), 125. Bergson writes of a "deep- seated self which ponders and decides, which heats and blazes up ⋯⋯ a self whose states and changes permeate one another."

479. 나무의 속 빈 곳에 껍질로 덮어 봉인하거나, Seth Kugel, "In Indonesia, a Region Where Death Is a Lure," The New York Times, July 30, 2015, nytimes.com/2015/07/30/ travel/frugal- traveler indonesia death rituals. html.

479. 높은 곳에 두어, Vultures of Tibet, directed by Russell O. Bush (New Day Films, 2013).

479. 물리적 관점에서, Miller, "What Is Death?"

479. 인생은 당신 혼자만의 것이 아니라, Yuri Kochiyama, Passing It On: A Memoir (Los Angeles: UCLA Asian American Studies Center, 2004), xx.

480. "죽어서 들어가는 것", Ehrenreich, Natural Causes, 208.

481. 한트케가 서로를, Han, The Burnout Society, 32.

482. 완전한 주의 집중 상태, Jiddu Krishnamurti, Freedom from the Known (New York: HarperOne, 2009), 102.

482. "완전히 자신을 잊은 채", Krishnamurti, Freedom from the Known, 90.

482. "어제도, 내일도 없는", Krishnamurti, Freedom from the Known, 87.

484. 솟구쳐 오르며 형성된 변성암, Doris Sloan, Geology of the San Francisco Bay Area (Berkeley: University of California Press, 2006), 55- 56; Andrew Alden, "The Big Set of Knockers, Mountain View Cemetery," Oakland Geology, June 4, 2008, oaklandgeology. com/2008/06/04/the- big set of knockers mountain - view cemetery/.

나가며_시간을 이등분하기

487. "과학자들은 말해요", Southland Tales, directed by Richard Kelly (Universal Pic-tures, 2007).

487. "개인의 책임이 아니며", Michel Foucault, "Nietzsche, Genealogy, History," in Language, Counter- Memory, Practice: Selected Essays and Interviews, ed. D. F. Bouchard (Ithaca, N.Y.: Cornell University Press, 1977), 150.

487. 킹타이드 프로젝트, "About the King Tides Project," California Coastal Commission, coastal.ca.gov/kingtides/learn.html.

489. "이 유리잔이 보이십니까?", Quoted in Mark Epstein, Thoughts Without a Thinker: Psychotherapy from a Buddhist Perspective (New York: Basic Books, 2013), 80. I encountered this anecdote in a talk by Tara Brach. See Tara Brach, "Part 2: Impermanence— Awakening Through Insecurity," September 26, 2018, tarabrach .com/pt- 2- impermanence awakening insecurity/.

491. "해봤자 효력이 없다", Henri Bergson, Time and Free Will: An Essay on the Immedi-ate Data of Consciousness, trans. F. L. Pogson

(Mineola, N.Y.: Dover Publications, 2001), 198.

491. 생태지역주의, 친숙함, Jenny Odell, How to Do Nothing (Brook-lyn, N.Y.: Melville House, 2019), 149– 51.

492. "가파른 밤, 뒤얽힌 한 주", Unpublished work shared with permission, from an email with John Shoptaw, July 13, 2021.

493. 솟아올랐다고 추정되기도 한다, Catherine Brahic, "Sudden Growth Spurt Pushed the Andes Up Like a Popsicle," New Scientist, June 6, 2008, newscientist .com/article/dn14073- sudden growth spurt pushed the andes up like a - popsicle/.

493. 약 5700년 전 이 산에서 일어난 거대한 산사태는, Joe D. Dragovich, Patrick T. Prin-gle, and Timothy J. Walsh, "Extent and Geometry of the Mid- Holocene Osceola Mudflow in the Puget Lowland— Implications for Holocene Sedimentation and Paleogeography," Washington Geology 22, no. 3 (September 1994): 3.

493. 니스퀄리 구전설화에는, Patrick Nunn, The Edge of Memory: Ancient Stories, Oral Tradition and the Post- Glacial World (New York: Bloomsbury, 2018), chap. 6; Vine Deloria, Jr., Red Earth, White Lies: Native Americans and the Myth of Scientific Fact (Golden, Colo.: Fulcrum, 1997), chap. 8.

493. 내가 있는 이 대륙은, Sid Perkins, "Meet 'Amasia,' the Next Superconti-nent," Science, February 8, 2012, science.org/content/article/meet- amasia next - supercontinent.

493. 파열은 열 배로 발생할 수 있다, "How Earthquakes Break the Speed Limit," UC Berkeley Seismology Lab, March 8, 2019, seismo. berkeley.edu/blog/2019/03/08 /how- earthquakes break the speed limit. html.

493. 브루드 X, Michael D. Shear, "Cicadas Took On Biden's Press

Plane. They Won," The New York Times, June 9, 2021, nytimes. com/2021/06/09/us/politics/cicadas - biden. html.

493. 로열 오크의 한 수목 관리사, Frank Witsil, "Trees Across Metro Detroit Suddenly Dropping Tons of Acorns: Here's Why," Detroit Free Press, September 30, 2021.

493. 호두나무에서 일어나는 풍흉년, Robin Wall Kimmerer, Braiding Sweetgrass: Indigenous Wisdom, Scientific Knowledge, and the Teachings of Plants (Minneapolis, Minn.: Milkweed Editions, 2013), 19- 20.

494. 강모소나무, Alex Ross, "The Past and the Future of the Earth's Oldest Trees," The New Yorker, January 13, 2020, newyorker.com/ magazine /2020/01/20/the- past and the future of the earths oldest trees.

494. 네스코윈 유령 숲, Hugh Morris, "How a Powerful Earthquake Created Oregon's Eerie Seaside Ghost Forest," The Telegraph, July 31, 2018, telegraph .co.uk/travel/destinations/north- america/ united- states/ articles/neskowin - ghost forest oregon/; Justin Sharick, comment on "Neskowin Ghost Forest," Google Maps, goo.gl/maps/81EV3ng3H4Lqnwou9; Trypp Adams, comment on "Neskowin Ghost Forest," Google Maps, goo.gl/maps/ wh2maRZ8SVCRYFpw5.

494. 특정한 식물 군집, Carolyn J. Strange, "Serpentine Splendor," Bay Nature, April 1, 2004, baynature.org/article/serpentine- splendor/. Serpen-tine is also the state rock of California.

494. 고층 빌딩은 짓는 경향, Rise of the Continents, season 1, episode 3, "The Americas," directed by Arif Nurmohamed, aired April 3, 2013, on BBC Two; Helen Quinn, "How Ancient Collision Shaped

the New York Skyline," BBC News, June 7, 2013, bbc.com/news/science- environment 22798563.

496. 거대한 곰팡이 네트워크, Anne Casselman, "Strange but True: The Largest Organism on Earth Is a Fungus," Scientific American, October 4, 2007, scientificamerican.com/article/strange- but true largest organism is fungus/.

496. 사시나무 군락인 판도, Christopher Ketcham, "The Life and Death of Pando," Discover Magazine, October 18, 2018, discovermagazine.com/planet- earth/ the - life and death of pando.

497. 여름에 일어난 산불, John McPhee, The Control of Nature (New York: Farrar, Straus and Giroux, 1989), 216- 17.

497. 사건 속에 또 다른 사건, Stephanie Pappas, "The Longest Known Earthquake Lasted 32 Years," Scientific American, May 26, 2021, scientificamerican.com/article /the-longest-known-earthquake-lasted-32-years/.

498. 개인적인 숙고 과정, Bergson, Time and Free Will, 176.

498. "개체성이 완벽하기 위해", Henri Bergson, Creative Evolution, trans. Arthur Mitchell (Lanham, Md.: University Press of America, 1983), 13.

499. "영어로 글을 쓰는 건 어렵다", Tyson Yunkaporta, Sand Talk: How Indigenous Thinking Can Save the World (New York: HarperCollins, 2020), chap. 3.

500. 어린 시절의 제니퍼 코넬리가 연기한 사라, Labyrinth, directed by Jim Henson (Tri- Star Pictures, 1986). You can see this specific scene on YouTube: The Jim Henson Company, "Worm— Labyrinth— The Jim Henson Company," YouTube video, January 6, 2011, youtube.com/watch?v=l0K5T0AqVlY.

501. 가려고 했다가, Yunkaporta, Sand Talk, chap. 1.

502. 현대 그리스어로 카이로스는 이제 날씨를 의미한다, Astra Taylor, "Out of Time," Lapham's Quarterly, September 16, 2019, laphamsquarterly.org/climate/out- time.

503. 의심이라는 단어의 어근에는, "Doubt (n.)," Online Etymology Dictionary, etymonline.com/word/doubt.

503. 베르그송은 기꺼이 인정했다, Bergson, Time and Free Will, 169.

504. 소피아 코르드바, Sofía Córdova, email to author, February 12, 2022.

505. 비슷한 풍습이 있다, Fei Lu, "Zuo Yuezi: Recovering from Gender Affirmation Surgery, Chinese American Style," Atmos, June 30, 2021, atmos.earth /zuo- yuezi gender affirmation surgery chinese american/.

508. 비시간의 씨앗, Hannah Arendt, Between Past and Future: Eight Exer-cises in Political Thought (New York: Penguin, 2006), 13.

508. 유럽 작가와 지식인들, Arendt, Between Past and Future, 3- 4.

509. 투쟁이라는 사회성, Mariarosa Dalla Costa and Selma James, The Power of Women and Subversion of the Community (London: Falling Wall Press, 1972), 37.

510. 신선함과 주체성을 만나려면, Arendt, Between Past and Future, 14

511. 문화와 문명의 변화, Vine Deloria, Jr., The Metaphysics of Modern Existence (Golden, Colo.: Fulcrum, 2012), 18.

512. "지구의 조수", "Earth tide," Encyclopedia Britannica, britannica. com/science /Earth- tide.

512. 달이 끌어당기면서, Marina Koren, "The Moon Is Leaving Us," The Atlantic, September 30, 2021, theatlantic.com/science/ archive/2021/09/moon- moving - away earth/ 620254/.

513. 도로는 원래 길이었고, Bruce Haulman, "Raab's Lagoon: 16,000

Years Young," Vashon- Maury Island Beachcomber, December 26, 2018, vashon beachcomber.com/news/raabs- lagoon 16000- years young/.

515. 이 질병이 발견돼 기록된 적이 있다, "Raab's Lagoon Beach," Multi- Agency Rocky Intertidal Network (MARINe) Sea Star Site Observation History, marinedb.ucsc .edu/seastar/observations. html?site=Raabs%20Lagoon%20Beach. The wasting syndrome was observed affecting ochre sea stars here in 2014, 2016, and 2017.

516. 섬의 자연관리센터 책임자, Paul Rowley, "A Hope for Sea Stars, Healthy Oceans," Vashon- Maury Island Beachcomber, June 19, 2019, vashonbeachcomber .com/news/a- hope for sea stars healthy oceans/.

517. 증후군에 대한 면역력, "Starfish Make Comeback After Mysterious Melting Disease," EcoWatch, June 26, 2018, ecowatch.com/starfish- population - disease climate resilience 2581473075. html.

517. 더 많이 발생했다, "SSWS Updates | MARINe" (Septem-ber 28, 2021 update)," Multi- Agency Rocky Intertidal Network (MARINe), marine.ucsc.edu/data- products/ sea- star wasting/ updates. html#SEPT28_2021.

517. 미래에서 온 화자, Ted Chiang, "What's Expected of Us," Exhalation (New York: Knopf Doubleday, 2019), 58– 61.

519. 동물학자 로버트 페인, Ed Yong, "The Man Whose Dynasty Changed Ecology," Scientific American, January 16, 2013, scientificamerican. com/article /the- man whose dynasty changed ecology/.

520. 과학자들은 오랫동안, Aaron W. Hunter, "Rare Starfish Fossil Answers the Mystery of How They Evolved Arms," EcoWatch, January 21, 2021, ecowatch .com/starfish- evolution mystery

2650057909. html.

521. 복합눈, Laura Geggel, "Starfish Can See You . . . with Their Arm-Eyes," Live Science, February 7, 2018, livescience.com/61682-starfish eyes. html.

521. 코스트 살라시 부족의 소마미시, Haulman, "Raab's Lagoon: 16,000 Years Young." The author uses an alternate version of the name, "sHebabS," which is also sometimes spelled "Sqababsh."

521. 많은 사람들이 더 빨리, Emily Sohn, "How the COVID- 19 Pandemic Might Age Us," Nature, January 19, 2022, nature.com/articles/d41586- 022- 00071- 0.

사진 출처 정보

35쪽: (할레아칼라의 일출) 저자의 어머니 제공

54쪽: (칼큘래그래프 광고) 〈인더스트리얼 매니지먼트〉, 1927년 8월호

67쪽: (샌포드 플레밍 삽화) 샌포드 플레밍, 샌포드 플레밍의 1886년 논문 〈20세기를 위한 시간 계산〉에 실린 그림, 스미스소니언 연구소 이사회의 연례 보고서: 기관의 운영, 지출 및 상태를 보여주는 6월 30일로 종료되는 1886년도의 보고서 (워싱턴 D.C.: 스미스소니언 연구소, 1889), 1장

89쪽: (세탁 시스템) 캐서린 비처, 〈가정 경제 기술〉: 집과 학교에서 필요한 젊은 여성들을 위한 지침서

90쪽: (스톱워치) 스미스소니언 미국역사박물관 노동 및 산업 부문

90쪽: (동작 연구) 프랭크 및 릴리언 길브레스 컬렉션, 스미스소니언 미국역사박물관

94쪽: (테일러식 도표) C. 버트란드 톰프슨, '발명가로서의 스톱워치', 〈팩토리 매거진〉, 1916년 2월호

99쪽: (생산성 그래프) 경제정책연구소(Economic Policy Institute) 제공

108쪽: (〈머저〉의 스틸컷) 마츠다 케이이치 제공

121쪽: (기상 효율 지도) 도널드 레어드, 《개인 효율성 향상》(하퍼앤브라더스 뉴욕 출판사, 1925)

226쪽: (프랭크 메이어, 〈여가와 노동〉) 워싱턴 D.C. 국립미술관(National Gallery of Art) 제공

250쪽: ("시간의 방정식") 위키디피아(Wikipedia) 사용자 드리니(drini) 제공, Creative Commons Attribution-Share Alike 3.0 Unported 라이선스 하에 공유 creativecommons.org/licenses/by-sa/3.0/

372쪽: (Oh, You Unfit!) 〈피지컬 컬처〉, 1918년 10월호

393쪽: (〈가공된 세계〉 커버) 톰 투모로우(Tom Tomorrow) 삽화; 크리스 칼슨(Chris Carlsson) 제공

647   396쪽: (8시간 노동 그래픽) 크리스 칼슨 제공

433쪽: (사망 계산기 앱) DH3 게임즈 제공

458쪽: (〈시간〉의 스틸컷) 가렛 브래들리 제공

489쪽: (퍼시피카의 파도) 앨런 그린버그 제공

495쪽: (편마암 노출부) 캐롤라인 아이젠만(Caroline Eisenmann) 제공

496쪽: (판도의 경계선) 랜스 오디트(Lance Oditt) 제공, Creative Commons Attribution-Share Alike 4.0 International 라이선스 하에 공유 creativecommons.org/licenses/by/4.0/

507쪽: (〈물속의 달빛〉의 스틸컷) 소피아 코르도바 제공

이 외의 모든 이미지는 제니 오델 제공

세이빙 타임

초판 1쇄 인쇄 2024년 12월 25일
초판 1쇄 발행 2025년   1월 15일

지은이 제니 오델
옮긴이 장혜인
펴낸이 고영성

책임편집 황남상 **디자인** 이화연 **저작권** 주민숙

펴낸곳 주식회사 상상스퀘어
출판등록 2021년 4월 29일 제2021-000079호
주소 경기도 성남시 분당구 성남대로 52, 그랜드프라자 604호
팩스 02-6499-3031
이메일 publication@sangsangsquare.com
홈페이지 www.sangsangsquare.com

ISBN 979-11-94368-04-5(03300)